国家社科基金
GUOJIA SHEKE JIJIN HOUQI ZIZHU XIANGMU
后期资助项目

挖掘与阐发：
齐鲁文化中的优秀思想

主　编　高尚举
编著者　孙永选　张诒三
　　　　张　燕　张滨郑

山东人民出版社·济南
国家一级出版社　全国百佳图书出版单位

图书在版编目（CIP）数据

挖掘与阐发：齐鲁文化中的优秀思想 / 高尚举主编 . -- 济南：山东人民出版社, 2023.12

ISBN 978-7-209-14885-6

Ⅰ.①挖… Ⅱ.①高… Ⅲ.①文化史－研究－山东 Ⅳ.①K295.2

中国国家版本馆CIP数据核字（2023）第245950号

挖掘与阐发：齐鲁文化中的优秀思想

WAJUE YU CHANFA：QILU WENHUA ZHONG DE YOUXIU SIXIANG

高尚举　主编

主管单位　山东出版传媒股份有限公司
出版发行　山东人民出版社
出 版 人　胡长青
社　　址　济南市市中区舜耕路517号
邮　　编　250003
电　　话　总编室（0531）82098914
　　　　　市场部（0531）82098027
网　　址　http://www.sd-book.com.cn
印　　装　东营华泰印务有限公司
经　　销　新华书店

规　　格　16开（165mm×238mm）
印　　张　22.5
字　　数　360千字
版　　次　2023年12月第1版
印　　次　2023年12月第1次
ISBN 978-7-209-14885-6
定　　价　65.00元

国家社科基金后期资助项目
出版说明

后期资助项目是国家社科基金设立的一类重要项目，旨在鼓励广大社科研究者潜心治学，支持基础研究多出优秀成果。它是经过严格评审，从接近完成的科研成果中遴选立项的。为扩大后期资助项目的影响，更好地推动学术发展，促进成果转化，全国哲学社会科学工作办公室按照“统一设计、统一标识、统一版式、形成系列”的总体要求，组织出版国家社科基金后期资助项目成果。

全国哲学社会科学工作办公室

前 言

齐鲁文化是中华传统文化的重要组成部分，富含仁民爱物、礼仪文明、诚实守信、孝亲尊老、和谐友善、修身做人、为政以德、崇尚法治、以民为本、尚贤重士、廉洁奉公、强国富民、兴学施教、科技利民、经世致用、敬业有为、自强不息、厚德载物、精忠爱国、天下大同等优秀思想。

2013年11月26日，习近平总书记视察山东曲阜时指出："用好齐鲁文化资源丰富的优势，加强对中华优秀传统文化的挖掘与阐发。"2014年2月17日，习近平总书记在省部级主要领导干部学习贯彻十八届三中全会精神全面深化改革专题研讨班开班式上的讲话中又指出："要加强对中华优秀传统文化的挖掘和阐发，努力实现中华传统美德的创造性转化、创新性发展，把跨越时空、超越国度、富有永恒魅力、具有当代价值的文化精神弘扬起来，把继承优秀传统文化又弘扬时代精神、立足本国又面向世界的当代中国文化创新成果传播出去。只要中华民族一代接着一代追求美好崇高的道德境界，我们的民族就永远充满希望。"2014年2月24日，在中共中央政治局第十三次集体学习会上，习近平总书记再一次指出："培育和弘扬社会主义核心价值观必须立足中华优秀传统文化。牢固的核心价值观，都有其固有的根本。抛弃传统、丢掉根本，就等于割断了自己的精神命脉。博大精深的中华优秀传统文化是我们在世界文化激荡中站稳脚跟的根基。……深入挖掘和阐发中华优秀传统文化讲仁爱、重民本、守诚信、崇正义、尚和合、求大同的时代价值，使中华优秀传统文化成为涵养社会主义核心价值观的重要源泉。"2017年10月27日，习近平总书记在党的十九大报告中又着重指示："深入挖掘中华优秀传统文化蕴含的思想观念、人文精神、道德规范，结合时代要求继承创新，让中华文化展现出永久魅力和时代风采。"综上可知，习总书记对挖掘阐发以至大力弘扬中华优秀传统文化精神高度重视。

遵照习总书记的指示精神，我们对齐鲁文化经典进行了全面深入的挖掘，并予以科学归纳，结合社会现实作出简明阐发，为"实现中华传统美德的创造性转化、创新性发展，把跨越时空、超越国度、富有永恒魅力、具有当代价值的文化精神弘扬起来"而助力。

一、齐鲁文化具有深厚的文化底蕴

齐鲁文化，是齐文化和鲁文化的统称。齐鲁历史渊源相近，地域相邻，政治、经济、文化交往密切，因此，齐鲁文化既有各自独立、又有相互融合的双重性。仅就文化渊源来讲，齐文化、鲁文化都是以周文化和东夷文化为渊源而发展建构起来的地域文化。这就是说，齐鲁文化的渊源，一方面源自周文化，一方面又源自东夷本土文化。二者虽多共性，但也各具鲜明特色：齐文化偏重于开放革新，发展工商，强国富民，崇尚法治，尊王攘夷，大一统，法学、兵学、稷下学成就突出；鲁文化偏重于保守继承，维护周礼，崇尚德治，孝悌忠信，仁义礼智，兼爱非攻，和合大同，儒学、墨学成就突出。

齐国，是公元前十一世纪周朝分封的诸侯国。开国君主姜尚，字子牙。西周初年官太师，被尊称为师尚父。有太公之称，俗称姜太公。辅佐武王灭商有功，受封于齐，建都营丘（后称临淄，今山东淄博东北）。春秋初期齐桓公重用管仲，九合诸侯，一匡天下，成为霸主。疆域逐步扩大，东到黄海，西到黄河，南到泰山，北到无棣水（今河北盐山南）。

鲁国，也是公元前十一世纪周朝分封的诸侯国。开国君主本应是周公旦，但因成王年幼，需要全力辅佐，便由儿子伯禽代理鲁国。周公主政周室，其兄弟管叔、蔡叔、霍叔等人不服，联合武庚和东方夷族反叛，他出师东征，平定叛乱，并营建洛邑（今河南洛阳）作为东都。鲁国的疆域开始时与齐国大致相等，都是方圆百里之国，后亦逐步扩大，东至临沂，西至菏泽，北至泰山，南至薛城。

齐鲁大地是充满了皇风圣迹的古老文明圣地。据史书记载，三皇五帝大都在这里生活过。太昊伏羲氏，《史记·封禅书》载：“虙羲封泰山。”太昊是上古东夷部族的首领（东夷部族居河南东部及山东、安徽一带）。神农氏炎帝，《太平寰宇记》载：“神农居大庭。大庭，国名也，在鲁城内。”今曲阜城西的犁铧店村，传说是因神农炎帝制造犁铧、指导乡民耕种而得名。黄帝，《史记·五帝本纪》载：“黄帝居轩辕之丘。”《帝王世纪》载：“黄帝生寿丘，曰轩辕丘。”又载：“寿丘在鲁城东门之北，居轩辕丘。”少昊帝，《帝王世纪》载，少昊“邑于穷桑以登帝位，都曲阜……崩葬于云阳”。颛顼帝，《史记·五帝本纪》载：“帝颛顼高阳者，黄帝之孙而昌意之子也。”《水经注》载，颛顼“二十登帝位，承少昊金官之政”。帝喾，《史记·五帝本纪》载：“帝喾高辛者，黄帝之曾孙也。”尧帝，《史记·五帝本纪》载：“帝尧者放勋。”又载：“帝喾娶陈锋氏女，生放勋。”舜帝，《史记·五帝本纪》载：“舜，冀州之人也。舜耕历山，渔雷泽，陶河滨，作什器于寿丘。”

可见，三皇五帝大都在这里生活过。后来，在这块土地上，圣贤辈出，齐地出现了治国贤君姜太公，贤相管仲、晏婴，武圣孙子等；鲁地出现了至圣孔子，复圣颜回，宗圣曾子，亚圣孟子，科圣墨子，工圣鲁班，农圣贾思勰，医圣扁鹊等。这些齐鲁圣贤，为后人留下了丰富的文化典籍，诸如《六韬》《管子》《晏子春秋》《孙子兵法》《周易》《尚书》《诗经》《仪礼》《礼记》《春秋》《论语》《孟子》《荀子》《墨子》等，当然，也为后人留下了富含永久价值的优秀思想，尤其是以至圣先师孔子为代表的儒家文化，成为中华传统文化的主流。

二、齐鲁文化中蕴含着富有当代价值的思想和精神

齐鲁文化所蕴含的优秀思想和精神是十分鲜明的，而且具有无可置疑的优化当代社会的重要价值。归纳之，齐鲁文化的优秀思想和精神有以下诸多方面：

（一）仁人爱物思想

仁为诸德之本，因此，齐鲁先贤皆重仁德。仁的基本含义是人与人相亲爱。《论语·颜渊》记载，弟子樊迟问什么是“仁”，孔子只回答了两个字：“爱人”。对别人心存爱，便是“仁”的基本内涵。孔子认为：“苟志于仁矣，无恶也。”（《论语·里仁》）一个人如果立志于仁善，就不会有恶念恶行了。并主张自觉行仁，他说“为仁由己”，意思是修养仁德全靠自己；又说：“仁远乎哉？我欲仁，斯仁至矣。”（《论语·述而》）仁离我们并不远，想行仁，时时处处都有践行仁的机会。姜尚《六韬·文韬·文师》说：“天有时，地有财，能与人共之者，仁也；仁之所在，天下归之。”《孟子·尽心上》说：“亲亲而仁民，仁民而爱物。”《庄子·天地》也说：“爱人利物之谓仁。”这是要求，“仁”不仅仅是“爱人”，还要爱物，即爱动物，爱植物，爱大自然，爱世界万物。

（二）礼仪文明思想

礼，是规定社会行为的法则、规范、仪式的总称，包括礼貌（对人恭敬有礼）、礼仪（行礼的仪式）、礼节（行礼的分寸等级）等。管子尚礼、晏子倡导修礼，孔子重礼甚至到了“非礼勿视、非礼勿听、非礼勿言、非礼勿动”（《论语·颜渊》）的程度。孔子看重仁和礼的关系，仁是内在，礼是外在，相辅相成。他说：“人而不仁，如礼何？”“克己

复礼为仁。一日克己复礼，天下归仁焉。”既主张“事君尽礼”，又强调“君使臣以礼”，“上好礼，则民莫敢不敬；上好义，则民莫敢不服”（《论语·子路》）；礼是立身之本，“不知礼，无以立”（《论语·尧曰》）。荀子也说：“人无礼则不生，事无礼则不成，国无礼则不宁。”（《荀子·修身》）又说：“与人善言，暖于布帛；伤人之言，深于矛戟。”（《荀子·荣辱》）礼的本质是对人恭敬、友善，礼是文明的表现，礼是和谐人际关系的关键。由于历代圣贤重礼，民众尚礼，中华民族以文明古国、礼仪之邦享誉世界。

（三）诚实守信思想

诚，诚实，真诚。信，诚实不欺，守信用。这是待人处事必须遵循的法则。人与人之间，要讲诚信，倘若失却了诚信，尔虞我诈，相互坑骗，人际关系就无法存续。儒家经典中频频述及诚信，《周易·乾卦》曰：“修辞立其诚，所以居业也。”《礼记·乐记》曰：“著诚去伪，礼之经也。”孔子讲究仁义礼智信，把信列为四教“文行忠信”之一。治国讲究诚信，强调“民无信不立”（《论语·颜渊》）；交友讲究诚信，强调“主忠信，毋友不如己者”（《论语·子罕》）；说话也要讲究诚信，主张“言必信，行必果”（《论语·子路》）。学生子张问仁，孔子回答说：“能行五者于天下，为仁矣。……恭、宽、信、敏、惠。恭则不侮，宽则得众，信则人任焉，敏则有功，惠则足以使人。”（《论语·阳货》）曾子也把信作为每日三省之一：“吾日三省吾身……与朋友交而不信乎？”（《论语·学而》）荀子说：“君子养心莫善于诚。”（《荀子·修身》）

（四）孝亲尊老思想

谈人伦美德，“孝”至为重要，古人有“百行孝为先”之训。孔子重孝，强调：“孝弟也者，其为人之本与！”（《论语·学而》）“弟子入则孝，出则弟。”（同上）子游问孝，孔子答曰：“今之孝者，是谓能养，至于犬马，皆能有养。不敬，何以别乎？”（《论语·为政》）人能相养，动物也能相养，人若在赡养老人时体现不出“敬”来，那就与禽兽没什么区别。曾子遵循其师，并提出：“大孝尊亲，其次不辱，其下能养。”（《大戴礼记·曾子大孝》）把尊敬父母视为“大孝”，要求人们在“能养”“不使父母受辱”的前提下，追求“大孝”的境界。孟子倡导广孝，主张“老吾老，以及人之老；幼吾幼，以及人之幼”（《孟子·梁惠王上》）。意思是说：尊敬自家的老人，从而推广到尊敬别家的老人；爱护自家的孩子，从而推广到爱护别家的孩子。若人人具有了这种无私之孝慈，才会孝行满天下，慈爱满天下。

（五）和谐友善思想

人生活在社会群体之中，需要友善的态度，来构建和谐的人际关系。在这方面，《论语》提出“君子成人之美，不成人之恶”（《论语·颜渊》），“子（指为政者）欲善而民善矣”（同上），“以直报怨，以德报德”（《论语·宪问》），“与人恭而有礼”（《论语·颜渊》），“己所不欲，勿施于人”（《论语·卫灵公》），“己欲立而立人，己欲达而达人”（《论语·雍也》），“君子尊贤而容众，嘉善而矜不能”（《论语·子张》），以及“中庸”“忠恕”“温良恭俭让”“恭宽信敏惠”等众多行之有效的行为准则。关键是每个人都要讲仁德，“德不孤，必有邻”，讲胸怀，讲五湖四海，如此，才能呈现“四海之内皆兄弟”的美好状态。群体间向往和谐，世界民众向往和平。墨子主“兼爱”说：“若使天下兼相爱，国与国不相攻，家与家不相乱，盗贼无有，君臣父子皆能孝慈，若此，则天下治。故圣人以治天下为事者，恶得不禁恶而劝爱？故天下兼相爱则治，交相恶则乱。”（《墨子·兼爱》）

（六）修身齐家思想

修身，是齐鲁圣贤及民众普遍重视的大问题。社会的文明进步，取决于每个人的文明修养。管子、墨子、荀子都有《修身》专文，孔子、曾子、孟子都对修身问题做过精辟论述，诸如孔子所说：“修己以敬”“修己以安人”“修己以安百姓”（《论语·宪问》）。曾子所说：“吾日三省吾身：为人谋而不忠乎？与朋友交而不信乎？传不习乎？”（《论语·学而》）孟子所说：“养心莫善于寡欲。”“人不可以无耻，无耻之耻，无耻矣！”（《孟子·尽心上》）墨子所说：“子不能治子之身，恶能治国政？”（《墨子·公孟》）尤其是《大学》一篇，其主旨是在论述修身、齐家、治国、平天下。认为“正心修身”是首要的，心正才能修身；修养好自身才能整齐家庭、治理国家，“一家仁，一国兴仁；一家让，一国兴让”。这与当今人们所普遍认同的“国无德不兴，人无德不立”以及所大力倡导的“家风建设”是一致的。

（七）德政思想

以德为政，是齐鲁政治思想家的普遍主张。孔子说得好：“为政以德，譬如北辰，居其所而众星共之。”（《论语·为政》）欲达此效果，从政者关键要做到修己正身，率先垂范，“政者，正也。子帅以正，孰敢不正！”（《论语·颜渊》）“其身正，不令而行；其身不正，虽令不从。”“不能正其身，如正人何？”（《论语·子路》）要做到勤政廉政，“居之无倦，行之以忠”（《论语·颜渊》）。即居官勤勉不懈怠，执行政令要忠诚。孟子也主张施仁政于民，提倡“亲亲而仁民，仁民而爱物”（《孟子·尽心上》），建议“省刑法，薄税敛”（《孟子·梁惠王上》）。并说：“国君好仁，天下无敌焉。”（《孟子·尽心下》）管子倡导廉政，晏子倡导勤政，这些齐鲁先贤的为政思想，为世世代代从政者奠定了坚实的立国之基。

（八）法治思想

齐鲁先贤在崇尚德政的同时，也十分重视法治。姜太公既注重礼仪，也强调“贵法”。周文王曾问姜尚：治国以何为贵？姜尚回答：“贵法令之上行。”（《六韬逸文》）他认为，法令必行则治道通，治道通则民有大利，民有大利则可以彰显国君的美德。作为法家代表的管仲，在著作《管子》中，收有《立政》《七法》《法禁》《重令》《法法》《明法》《兵法》等多篇法治专论。在礼和法的运用上，他主张先礼而后法：“法出于礼，礼出于治。治，礼道也。万物待治礼而后定。”（《管子·枢言》）在法的实施时，他特别强调公正无私，认为行法之难莫过于私，害法之甚亦莫过于私，“私者，乱天下者也”（《管子·心术下》）。孔子倡导“德主刑辅”。所谓“德主刑辅”，就是以仁为本，为政以德，强调治国施政要以道德教化为根本方针，反对暴政滥刑，反对夸大刑罚杀戮的作用，主张先德后刑，先教后诛，以德为主，以刑为辅。“德主刑辅”思想一直被古代统治者奉为圭臬，作为治理国家的基本策略。

（九）民本思想

齐鲁圣贤坚持以民为本，重民爱民。姜太公深知民为邦本、本固国兴的道理，强调治国之要在得民心，欲得民心，就要爱民。他说：“治国安家，得人也；亡国破家，失人也。”（《三略·上略》）“善为国者，驭民如父母之爱子，如兄之爱弟，见其饥寒则为之忧，见其劳苦则为之悲。”（《六韬·文韬·国务》）齐国名相管仲说：“政之所兴，在顺民心；政之所废，在逆民心。”（《管子·牧民》）孔子主张：“节用而爱人，使民以时。”（《论语·学而》）赞美子贡所说的“博施于民而能济众”是仁圣之德。孟子说：“得天下有道：得其民，斯得天下矣；得其民有道：得其心，斯得民矣。”（《孟子·离娄上》）“乐民之乐者，民亦乐其乐；忧民之忧者，民亦忧其忧。”（《孟子·梁惠王下》）“民为贵，社稷次之，君为轻。”（《孟子·尽心下》）荀子所言“水则载舟，水则覆舟”（《荀子·王制》）的道理，发人深思。

（十）尚贤思想

为政之要，在得人才。姜太公坚持“仁、义、忠、信、勇、谋”

的用人之道，选用德才兼备之人。《六韬·文韬》中《上贤》《举贤》两篇，集中表现了姜太公重贤、上贤、选贤、举贤的圣贤治国论及其思想内容。他说："得贤将者，兵强国昌，不得贤将者，兵弱国亡。"(《六韬·龙韬·奇兵》)周公告诫初任鲁国国君的儿子伯禽曰："我文王之子，武王之弟，成王之叔父，我于天下亦不贱矣。然我一沐三握发，一饭三吐哺，起以待士，犹恐失天下之贤人。子之鲁，慎无以国骄人。"(《史记·鲁周公世家》)齐桓公礼贤下士，为求天下贤士，在宫廷前燃起火炬，日夜接待前来觐见的人才，并重用曾欲以箭射杀自己的管仲为相，得到管仲辅佐，国力迅速强大。管仲曾这样谈人才的重要："夫争天下者，必先争人。明大数者，得人，审小计者，失人。"(《管子·霸言》)晏子奉劝齐景公亲贤人，远小人，主张"进贤选能，不私乎内"。孔子主张"举贤才""举直错诸枉"。墨子特写《尚贤》专文，分析国家不得富、人民不得众、政不得治的原因，"是在王公大人为政于国家者，不能以尚贤事能为政也。是故国有贤良之士众，则国家之治厚；贤良之士寡，则国家之治薄。故大人之务，将在于众贤而已。……故古者圣王之为政，列德而尚贤。虽在农与工肆之人，有能则举之"。"夫尚贤者，政之本也。"

(十一)廉洁思想

为官之要，在于公正廉洁，一心为民。子贡到信阳去做官，孔子告诫曰："勤之慎之，奉天之时，无夺无伐，无暴无盗。……知为吏者，奉法以利民；不知为吏者，枉法以侵民。此怨之所由也。治官莫若平，临财莫如廉。廉平之守，不可改也。"(《孔子家语·辩政》)做官最重要的是公平，面对财物最重要的是廉洁。孔子夸赞弟子澹台灭明："贵之不喜，贱之不怒；苟利于民矣，廉于行己。"富贵了也不沾沾自喜，贫贱了也不恼怒，只要对民众有利，宁愿俭约自己，廉洁不贪。晏子明确提出"廉政"命题，他说"廉者，政之本也"(《晏子春秋·内篇杂下》)，"廉之谓公正，让之谓保德"(《晏子春秋·内篇杂下》)。把"廉"看作为政的根本，廉洁意味着公正。晏子将廉政与爱民、乐民、惠民结合起来，认为要实现廉政就必须爱民："意莫高于爱民，行莫厚于乐民。"(《晏子春秋·内篇·问上》)他把隐善扬恶、欺压百姓、贪滥无厌的官吏比作"社鼠""猛狗"，主张对此要严惩。主张通过法律手段来加强廉政建设，做到"诛不避贵，赏不遗贱"。只有真正做到惩恶扬善、赏罚分明，才能实现政治的清正廉明。

（十二）强国富民思想

强国在于富民，民不富则难言国强。齐国地理环境恶劣，《汉书·地理志》记载："齐地负海舄卤，少五谷，而人民寡。"在这地薄人稀的荒僻盐碱滩上，姜太公着力发展工商，发展经济，"劝以女工之业，通鱼盐之利，而人物辐凑。"（《汉书·地理志下》）"昔太公封于营丘，辟草莱而居焉。地薄人少，于是通利末之道，极女工之巧，是以邻国交于齐，财畜货殖，世为彊国。"（《盐铁论·轻重》）管仲说："凡治国之道，必先富民。民富则易治也，民贫则难治也。"（《管子·治国》）又说："仓廪实则知礼节，衣食足则知荣辱。"（《管子·牧民》）孔子在卫国赞其人口众多，学生冉有问道："既庶矣，又何加焉？"孔子答曰："富之。"（《论语·子路》）即让老百姓富起来。孟子主张恒产论，他说："民之为道也，有恒产者有恒心，无恒产者无恒心。苟无恒心，放僻邪侈，无不为已。"（《孟子·滕文公上》）

（十三）兴学施教思想

人类的文明进步，主要靠教育，教育是知识传授、社会伦常秩序得以建立的重要手段。《孟子·滕文公上》曰："后稷教民稼穑，树艺五谷，五谷熟而民人育。人之有道也，饱食、暖衣、逸居而无教，则近于禽兽。圣人有忧之，使契为司徒，教以人伦，父子有亲，君臣有义，夫妇有别，长幼有叙，朋友有信。"又曰："设为庠序学校以教之。庠者，养也；校者，教也；序者，射也。夏曰校，殷曰序，周曰庠，学则三代共之，皆所以明人伦也。"重视教育，重视知识技能的传授和思想品德的培养，这一优良传统得到了很好的传承。孔子兴办私学，主张有教无类，广招平民子弟，设六艺——礼、乐、射、御、书、数以授徒。继之，曾子、孟子、荀子、墨子等兴学施教，培养了众多优秀人才。在教育实践中，总结出很好的教育思想和教学经验，诸如因材施教、启发式教学、学思结合、举一反三、温故知新，还有"学而不厌诲人不倦""锲而不舍金石可镂"等。

（十四）科技利民思想

齐鲁先贤重视科学技术，早在新石器时代，该地区的制陶技术、骨角器制作技术、建筑技术、纺织技术等，就具有了较高的水平。春秋战国时期，此地科技人才辈出，出现了能工巧匠鲁班、神医扁鹊和科圣墨翟等。墨子以"为天下兴利""利人""利民"为发展科技的核心思想，他说："其为舟车何以为？车以行陵陆，舟以行川谷，以通四方之利。凡为舟车之道，加轻以利者，芊鉏不加者去之。"（《墨子·节用上》）意思是造车船用来沟通四方之利，造车船的原则是能更加轻快便利的，就增益它，徒为华美而不能变得更为便利的，就去掉。《墨子·鲁问》记载："公输子削竹木以为鹊，成而飞之，三日不下。公输子自以为至巧。子墨子谓公输子曰：'子之为鹊也，不如匠之为车辖，须臾刘三寸之木，而任五十石之重。故所为功，利于人谓之巧，不利于人谓之拙。'"发展科技，以有利于人类为根本宗旨。

（十五）经世致用思想

所谓经世致用，是指所学知识能为治理国事尽其所用。"经世"的意思是"经国济世"，也就是治理国家，经营世务。强调的是要志存高远，胸怀天下，有远大的理想和抱负。"致用"的意思是"付诸实用"。强调的是务实，理论联系实际，把所学知识用于社会实践，关注社会现实，关注社会矛盾，解决社会问题，以求达到国治民安的实效。知识分子读书应以治世、救世为急务，要关心时政、关注社会民生，承担起治国安邦的使命。这是中国古代知识阶层居主导地位的文化价值观。孔子为救治礼崩乐坏之世，广招弟子，鼓励弟子"学而优则仕"，培养出72贤治世之才。为宣传救世思想，多年周游列国，对于逃避现实的隐士，斥之为"不可与同群"的鸟兽。曾子在《大学》中，大力倡导格物、致知和修身、齐家、治国、平天下。孟子也效法孔子，也像孔子一样，筑坛兴学，教书育人，把"得天下英才而教育之"（《孟子·尽心上》）视为人生三大乐趣之一。

（十六）勤奋敬业精神

勤奋敬业，忠于职守，是中华民族倡导的美德，齐鲁先贤个个堪称典范。周公摄政，"一沐三握发，一饭三吐哺"。《尚书大传》载，"周公摄政，一年救乱，二年克殷，三年践奄，四年建侯卫，五年营成周，六年制礼作乐，七年致政于成王"，简要概括了他的勤政之绩。孔子主张"执事敬""事思敬"，他不仅如此主张，也是这样做的：他教育学生"诲人不倦"，工作学习起来"发愤忘食，乐以忘忧，不知老之将至"。他接到国君的召唤，"不俟驾行矣"（不等车子驾好就急匆匆步行赶去）。学生子张问政，他回答说："居之无倦，行之以忠。"（《论语·颜渊》）学生子路问政，他回答说："先之劳之，……无倦。"（《论语·子路》）荀子说："凡百事之成也，必在敬之；其败也，必在慢之。"（《荀子·议兵》）意思是说，百事成功，在于勤敬对待；事情失败，在于疏忽怠慢。

（十七）自强不息精神

“自强不息”一语，出自《周易·乾卦·象传》：“天行健，君子以自强不息。”意思是天道刚健，君子应效法之，自强不息。《周易·乾卦·文言》说：“大哉乾乎！刚健中正，纯粹精也！”这是对上天刚健品德的精辟赞美。

古人在对上天刚健精神进行赞美的同时，也勉励自己积极效法之。齐鲁文化的主要代表人物姜太公、管子、晏子、孔子、墨子、孟子等，都是积极入世、救世，充满刚健进取、自强不息精神的典型代表。管仲力行改革，富国强兵，相齐桓公，霸诸侯，成就了齐桓公的首霸事业。孔子重“刚”，把“刚”作为仁的德目之一。他认为“刚毅木讷近仁”，主张无欲则刚。他积极进取，“为之不厌”“好古敏求”“发愤忘食，乐以忘忧，不知老之将至”，有一种“知其不可而为之”的犟劲，即今天所说的执着精神。曾子更是强调“弘毅”“死而后已”的刚毅韧劲。墨家进取有为，救世救民，主张“兼相爱、交相利”，“日夜不休，以自苦为极”（《庄子·天下》），“摩顶放踵利天下为之”（《孟子·尽心上》）。齐鲁文化这一精神，成为中华民族的基本精神，对我们民族的自强、自立、发展、壮大，独立于世界民族之林，起了巨大的激励作用。

（十八）厚德载物精神

“厚德载物”一语，出自《周易·坤卦·象传》：“地势坤，君子以厚德载物。”意思是，地势顺（坤道顺天而行），君子应效法大地之德，负载万物。《坤卦》六二爻辞曰：“直方大，不习无不利。”“直、方、大”是对大地的描绘，既直（正），又方，且大。具备了方正、阔大之品质，方能承载世界万物。

古人赞美大地方正阔大之品质，效法厚德载物之精神，注重修德，勇于担当。尧、舜、文、武、姜太公、周公等古圣贤之所以备受推崇，就是因为他们具有高厚之德，具有经国济世之担当精神。再如孔子，他一面主张“祖述尧舜，宪章文武”（《礼记·中庸》）、“修己以安人”，“修己以安百姓”（《论语·宪问》）、“博施于民而能济众”（《论语·雍也》），一面积极行动，办学，从政，周游列国，推行救世主张。弟子曾子提出“士不可以不弘毅，任重而道远。仁以为己任，不亦重乎？死而后已，不亦远乎”（《论语·泰伯》）终生践仁的远大志向，其《大学》更是以“修身、齐家、治国、平天下”为终生奋斗目标。道理很显然，一个人若缺乏高厚之德（当然也包含“才”），便不可能担当大任，也就不可能做到齐家、治国、平天下。

（十九）精忠爱国精神

爱国，就是对祖国忠诚热爱。历朝历代，众多仁人志士皆具有强烈的爱国爱民思想，以国事为己任，勇于担当，临危不惧，捍卫祖国，保卫人民。这种可贵的精神，使中华民族历经劫难而不衰。中华民族在数千年的发展历程中，形成了以爱国主义为核心的伟大民族精神。

齐鲁先贤，可以说个个都是爱国典范。姜太公、齐桓公、管仲等致力于强国富民。周公忠诚辅佐文王武王成王。孔子主张尊天子抑诸侯，拥护周天子大一统体制。他称赞协助齐桓公“九合诸侯，一匡天下”的管仲为仁人；反对分裂，对于季氏伐颛臾的行动予以强烈驳斥。他所说的“三军可夺帅也，匹夫不可夺志也”（《论语·子罕》）和孟子所说的“富贵不能淫，贫贱不能移，威武不能屈”（《孟子·滕文公下》）等彰显民族气节的豪言，激励着世世代代爱国志士忠诚卫国。

（二十）天下大同思想

大同，是儒家提出的一种理想社会。《礼记·礼运》记孔子语曰：“大道之行也，天下为公，选贤与能，讲信修睦。故人不独亲其亲，不独子其子。使老有所终，壮有所用，幼有所长，矜寡孤独废疾者皆有所养。男有分，女有归。货恶其弃于地也，不必藏于己，力恶其不出于身也，不必为己。是故谋闭而不兴，盗窃乱贼而不作。故外户而不闭，是谓大同。”这是儒家深切向往的理想社会，这种社会的基本特征是：天下公有，人人为公；人与人讲信修睦，和谐共处，崇尚博大之爱；人人各尽其力，各得其所，丰衣足食，安居乐业；没有差异，没有盗贼，没有战争，社会祥和，天下太平。此后，历代仁人志士大都为实现这一宏伟目标做出了不懈努力。仅以近现代而言，革命先驱如康有为、谭嗣同、孙中山、李大钊、毛泽东等，都怀着拯世救民的伟大理想，对大同理想热切向往并努力追求。尤其是习近平向世界响亮提出“人类命运共同体”的科学论断，继而又提出“一带一路”伟大构想，使人类在实现大同理想的道路上迈出了一大步。

齐鲁文化所体现出的这些思想和精神，恰与当今党和国家大力倡导的社会主义核心价值观相吻合。这是自然的，因为当今人们的价值观是在传统价值观的基础上继承发展而来的，是有根基的。再者，齐鲁文化作为中华传统文化的主流，它所体现出的这些思想和精神，具有优化社会的价值，习近平总结得精辟，即“跨越时空、超越国度、富有永恒魅力、具有当代价值”（见前）。习近平在纪念孔子诞辰2565周年国际学术研讨会上的讲话中指出：

> 当今世界，人类文明无论在物质还是精神方面都取得了巨大进步，特别是物质的极大丰富是古代世界完全不能想象的。同时，当代人类也面临着许多突出的难题，比如，贫富差距持续扩大，物欲追求奢华无度，个人主义恶性膨胀，社会诚信不断消减，伦理道德每况愈下，人与自然关系日趋紧张，等等。要解决这些难题，不仅需要运用人类今天发现和发展的智慧和力量，而且需要运用人类历史上积累和储存的智慧和力量。
>
> 世界上一些有识之士认为，包括儒家思想在内的中国优秀传统文化中蕴藏着解决当代人类面临的难题的重要启示，比如，关于道法自然、天人合一的思想，关于天下为公、大同世界的思想，关于自强不息、厚德载物的思想，关于以民为本、安民富民乐民的思想，关于为政以德、政者正也的思想，关于苟日新日日新又日新、革故鼎新、与时俱进的思想，关于脚踏实地、实事求是的思想，关于经世致用、知行合一、躬行实践的思想，关于集思广益、博施众利、群策群力的思想，关于仁者爱人、以德立人的思想，关于以诚待人、讲信修睦的思想，关于清廉从政、勤勉奉公的思想，关于俭约自守、力戒奢华的思想，关于中和、泰和、求同存异、和而不同、和谐相处的思想，关于安不忘危、存不忘亡、治不忘乱、居安思危的思想，等等。中国优秀传统文化的丰富哲学思想、人文精神、教化思想、道德理念等，可以为人们认识和改造世界提供有益启迪，可以为治国理政提供有益启示，也可以为道德建设提供有益启发。对传统文化中适合于调理社会关系和鼓励人们向上向善的内容，我们要结合时代条件加以继承和发扬，赋予其新的含义。希望中国和各国学者相互交流、相互切磋，把这个课题研究好，让中国优秀传统文化同世界各国优秀文化一道造福人类。

作为生活工作在齐鲁大地的知识分子，应积极响应习近平总书记的号召，以弘扬中华优秀传统文化为己任，做好传统文化思想精神的科学总结和阐发，向全国乃至世界推广，让世界普受中华优秀传统文化的阳光雨露，优化社会治理体系，推进世界精神文明进程。

齐鲁理工学院齐鲁文化研究院教授高尚举

目 录

第一章　齐鲁文化中的仁爱思想

仁的基本含义，是人与人相亲爱。汉代许慎《说文解字》曰："仁，亲也。从人从二。"宋代徐铉注《说文》曰："仁者兼爱，故从二。"《论语·颜渊》中樊迟问仁，孔子回答曰："爱人。"《墨子·经说下》曰："仁，仁爱也。"《庄子·天地》曰："爱人利物之谓仁。"先圣先贤们对"仁"的认识，都以"爱"为其内核。仁爱，是儒家文化的主流核心思想，基于这种认识，兹对孔子、曾子、孟子的仁爱思想作为重点予以挖掘归纳和阐发。

第一节　孔子的仁爱思想

孔子以仁为思想核心，事事处处以仁的标准来要求。就记载孔子言行的万余字的《论语》来统计，"仁"字共出现109次。作大致分类的话，仁爱思想可以分为以下几个方面：

一、修身以仁，自觉行仁

孔子强调以仁德修身，要求人们首先立志于仁，《论语·里仁》说："苟志于仁矣，无恶也。"如果一个人立志于仁，就不会有什么恶念恶行了。简短的一句话，说透了"立志于仁"的益处。既然"立志于仁"，就要时时处处执着于行仁："君子去仁，恶（wú）乎成名？君子无终食之间违仁，造次必于是，颠沛必于是。"（《论语·里仁》）君子抛掉了仁道，怎么能够成就好名声？君子哪怕是一顿饭的时间也不会离开仁道，仓促匆忙时执着于仁道，颠沛流离时执着于仁道。《论语·颜渊》记载：

> 颜渊问仁。子曰："克己复礼为仁。一日克己复礼，天下归仁焉。为仁由己，而由人乎哉？"颜渊曰："请问其目。"子曰："非礼勿视，非礼勿听，非礼勿言，非礼勿动。"颜渊曰："回虽不敏，请事斯语矣。"

颜渊问什么是仁。孔子说："克制自己，使言行复归于礼就是仁。人人一旦克己复礼，天下的一切就都归于仁了。修养仁德全靠自己，还靠别人吗？”颜渊说：“请问修养仁德的具体条目。”孔子说：“不符合礼的事不看，不符合礼的话不听，不符合礼的话不说，不符合礼的事不做。”颜渊说：“我颜回虽然不聪敏，请让我按照这话努力去做吧。”

孔子注重仁和礼的高度统一，仁是内在，礼是外在，礼是仁在行为上的具体表现。一个人如果不讲究文明礼仪，就很难说他是个仁人。

孔子所说的“为仁由己”，意思是修养仁德全靠自己，不靠别人督促，自觉地修养仁德。又说：“仁远乎哉？我欲仁，斯仁至矣。”（《论语·述而》）仁离我们并不远，想行仁，时时处处都有践行仁的机会。孔子又进一步劝导：

> 民之于仁也，甚于水火。水火，吾见蹈而死者矣，未见蹈仁而死者也。（《论语·卫灵公》）

孔子说：“民众对于仁德的急需，超过对水和火的急需。水和火，我见到踏进去而死的人，而未见到践行仁德而死的人。”这是针对某些人对行仁存有顾虑而说的。民众急需仁，我们要勇于践行仁，为民众谋利益。

二、孔子的仁行、仁人标准

孔子的仁行标准，最基本的就是“爱人”，对别人心存关爱，心存友善。那么落实在行动上，就是孔子所认可的：

> 子张问仁于孔子。孔子曰：“能行五者于天下，为仁矣。”“请问之。”曰：“恭、宽、信、敏、惠。恭则不侮，宽则得众，信则人任焉，敏则有功，惠则足以使人。”（《论语·阳货》）

子张问孔子怎么做才是仁。孔子说：“能在天下实行五个方面，就可以说是仁了。”子张说：“请问是哪五个方面。”孔子说：“恭敬、宽厚、诚信、勤敏、恩惠。恭敬就不会受到侮辱，宽厚就会得到民众，诚信就会得到别人的任用，勤敏就会有成就，施恩惠就能够使唤得动别人。”

> 子贡曰：“如有博施于民而能济众，何如？可谓仁乎？”子曰：“何事（止）于仁，必也圣乎！尧、舜其犹病诸！夫仁者，己欲立而立

人，己欲达而达人。能近取譬，可谓仁之方也已。”(《论语·雍也》)

子贡说：“如果有人能广泛地施惠于民，并能在贫困时救济大众，怎么样？可以说是达到仁了吗？”孔子说：“哪里仅是仁道！那一定是圣德了！恐怕尧、舜也担心难以做到呀！有仁德的人，自己想立身于世也要帮助别人立身于世，自己想发达成功也要帮助别人发达成功。能够就近从自身做比方（将心比心，推己及人），可以算是行仁的方法了。”“己欲立而立人，己欲达而达人”，高度概括了仁者的道德境界。“圣”与“仁”，确立了儒家追求的终极人格目标，“圣”是具有崇高德行并且智仁兼备的人。孔子认为，能做到“博施于民而能济众”，就可以称作“圣”了。“博施于民而能济众”，是当时治国安邦的理想蓝图，孔子深切地希望有这样的执政者出现。

仲弓问仁。子曰：“出门如见大宾，使民如承大祭。己所不欲，勿施于人。在邦无怨，在家无怨。”仲弓曰：“雍虽不敏，请事斯语矣。”(《论语·颜渊》)

仲弓问什么是仁。孔子说：“出门待人要像接见贵宾一样敬慎，使唤老百姓要像承当大的祭典一样小心。自己不想要的，不要强加给别人。这样，在诸侯国做事不招致怨恨，在卿大夫家做事不招致怨恨。”“己所不欲，勿施于人”，是人际平等交往最基本的原则，也是仁爱的一种具体体现，被当今世界大多数国家所遵守，成为普世价值观，它也是中华优秀传统文化中闪光的名言。如果人人都践行此言，天下还会有战争吗？还会有假冒伪劣、坑蒙拐骗吗？

子曰：“志士仁人，无求生以害仁，有杀身以成仁。”(《论语·卫灵公》)

孔子说：“志士仁人，没有因贪生而损害仁道的，却有牺牲自身而成全仁道的。”

关于仁行标准，孔子还谈到这些方面：“仁者先难而后获，可谓仁矣”(《论语·雍也》)；“仁者不忧（乐观）”(《论语·子罕》)；“仁者必有勇”(《论语·宪问》)；“刚毅木讷，近仁”(《论语·子路》)，刚强坚毅，质朴而言辞不轻易出口，接近于仁。“仁者，其言也讱(rèn，言不轻易说出，说话谨慎）。”（《论语·颜渊》）孔子提倡“木讷”“讱”，是针对“巧言令色鲜矣仁”的人而说的。

孔子认为，仁是做人的最高标准，因此，他不轻易以仁许人。遍观《论语》，多处记载弟子们问某人某行为是否达到了仁，孔子大都不轻易认可。比如孟武伯问子路、冉求是否仁，子张问令尹子文是否仁，他都不予肯定回答，而只是对伯夷、叔齐、微子、箕子、比干、管仲等人以仁相许。

（子贡问）曰：“伯夷、叔齐何人也。”（子）曰：“古之贤人也。”（子贡又问）曰：“怨乎？”（子）曰：“求仁而得仁，又何怨？”（《论语·述而》）

孔子说伯夷、叔齐是贤人，有仁德，是对他兄弟二人互相谦让孤竹国君位这一行为的肯定。在礼崩乐坏、争夺君位相互残杀（《太史公自序》载：“春秋之中，弑君三十六，亡国五十二，诸侯奔走不得保其社稷者不可胜数。”）的春秋时期，这种让德就显得十分有现实意义。同时，他还把泰伯的让德赞为“至德”：“子曰：‘泰伯（周太王古公亶父的长子），其可谓至德也已矣！三以天下让，民无得而称焉。”（《论语·泰伯》）孔子说：“泰伯，可以说是具有最高道德的了！他多次把天下让给弟弟季历（文王姬昌之父），民众找不到恰当的词语来称赞他。”《论语·微子》篇曰：

微子去之，箕子为之奴，比干谏而死。孔子曰：“殷有三仁焉。”

纣王昏庸残暴，哥哥微子启离开了他，叔父箕子装疯做了奴隶，叔父比干因强谏被剖心惨死。孔子把面对暴君采取“离去”“装疯”“强谏”等行为的三位大贤，褒奖为仁人。《论语·宪问》篇记载：

子路曰：“桓公杀公子纠，召忽死之，管仲不死，曰未仁乎？”子曰：“桓公九合诸侯，不以兵车，管仲之力也。如其仁！如其仁！”

子路说：“齐桓公杀了公子纠，召忽为他而死，管仲不为他死，这不够仁吧？”孔子说：“齐桓公九次会盟诸侯，不动用兵车武力，都是管仲的力量。这就是他的仁！这就是他的仁！”孔子与弟子子路谈论“管仲不死君难”是否为仁的评判标准，就是看这个人对历史、对国家、对人民的贡献如何。孔子认为，要站在历史的高度宏观地看问题。管仲倘若为公子纠殉道而死，充其量算作一种信义之举，与他的巨大功勋相比，不值一提。管仲佐桓公九合诸侯，不用武力征伐，使天下百姓免遭战争荼毒，为社会做出了巨大贡献。这是不辱臣命的大节，完全当得起这个“仁”字。司马迁说：“人固有一死，或重于泰山，或轻于鸿毛。”面对生死，我们要思考怎样才能让自己的生命更有价值一些？个体的生命因你的选择，如何更有意义？

> 子贡曰：“管仲非仁者与？桓公杀公子纠，不能死，又相之。”子曰：“管仲相桓公，霸诸侯，一匡天下，民到于今受其赐。微（无）管仲，吾其被发左衽矣。岂若匹夫匹妇之为谅（信）也，自经（自缢）于沟渎而莫之知也？”

子贡说：“管仲不算是仁人吧？齐桓公杀了公子纠，他不但不能为主子去死，反而又辅佐齐桓公。”孔子说：“管仲辅佐桓公，使他称霸诸侯，一匡天下，民众直到今天还受到他的恩赐。如果没有管仲，我们恐怕会沦落到落后民族的地步，披散着头发，左开着衣襟。难道要像普通男女那样愚守小信，自缢于沟渠而不为人知吗？”这里赞美管仲舍小义、重大义之品德。倘若管仲像召忽那样为其主子纠死了，也只不过是主仆之义，也就谈不上后来的齐国强盛、民众的幸福。

可知，具有让德、反对暴君、不守小信讲大义，以仁德惠及天下，才符合孔子的仁人标准。由此，我们根据孔子的仁行标准、仁人标准来考量，即可清楚如何践行仁道，如何做仁人义士。

三、仁人爱物，施政以仁

《论语·述而》记载：“子钓而不网，弋不射宿。”是说孔子用钩钓鱼，而不用网捕鱼；用箭射鸟，而不射归巢栖息之鸟。宿，栖宿在窝里的鸟。《论语》举此二例，目的是彰显孔子仁德。捕鱼不以网，主张一是少捕，一是不捕幼小。捕鸟不射宿，也是考虑到宿鸟易捕，再者，久居巢中的鸟，多在孵化或哺育幼鸟，如果射杀了这样的鸟，一群幼鸟就会活活饿死。

孙钦善《论语本解》曰：“《孟子·尽心上》说：‘亲亲而仁民，仁民而爱物。’本章即反映了孔子的爱物美德。这种美德表现为遵守古代取物有节的社会公约，《大戴礼·曾子大孝》：‘草木以时伐焉，禽兽以时杀焉。夫子曰：伐一木，杀一兽，不以其时，非孝也。’贾谊《新书·礼》：‘不合围，不掩群，不射宿，不涸泽，豺不祭兽，不田猎，獭不祭鱼，不设网罟，……取之有时，用之有节，则物莫不多。’”李泽厚《论语今读》曰：“旧注常以此来讲‘取物以节’，不妄杀滥捕，乃理性经验，但这里着重的更是仁爱感情。”

孔子特别重视推行仁政。他有一个十分形象的比喻：

为政以德，譬如北辰，居其所而众星共之。（《论语·为政》）

孔子说：“当政者用仁德来治国理政，就好像北极星安居其所，而众星就井然有序地环绕着它。”统治者施仁政，为民谋福利，才能得到民众的真诚拥护。又说：

道之以政，齐之以刑，民免而无耻；道之以德，齐之以礼，有耻且格。（《论语·为政》）

用政令教导民众，用刑法整顿民众，民众往往就会逃避制裁而无耻辱感；用道德教导民众，用礼仪整顿民众，民众就会有知耻之心而自觉纠正不良思想行为。关于这个“格”字，古今注家分歧很大：汉郑玄解作“格，来也”，宋朱熹解作“格，至也”，清黄式三解作“‘格’，当训为革”，杨伯峻译作“人心归服”等等。我们认为，释“格”为“正”，符合经义。魏何晏《论语集解》曰：“格者，正也。”梁皇侃《论语义疏》曰：“格，正也。既导德齐礼，故民服从而知愧耻，皆归于正也。”宋邢昺《论语注疏》曰：“格，正也。言君上化民，必以道德。民或未从化，则制礼以齐整，使民知有礼则安，失礼则耻。如此则民有愧耻而不犯礼，且能自修而归正也。”钱逊《论语浅解》曰：“用道德教化来引导百姓，用礼制来统一百姓的行动，百姓就会有羞耻之心，并且自觉地走上正道了。”《辞源》：“格：纠正。《书·冏命》：‘绳愆纠谬，格其非心。’”（愆：偏失。绳愆：以准绳纠正偏失。格其非心：正其邪心）《汉语大字典》：“格：正，纠正。《方言》卷三：‘格，正也。’清吴善述《说文广义校订》：‘制器者以木为法，所以正不正者曰格。’”《孟子·离娄上》：“惟大人能格君心之非。”赵岐注：“格，正也。”可见，释“格”为“正”，胜于其他诸说。人有耻辱感，就能格其非心，就能从思想上纠正其不良思想行为。所以，德教的作用，是从思想上解决问题。以贪腐为例，如果从思想上认识到“贪腐可耻”，就能做到“不想腐”“不敢腐”。《论语·颜渊》篇记载：

> 季康子问政于孔子曰：“如杀无道，以就有道，何如？”孔子对曰：“子为政，焉用杀？子欲善而民善矣。君子之德风，小人之德草。草上之风，必偃。”

季康子向孔子问为政之道，说：“如果惩杀无道的坏人，成就有道的好人，怎么样？”孔子回答说：“你治国理政，哪里用得着杀人？你自己想要从善（带头仁善），老百姓也就从善了。为政者的道德好比风，老百姓的道德好比草。风吹到草上，草一定随风倒伏。”季康子理政注重刑法惩罚，与孔子主张的仁政有冲突。孔子便耐心强调“子欲善而民善矣”的道理，并用了“君子之德风，小人之德草”草随风动的形象比喻，教育统治者做好德行表率。

《孔子家语·好生》篇记载：

> 子路戎服见于孔子，拔剑而舞之，曰：“古之君子，以剑自卫乎？”孔子曰：“古之君子，忠以为质，仁以为卫，不出环堵之室，而知千里之外，有不善则以忠化之，侵暴则以仁固之，何持剑乎？”子路曰：“由乃今闻此言，请摄齐（zī）以受教。”

弟子子路身穿军服见孔子，舞着剑对孔子说：“古时的君子，大概都是用剑自卫吧？”孔子说：“古时的君子，大都以忠诚忠信为本质，以仁义来守卫，不出家园，而知千里之外，有不善良者，就用忠诚忠信教化之，有侵害残暴者，就用仁义禁锢劝阻之，何用持剑守卫呢？”子路说：“仲由我今天聆听到您这番话，请让我提起衣摆，恭恭敬敬拜倒在您堂下接受教诲吧。”

《论语·季氏》篇记载：

> 季氏将伐颛臾。冉有、季路见于孔子，曰：“季氏将有事于颛臾。”孔子曰：“求！无乃尔是过与？夫颛臾，昔者先王以为东蒙主，且在邦域之中矣，是社稷之臣也。何以伐为？”冉有曰：“夫子欲

之，吾二臣者皆不欲也。”孔子曰：“求！周任有言曰：‘陈力就列，不能者止。’危而不持，颠而不扶，则将焉用彼相矣？且尔言过矣，虎兕出于柙，龟玉毁于椟中，是谁之过与？”冉有曰：“今夫颛臾，故而近于费，今不取，后世必为子孙忧。”孔子曰：“求！君子疾夫舍曰欲之而必为之辞。丘也闻有国有家者，不患寡而患不均，不患贫而患不安。盖均无贫，和无寡，安无倾。夫如是，故远人不服，则修文德以来之。既来之，则安之。今由与求也，相夫子，远人不服，而不能来也；邦分崩离析，而不能守也，而谋动干戈于邦内。吾恐季孙之忧不在颛臾，而在萧墙之内也。”

季康子将要讨伐颛臾（zhuānyú，国名，故址在今山东费县西北）。冉有、子路进见孔子，说：“季氏将对颛臾发动战争。”孔子说：“冉求！这恐怕是你的过失吧！颛臾，从前先代君王已封它做东蒙山的主祭者，而且在鲁国疆域之内，是国家的臣属，为什么要讨伐它呢？”冉有说：“季老夫子想讨伐它，我们两个臣下都不想这么做。”孔子说：“冉求！良史周任有句话说：‘能在所任职位上施展才力就干下去，不能的话就辞职。’譬如为盲人做相导，他遇到危险而不去护持，将要跌倒而不去搀扶，那又何必用你这个相呢？并且你的话也是错误的，老虎野牛从笼子里跑出来，龟甲美玉在匣子里放坏了，这是谁的过错呢？”冉有说：“现在颛臾，城墙坚固而且离费邑很近，今天不取得它，后世一定会成为子孙的忧患。”孔子说：“冉求！君子最憎恨那种不直说自己想要而一定编些托词的做法。我孔丘听说：有国的诸侯或有家的大夫，不怕财富少，而怕分配不均；不怕人民少，而怕不安定。大概分配平均了，也就没有贫穷；民众和谐团结了，也就不显得人少；国家安定，就不容易倾覆。正因为这样，所以远处的人不服，就修文德以招徕他们。既然来了，就好好安顿他们。如今你仲由和冉求，相助季氏，远处的人不服，不能招徕他们；国家分崩离析，而不能守护，反而谋划在国内大动干戈；我担心季氏的担忧不在颛臾，而在自己的门屏之内。”

这里所说的“修文德”，就是修仁德。为政者修好仁德，广泛施行仁德，老百姓自然“近者悦，远者来”，用不着动用武力去征伐。

《礼记·檀弓下》记载：

孔子过泰山侧，有妇人哭于墓者而哀。夫子式而听之，使子路问之，曰：“子之哭也，壹似重有忧者。”而曰：“然！昔者吾舅死于虎，吾夫又死焉，今吾子又死焉！”夫子曰：“何为不去也？”曰：“无苛政。”夫子曰：“小子识之，苛政猛于虎也。”

孔子路过泰山脚下，有一个妇人在墓前哭得很悲伤。孔子扶着车前的横木（轼）听妇人的哭声，让子路前去问那个妇人。子路问道：“您这样哭，实在像连着有了几件伤心事似的。”妇人说：“是的，之前我的公公死于虎口，后来我的丈夫也死于虎口，如今我的儿子又死于虎口！”孔子问：“那为何不离开这地方呢？”妇人说：“这里没有苛刻的暴政。”孔子说：“年轻人记下这事，苛刻残暴的政令比老虎还要凶猛可怕啊！”

这些故事生动形象，一位仁爱友善的伟大形象，耸立在我们面前，“仰之弥高”的崇敬之感在人们的心中油然而生！

这里，纠正人们对孔子的一个误解，即“爱有差等”说。

因《礼记·中庸》记有所谓孔子说过“仁者，人也，亲亲为大”这样的话，很多人认为孔子的仁爱，以爱自家的亲族为主，而爱别人为次，这既显示了爱的主次差等，也显示了爱的自私。有人与墨家“兼爱”思想比较，感觉孔子“爱”的境界不如墨子“爱”的境界高。真是如此吗？全面检视孔子关于“仁爱”的论述，无“爱有差等”之意。如弟子樊迟请教什么是仁，孔子答曰：“爱人。”（《论语·颜渊》）“爱人”，即关爱别人。又说：“泛爱众而亲仁。”（《论语·学而》）“泛爱众”，即广爱民众。又说：“己欲立而立人，己欲达而达人。”（《论语·雍也》）即自己想立身于世也要帮助别人立身于世，自己想发达成功也要帮助别人发达成功。又说：“大道之行也，天下为公，选贤与能，讲信修睦。故人不独亲其亲，不独子其子。使老有所终，壮有所用，幼有所长，矜寡孤独废疾者，皆有所养。”（《礼记·礼运》）“天下为公”，彰显了孔子“天下公有”“天下一家”的博大胸怀；“不独亲其亲，不独子其子”，彰显了孔子“不私亲”“不私子”的博爱胸襟。

孔子不仅言论上如此，行动上也是如此，比如在教育弟子孝悌时，他是这么做的：“教以孝，所以敬天下之为人父者也；教以悌，所以敬天下之为兄者也。”（《孝经·广至德章》）教育弟子行孝时，注重教他们敬爱天下的父母；教育弟子敬长时，注重教他们尊敬天下的兄长。再如在对待育子方面，与众多学生同等关爱，不偏私。《论语·季氏》记载：

陈亢问于伯鱼曰：“子亦有异闻乎？”对曰：“未也。尝独立，鲤趋而过庭。曰：‘学诗乎？’对曰：‘未也。’‘不学诗，无以言。’鲤退而学诗。他日，又独立，鲤趋而过庭。曰：‘学礼乎？’对曰：‘未也。’‘不学礼，无以立。’鲤退而学礼。闻斯二者。”陈亢退而喜曰：“问一得三，闻诗，闻礼，又闻君子之远其子也。”

陈亢向孔子的儿子伯鱼问道：“你在先生那里听到过特别的知识传授吗？”伯鱼回答说：“没有。父亲他曾经一个人站在庭中，我恭敬地快步而过。他忽然问我说：‘学诗了吗？’我回答说：‘没有。’他说：‘不学诗，无法讲话。’我退下后便学起诗来。又有一天，他又一个人站在庭中，我恭敬地快步而过。他问道：‘学礼了吗？’我回答说：‘没有。’他说：‘不学礼，无法立身。’我退下后便学起礼来。我就听到这两点。”陈亢退下后很高兴地说：“问一得知三，得知了学诗的道理，得知了学礼的道理，又得知君子不私爱自己的儿子。”

上述足以证明，孔子的仁爱思想是博大的，而并非一些人所理解的“爱有差等”。

第二节　曾子的仁爱思想

曾子作为孔子的学生，尊师重道，注重仁德修养，注意行为规范，终成孔子弟子中最有思想建树的代表。

一、注重仁德修养

曾子重视修身，长期坚持自省自律的修身习惯。曾说：“吾日三省吾身：为人谋而不忠乎？与朋友交而不信乎？传不习乎？”（《论语·学而》）又说：“同游而不见爱者，吾必不仁也；交而不见敬者，吾必不长（不恭谨宽厚）也；临财而不见信者，吾必不信也。三者在身曷怨人！怨人者穷，怨天者无识。失诸己而反诸人，岂不亦迂哉！”（《曾子全书·三省》）又说：“君子修礼以立志，则贪欲之心不来；君子思礼以修身，则怠惰慢易之节不至；君子修礼以仁义，则忿争暴乱之辞远。君子之所贵乎道者三：动容貌，斯远暴慢矣；正颜色，斯近信矣；出辞气，斯远鄙倍矣。”（《曾子全书·忠恕》）整肃容貌，就会远离粗暴和怠慢；端庄脸色，就会近于诚信；讲究言辞高雅的表达艺术，就会远离粗俗和乖戾。又说：“君子攻其恶，求其过，彊其所不能，去私欲，从事于义，可谓学矣。”（《曾子十篇·曾子立事》）又说：“见善恐不得与焉，见不善者恐其及己也。”(《大戴礼记·曾子立事》)又说:“君子己善，亦乐人之善也；己能，亦乐人之能也；己虽不能，亦不以援人。”(《曾子·子思子》)又说:“君子不先人以恶，不疑人以不信。不说人之过，成人之美，存往者，在来者，朝有过夕改则与之，夕有过朝改则与之。”(《曾子十篇·曾子立事》)又说:“君子见利思辱，见恶思诟(诟病)，嗜欲思耻，忿怒思患，君子终身守此战战也。”(同上)又说:“君子必慎其独也(谨慎自己独处时不做坏事)。十目所视，十手所指，其严乎！富润屋，德润身，心广体胖，故君子必诚其意。”(《曾子全书·明明德》)曾子的自省、自律、慎独思想，成为世人的座右铭。

曾子曰:

> 是故君子以仁为尊。天下之为富，何为富？则仁为富也。天下之为贵，何为贵？则仁为贵也。昔者，舜疋夫也，土地之厚，则得而有之；人徒之众，则得而使之：舜唯以仁得之也。是故君子将说富贵，必勉于仁也。昔者，伯夷、叔齐死于沟浍之间，其仁成名于天下。夫二子者，居河济之间，非有土地之厚、货粟之富也；言为文章，行为表缀(表率)于天下。是故君子思仁义，昼则忘食，夜则忘寐，日旦就业，夕而自省，以役其身，亦可谓守业矣。”(《曾子十篇·曾子制言中》)

曾子尊奉仁义，曾说:“凡行不义，则吾不事；不仁，则吾不长(不以他为长上)。奉相仁义，则吾与之聚群；向尔(接近)寇盗，则吾与虑(忧虑)。”(《曾子十篇·曾子制言下》)

相传《大学》是曾子所作，其主题就是修身、齐家、治国、平天下，其言:“一家仁，一国兴仁；一家让，一国兴让；一人贪戾，一国作乱。”“自天子以至于庶人，壹是皆以修身为本。”

二、以行仁为人生志向

曾子坚守仁道，曾说:“负耜而行道，冻饿而守仁。”(《曾子十篇·曾子制言中》)又说:

> 君子无悒悒于贫，无勿勿于贱，无惮惮于不闻。布衣不完，蔬食不饱，蓬户穴牖，日孜孜上仁。

君子不要忧闷于贫困，不要忧愁于低贱，不要忧惧于不闻达。即使破布烂衫，野菜充饥，住着茅草房，也要天天专心一意地崇尚追求仁道。《盐铁论·地广》篇评价曰："古之君子守道以立名，修身以俟时，不为穷变节，不为贱易志。惟仁之处，惟义之行。临财苟得，见利反义。不义而富，无名而贵，仁者不为也。故曾参、闵子不以其仁易晋楚之富，伯夷不以其行易诸侯之位，是以齐景公有马千驷而不能与之争名。"

曾子主张读书人要胸怀宽宏，意志坚毅，以行仁为己任，为之奋斗终生。他说：

> 士不可以不弘毅，任重而道远。仁以为己任，不亦重乎？死而后已，不亦远乎？（《论语·泰伯》）

弘毅，即宽宏坚毅，谓抱负远大，意志坚强。曾子为何要求士弘毅呢？是因为士任重道远。什么样的任最重呢？答曰"仁"。实践仁是最重的，因为仁者要"爱人"，要"泛爱众"，而"爱人""泛爱众"不是只停留在口头上，而是要躬行实践之。"爱人""爱众"要有行动：如救民众于水火，为民众谋幸福，为社会图安定、图发展等。责任重大，若没有宏大的志向抱负则根本谈不上践行"仁"，而且实践"仁"是终生的事，一辈子的事，十分久远，缺乏坚强的毅力是坚持不到"死而后已"的。正是在这种宏大志向的促使下，才生出修身、齐家、治国、平天下的宏伟人生目标。

三、以孝为仁德之本

曾子重孝，把孝的内涵扩大，认为人的一切德行都与孝密切相关。他说："居处不庄，非孝也；事君不忠，非孝也；莅官不敬，非孝也；朋友不信，非孝也；战阵无勇，非孝也。五者不遂，灾及乎身，敢不敬乎？"（《曾子全书·养老》）又说："夫孝者，天下之大经也。"在这种认识的主导下，"仁""义""忠""信"等德行都要以是否符合"孝"来衡量。他说："民之本教曰孝，其行之曰养。养可能也，敬为难；敬可能也，安为难；安可能也，久为难；久可能也，卒为难。父母既殁，慎行其身，不遗父母恶名，可谓能终也。夫仁者，仁此者也；义者，宜此者也；忠者，忠此者也；信者，信此者也；礼者，体此者也；行者，行此者也；彊者，彊此者也。乐自顺此生，刑自反此作。"（同上）

相传《孝经》是曾子所作。《孝经》把孝政治化，把孝视为德政之本。该书规定了天子、诸侯、卿大夫、士、庶人的孝道规范，要求天子广敬博爱，在敬爱自己双亲的同时，还要敬爱百姓；要求诸侯“在上不骄”“保其社稷，而和其民人”；要求卿大夫一切言行都要遵从先王之法，忠于君王；要求士以事父之诚来事君，主张“以孝事君则忠，以敬事长则顺。忠顺不失，以事其上，然后能保其禄位，而守其祭祀”；要求庶人（百姓）“用天之道，分地之利，谨身节用，以养父母”。如此，《孝经》便确定了“以孝治天下”的基本理念。实际上，“以孝治天下”的思想内涵，就是以仁德治天下。

第三节　孟子的仁爱思想

孟子是孔子之孙子思的再传弟子，继承并发扬了孔子、曾子（曾子是子思的老师）的思想，有“亚圣”之称，与孔子并称为“孔孟”。孟子也同孔子、曾子一样，十分重视仁爱。归纳之，可分以下几个方面：

一、仁德的修养

1. 主张养心、养气

孟子说：“养心莫善于寡欲。其为人也寡欲，虽有不存焉者，寡矣；其为人也多欲，虽有存焉者，寡矣。”（《孟子·尽心下》）意思是说：修养心性的方法没有比减少嗜欲更好的了。人如果能欲望不多，那善性纵使有所丧失，也不会多；如果欲念太多，那善性纵使有所保存，也是很少的。养心的关键在寡欲，良知常受嗜欲的蒙蔽，所以利令智昏。孟子所说的养心，就是养仁义之心。

又说：“我善养吾浩然之气。……其为气也，至大至刚，以直养而无害，则塞于天地之间。其为气也，配义与道；无是，馁也。是集义所生者，非义袭而取之也。”（《孟子·公孙丑上》）意思是说：我善于培养我的浩然之气（正气）。……这种气，最伟大，最刚强。用正义去培养它，一点不加伤害，就会充满天地之间。这种气，是由义的经常积累所产生的，不是偶然的义行为所能取得的。主张“穷则独善其身，达则兼济天下”（《孟子·尽心上》）。

2. 主张恻隐之心、不忍人之心

孟子说：“无恻隐之心，非人也；无羞恶之心，非人也；无辞让之心，非人也；无是非之心，非人也。恻隐之心，仁之端也；羞恶之心，义之端也；辞让之心，礼之端也；是非之心，智之端也。人之有是四端也，犹其有四体也。有是四端而自谓不能者，自贼者也。”（《孟子·公孙丑上》）所谓恻隐之心，就是同情心。孟子认为，没有同情心，简直不是人。富有同情心，才符合人的本性。富有同情心，才能对人仁善。孟子又说：

人皆有不忍人之心。先王有不忍人之心，斯有不忍人之政矣。以不忍人之心，行不忍人之政，治天下可运之掌上。（同上）

意思是说：每个人都有怜悯体恤别人的心情。先王有怜悯体恤别人的心情，于是就有了怜悯体恤百姓的政治主张。用怜悯体恤别人的心，去施行怜悯体恤百姓的政治，治理天下就可以像在手掌心里面运转东西一样容易了。孟子所说的不忍之心就是仁心，不忍之政就是仁政。

二、崇尚仁政，重民爱民

仁政是孟子最关注的政治理念，他说：“不仁而得国者，有之矣；不仁而得天下者，未之有也。”（《孟子·尽心下》）意思是，不仁的人却得到一个国家，有这样的情况；不仁的人却得到天下，是从来没有过的。又说：“三代之得天下也以仁，其失天下也以不仁。国之所以废兴存亡者亦然。天子不仁，不保四海；诸侯不仁，不保社稷；卿大夫不仁，不保宗庙。”（《孟子·离娄上》）又说：“惟仁者宜在高位。不仁而在高位，是播其恶于众也。”（《同上》）他要求君主带头行仁义，说：“君仁，莫不仁；君义，莫不义。”（《孟子·离娄下》）又说：“如有不嗜杀人者，则天下之民皆引领而望之矣。”（《孟子·梁惠王上》）如果有一位不好杀人的君主，那么，天下的老百姓都会伸长着脖子期待他的解救了。

孟子面对战国时代列国攻伐、互相残杀、民不聊生的动乱世道，提出以民为本的仁政思想：“民为贵，社稷次之，君为轻。是故得乎丘民（百姓）而为天子，得乎天子为诸侯，得乎诸侯为大夫。”（《孟子·尽心下》）意思是，百姓最重要，国家次要，君主较轻。因此，得到众百姓之心的做天子，得到天子之心的做诸侯，得到诸侯之心的做大夫。

他当面劝谏邹穆公：

凶年饥岁，君之民老弱转乎沟壑，壮者散而之四方者，几千人

矣；而君之仓廪实，府库充，有司莫以告，是上慢而残下也。（《孟子·梁惠王下》）

孟子是说：灾荒年月时，您的百姓，年老体弱的因饥饿辗转而死在山野沟壑里，身强体壮的便逃散到四方，应该有近千人吧；而您的粮仓里有充足的粮食，货库里有充足的财宝，官吏们不把这情况向您禀告，这是他们怠慢上级残害百姓啊。

他指斥当政者：

争地以战，杀人盈野；争城以战，杀人盈城，此所谓率土地而食人肉，罪不容于死。（《孟子·离娄上》）

坏宫室以为污池，民无所安息；弃田以为园囿，使民不得衣食。（《孟子·滕文公下》）

他指斥好战的梁惠王说：

庖有肥肉，厩有肥马，民有饥色，野有饿莩，此率兽而食人也！兽相食，且人恶之；为民父母，行政不免于率兽而食人，恶在其为民父母也？仲尼曰："始作俑者，其无后乎？"为其象人而用之也。如之何其使斯民饥而死也！（《孟子·梁惠王上》）

有一次孟子和梁惠王谈论治国之道。孟子问梁惠王："用木棍打死人和用刀子杀死人，有什么不同吗？"

梁惠王回答说："没有什么不同的。"

孟子又问："用刀子杀死人和用政治害死人有什么不同？"

梁惠王说："也没有什么不同。"

孟子接着说："现在大王的厨房里有的是肥肉，马厩里有的是肥马，可是民众面有饥色，野外躺着饿死的人。这好比当权者在带领着野兽来吃人啊！野兽相食，人尚且厌恶，作为百姓的父母官，施行政治却不免于率领野兽来吃人，那又怎么能够做好老百姓的父母官呢？孔子曾经说过：'最早开始用木偶或土偶陪同死人下葬的人，应该会是断子绝孙吧？'您看，用人形的土偶来殉葬尚且不可，又怎么可以让老百姓活活地饿死呢！"

同时，他还向梁惠王提出"仁者无敌"说：

王如施仁政于民，省刑罚，薄税敛，深耕易耨，壮者以暇日修其孝悌忠信，入以事其父兄，出以事其长上，可使制梃（制造木棒）以挞秦、楚之坚甲利兵矣。彼（指秦楚）夺其民时，使不得耕耨以养其父母，父母冻饿，兄弟妻子离散。彼陷溺其民（秦楚使民众陷于深渊中），王往而征之，夫谁与王敌？故曰："仁者无敌。"（《孟子·梁惠王上》）

他建议齐宣王给民以恒产：

明君制民之产，必使仰足以事父母，俯足以畜妻子；乐岁终身饱，凶年免于死亡。然后驱而之善，故民之从之也轻。今也制民之产，仰不足以事父母，俯不足以畜妻子；乐岁终身苦，凶年不免于死亡。此惟救死而恐不赡（shàn，足够），奚（何）暇治礼义哉！（《孟子·梁惠王上》）

贤明的君主，要使老百姓拥有固定田产。老百姓拥有了可靠的田产，生活上才会有保障，才可以讲究礼仪文明，社会才会和谐稳定。

三、强调民众之间仁爱友善

孟子希望人与人之间相亲爱，相友善，他说：

人人亲其亲、长其长，而天下平。（《孟子·离娄上》）

老吾老，以及人之老；幼吾幼，以及人之幼，天下可运于掌。（《孟子·梁惠王上》）

孩提之童，无不知爱其亲；及其长也，无不知敬其兄也。亲亲，仁也；敬长，义也；无他，达之天下也。（《孟子·尽心上》）

亲亲而仁民，仁民而爱物。（《孟子·尽心上》）

告诫人们切勿有暴行，他说：

吾今而后知杀人亲之重也。杀人之父，人亦杀其父；杀人之兄，人亦杀其兄。然则非自杀之也，一间耳。（《孟子·尽心下》）

意思是，我现在才知道杀害别人的亲人的严重后果了。如果杀害了别人的父亲，别人也要杀害他的父亲；如果杀害了别人的哥哥，别人也要杀害他的哥哥。这和自己亲手杀死自己的父亲和哥哥只有一点点差别罢了。

第四节 齐鲁其他先贤的仁爱思想

除上述孔子、曾子、孟子之外，其他齐鲁先贤如姜尚、管仲、晏婴、荀况、墨翟等也皆富有仁义思想。

一、姜太公

姜太公，姜姓，吕氏，名尚，字子牙。因辅佐文王、武王灭商有功，受封于齐，为齐国开国君主。齐国建国之初，土地贫瘠，人民贫穷，太公为改变这种状况，呕心沥血，带领臣民艰苦创业。《史记·齐太公世家》记载，“太公至国修政，因其俗，简其礼，通商工之业，便鱼盐之利，而人民多归齐”。姜太公意识到：民众决定王朝的兴衰，统治者只有行“仁爱”之政，才能“服众”，才能得到民众的支持和拥护。《司马法·仁本》载：

> 战道：不违时，不历民病，所以爱吾民也；不加丧，不因凶，所以爱夫其民也；冬夏不兴师，所以兼爱其民也。故国虽大，好战必亡；天下虽安，忘战必危。

作战的原则是：不违背农时，不在疾病流行时兴兵打仗，为的是爱护自己的民众；不乘敌国办大丧时去进攻，也不趁敌国灾荒时去进攻，为的是爱护敌国的民众；不在冬夏两季兴兵打仗，为的是爱护双方的民众。所以，国家虽强大，好战必灭亡；社会虽安定，妄战必危乱。

《六韬·文韬·文师》指出：

> 天下非一人之天下，乃天下之天下也。同天下之利者，则得天下；擅天下之利者，则失天下。

与民同利，就能得到民众的支持，就能取得天下。与民争利，就会失去民众的支持，就会失去天下。

天有时，地有财，能与人共之者，仁也。仁之所在，天下归之。免人之死，解人之难，救人之患，济人之急者，德也；德之所在，天下归之。

统治者要讲仁爱，施恩德，行道义，和天下人分享利益，解除民众的苦难，才能得到民众的拥护。

二、管仲

管仲，由鲍叔牙推荐，被齐桓公重任为相。此前，齐桓公与管仲之间虽有一箭之仇，但在大义面前，二人皆能摒弃前嫌，站在国家民众的利益上，精诚合作，共谋发展。

管仲主张以人为本：

夫争天下者，必先争人……得天下之众者王，得其半者霸。(《管子·霸言》)

夫霸王之所始也，以人为本。本治则国固，本乱则国危。(《管子·霸言》)

主张顺民富民：

政之所兴，在顺民心；政之所废，在逆民心。(《管子·牧民》)

凡治国之道，必先富民。民富则易治也，民贫则难治也。(《管子·治国》)

仓廪实则知礼节，衣食足则知荣辱。(《管子·治国》)

《管子·五辅》提出“六兴”概念，即“厚其生”“输之以财”“遗之以利”“宽其政”“匡其急”“赈其穷”。强调“四维说”，将礼、义、廉、耻比喻为维系政治统治和社会安定的四条绳索，认为“四维不张，国乃灭亡”。这些仁民政策的实施，使齐国发展富强，而且在“九合诸侯，一匡天下”的过程中，“不以兵车”，不动用武力，这都是管仲以仁相国的仁德表现。

三、晏婴

晏婴，任齐卿，历仕灵公、庄公、景公三世，也主张以民为本，爱民恤民。他说：

卑而不失尊，曲而不失正者，以民为本也。苟持民矣，安有遗道！苟遗民矣，安有正行焉！(《晏子春秋·内篇问下》)

意莫高于爱民，行莫厚于乐民。(同上)

为薄敛省刑，他谏使景公：

使有司宽政，毁关，去禁，薄敛，已责。(《左传·昭公二十年》)

他注重礼制，对齐景公说：

礼之可以为国也久矣，与天地并。君令臣恭，父慈子孝，兄爱弟敬，夫和妻柔，姑(婆婆)慈妇听，礼也。君令而不违，臣共而不贰；父慈而教，子孝而箴；兄爱而友，弟敬而顺；夫和而义，妻柔而正；姑慈而从，妇听而婉：礼之善物也。(《左传·昭公二十六年》)

四、荀况

荀况，赵国人，游学于齐，三次出任齐国稷下学宫祭酒，后为楚兰陵(今山东兰陵县)令。韩非、李斯都是他的学生。

荀况注重修养，修养仁善之德，其《荀子·修身》篇曰：

见善，修然必以自存也；见不善，愀然必以自省也；善在身，介然必以自好也；不善在身，菑然必以自恶也。

意思是，见到好的品行，一定要用它来省察自己是否有；见到不好的品行，一定要用忧惧的心情来检查自己。如果自己身上有好的品行，一定要坚定地去珍惜它；如果自己身上有不良的品行，一定要像被脏东西污染了一样厌恶它。又曰：

体恭敬而心忠信，术礼义而情爱人，横行天下，虽困四夷，人莫不贵。劳苦之事则争先，饶乐之事则能让，端悫(què，诚实，谨慎)诚信，拘守而详，横行天下，虽困四夷，人莫不任。

意思是，身体力行恭敬而且心怀坦诚忠信，遵循礼义而且性情仁爱，走遍天下，即使身困四方边远地区，人们也没有看不起你的。劳累辛苦的事抢在前面做，安逸享乐的事能够谦让，端正谨慎诚信，严守法度而处事和顺，走遍天下，即使身困四方边远地区，人们也没有不信任你的。《荀子·不苟》篇曰：

> 君子养心莫善于诚，致诚则无它事矣，唯仁之为守，唯义之为行。诚心守仁则形，形则神，神则能化矣。诚心行义则理，理则明，明则能变矣。变化代兴，谓之天德，天不言而人推高焉，地不言而人推厚焉，四时不言而百姓期焉。夫此有常，以致其诚者也。

意思是，君子修养心身的办法，没有比诚实更好的了，要想达到至诚，没有别的办法，只有坚守仁、实行义。诚心地坚守仁就能在言行中表现出美德，表现出美德就能达到完美的境界，使自己的心身得到完美的变化。诚心按义做事就有条理，有条理就清楚明白，清楚明白就能变通。变、化更迭兴起是天的品德，天不说话，人们都推崇它高，地不说话，人们都推崇它厚，四季不说话，百姓却都能预知它的季节变化。这是因为天、地、四季的变化有规律，达到了极为诚实的地步。

荀况强调君要爱民。君爱民，才能得到民众的爱戴和拥护：

> 君者，民之原也。原清则流清，原浊则流浊。故有社稷者而不能爱民，不能利民，而求民之亲爱己，不可得也。民之不亲不爱，而求其为己用，为己死，不可得也。(《荀子·君道》)

主张仁人治国政，他说：

> 故仁人在上，则农以力尽田，贾以察尽财，百工以巧尽械器，士大夫以上至于公侯莫不以其仁厚知能尽官职，夫是之谓至平。(《荀子·荣辱》)

所以有仁德的人处在君主的位置上，那么农民就努力种田，商人就会凭着他的明察尽心理财，各种工匠就会凭着他的精巧技艺制造器械，士大夫以上至于公侯没有谁不以仁厚、智能尽职尽责，这才是最大公平。

五、墨翟

墨翟，鲁国人，墨家学派创始人。在仁爱方面，他主张兼爱。所谓兼爱，近似于广爱，对人不分等级，不分厚薄亲疏，皆相亲爱。

《墨子·兼爱》篇中，首先分析天下相乱的原因，就是人与人之间“不相爱”：

> 臣子之不孝君父，所谓乱也。子自爱，不爱父，故亏父而自利；弟自爱，不爱兄，故亏兄而自利；臣自爱，不爱君，故亏君而自利，此所谓乱也。虽父之不慈子，兄之不慈弟，君之不慈臣，此亦天下之所谓乱也。父自爱也，不爱子，故亏子而自利；兄自爱也，不爱弟，故亏弟而自利；君自爱也，不爱臣，故亏臣而自利。是何也？皆起不相爱。
>
> ……
>
> 虽至大夫之相乱家，诸侯之相攻国者亦然：大夫各爱其家，不爱异家，故乱异家以利其家。诸侯各爱其国，不爱异国，故攻异国以利其国。天下之乱物，具此而已矣。察此何自起？皆起不相爱。

找到了天下大乱的原因，继而劝导天下的人们“兼相爱”：

> 若使天下兼相爱，爱人若爱其身，犹有不孝者乎？视父兄与君若其身，恶（wú，怎）施不孝？犹有不慈者乎？视弟子与臣若其身，恶施不慈？故不孝不慈亡（无）。犹有盗贼乎？视人之室若其室，谁窃？视人身若其身，谁贼？故盗贼有亡。犹有大夫之相乱家，诸侯之相攻国者乎？视人家若其家，谁乱？视人国若其国，谁攻？故大夫之相乱家，诸侯之相攻国者有亡。若使天下兼相爱，国与国不相攻，家与家不相乱，盗贼无有，君臣父子皆能孝慈，若此，则天下治。故圣人以治天下为事者，恶得不禁恶而劝爱？故天下兼相爱则治，交相恶则乱。故子墨子曰：“不可以不劝爱人者，此也。”

意思是，假若天下都能相亲相爱，爱别人就像爱自己，还能有不孝的吗？看待父亲、兄弟、君上像自己一样，怎么会做出不孝的事呢？还会有不慈爱的吗？看待弟弟、儿子、臣下像自己一样，怎么会做出不慈的事呢？所以不孝不慈都没有了。还有盗贼吗？看待别人的家像自己的家一样，谁会盗窃？看待别人就像自己一样，谁会害人？所以盗贼没有了。还有大夫相互侵扰家族，诸侯相互攻伐封国吗？看待别人的家族就像自己的家族，谁会侵犯？看待别人的封国就像自己的封国，谁会攻伐？所以大夫相互侵扰家族，诸侯相互攻伐封国，都没有了。假若天下的人都相亲相爱，国家与国家不相互攻伐，家族与家族不相互侵扰，盗贼没有了，君臣父子间都能孝敬慈爱，像这样，天下也就治理了。所以圣人以治天下为己任，怎么能不禁止彼此相恶而不劝导彼此相爱呢？所以，天下人能彼此相爱才会太平，彼此相恶就会混乱。所以墨子说：不可以不劝爱人的道理，就在这里。

第五节　仁爱思想的当代意义

齐鲁先贤之所以如此看重仁爱，儒家之所以以仁爱为思想核心，就是因为，只有天下充满仁爱，人类社会才会安定和谐，幸福美满。人一旦失去仁善之心，就会产生恶念，就会有恶行，就会走向禽兽。纵观当今社会诸多不如意的现象：国际间倚强凌弱，战争频仍，国破家亡，死伤无数，百千万难民流浪失所；人与人之间人情淡漠，互不关心，见困不助，见倒不扶，见死不救，假冒伪劣，坑蒙拐骗等等，这都是仁爱缺失所致。

一、国际社会需要仁爱

国与国之间需要仁爱，倘若失去仁爱，那必定是倚强凌弱，战火连绵。战争是惨无人道的，远的不说，仅看近现代，第一次世界大战伤亡3000多万人，第二次世界大战中直接死亡的人数约7000万人。一场南京大屠杀，总计死亡人数达30多万。习近平在纪念孔子诞辰2565周年国际学术研讨会上的讲话中说：“从一八四〇年鸦片战争爆发到一九四九年中华人民共和国成立，中华民族遭受了世所罕见的外族入侵和内部动荡，中国人民遭受了前所未有的苦难，一度到了濒临亡国灭种的危险境地。仅在中国人民抗日战争中，中华民族就付出了三千五百万人伤亡的沉重代价。”再看近些年的阿富汗战争、科索沃战争、伊拉克战争、叙利亚战争，伤亡不计其数，数百万难民无家可归，伤残、饥饿、冻馁、疾病，尤其是妇女儿童，惨不忍睹！对于战争的危害，马克思揭示得最为深刻：“一次毁灭性的战争，就能够使一个国家在几百年内人烟萧条，并且使它失去自己的全部文明。”（《马克思恩格斯选集》第1卷763页）习近平强调：“和平与发展是当今时代的主题，也是事关各国人民幸福安康的两大问题。世界各国人民都希望生活在祥和的氛围之中，期盼战争、暴力远离人类。世界各国人民也都希望生活在安康的环境之中，期盼饥饿、贫困远离人类。然而，现实世界并不像人们希望的那么美好，局部战争依然此起彼伏，贫困饥饿依然广泛发生，连绵战火、极度贫困依然在威胁着众多人们的生命和生存，特别是许多妇女儿童依然在战争和贫困的阴影下苦苦挣扎。想到这些不幸的人们，我们心中充满了同情和责任。国际社会应该携手努力，一起来维护世界和平、促进共同发展。只有这样，和平才有希望，发展才有希望。"（同上）"仁爱"是和平的思想基础，没有仁爱，何言和平！

二、人与人之间需要仁爱

习近平总书记在纪念孔子诞辰2565周年国际学术研讨会上的讲话中指出："当今世界，人类文明无论在物质还是精神方面都取得了巨大进步，特别是物质的极大丰富是古代世界完全不能想象的。同时，当代人类也面临着许多突出的难题，比如，贫富差距持续扩大，物欲追求奢华无度，个人主义恶性膨胀，社会诚信不断消减，伦理道德每况愈下，人与自然关系日趋紧张，等等。"

讲话中所列举的这些难题，大部分是由于仁爱友善缺失所造成。继而他指出："要解决这些难题，不仅需要运用人类今天发现和发展的智慧和力量，而且需要运用人类历史上积累和储存的智慧和力量。世界上一些有识之士认为，包括儒家思想在内的中国优秀传统文化中蕴藏着解决当代人类面临的难题的重要启示，比如，关于道法自然、天人合一的思想，关于天下为公、大同世界的思想，关于自强不息、厚德载物的思想，关于以民为本、安民富民乐民的思想，关于为政以德、政者正也的思想，关于苟日新日日新又日新、革故鼎新、与时俱进的思想，关于脚踏实地、实事求是的思想，关于经世致用、知行合一、躬行实践的思想，关于集思广益、博施众利、群策群力的思想，关于仁者爱人、以德立人的思想，关于以诚待人、讲信修睦的思想，关于清廉从政、勤勉奉公的思想，关于俭约自守、力戒奢华的思想，关于中和、泰和、求同存异、和而不同、和谐相处的思想，关于安不忘危、存不忘亡、治不忘乱、居安思危的思想，等等。"

值得注意的是，习主席强调"包括儒家思想在内的中国优秀传统文化中蕴藏着解决当代人类面临的难题的重要启示"。他所罗列的这些方面，也多是儒家的，仅就仁爱、仁民方面看，就有"天下为公、大同世界”“以民为本、安民富民乐民”“为政以德”“博施众利”“仁者爱人，以德立人”“以诚待人、讲信修睦”“清廉从政、勤勉奉公”“俭约自守、力戒奢华”“和谐相处”等等。

诚然，执政者能以天下为公、为政以德、博施众利，“私”的东西、贫富差距大、物欲追求奢华无度、个人主义恶性膨胀的问题就会受到遏制；广大民众能做到仁者爱人、以德立人、以诚待人、讲信修睦、清廉从政、勤勉奉公、俭约自守、力戒奢华，整个社会自然会十分和谐。从一个侧面讲，如果全社会都坚持儒家“仁人爱物”的思想主张，人与自然关系就不会如此紧张。

干群之间要形成相互关爱的关系，为此，毛泽东专门著文《关心群众生活，注意工作方法》《为人民服务》，习近平也发表过《人民对美好生活的向往，就是我们的奋斗目标》的讲话。党员干部以爱民为宗旨，自然也会受到广大民众的拥护和爱戴，焦裕禄、孔繁森就是很好的榜样。民众之间也要形成相互关爱的关系，我爱你，你爱我，尤其要提倡主动示爱，提倡助人为乐，见困即助，见倒即扶，像雷锋那样，出发一次，“好事做了一火车”。

我们认为，仁爱是诸德之根，若有此根，其他德行皆不在话下；若无此根，其他德行皆无从谈起。试想，一个没有仁德之人，你要他做到勤勉奉公、清廉从政、博施众利、以诚待人、关爱他人、为人民服务等，那是不可能的。基于这种认识，我们应遵循孔子“仁者爱人”“己所不欲，勿施于人”“己欲立而立人，己欲达而达人”的仁爱原则，遵循上述习近平总书记所倡导的诸多方面，将仁爱、友善精神弘扬起来。人人需要仁爱，人人奉献仁爱，正像歌里唱的那样：“只要人人都献出一点爱，世界将变成美好的人间。”

第二章　齐鲁文化中的礼仪思想

礼，是规范人行为的法则，包括礼貌（对人恭敬有礼）、礼仪（行礼的仪式）、礼节（行礼的分寸等级）等。礼的本质是对人恭敬、友善，是文明的表现，是和谐人际关系的关键。《左传》曰："夫礼，天之经也，地之义也，民之行也。"又曰："礼，经国家，定社稷，序民人，利后嗣。"由于历代圣贤重礼，民众尚礼，中华民族故以文明古国、礼仪之邦享誉世界。

第一节　孔子的礼仪思想

孔子自幼爱礼，少儿时"为儿嬉戏，常陈俎豆，设礼容"（《史记·孔子世家》）。成年后，"入太庙，每事问（问礼）"（《论语·八佾》）。由于通晓礼仪，在家乡做"丧祝"，为人主持丧礼。后又向老子学礼，与南宫敬叔到周都洛阳考察周朝礼制，成为礼学大家，相传礼学名著《仪礼》出自他手。他创办私家学校，为学生开设的课程是"礼、乐、射、御、书、数"（称为"六艺"），把"礼"放在首位。孔子所注重的"仁义礼智信"五种德行，被人们称之为五常，"礼"为五常之一。孔子尚"礼"的目的，就是想挽救"礼崩乐坏"的社会败局，以"礼"来规范人的行为，以"礼"来和谐人际关系，以"礼"来促进社会文明。这里从下面几个方面考察孔子的礼仪思想。

一、强调以礼为本

"礼"是处理各种事情的规则，也是个人为人处世的价值尺度。孔子认为，无论是做人，还是做事，都要恪守"礼"的规范。他教育儿子孔鲤说：

> 不学礼，无以立。（《论语·季氏》）

不学礼仪，就难以立身于世。常言道，有礼者畅行天下，相对而言，无礼者则寸步难行。礼是人际交往的方式，一个人如果没有礼貌，即使学历再高，知书而不达礼，也是粗俗之人。毕竟在正式场合，你的一举一动都会折射出你的教养。

> 子曰：“恭而无礼则劳（劳倦），慎而无礼则葸（xǐ，胆怯，畏惧），勇而无礼则乱，直而无礼则绞（急切刺人）。君子笃于亲，则民兴于仁；故旧不遗，则民不偷（浇薄，薄情寡义）。”（《论语·泰伯》）

孔子说：“谦恭过度而不符合礼就会有疲倦之感，谨慎过度而不符合礼就会畏首畏尾，勇敢过度而不符合礼就会违法作乱，直率过度而不符合礼就会尖酸刻薄。在上位的君子对待亲族感情笃厚，老百姓便会趋向仁德；（君子）不遗弃故交旧友，老百姓也便不会人情淡薄。”正如《礼记》所言：

> 道德仁义，非礼不成；教训正俗，非礼不备；分争辩讼，非礼不决；君臣上下，父子兄弟，非礼不定；宦学事师，非礼不亲；班朝治军，莅官行法，非礼威严不行；祷祠祭祀，供给鬼神，非礼不诚不庄。是以君子恭敬撙节退让以明礼。（《礼记·曲礼上》）

道德仁义，没有礼的规范就不可能完成；教育训诫端正民俗，没有礼的规范就不可能完备；争辩是非，没有礼的介入就不可能决断；君臣、父子、兄弟之间的名分，没有礼便不能确定；学习仕宦拜师，没有礼便不会亲密融洽；排列朝廷上的等级和整治军队，官员到位执法，没有礼就不能树立威严；祭祀鬼神，没有礼的程式就不能体现虔诚和庄重。所以，有道君子一定会恭敬节制，谦逊礼让，以彰明礼的意义。

鲁哀公向孔子请教“大礼”的问题，孔子作出了这样的回答：

> 丘闻之，民之所由生，礼为大。非礼无以节事天地之神也，非礼无以辨君臣、上下、长幼之位也，非礼无以别男女、父子、兄弟之亲，昏姻疏数之交也。君子以此之为尊敬然。然后以其所能教百姓，不废其会节。（《礼记·哀公问》）

由此，礼对于人的重要性，可见一斑。在一定程度上，礼是全社会共同尊奉的准则，是人们的行为规范，是和谐社会的根本。

二、主张约之以礼

人性是有弱点的，人的行为是需要约束的。孔子主张用礼来约束言行，因为礼是依据道德原则制定出来的。不论性格如何，人人都需要遵循礼以达到理想的境界。

子曰："君子博学于文，约之以礼，亦可以弗畔矣夫！"(《论语·雍也》)

孔子说："君子广泛地学习文化，用礼来约束自己，也就可以不离经叛道了。"教育的目的在于培养符合道德标准的人，而不是把所学用于歪门邪道。君子广泛地学习文化知识是为了明辨是非，成为一名对社会有用之人。如果不用礼制加以约束，再多的知识，再多的技能，有时可能做出危害社会的事，甚至助纣为虐。

颜渊问仁。子曰："克己复礼为仁。一日克己复礼，天下归仁焉。为仁由己，而由人乎哉？"颜渊曰："请问其目。"子曰："非礼勿视，非礼勿听，非礼勿言，非礼勿动。"(《论语·颜渊》)

颜渊问什么是仁。孔子说："懂得克制自己，使言行复归于礼。等到人人都克己复礼的那天，天下的一切就都归于仁了。修养仁德要靠自己，难道要靠别人吗？"颜渊说："请问修养仁德的具体条目。"孔子说："不符合礼的事不看，不符合礼的话不听，不符合礼的话不说，不符合礼的事不做。""克己复礼"，是强调克制(或约束)自己，使自己的一切言行都归合(符合)于礼。仁和礼是相通的，仁是内在，礼是外在，只要事事依礼而行，也就等于是行仁了。人人一旦克己复礼，天下的一切就都归于仁了。也就是说，人人克己复礼，天下就成了充满仁德的天下。

颜渊喟然叹曰："仰之弥高，钻之弥坚。瞻之在前，忽焉在后。夫子循循然善诱人，博我以文，约我以礼，欲罢不能。既竭吾才，如有所立卓尔，虽欲从之，末由也已。"(《论语·子罕》)

颜渊赞叹说："老师(孔子)的形象越仰望越觉得高大，他的学问越钻研越觉得艰深。眼看着他似乎在面前，忽然间又被他远远地落在了后面。老师循序渐进地善于诱导人，用文化知识充实我，用礼仪规范约束我，想停止都不可能。我已经用尽了我的才智，但老师好像卓绝特立得难以企及，虽然想跟从他，但感到没有路径。”这是弟子颜渊的切身感受，一方面感佩老师的学识渊博，一方面感佩老师“循循善诱”的教学态度以及“博我以文约我以礼”的教学方法。

三、倡导为政以礼

孔子认为，为政者“不知礼”，无法立足于社会，更不可能施仁政于百姓。孔子首先强调“君使臣以礼”：

> 定公问：“君使臣，臣事君，如之何？”孔子对曰：“君使臣以礼，臣事君以忠。”（《论语·八佾》）

鲁定公问：“君主使用臣下，臣下服事君主，各应该怎么样？”孔子回答说：“君主按照礼来使用臣下，臣下才会用忠心来事君。”“君使臣以礼”，这是一个大胆的提法，君主高高在上，历来是臣下对君上毕恭毕敬，谨小慎微，而孔子，则要求君主以礼敬的态度对待臣下，不得不承认其胆识。但是，细心思来，孔子说的确实很有道理：君臣关系是相互的，只有君上诚心以礼待臣，臣下才会乐于忠心事君。正如孟子所言：“君之视臣如手足，则臣视君如腹心；君之视臣如犬马，则臣视君如国人；君之视臣如土芥，则臣视君如寇雠。”（《孟子·离娄下》）

对臣下以礼相待，对民众也要以礼来教化：

> 子曰：“道之以政，齐之以刑，民免而无耻；道之以德，齐之以礼，有耻且格。”（《论语·为政》）

孔子说：“用政令教导民众，用刑法整顿民众，民众往往就会逃避制裁而无耻辱感；用道德教导民众，用礼仪整顿民众，民众就会有知耻之心而自觉纠正不良思想行为。”这是要求为政者，重视德教礼教。

> 子曰：“……上好礼，则民莫敢不敬；上好义，则民莫敢不服；上好信，则民莫敢不用情。夫如是，则四方之民襁负其子而至矣。”（《论语·子路》）

孔子说："居上位的喜好礼，那么民众不敢不尊敬；居上位的喜好义，那么民众不敢不服从；居上位的喜好诚信，那么民众不敢不真心实意地相待。若能如此，那么四方的民众就会用襁褓背负着孩子来投靠。"这是要求身居高位者，只要带头做好"礼""义""信"，就会得到老百姓的尊敬、信服和拥戴。

四、强调以礼交际

《论语》集中体现了孔子丰富的人际交往思想，例如人际交往的原则、规范、价值观和目标诉求等，对我国人际交往伦理原则的确立起到了重要的指导作用。

> 司马牛忧曰："人皆有兄弟，我独亡。"子夏曰："商闻之矣：死生有命，富贵在天。君子敬而无失，与人恭而有礼，四海之内皆兄弟也。君子何患乎无兄弟也？"（《论语·颜渊》）

司马牛忧愁地说："别人都有兄弟，唯独我没有。"子夏说："我卜商听说：死和生都由命运决定，富和贵全在于上天安排。君子敬慎而无过失，对人恭敬而有礼貌，那么四海之内的人都会成为自己的兄弟。君子何必担忧自己没有兄弟呢？"关键是要做到对人"敬而无失""恭而有礼"，如此，才能实现"四海之内皆兄弟"的美好愿望。

> 子禽问于子贡曰："夫子至于是邦也，必闻其政。求之与，抑与之与？"子贡曰："夫子温、良、恭、俭、让以得之。夫子之求之也，其诸异乎人之求之与！"（《论语·学而》）

子禽问子贡说："孔老夫子每到一个国家，必定听得到那个国家的政事。是求来的呢，还是别人自动告诉他的呢？"子贡说："夫子是靠温和、善良、恭敬、俭束（自我约束、不放肆）、礼让五种美德得来的。夫子这种求取的方式，大概不同于别人求取的方式吧！""温、良、恭、俭、让"，这就是为人处世之法。

> 子张问仁于孔子。孔子曰："能行五者于天下，为仁矣。""请问之。"曰："恭，宽，信，敏，惠。恭则不侮，宽则得众，信则人任焉，敏则有功，惠则足以使人。"（《论语·阳货》）

子张问孔子怎么做才是仁。孔子说："能在天下实行五个方面，就可以说是仁了。"子张说："请问是哪五个方面。"孔子说："恭敬、宽厚、诚信、勤敏、恩惠。恭敬就不会受到侮辱，宽厚就会得到民众，诚信就会得到别人的任用，勤敏就会有成就，施恩惠就能够使唤得动别人。"

这是孔子生活经验的精辟总结。

第二节 孟子的礼仪思想

孟子礼仪思想的内容很丰富，涉及多个方面，大致归类的话，可以分作：

一、以礼修身、忠敬待人

人与人之间以礼相待，是人际关系实现和谐融洽的必要前提。孟子十分重视礼在和谐人际关系方面的功用，曾说：

> 君子所以异于人者，以其存心也。君子以仁存心，以礼存心。仁者爱人，有礼者敬人。爱人者，人恒爱之；敬人者，人恒敬之。有人于此，其待我以横逆，则君子必自反也：我必不仁也，必无礼也，此物奚宜至哉？其自反而仁矣，自反而有礼矣，其横逆由是也；君子必自反也：我必不忠。（《孟子·离娄下》）

君子之所以与别人有所区别，源于他的内心思想。君子的心里装着仁义，装着礼仪。心存仁义的人自会关爱别人，心存礼仪的人自会尊敬别人。爱别人的人，别人也定会爱他；敬别人的人，别人也定会敬他。假设有这样一个人，他以粗暴蛮横的态度对待我，作为君子必定会反省自己：我对他一定还有不够仁义的地方，不够礼貌的地方，否则怎么会用这种态度对待我呢？自我反省后做得更加仁义，更加有礼了，那人的粗暴蛮横却依旧如故，君子必定会再次反省：我待他一定还有没尽心竭力的地方。

人与人之间的关系是相互的，正常情况下，你怎样对待别人，别人也会怎样对待你，正如马克思在《第六届莱茵省议会的辩论》中所说的："你希望别人怎样对待你自己，你就怎样对待别人。"（《马克思恩格斯全集》第1卷）因此，要主动对别人示以爱敬。倘若对别人示以爱敬而得不到别人的理解，那么要首先反省自己，是否有欠缺之处。可见，孟子十分强调修身养性，强调自律，只有做到心中有仁、心中有礼，才能真正做到仁义待人、礼貌待人、忠诚待人。

二、灵活用礼、学会变通

《孟子·离娄上》记载了淳于髡与孟子的一段对话：

> 淳于髡曰："男女授受不亲，礼与？"
> 孟子曰："礼也。"
> 曰："嫂溺，则援之以手乎？"
> 孟子曰："嫂溺不援，是豺狼也！男女授受不亲，礼也；嫂溺，援之以手者，权也。"
> 曰："今天下溺矣，夫子之不援，何也？"
> 曰："天下溺，援之以道；嫂溺，援之以手。子欲手援天下乎？"

淳于髡好辩，他故意刁难孟子："你们说的男女授受不亲，符合礼吗？"孟子回答："是的。"淳于髡马上举了一个偏极端的事例，问道："那嫂嫂如果溺水了，小叔子该不该伸手去救援呢？"孟子明知淳于髡以子之矛攻子之盾的伎俩，非常严肃地回答道："在这种人命关天的紧要时刻，如果不援手相救，那就是豺狼！男女授受不亲是礼，伸手救援是权。"淳于髡见自己设计的陷阱对孟子不起作用，便话锋一转再次问道："现在天下的民众都像溺水的人（社会动荡，民众陷于水深火热之中），你为何不伸手援救？"孟子答道："天下民众陷于水深火热之中，只能依靠'道'（方法）来救援。嫂子溺水，是可以用手救援的。难道你的一双手能救援天下吗？"

孟子所说的"权"，是通权达变的意思。孟子指出，人既要遵守礼法，又要懂得权宜变通。见死不救，显然是违背仁义之举，而仁义正是区别人与禽兽的重要标志！

孟子曾明确提出权变的概念："执中无权，犹执一也。所恶执一者，为其贼道也，举一而废百也。"（《孟子·尽心上》）"权"即权宜变通，是重要的处事原则；"执一"，便是固守规矩，冥顽不化。"执一"会带来教条式的刻板与套路式僵化，是需要去除的糟粕。儒家思想不是一味地宣扬遵守陈规，而是讲究在特定情景中的变通。

第三节　荀子的礼仪思想

荀子的礼仪思想，主要体现在《荀子》一书的《修身》篇和《礼论》篇中。

一、以礼修身

荀子主张以礼修身。其《修身》篇曰：

> 扁善之度，以治气养生则后彭祖，以修身自名则配尧禹。宜于时通，利以处穷，礼信是也。凡用血气、志意、知虑，由礼则治通，不由礼则勃乱提僈；食饮、衣服、居处、动静，由礼则和节，不由礼则触陷生疾；容貌、态度、进退、趋行，由礼则雅，不由礼则夷固僻违，庸众而野。故人无礼则不生，事无礼则不成，国家无礼则不宁。

无往而不善的法则，用它来修养精神、保养身体，那么便可以做到彭祖般的长寿；用它来颐养身心，那么便可以收获尧禹般的美名。礼法和信义，不仅可以让人安然度过显达恒通的顺境，也可以让人不为困窘的逆境所困。凡是在需要使用感情、意志、智慧和思虑的情况下，只要做到遵守礼法，事情便可以通达顺利，反之就会造成颠倒错乱的局面；凡是在涉及吃穿住行的时候，遵守礼法便会达到和谐适当的境界，反之则会造成触犯禁忌，病患缠身的结局；凡是与容貌、态度、进退、行走相关的方面，遵守礼法就显得温雅可亲，反之就会显得粗野傲慢、固执鄙俗。所以，人无礼则不能生存，事无礼则不能成功，国家无礼则不得安宁。

> 体恭敬而心忠信，术礼义而情爱人，横行天下，虽困四夷，人莫不贵。劳苦之事则争先，饶乐之事则能让，端悫诚信，拘守而详，横行天下，虽困四夷，人莫不任。体倨固而心执诈，术顺墨而精杂污，横行天下，虽达四方，人莫不贱；劳苦之事则偷儒转脱，饶乐之事则佞兑而不曲，辟违而不悫，程役而不录，横行天下，虽达四方，人莫不弃。(《荀子·修身》)

体貌恭敬而内心忠信，遵循礼义而内心仁爱，那么走遍天下，即使不受重用而困于四夷之地，人们也没有不敬重他的。劳累辛苦的事则抢先去做，安逸享乐的事则让给别人，端正朴实、诚实守信，谨守法度、明察事理，那么走遍天下，即使遭受穷困到了四夷之地，也不会没有人任用他。体貌倨傲而内心权诈，遵循慎到、墨子的学说而内心杂乱污浊，那么走遍天下，即使到处通达，人们也没有不轻视他的。劳苦的事就懒惰推脱，享乐的事就身手敏捷毫不谦让，辟邪而无诚信，一味追求自己的私欲而不知谨慎，那么走遍天下，即使到处通达，人们也没有不鄙弃他的。由此，他主张温良友善待人："与人善言，暖于布帛；伤人之言，深于矛戟。"(《荀子·荣辱》)

> 礼者，所以正身也；师者，所以正礼也。无礼，何以正身？无师，吾安知礼之为是也？礼然而然，则是情安礼也；师云而云，则是知若师也。情安礼，知若师，则是圣人也。故非礼，是无法也；非师，是无师也。不是师法而好自用，譬之是犹以盲辨色，以聋辨声也，舍乱妄无为也。故学也者，礼法也。夫师，以身为正仪而贵自安者也。(《荀子·修身》)

礼，是用来端正身心的；老师，是用来端正礼法的。没有礼，用什么来修正自身？没有老师，我怎么知道礼是这样的？礼怎样规定就怎样做，这就是天性安于礼；老师怎么说就怎么做，这就是智同老师。能做到情安于礼，智慧如同老师，就是圣人。所以，违背礼，就是不以法度为法度；违背老师，就是不以老师为老师。不遵照师法而喜欢自行其是，这就好比让盲人辨别颜色，让聋人辨别声音，除了悖乱狂妄，干不出别的了。所以学习的根本，在于礼法。至于老师，则是以身正为范、自安其心为重的人。

荀子认为"礼者，人道之极也"(《荀子·礼论》)，礼是人之所以为人的标准，也是人们追求的终极价值。

二、礼法治国

荀子主张礼法治国。其《礼论》篇曰：

> 凡礼，始乎棁(tuō，通"脱"，脱略，疏略，简略)，成乎文，终乎悦恔(xiào，快慰)。故至备，情文俱尽；其次，情文代胜；其

下，复情以归大一也。天地以合，日月以明，四时以序，星辰以行，江河以流，万物以昌，好恶以节，喜怒以当，以为下则顺，以为上则明，万物变而不乱，贰之则丧也。礼岂不至矣哉？立隆以为极，而天下莫之能损益也。本末相顺，终始相应，至文以有别，至察以有说，天下从之者治，不从者乱；从之者安，不从者危；从之者存，不从者亡。小人不能测也。

大凡礼，大都是从简略开始，进而形成礼节仪式，最终达到称心如意的完备程度。因此，最完备的礼，质与文（即内容和形式）都尽善尽美；略次一等的，感情大于礼节或者礼节大于感情；最下等的，是使所表达的感情回到原始状态，趋向于远古的质朴。但无论如何，因为礼的作用，天地和谐，日月明亮，四季有序，星辰正常，江河不息，万物繁荣，爱憎分明，喜怒有度；用礼来治理臣民，臣民就会服从依顺；用礼来规范君主，君主就会通达英明；万事万物千变万化而不乱，反之就会丧失一切。礼的作用难道还不够至大吗？圣人为它建立了最高准则，所以天下没有谁能增减改变它。这种礼制本末相顺，终始相应，极为完美而有明确的等级差别，极为明察而有详细的理论说明。天下遵循礼，则国泰民安，不遵循礼，则秩序混乱；遵循礼，则安定和谐，不遵循礼，则四处危险；遵循礼，则久存，不遵循礼，则灭亡。礼的这些作用，小人恐怕是不能估量到的。

礼之理诚深矣，坚白、同异之察入焉而溺；其理诚大矣，擅作典制辟陋之说入焉而丧；其理诚高矣，暴慢恣睢轻俗以为高之属入焉而队（坠）。故绳墨诚陈矣，则不可欺以曲直；衡诚县（悬）矣，则不可欺以轻重；规矩诚设矣，则不可欺以方圆；君子审于礼，则不可欺以诈伪。故绳者，直之至；衡者，平之至；规矩者，方圆之至；礼者，人道之极也。然而不法礼，不足礼，谓之无方之民；法礼，足礼，谓之有方之士。礼之中焉能思索，谓之能虑；礼之中焉能勿易，谓之能固。能虑、能固，加好者焉，斯圣人矣。故天者，高之极也；地者，下之极也；无穷者，广之极也；圣人者，道之极也。故学者，固学为圣人也，非特学为无方之民也。

礼的道理实在深奥啊，那些“坚白”“同异”等所谓明察的诡辩一进入礼的规范中就被淹没；礼的道理实在大啊，那些擅自编造的典章制度、邪僻浅陋的学说一进入礼的规范中就会自行丧失；礼的道理实在高啊，那些粗暴傲慢、任意胡为、轻视习俗自以为高尚的人一进入礼的规范中就会垮掉。所以，把绳墨真正摆在那里的时候，就不要用曲直去行骗；把秤杆真正悬在那里的时候，就不要借轻重去行骗；把圆规真正摆放在那里的时候，就不要靠方圆去行骗；君子明礼懂礼，就不能用诡诈虚伪的手段去行骗。由此可见，绳墨，是取直的最高标准；秤杆，是取平的最高标准；圆规，是取圆的最高标准；礼，是道德规范的最高标准。那么，不遵礼守礼，称其为无原则之人；遵礼守礼，称之有原则之人。在执行礼的过程中能够思考探索，叫作善于谋虑；在执行礼的过程中能够坚守不变，叫作坚定。善于谋虑，又能够坚定，再加上好礼，就可以称为圣人了。所以，天，是高的极点；地，是低的极点；那无穷无尽的，则是宽广的极点；圣人，便是道德的极点。所以求学的人，本来就该学做个圣人，而不是做一个不懂礼法的人。

第四节　《礼记》中的礼仪思想

《礼记》，与《仪礼》《周礼》合称为三礼。《周礼》，原称《周官》或《周官经》，分天官冢宰、地官司徒、春官宗伯、夏官司马、秋官司寇、冬官司空六大部分，是一部通过官制来展示治国思想的著作。汉刘歆校理时改称《周礼》。《仪礼》，是记录礼仪规范的典籍，一共有17篇，主要介绍士大夫冠礼、婚礼、相见礼、饮酒礼、射礼、燕礼、聘礼、觐礼、丧礼等礼节。《礼记》，是战国至秦汉间儒家学者学礼研礼的记录，包括礼仪制度的记载和礼学思想的阐发等多方面的内容，出自孔壁，后经戴德、戴圣叔侄整理，叔叔戴德整理的85篇本称为《大戴礼记》，侄子戴圣整理的49篇本称为《小戴礼记》或《礼记》。《礼记》中重礼明礼的内容很丰富，兹仅选部分片段做些展示：

一、重礼

道德仁义，非礼不成。教训正俗，非礼不备。分争辨讼，非礼不决。君臣上下，父子兄弟，非礼不定。宦学事师，非礼不亲。班朝治军，莅官行法，非礼威严不行。祷祠祭祀，供给鬼神，非礼不诚不庄。是以君子恭敬、撙节、退让以明礼。

鹦鹉能言，不离飞鸟；猩猩能言，不离禽兽。今人而无礼，虽能言，不亦禽兽之心乎！夫唯禽兽无礼，故父子聚麀（yōu，母鹿，

范指母兽）。是故圣人作，为礼以教人，使人以有礼，知自别于禽兽。（《礼记·曲礼上》）

礼是规范人类诸种行为的标尺，是人类区别于禽兽的标志，是人之所以为人的根本。鹦鹉会学人说话，但始终是飞鸟；猩猩会学人说话，也始终属于禽兽。如今作为人而不懂礼，即使能说话，不也是一种禽兽心态吗！正因为禽兽不知礼，才会有父子共妻的现象。所以，圣人兴起，才制定礼仪来教化人们，使人有礼，从而懂得把自己与禽兽区别开来。由此可见，区分人和动物的重要标准就是懂不懂礼。

人有礼则安，无礼则危。故曰：礼者不可不学也。（《礼记·曲礼上》）

人按礼行事，循规蹈矩，就平安；不按礼行事，胡作非为，就危险。所以说：学礼很重要。

二、明礼

若夫坐如尸，立如齐（zhāi，斋）。礼从宜，使从俗。夫礼者，所以定亲疏，决嫌疑，别同异，明是非也。礼，不妄说人，不辞费。礼，不逾节，不侵侮，不好狎。修身践言，谓之善行。行修言道，礼之质也。（《礼记·曲礼上》）

要求人坐有坐相，站有站相。坐着，要像代先祖享用祭品的尸那样端庄；站着，要像斋戒沐浴后祭祀神灵那样恭敬。尸，夏商周祭祀时，扮作父祖形象代替父祖享用祭品的人。“礼，不妄说人，不辞费。礼，不逾节，不侵侮，不好狎。”是说，依礼，不胡乱地取悦人，不讲废话（说到做到）。依礼，不超越节度（规矩），不侵犯侮慢别人，不随便不恭敬别人。狎：亲近而态度不庄重。

贵人而贱己，先人而后己。（《礼记·坊记》）

夫礼者，自卑而尊人。虽负贩者（担货贩卖者，小商贩），必有尊也，而况富贵乎！富贵而知好礼，则不骄不淫；贫贱而知好礼，则志不慑（不卑怯）。（《礼记·曲礼上》）

敖（傲）不可长，欲不可从（纵），志不可满，乐不可极。（《礼记·曲礼上》）

要明孝道之礼：

凡为人子之礼，冬温而夏凊（凉爽），昏定而晨省。在丑夷（平辈众人。丑：众）不争。（《礼记·曲礼上》）

夫为人子者，出必告，反必面。所游必有常（常去的处所），所习必有业。恒言不称老。年长以倍，则父事之。十年以长，则兄事之。五年以长，则肩随之。群居五人，则长者必异席。（《礼记·曲礼上》）

为人子者，居不主奥，坐不中席，行不中道，立不中门。食飨不为概，祭祀不为尸。听于无声，视于无形。不登高，不临深。不苟訾，不苟笑。（《礼记·曲礼上》）

奥，是正房的西南隅，最尊贵的位置，让长辈居住。中席，席的中位，长者所居。概，刮平斗、斛容器的长条形木板，引申为裁定、主持，即飨礼时不要擅作主张。不苟訾，不苟笑，即不随意诋毁，不随便嘲笑。

孝子不服闇（不暗中做事），不登危，惧辱亲也。父母存，不许友以死。不有私财。（《礼记·曲礼上》）

一出言而不敢忘父母，是故恶言不出于口，忿言不反于身，不辱其身，不羞其亲，可谓孝矣。（《礼记·祭义》）

这些，都是孝子所必须遵循的。

第五节　当代社会亟须礼

孔子弟子有若曰：“礼之用，和为贵。”礼的运用，以和合最为重要。礼能规范人的行为，礼能和谐人世间各种关系。然观当今社会，失礼现象严重，社会很不和谐，亟须孔子所倡导的人人“克己复礼，天下归仁”的社会局面。

一、礼能和谐国际关系

我国古代，国际交往注重以礼相待，最讲究的是相互平等，相互尊重。外国友人来访，要以礼优遇。如吴公子季札聘鲁时，在鲁国享尽令其叹为观止的周乐文化大餐。出使外国，使者也要十分恭谨。如《论语·乡党》对孔子出使邻国的描写：“执圭，鞠躬如也，如不胜。上如揖，下如授。勃如战色，足蹜蹜（sùsù）如有循。”这是说，孔子出使邻国，执持国君授予的玉圭，弯着身子，好像重得力不能胜。向上举好像作揖，向下落好像授给别人。神色庄重不安，战战兢兢，脚步很小，踵趾相接，好像沿着一条线行走。

国与国之间的地位是平等的，既然平等，就应相互尊重，如不相互尊重，就会受到天下鄙弃。如人们熟知的晏子使楚的故事，楚人以晏子身材短小不让其走大门，而延其从小门入。面对楚国的羞辱，他大胆怒怼：“使狗国者从狗门入，今臣使楚，不当从此门入！”楚人本欲羞辱晏子，反被晏子加倍羞辱，成为历史笑柄。

当今国际社会，由于礼的严重缺失，国际间关系严重恶化。大国恃强凌弱，国与国之间无平等可言，形成了弱国无外交的可悲局面。对于弱小国家，超级大国动辄武力侵伐，打得弱国国破家亡；动辄挥舞制裁大棒，逼得弱国走投无路。2021年，发生在美国阿拉斯加州安克雷奇的中美高层对话，就很能说明问题。2021年3月18日，中共中央政治局委员、中央外事工作委员会办公室主任杨洁篪、国务委员兼外长王毅在安克雷奇同美国国务卿布林肯、总统国家安全事务助理沙利文举行中美高层战略对话。此次对话是中方应美方邀请、自中美元首除夕通话后的首次高层接触，也是美国新政府执政以来的中美首次面对面会晤。中方带着诚意应邀来到安克雷奇同美方进行战略对话，并做好按双方事先商定的程序和安排开展对话的准备。但美方在先致开场白时严重超时，并对中国内外政策无理攻击指责，挑起争端。这不是待客之道，也不符合外交礼仪，中方对此作出了严正回应。杨洁篪强调，中美都是大国，在抗击疫情、实现复工复产、应对气候变化等方面有很多共同利益。希望美方改变零和博弈思维，放弃“长臂管辖”等错误做法，不要滥用国家安全概念干扰两国正常贸易往来。中美两国应当同亚太各国都发展良好关系，应该有共同的朋友，这才是21世纪的处世之道。

杨朝明先生在《鲁文化史》中有过这样的论述："鲁人重礼，也体现于外交场合之中。僖公三十三年，齐国的国庄子来聘，'自郊劳至于赠贿，礼成而加之以敏'，因此，鲁大夫臧文仲就劝僖公说：'国子为政，齐犹有礼，君其朝焉。'在当时的人们看来，国家有礼，表明国家统治有序，政治安定，乃是一种兴盛的象征；相反，只有国家将要败亡，才会出现无礼的事情。……有礼则国家兴旺，无礼则国家衰弱。"

由此，我们想到《韩非子》中一句话："无礼而侮大邻，贪愎而拙交者，可亡也。"不讲礼仪而侮辱临近大国，贪婪固执而不懂外交，可是要灭亡的。这种箴言，给国际社会敲响了警钟。

中国人向来重和合，习近平在纪念孔子诞辰2565周年国际学术研讨会上的讲话中说："中国人自古就推崇'协和万邦'、'亲仁善邻，国之宝也'、'四海之内皆兄弟也'、'远亲不如近邻'、'亲望亲好，邻望邻好'、'国虽大，好战必亡'等和平思想。"又于2019年5月15日在亚洲文明对话大会开幕式上的主旨演讲中强调，国际之间要"坚持相互尊重、平等相待""坚持美人之美、美美与共"。

二、礼能和谐官民关系

儒家强调："在上不骄，高而不危；制节谨度，满而不溢。"（《孝经·诸侯》）在上位者不骄横，你身居高位才不至于摔下来；行为守节度，才能做到满而不溢。《论语·八佾》记载：

> 定公问："君使臣，臣事君，如之何？"孔子对曰："君使臣以礼，臣事君以忠。"

鲁定公问："君上使用臣下，臣下服事君上，各应该怎么样？"孔子回答说："君上按照礼来使用臣下，臣下用忠心来服事君上。"君臣关系是相互的，只有君上诚心以礼待臣，臣下才会乐于忠心事君。诚如孟子劝告齐宣王时所说："君之视臣如手足，则臣视君如腹心；君之视臣如犬马，则臣视君如国人；君之视臣如土芥，则臣视君如寇雠。"（《孟子·离娄下》）这是在告诉人们，协调融洽君臣官民关系的根本，是相互关爱，相互礼敬。

习近平总书记十分强调爱民敬民，在参加兰考县常委班子专题民主生活会上，他引用清代郑燮《潍县署中画竹呈年伯包大中丞括》一诗，曰："衙斋卧听萧萧竹，疑是民间疾苦声。些小吾曹州县吏，一枝一叶总关情。”在党的群众路线教育实践活动工作会议上的讲话中强调：“反对官僚主义，要着重解决在人民群众利益上不维护、不作为的问题，教育引导党员、干部深入实际、深入基层、深入群众，坚持民主集中制，虚心向群众学习，真心对群众负责，热心为群众服务，诚心接受群众监督，坚决整治消极应付、推诿扯皮、侵害群众利益的问题。”并严格要求中央高层领导：“中央政治局的同志必须带头树立正确政绩观，始终做老实人、说老实话、干老实事，自觉反对形式主义、官僚主义。中央政治局的同志不仅要带头不搞形式主义、官僚主义，而且要同形式主义、官僚主义的种种表现进行坚决斗争。”（习近平《在中央政治局民主生活会上的讲话》，2017年12月25日）切忌官僚主义的严重危害，列宁曾在《致格雅索科里尼柯夫》信中严肃告诫人们，“如果说有什么东西会把我们毁掉的话”，那就是“共产党员成了官僚主义者”。

三、礼能和谐人际关系

礼能和谐人际关系。你对人有礼，人必以礼回敬；你对人无礼，人亦难以礼对你。人人彬彬有礼，才会呈现美好和谐状态。人们常说：“人敬我一尺，我敬人一丈。”此话没错，但这有个“谁先敬”的问题。应该“先人以敬”，即先敬人，主动向人示敬。倘若人人都等待着别人“敬己一尺”，那么何时能等来“敬人一丈”的机会？主动敬人不是卑微，恰恰是有修养有素质的表现。

那么，在礼方面，究竟应如何做呢？子贡的相关议论对我们很有启发：

> 子禽问于子贡曰：“夫子至于是邦也，必闻其政。求之与，抑与之与？”子贡曰：“夫子温、良、恭、俭、让以得之。夫子之求之也，其诸异乎人之求之与！”（《论语·学而》）

这是说：孔老夫子每到一个国家，必定听得到那个国家的政事。是求来的呢，还是别人自动告诉他的呢？子贡说：“夫子是靠温和、善良、恭敬、俭束、礼让五种美德得来的。夫子这种求取的方式，大概不同于别人求取的方式吧！”

“温、良、恭、俭、让”，这是子贡对自己的老师为人处世态度的精辟概括，也是中华民族所推崇的传统美德，它沉浸并塑造了中华民族的性格。“温”即温柔敦厚，而不是凶神恶煞。跟这样的人在一起，没有压力，身心通泰，如沐春风，安然自得。“良”即善良，善良的人能让人自然产生一种亲近感，他似乎能抚慰你心灵的创伤，使之平和安详。“恭”就是恭敬、谦恭，不傲慢，这让人想到刘慈欣《三体》中的一句话：“弱小和无知不是生存的障碍，傲慢才是。”傲慢是生存的障碍，当然也是人际交往的障碍，谦恭往往能让你的前方一路坦途。“俭”就是俭束、节制，不放肆，一个懂得节制的人，必然是一个自律的人，一个有教养的人，一个能受人欢迎的人。“让”就是礼让、谦让。遇名利地位就争抢的人，处不来知心朋友，会成为孤家寡人。温、良、恭、俭、让皆为礼的最好表现，具有这些美德，就具有了亲和力与感染力。有了这五种品质的人，周围的人自然就会亲近他。倘若人人都从这五个方面自觉规范自己，何愁人际关系不和？

第三章　齐鲁文化中的诚信思想

诚信，是中华民族的传统美德，自古以来就一直被人们所重视。《说文解字》解“诚”曰：“诚，信也。从言，成声。”解“信”曰：“信，诚也，从人从言。”就《说文解字》所解来看，“诚”与“信”同义。《辞源》解“诚”曰：“真诚，真实。《易·乾》：‘修辞立其诚，所以居业也。’《礼·乐记》：‘著诚去伪，礼之经也。’”解“信”曰：“诚实，不欺。《论语·学而》：‘与朋友交而不信乎？’信从，信任。《论语·颜渊》：‘足食足兵，民信之也。’”在齐鲁文化中，诚实守信、诚信不欺是其重要的组成部分。

第一节　管仲为政以信

在管仲的思想中，“信”占有十分重要的地位。最早把“诚”与“信”联用的便是管仲。他提出：“中情信诚则名誉美矣。”（《管子·形势解》）“贤者诚信以仁之。”（《管子·势》）明确提出：“先王贵诚信。诚信者，天下之结也。”（《管子·枢言》）认为诚信是凝聚人心、使天下人团结一致的精神基础。

有关管仲的诚信故事，最具有代表性的当属“柯邑之盟”：

> 昔者，齐桓公与鲁庄公为柯之盟。鲁大夫曹刿谓庄公曰：“齐之侵鲁，至于城下，城坏压境，君不图与？”庄公曰：“嘻，寡人之生不若死。”曹刿曰：“然则君请当其君，臣请当其臣。”及会，两君就坛，两相相揖。曹刿手剑拔刀而进，迫桓公于坛上，曰：“城坏压境，君不图与？”管仲曰：“然则，君何求？”曹刿曰：“愿请汶阳田。”管仲谓桓公曰：“君其许之。”桓公许之。曹刿请盟，桓公遂与之盟。已盟，弃剑而去。左右曰：“要盟可倍，曹刿可雠，请倍盟而讨曹刿！”管仲曰：“要盟可负，而君不负；曹刿可雠，而君不雠，著信天下矣。”遂不倍。天下诸侯翕然而归之。为鄄之会，幽之盟，诸侯莫不至焉；为阳谷之会，贯泽之盟，远国皆来。南伐强楚，以致菁茅之贡；北伐山戎，为燕开路。三存亡国，一继绝世，尊事

周室，九合诸侯，一匡天下，功次三王，为五伯长。本信起乎柯之盟也。（刘向《新序·杂事四》）

公元前681年，齐桓公采纳管仲之谋，与鲁庄公盟于柯邑（齐邑，今山东阳谷东阿故城）。会盟时，鲁司马曹刿手持匕首劫持桓公，要求齐国退还侵占的鲁国汶阳之地。齐桓公答应了。事后，桓公身边的大臣们愤愤不平，建议说："在要挟下签订的盟约可以违背，曹刿可杀，请求背弃盟约而讨伐曹刿！"管仲制止说："在要挟下签订的盟约可以背负，但国君的许诺不可背负；曹刿该杀，但国君还不能杀他，关键是显明诚信于天下。"在管仲的劝说下，齐国没有背盟。各诸侯国看到齐国如此诚信，纷纷归服并与之结盟，最终形成"九合诸侯，一匡天下"的盛大局面，奠定了齐国霸主地位。

在这个故事当中，管仲的高明之处在于重视"信"的力量，在大臣们包括齐桓公都想反悔，杀死曹刿的时候，他及时站出来制止，并晓之以理，使得齐桓公意识到要想称霸，不能只依靠武力，不是靠通过与中原诸侯战争杀伐的手段取得的，而是靠诚信，靠和平外交，靠扶危济困，靠仁义得来的。

齐国人不仅有诚信的言论、行为，而且还有引导人民恪守诚信的规范。《管子·乘马》曰："非诚贾不得食于贾，非诚工不得食于工，非诚农不得食于农，非信士不得立于朝。"在我国历史上，首次对士、农、工、商四大职业集团提出了明确的职业道德要求，认为诚信是最基本的职业道德规范，只有各行各业都坚守诚信，才能形成正常的社会秩序。此外，管仲还提出"以富诚信仁义之士"（《管子·揆度》）的主张，强调国家应积极营造诚信致富的环境，大力推行让诚信之人获得利益的政策，将民众的诚信与其物质利益紧密联系起来，引导民众自觉自愿地履行诚信之德。

第二节 司马穰苴、孙武治军以信

齐国名将辈出，他们在春秋时代的争霸和战国兼并战中立下了汗马功劳，比如司马穰苴、孙武、孙膑、田忌、田单等，这些名将除了善于用兵、足智多谋之外，还有一个共同的特点：治军严明。司马迁在《史记·司马穰苴列传》里讲了这样有一个故事：

> 司马穰苴者，田完之苗裔也。齐景公时，晋伐阿、甄，而燕侵河上，齐师败绩。景公患之。晏婴乃荐田穰苴曰："穰苴虽田氏庶孽，然其人文能附众，武能威敌，愿君试之。"景公召穰苴，与语兵事，大说之，以为将军，将兵扞燕晋之师。穰苴曰："臣素卑贱，君擢之闾伍之中，加之大夫之上，士卒未附，百姓不信，人微权轻。愿得君之宠臣，国之所尊，以监军，乃可。"于是景公许之，使庄贾往。穰苴既辞，与庄贾约曰："旦日日中会于军门。"穰苴先驰至军，立表下漏待贾。贾素骄贵，以为将己之军而己为监，不甚急；亲戚左右送之，留饮。日中而贾不至。穰苴则仆表决漏，入，行军勒兵，申明约束。约束既定，夕时，庄贾乃至。穰苴曰："何后期为？"贾谢曰："不佞大夫亲戚送之，故留。"穰苴曰："将受命之日则忘其家，临军约束则忘其亲，援枹鼓之急则忘其身。今敌国深侵，邦内骚动，士卒暴露于境，君寝不安席，食不甘味，百姓之命皆悬于君，何谓相送乎！"召军正问曰："军法期而后至者云何？"对曰："当斩。"庄贾惧，使人驰报景公，请救。既往，未及反，于是遂斩庄贾以徇三军。三军之士皆振栗。

在晋、燕侵犯的紧急关头，晏子将司马穰苴推荐给了齐景公。然穰苴自认为出身卑贱，人微权轻，担心兵众不服从，便请求景公委派有威望的宠臣做监军。景公应允，派大夫庄贾做监军。司马穰苴和庄贾约定次日午时在军营会面。第二天，穰苴先驱车到达军营，树立日表，打开滴漏，等待庄贾。庄贾一向傲慢自大，仗着自己是景公的宠臣，根本没把穰苴和约定当回事，与亲戚僚属宴饮话别。过了约定的时间，穰苴便放倒日表，截断滴漏，向全军申明军纪。到了傍晚，庄贾才慢腾腾地来到。穰苴很严肃地对他说："一个做监军的，从接受命令起，就应忘掉家室；有了军前约定，就应忘掉亲友；战鼓擂响时，就应忘掉自身。如今大敌逼近，国内人心动荡，士兵都暴露在境内，国君担心得寝食难安，一国的安危皆系于你一身，你怎么能以欢送宴席的理由贻误战机呢？"于是向军法官问道："按照军法，这种违犯约期的情况该如何处治？"军法官说："当斩！"庄贾吓坏了，忙命人跑去向景公求救。没等到求救者回来，穰苴已经下令把庄贾斩首示众，三军将士大为震惊。司马穰苴严明军纪，斩杀了不守约定和军纪的庄贾，树立了军威，最终战胜了来犯之敌。

在《史记·孙子吴起列传》中，司马迁又给我们展示了一个治军严格的将军孙武。孙武是齐国人，著有《孙子兵法》。后来他到了吴国，见到了吴王阖闾，阖闾说已经读了他所著的兵法，想看看他现场演练的效果。这个时候阖闾“脑洞大开”问孙武：“可以试妇人乎？”孙武答应之后，阖闾便“出宫中美女，得百八十人”。孙武把他们分成两队，并且让吴王的两个宠姬分别做队长。孙武给他们讲了操练规则，并申明了军纪。但是一开始操练，这群宫女便嬉笑打闹，队列散乱。孙武再一次讲明了练兵的方法和纪律，结果“妇人复大笑”。

> 孙子曰：“约束不明，申令不熟，将之罪也；既已明而不如法者，吏士之罪也。”乃欲斩左右队长。吴王从台上观，见且斩爱姬，大骇。趣使使下令曰：“寡人已知将军能用兵矣。寡人非此二姬，食不甘味，愿勿斩也。”孙子曰：“臣既已受命为将，将在军，君命有所不受。”遂斩队长二人以徇。

很明显，吴王的两个爱姬恃宠而骄，根本就没把孙武和军纪放在眼里，以为只是表演而已。没想到孙武动了真格，虽有阖闾为她俩求情，孙武以“将在军，君命有所不受”为借口，立马斩了两个宠姬。之后，队伍一下子就整齐了，没有人不按照指挥来训练。吴王以两个爱姬的代价留住了孙武，更为他培养出一支能征善战的军队，吴国迅速崛起。

以上两个例子，都与军队纪律有关。孙子说：“兵者，国之大事，死生之地，存亡之道，不可不察也。”（《孙子兵法·计第一》）军队对于一个国家来说，尤其是在战争年代，关乎存亡，因此严明军纪就显得尤为重要。治军贵在严，领军须有威，自古以来，统兵的将领无不对部下一视同仁，信守军法，这也是“诚信”在治军上的体现。

孙武将“信”作为选拔将帅的“五德”之一。孙膑则更深刻地认识到：“素信者昌”，“将者，不可以不信，不信则令不行，……故信者，兵之足也。”（《孙膑兵法·将义》）把将帅是否对部下诚实守信，看作是战争胜败的关键。

第三节　孔子重诚信

孔子重视诚信，把诚信列入“五常”（人们遵循的五种常道），即仁、义、礼、智、信；把忠信列入学校教育“四科”，即文、行、忠、信。要求人在说话、处事、交友、为政等方面都要讲究诚信。

一、说话：言而有信

谈到“信”字，人们常说“人言为信”，即说话诚实，不虚假，所以叫“信”。言为心声，内心诚实，说出的话自然可信。

孔子强调“言而有信”(《论语·学而》)，“言必信，行必果”(《论语·子路》)。讨厌花言巧语者，“巧言令色，鲜矣仁”(《论语·阳货》)。“巧言、令色、足恭，左丘明耻之，丘亦耻之。”(《论语·公冶长》)花言巧语，伪善的容色，过分的恭敬，左丘明以为可耻，我也以为可耻。他喜欢讷于言而敏于行者，“君子欲讷于言而敏于行”(《论语·里仁》)。要求人们在说话上谨慎迟钝，而在做事上勤快敏捷。理解这句话时，不要太拘泥，孔子虽然讨厌巧言令色，但也并不是喜欢拙嘴笨舌，说话迟钝，而是主张话不要说得那么早那么快那么漂亮，而行动要敏捷，事情要做得漂亮。正如列宁在《伟大的创举》中所说的：“少说些漂亮话，多做些日常平凡的事情。”孔子一贯主张少说多做、先做后说，不要言过其实：“君子耻其言而过其行”(《论语·宪问》)，“先行其言，而后从之”(《论语·为政》)，“古者言之不出，耻躬之不逮也”(《论语·里仁》)。并强调践行诺言：“见利思义，见危授命，久要不忘平生之言，亦可以为成人矣。”(《论语·宪问》)看到利益便考虑是否合乎义，看到危难肯于献身，久处困顿境遇而不忘平生诺言，也可以称为成人(完备之人)了。

李泽厚《论语今读》说：“守信为《论语》多次提到，正如康德将‘不说谎’作为普遍道德律一样。守信大概是任何社会群体所必然要求个体遵行的普遍礼俗和‘道德’法规，否则社会不能维系。它并非‘先验’，而是为了人类总体的生存。”

二、处事(世)：恭敬忠信

《论语·卫灵公》记载：子张问行。子曰：“言忠信，行笃敬，虽蛮貊之邦，行矣。言不忠信，行不笃敬，虽州里，行乎哉？”子张问如何才能行得通。孔子回答说：“说话忠诚信实，行为笃实恭敬，即使在蛮貊(mánmò，边远少数民族)之国，也行得通。说话不忠诚信实，行为不笃实恭敬，即使在本乡本土，能行得通吗？”这可谓为人处世的金玉良言。

人生在世，为人处事，首要者就是忠诚信实。因此，孔子反复叮咛弟子：“居处恭，执事敬，与人忠。”(《论语·子路》)“己所不欲，勿

施于人。”(《论语·卫灵公》)“信则人任焉。”(《论语·阳货》)

《孔子家语·子路初见》记载：

> 子路将行，辞于孔子。子曰：“赠汝以车乎？赠汝以言乎？”子路曰：“请以言！”孔子曰：“不强不达，不劳无功，不忠无亲，不信无复，不恭失礼。慎此五者而已。”子路曰：“由请终身奉之。”

所谓“不信无复”，王肃注曰：“信近于义，言可复也，今而不信则无可复。”复：本义“回复”。此语是说，不讲信用，别人就不会再相信。

《孔子家语·贤君》记载：

> 颜渊将西游于宋，问于孔子曰：“何以为身？”子曰：“恭敬忠信而已矣。恭则远于患，敬则人爱之，忠则和于众，信则人任之。勤斯四者，可以政国，岂特一身者哉。”

孔子是说，你只要做到恭敬忠信，岂止可以保身，甚至可以治国。道理很简单，忠诚老实的人到哪里都受人欢迎，阳奉阴违，当面一套背后一套的人到哪里都会遭人厌弃。

三、交友：毋友不如己者

孔子告诫人们，交友要慎重选择，结交德行好的朋友。他说：“益者三友，损者三友。友直，友谅(信)，友多闻，益矣。友便辟，友善柔，友便佞，损矣。”(《论语·季氏》)有益的朋友有三种，有损害的朋友有三种。跟正直的人交朋友，跟诚信的人交朋友，跟博学多闻的人交朋友，有益处。跟阿谀逢迎的人交朋友，跟善于柔媚令色的人交朋友，跟花言巧语的人交朋友，有害处。马克思说的好：“友谊像清晨的雾一样纯洁，奉承并不能得到它，友谊只能用忠实去巩固。”

又说：“主忠信，毋友不如己者。”(《论语·子罕》)交友注重忠信品质，不与在忠信德行上不如自己的人交朋友。不少人认为：如果人人都想交德行胜己者，则德行胜己者，又有谁愿交自己呢？理虽如此，但孔子确实是在主张与德行好的人交朋友，上述孔子所说的“益者三友，损者三友”便可充分证明。与德行好的交朋友有益，与德行差的交朋友有害，近朱者赤，近墨者黑，这是人人都明白的道理。“三人行，必有我师焉，择其善者而从之，其不善者而改之。”（《论语·述而》）“见贤思齐焉，见不贤而内自省也。”（《论语·里仁》）倘若人人都谦己向善，多看别人的长处，主动结交在某些方面优于自己的人做朋友，同时自己在朋友的影响下积极进步，何忧别人不交己？李泽厚《论语今读》曰：“‘无友不如己者’，作自己应看到朋友的长处解。即别人总有优于自己的地方，并非真正不去交结不如自己的朋友，或所交朋友都超过自己。如是后者，在现实上不可能，在逻辑上作为普遍原则，任何人将不可能有朋友。所以这只是一种劝勉之词。”因此，理解此句不要太拘泥狭隘，应结合孔子的一贯交友态度，如孔子不止一次地主张与德行好的人交朋友，他说：“友其士之仁者。”（《论语·卫灵公》）还主张善交广交，他曾说：“晏平仲善与人交，久而敬之。”（《论语·公冶长》）孔子的弟子子张在针对子夏“可者与之，其不可者拒之”的交友态度时这么谈道：“君子尊贤而容众，嘉善而矜不能。我之大贤与，于人何所不容？我之不贤与，人将拒我，如之何其拒人也？”（《论语·子张》）这些，都有助于我们对孔子师徒交友思想的正确理解。

当子路询问孔子的志向时，孔子说：“老者安之，朋友信之，少者怀之。”（《论语·公冶长》）使老人安康，使朋友信任，让年轻人怀念，这是孔子的人生境界。

四、为政：取信于民

孔子告诫治国理政者，要讲诚信：“上好信，则民莫敢不用情。”（《论语·子路》）在上者重视诚信，那么民众就会真情相待。他说：“道千乘之国，敬事而信，节用而爱人，使民以时。”（《论语·学而》）领导治理拥有千辆兵车的国家，应当恭敬从事，诚信不欺，节约用度，爱护人民，役使民众要选择适宜之时。又说：“人而无信，不知其可也。大车无輗，小车无軏，其何以行之哉？”（《论语·为政》）意思是，人如果没有信用，不晓得那怎么可以。就好比牛车没有輗（ní：牛车车辕和衡相固着的销子），马车没有軏（yuè，马车车辕和衡相固着的销子），它凭什么行走呢？輗軏是行车的关键，诚信是做人的关键，比喻形象，揭示道理深刻。

要取信于民。《论语·颜渊》记载：

子贡问政。子曰：“足食，足兵，民信之矣。”子贡曰：“必不得已而去，于斯三者何先？”曰：“去兵。”子贡曰：“必不得已而去，于斯二者何先？”曰：“去食。自古皆有死，民无信不立。”

子贡问为政之道。孔子说：“要备足粮食，备足兵力，取信于民。”子贡说：“如果迫不得已要去掉一项，在这三项中应先去掉哪一项？”孔子说：“去掉军备。”子贡说：“如果迫不得已要再去掉一项，在这二项中应先去掉哪一项？”孔子说：“去掉粮食。自古以来谁都免不了死，但如果失去了民众的信任，国家就根本站不住。”这与《荀子·王制》中所说的“水则载舟，水则覆舟”是同一个道理：失掉了民众的信任，则有翻船的危险！

君臣上下的关系，要靠诚信来维系；国家的事情，要靠真诚的臣民来办理。《孔子家语·哀公问政》记载：

在下位不获于上，民弗可得而治矣。获于上有道，不信于友，不获于上矣；信于友有道，不顺于亲，不信于友矣；顺于亲有道，反诸身不诚，不顺于亲矣；诚身有道，不明于善，不诚于身矣。诚者，天之道也；诚之者，人之道也。夫诚，弗勉而中，不思而得，从容中道，圣人之所以体定也；诚之者，择善而固执之者也。

孔子是说，在下位的人得不到长上的信任和支持，就不可能治理好民众。取得长上的信任有方法，那就是先取信于朋友。取得朋友的信任有方法，那就是先做到让父母顺心。让父母顺心有方法，那就是反省自己是否真诚。让自己真诚有方法，那就是要彰显善性，不彰显善性，就不能使自己内心真实。真诚，是上天的原则；追求真诚，是做人的原则。有了诚，不必勉强，自然就能做到；不用思考，自然就能得到；处理政务从从容容，自然就符合中庸之道，恰当合理，这就是圣人之所以心性平定的原因。真诚的人，就是选择好善的目标执着追求的人。

后世人总结诚信与为政之经验，如是说：“夫信者，人君之大宝也。国保于民，民保于信；非信无以使民，非民无以守国。是故古之王者不欺四海，霸者不欺四邻，善为国者不欺其民，善为家者不欺其亲。不善者反之，欺其邻国，欺其百姓，甚者欺其兄弟，欺其父子。上不信下，下不信上，上下离心，以至于败。”（司马光《资治通鉴·周记》）

五、孔子对诚信的践行

孔子是一个诚实厚道的人，对待学生，他“诲人不倦”；对待朋友，“朋友死无所归”，他在自己家里为朋友办丧事；即使对待“互乡难与言”的童子，他也热情接见并耐心教诲。尤其是对待学习知识，他教训学生“知之为知之，不知为不知，是知也”（《论语·为政》）。他不仅这样要求别人，自己也这样做。

《列子·汤问》记载：

> 孔子东游，见两小儿辩斗，问其故。一儿曰：“我以日始出时去人近，而日中时远也。”一儿曰：“我以日初出远，而日中时近也。”一儿曰：“日初出大如车盖，及日中则如盘盂，此不为远者小而近者大乎？”一儿曰：“日初出沧沧凉凉，及其日中如探汤，此不为近者热而远者凉乎？”孔子不能决也。两小儿笑曰：“孰为汝多知乎？”

据说在场的弟子很不服气，埋怨老师：您真该随便讲点什么，就能把他们镇住。但孔子坚持：在学问知识方面，知道就是知道，不知道就是不知道，这才是诚实的态度。周恩来总理就十分赞同这种态度，他说：“我们对待任何问题，都必须坚持‘知之为知之，不知为不知’的老实态度，不懂决不要装懂，但是必须由不懂变为懂。”（周恩来《关于知识分子问题的报告》）

《论语·子罕》记载：

> 子曰：“吾有知乎哉？无知也。有鄙夫问于我，空空如也。我叩其两端而竭焉。”

孔子是说：“我有知识吗？没有知识啊。有个才识浅陋的人来问我问题，我心里空空的。我只是问了问事情的始末就什么也答不出来了。”孔子一再表白：“我非生而知之者，好古，敏以求之者也。”（《论语·述而》）我不是生来就什么都知道的人，而是爱好古代文化，通过勤敏学习以求得知识的人。

孔子在执政期间，很看重市场管理、产品质量，反对假冒伪劣，不许以次充好，以假乱真。《孔子家语·相鲁》记载：

> 初，鲁之贩羊有沈犹氏者，常朝饮其羊以诈市人。有公慎氏者，妻淫不制。有慎溃氏，奢侈踰法。鲁之鬻六畜者，饰之以储价。及孔子之为政也，则沈犹氏不敢朝饮其羊，公慎氏出其妻，慎溃氏越境而徙。三月，则鬻牛马者不储价，卖羊豚者不加饰，男女行者别其涂，道不拾遗，男尚忠信，女尚贞顺。四方客至于邑，不求有司，皆如归焉。

这是说，当初，鲁国有个羊贩子叫沈犹氏，经常在早晨用水把羊灌饱增加体重欺诈买羊人。有个叫公慎氏的，妻子淫乱他也管不了。还有个叫慎溃氏的，生活奢侈不守法。鲁国一些卖牲口的，美饰作假哄抬物价。到了孔子当政时期，对市场民风严加整顿，从此，沈犹氏不敢早上给羊灌水，公慎氏休出其妻，慎溃氏越境迁徙他国。经过三个月，则贩卖牛马的不敢哄抬物价，卖猪羊的不敢美饰作假，男女走路各走一边，道路上丢了东西没人拾为己有，男的崇尚忠信，女的崇尚贞洁顺从。四方来客到了鲁国城邑，不求主管商旅官员的帮助，都像回到自己的家一样。

第四节　诚实的子路

子路，姓仲，名由，字子路，又名季路。据《史记·仲尼弟子列传》记载："仲由，字子路，卞人也。"学者考证，卞邑即今山东省泗水县东五十里之卞桥镇，一说在今山东平邑县东北仲村。当时为鲁国之地，所以被称为鲁人。

子路在孔门弟子中是很有个性的一个人，性格直爽，甚至有些粗野，曾"陵暴孔子"而孔子则以礼义诱导之，之后子路接受了孔子的劝导而"请为弟子"，并且长期追随孔子。在孔子周游列国时，有的学生晚参加，如曾子、子游等，有的学生很早就离开了，如冉求、子贡等，但子路、颜回等自始至终跟随着老师。因为子路勇武，很大程度上在孔子身边起到了保镖的作用。

一、真诚厚道

《论语·公冶长》记载：有一天，颜渊、子路陪侍孔子，孔子问道："你们何不各自谈谈各自的志向？"子路回答说："愿把自己的车马衣裘与朋友共享，即使用坏了也没什么遗憾。"颜渊回答说："愿不夸耀自己的长处，不夸大自己的功劳。”子路说：“想听听老师您的志向。”孔子说：“使老人安康，使朋友信任，让年轻人怀念。”

子路的回答，反映出对朋友的真诚。“车马衣裘”，是自己最心爱的珍重之物，当时的车马，不亚于今天的小轿车，能拿出来与朋友共享，是一般人难以做到的。再看颜渊和老师的回答，都侧重“诚信”主题，尤其是老师的回答，无疑会提升弟子的人生境界。

子路对待老师孔子，忠诚热爱。《论语·公冶长》记载：孔子说：“如果我的主张行不通了，我将乘着木筏漂流到海外去。跟从我的人，那大概是仲由吧？”子路听到后很高兴。子路忠诚其师，因而得到了老师的信任，这是很自然的。子路后来的一些表现，确实证实了这一点。在长达十四年的周游列国期间，孔子师徒遭受了重重磨难：匡地遭围，宋国司马桓魋加害，陈蔡绝粮七日差点饿死……，这期间，不少弟子未坚持下来，唯有子路跟随始终。老师有病，子路为之祈祷，请求神祇保佑。老师病危，子路忙前忙后地为老师操办后事，而且按大夫级别，“使门人为臣”，大场面地为老师组办丧礼。虽然受到孔子的批评，但子路的一腔热诚，尽显无遗。

二、鲁直，敢怒敢言

子路为人鲁直，不会花言巧语，有时候说话甚至会“伤人”，但是做起事来说到做到，绝不失信。

《论语·子路》记载：子路问孔子：“如果卫国国君等待先生您去治国理政，您将先做什么？”孔子说：“首先必须正名！”子路说：“有这样做的吗？先生您太迂腐了！名分怎么正呢？”孔子说：“真粗野啊，仲由！君子对于自己不了解的事，大概应该阙而不谈吧。名称名分不正，那么说起来就不顺当；说起来不顺当，那么事情就办不成；事情办不成，那么礼乐就不能兴盛；礼乐不兴盛，那么刑罚就不能适当；刑罚不适当，那么民众就会手足无措。所以君子正定的名称名分一定可以顺当合理地说出来，说出来一定可以实行。君子对于自己所讲的话，不要马马虎虎太随便才是。”作为弟子，竟敢当面说老师“迂腐”，其鲁直性格尽显。

《论语·卫灵公》记载：孔子师徒在陈国断绝了粮食，跟从的人都饿病了，爬不起来。子路很生气地来见孔子说：“君子也有穷困的时候吧？”孔子说：“君子能固守得住穷困，而小人遇到穷困就会滥漫无节，胡作非为。”子路对老师有怨气，敢于当面发泄，不掖着藏着，不背后议论。

《论语·阳货》记载：公山弗扰在费邑反叛季氏，召孔子，孔子想去。子路不高兴，说："没有可去的地方就算了，何必到公山氏那里呢？"孔子说："那个召我去的人，难道是白白地叫我去吗！如果有人任用我，我难道仅仅是为了这个衰落的东周吗？"与老师政见不同，敢于直说。

《论语·雍也》记载：在卫国，有一天孔子去见了卫灵公夫人南子，子路不高兴。孔老夫子发誓说："我若有不对的地方，天会厌弃我！天会厌弃我！"子路认为，南子淫荡，老师与这样的人见面，有辱名声，所以生气。面对子路的不理解，孔子竟然像个小孩子一样，发起誓来。这种纯真性情的表露，令人感佩。

三、虚心求教

子路虽然鲁莽，但也有虚心求教、要求进步的一面。就《论语》所记，子路求教的问题是多方面的，如《阳货》篇记载："子路曰：'君子尚勇乎？'子曰：'君子义以为上。君子有勇而无义为乱，小人有勇而无义为盗。'"《宪问》篇记载："子路问事君。子曰：'勿欺也，而犯之。'"意思是，事奉国君，不要欺骗，但可以犯颜直谏。《宪问》篇又记载："子路问成人（完备之人）。子曰：'若臧武仲之知，公绰之不欲，卞庄子之勇，冉求之艺，文之以礼乐，亦可以为成人矣。'曰：'今之成人者何必然？见利思义，见危授命，久要（困顿）不忘平生之言，亦可以为成人矣。'"

见子路虚心求教，孔子也主动施教。《阳货》篇记载："子曰：'由也！女闻六言六蔽矣乎？'对曰：'未也。''居！吾语女。好仁不好学，其蔽也愚。好知不好学，其蔽也荡。好信不好学，其蔽也贼。好直不好学，其蔽也绞。好勇不好学，其蔽也乱。好刚不好学，其蔽也狂。"这段话，翻译过来即是，孔子说："仲由啊，你听说过人们从六个方面所谈的六种弊病吗？"仲由回答说："没有。"孔子说："坐下！我告诉你。喜好仁德却不喜好学习，它的弊病是愚昧易欺。喜好智慧却不喜好学习，它的弊病是放荡无守。喜好信实却不喜好学习，它的弊病是容易被人坑害。喜好直率却不喜好学习，它的弊病是尖刻伤人。喜好勇敢却不喜好学习，它的弊病是闯祸作乱。喜好刚强却不喜好学习，它的弊病是狂妄自大。"孔子针对子路身存的某些毛病，适时施教，有的放矢。并说："由，诲女知之乎？知之为知之，不知为不知，是知也。"（《论语·为政》）意思是，"仲由，我教诲你的，你知道了吗？知道就是知道，不知道就是不知道，这才是真正的明智。”这说明，孔子不失时机地对弟子进行诚信教育。谈到子路，伟人毛泽东曾有较高评价：“孔夫子的学生子路，那个人很爽直，孔夫子曾对他说：‘知之为知之，不知为不知，是知也。’懂得就是懂得，不懂得就是不懂得，懂得一寸就讲懂得一寸，不讲多了。”（毛泽东1945年4月24日《在中国共产党第七次全国代表大会上的口头政治报告》，摘自刘玉成《跟毛泽东读〈论语〉》）

四、诚实做人，诚信理政

上文已述，子路为人诚实，因而，他的诚信之名也广为传播。《左传·哀公十四年》记载了这样一段故事：

> 小邾射以句绎来奔，曰：“使季路要我，吾无盟矣。”使子路，子路辞。季康子使冉有谓之曰：“千乘之国，不信其盟，而信子之言，子何辱焉？”对曰：“鲁有事于小邾，不敢问故，死其城下可也。彼不臣而济其言，是义之也。由弗能。”

这是说，小邾国一个叫射的大夫，带领句（gōu）绎（今山东邹城南）的人来投奔鲁国，按照当时的惯例，鲁国要接收这个地方，必须派人与射盟约。然而射却说：“派子路和我约定，可以不用订立盟约了。”于是鲁国执政季康子派子路去，子路却推辞了。季康子不理解，就派冉有对他说：“一千辆战车的国家，不被相信，反而相信您一个人的话，如此荣耀，你为什么以为耻辱呢？”子路回答说：“鲁国如果和小邾国发生战事，作为臣子，我万死不辞。现在射是背叛了他的国家来投奔鲁国，我如果和他盟约的话，就是在济助他的这种不忠不义行为，我不能那么办。”射不相信一国之盟约，却相信子路的一句承诺，可见子路的诚信威望。

在孔子所设的四科（德行、言语、政事、文学）中，子路属于“政事”科，具有良好的从政才能。《论语·雍也》记载：“季康子问：‘仲由可使从政也与？’子曰：‘由也果，于从政乎何有？’”季康子问孔子：“仲由可以让他从政吗？”孔子回答说：“仲由果敢决断，让他从政有什么难的？”后来，子路果然政绩斐然，受到了孔子的赞誉。《孔子家语·辩政》记载：

> 子路治蒲三年，孔子过之。入其境，曰：“善哉由也！恭敬以

信矣。”入其邑，曰：“善哉由也！忠信而宽矣。”至廷，曰：“善哉由也！明察以断矣。”子贡执辔而问曰：“夫子未见由之政，而三称其善，其善可得闻乎？”孔子曰：“吾见其政矣。入其境，田畴尽易，草莱甚辟，沟洫深治，此其恭敬以信，故其民尽力也；入其邑，墙屋完固，树木甚茂，此其忠信以宽，故其民不偷也；至其庭，庭甚清闲，诸下用命，此其言明察以断，故其政不扰也。以此观之，虽三称其善，庸尽其美乎？”

子路为政恭敬而诚信，所以百姓努力劳作；他忠信敦厚，所以百姓不懈怠；他遇事明察而果断，所以手下都听他的。正是由于子路做到了诚信，才赢得了老百姓的支持与信任。

子路重诺的品德也曾受到过孔子的赞美：“片言可以折狱者，其由也与？”（《论语·颜渊》）“片”有“单”义。《广雅·释言》：“片，襌也。”王念孙疏证：“襌与单通。”《昭明文选·左思〈吴都赋〉》：“双则比目，片则王余。”片言，单方的言辞。折狱，断狱，判案。“片言可以折狱”，是说据单方言辞就可判案。乍一听，如此断狱不是太草率太不严肃了吗？太不符合判案原则了呀？事实上，孔子就是这么个意思，他认为子路据单方诉词就能做到公正断狱。为什么呢？原因有二：一是“子路无宿诺”，守诺言，而且兑现诺言快。由于守信，诚信，所以被告、原告受其感染，双方诉讼也重诚信而不忍欺。二是正如清代黄式三《论语后案》所说，子路能“明清于单辞”，火眼金睛，明断是非。在这么一位法官面前，双方受其威慑，供词据实而不敢欺。这样，单方能据实陈述，断案人又有明断能力，所以，做到“片言折狱”是可能的。因而朱熹说：“子路忠信明决，故言出而人信服之，不待其辞之毕也。”（朱熹《四书章句集注》）不过，凭单词断狱，难度极大，一般人是做不到的。正因为一般人做不到，所以孔子赞许之。

第五节　曾子讲诚信

曾子，名参，字舆，与其父曾点同为孔子的学生。他勤奋好学，颇得孔子真传。积极推行儒家主张，传播儒家思想。孔子的孙子孔伋（字子思）师从曾参，同时又再传于孟子。因之，曾参上承孔子之道，下启思孟学派，对孔子的儒家学派思想既有继承，又有发展和建树，是孔子学说的主要继承人和传播者，在儒家文化中具有承上启下的重要地位，被后世尊奉为“宗圣”，是孔子最有影响力的弟子之一。

一、诚信修身，立志高远

曾子曾经说过：“吾日三省吾身：为人谋而不忠乎？与朋友交而不信乎？传不习乎？”（《论语·学而》）这里列举了省身的三个方面，而“忠”“信”占其二，由此可见曾子对忠信的重视。《论语·泰伯》记载：

> 曾子有疾，孟敬子问之。曾子言曰：“鸟之将死，其鸣也哀。人之将死，其言也善。君子所贵乎道者三：动容貌，斯远暴慢矣；正颜色，斯近信矣；出辞气，斯远鄙倍矣。”

曾子有病，大夫孟敬子来探问。曾子说道：“鸟在快要死的时候，它的叫声哀凄；人在快要死的时候，他的言辞良善。君子所重视的处事之道有三：整肃容貌，就会远离粗暴和怠慢；端庄脸色，就会近于诚信；讲究言辞高雅的表达艺术，就会远离粗俗和乖戾。”这里所列君子的三种处事之道，其“诚信”也占其一。他追求君子人格，曾说：

> 可以托六尺之孤，可以寄百里之命，临大节而不可夺也，君子人与？君子人也！（《论语·泰伯》）

意思是，可以把幼年孤主托付给他，可以把国家的命运寄托给他，面临生死存亡之重要关头而志不可夺，这算是君子一类的人吧？无疑是君子一类的人！这种可以托孤、可以托国之人，必定是诚实可靠之人。他在谈到人生志向时曾说：“士不可以不弘毅，任重而道远。仁以为己任，不亦重乎？死而后已，不亦远乎？”这种人生境界，令人赞佩！

二、诚实尽孝，诚信教子

在孝道方面，曾子反对虚套，主张务实，他说：

> 往而不可还者，亲也；至而不可加者，年也。是故孝子欲养，而亲不待也。木欲直，而时不待也。是故椎牛而祭墓，不如鸡豚逮亲存也。（《韩诗外传》）

意思是说，过往而不可再生还者，是父母亲的生命；到了一定的限度而不可再增加的，是父母的年龄。所以孝子想以后再尽赡养之心，而父母的年龄不会等待。就如同弯树想直，而时间不会等待是一个道理。所以，与其在父母死后击杀大牛去祭坟，还不如赶到父母活着的时候让他们吃到小鸡小猪呢。

这话讲得多么实在！这与那些虚假对待父母之人形成鲜明对比。当今之世，一些人孝道观念淡漠，父母在世时，疏于奉养，一旦父母死了，却大办丧事，有的甚至用宝马轿车下葬。这有何用？显然是摆阔气装样子给别人看的。

在对待孩子方面，他反对做父母的对孩子随意哄骗，主张诚实不欺，重视然诺。《韩非子·外储说左上》记载：

> 曾子之妻之市，其子随之而泣。其母曰："女还，顾反为女杀彘。"妻适市来，曾子欲捕彘杀之。妻止之曰："特与婴儿戏耳。"曾子曰："婴儿非与戏也。婴儿非有知也，待父母而学者也，听父母之教。今子欺之，是教子欺也。母欺子，子而不信其母，非以成教也。"遂烹彘也。

这是著名的"曾子杀猪"的故事，说的是曾子的妻子要去赶集，小儿子哭着要跟着去，为了哄孩子不哭不跟随，就让孩子在家等着，答应回来给他杀猪炖肉吃。她一回来，曾子就要去杀猪，她赶忙阻止曾子："我不过是哄小孩子的，你怎么还当真了啊？"曾子说："孩子是不能哄骗的！他不懂事，还没有辨别能力，什么都跟父母学，听从父母的教诲。现在你哄骗他，等于是在教他欺骗。现在母亲欺骗孩子，孩子以后自然也就不相信母亲了，这不是教育孩子的办法。"说罢，就把猪杀了，给儿子炖吃了。

曾子认为，即使是对待小孩子，也应该言而有信，诚实无诈，身教重于言教。虽然曾子杀猪的做法遭到一些人的嘲笑，但是他这么做，却能教育出诚实守信的孩子。所有做父母的，都应像曾子这样讲究诚信，用自己的行动来影响子女以及周围的人们，乃至整个社会。

第六节　孟子诚实守信

孟子，名轲，字子舆，战国时邹人。鲁国公族孟孙氏后裔。少年丧父，母亲为选择培养环境，三迁其居，使近于学宫习礼知学。受业于曾子弟子子思（孔子之孙）之门人。推崇儒家，弘扬儒学，被后世尊为“亚圣”，享有与至圣孔子并称“孔孟”之殊荣。

一、以诚信建立人际关系

孟子认为，“信”在处理各种社会关系中处于至关紧要的地位，而“诚”则是处理所有社会关系的基础。他在《孟子·离娄上》中说：

> 居下位而不获于上，民不可得而治也。获于上有道，不信于友，弗获于上矣；信于友有道，事亲弗悦，弗信于友矣；悦亲有道，反身不诚，不悦于亲矣；诚身有道，不明乎善，不诚其身矣。是故诚者，天之道也；思诚者，人之道也。至诚而不动者，未之有也；不诚，未有能动者也。

由获得上司的信任到获得朋友的信任，由获得朋友的信任到获得亲人的欢心，由获得亲人的欢心到反思自己的诚意，由反思自己的诚意到懂得什么是善，一个人要想在社会上立得住行得通，获得上下左右的信任，必须“思诚”。以诚待人接物，以诚为人处事，才能获于上、信于友、悦其亲、诚其身。人际关系的链条是紧密相连、互相依存的，一旦由于失信出现了断裂，那就难以安身立命了。每个人的诚信，是自身生存和发展的依据，也是他人的依赖，谁也离不开诚信。

二、以仁德取信于民

《孟子·公孙丑上》记载：

> 孟子曰：“以力假仁者霸，霸必有大国；以德行仁者王，王不待大。汤以七十里，文王以百里。以力服人者，非心服也，力不赡也；以德服人者，中心悦而诚服也，如七十子之服孔子也。”

孟子是说，依靠武力假借仁的名义统一天下叫作“霸”，称霸，一定要有强大的国家；依靠道德施行仁政而统一天下的叫作“王”，称王，不须要有强大的国家。商汤凭借七十里的土地称王，周文王凭借百里的土地称王。靠武力使人服从，并不是真心服从，只是力量不足以抗争罢了；以道德使人信服，人们会心悦诚服，就像七十二贤弟子信服孔子一样。

《孟子·梁惠王上》记载：

> 孟子对曰："地方百里而可以王。王如施仁政于民，省刑罚，薄税敛，深耕易耨，壮者以暇日修其孝悌忠信，入以事其父兄，出以事其长上，可使制梃以挞秦楚之坚甲利兵矣。"

孟子是说，只要有方圆一百里的土地就可以使天下归服。王如果对老百姓施行仁政，减免刑罚，少收赋税，使他们深耕细作，把庄稼种好；让身强力壮的人抽出时间修养孝顺、尊敬、忠诚、守信的品德，在家侍奉父母兄长，出门尊敬长辈上级，这样就是让他们拿着木棒也可以打垮那些拥有坚固盔甲锐利刀枪的秦楚军队。

《孟子·梁惠王下》记孟子语曰："《书》曰：'汤一征，自葛始。'天下信之，东面而征西夷怨，南面而征北狄怨，曰'奚为后我'？民望之，若大旱之望云霓也。"这是说，商汤初征，从葛国开始。天下人都相信他是为铲除暴政而来，所以，当他向东方进攻时，西方国家的百姓就抱怨；当他向南方进攻时，北方国家的老百姓就抱怨。都说："为什么把我们放到后面呢？"百姓都盼望，就像大旱盼云霓一样。这是由于商汤的征伐，不使百姓受惊扰，做生意的正常经营，种地的正常劳作。商汤只是杀掉残暴的君主，使受伤害的百姓得到安慰，就像及时雨从天而降，百姓非常高兴。

以上三则记载，内容相近，都是在劝谏统治者施行仁政。只有施行仁政，才可以使百姓心服，才可以凝聚民众力量，才可以取信于民，才可以得到民众的拥戴，才可以王天下。

三、做真正的老实厚道人

孔子曾说："乡原，德之贼也。"(《论语·阳货》)原(yuàn)，"愿"的古字，意思是谨慎老实。乡愿，乡里貌似谨厚而实与流俗合污的伪善者。有人理解为阿谀媚世、处事圆滑谁也不得罪的老好人。孔子认为，这种人是道德的祸害。

孟子和孔子一样，也十分讨厌这种人。《孟子·尽心下》记载：

> [万章]曰："何如斯可谓之乡原矣？"
>
> [孟子]曰："何以是嘐嘐也？言不顾行，行不顾言，则曰：古之人，古之人。行何为踽踽凉凉？生斯世也，为斯世也善，斯可矣。

阉然媚于世也者，是乡原也。”

万子曰：“一乡皆称原人焉，无所往而不为原人，孔子以为德之贼，何哉？”

［孟子］曰：“非之无举也，刺之无刺也，同乎流俗，合乎污世，居之似忠信，行之似廉洁，众皆悦之，自以为是，而不可与入尧舜之道，故曰‘德之贼’也。孔子曰：‘恶似而非者：恶莠，恐其乱苗也；恶佞，恐其乱义也；恶利口，恐其乱信也；恶郑声，恐其乱乐也；恶紫，恐其乱朱也；恶乡原，恐其乱德也。’君子反经而已矣。经正，则庶民兴；庶民兴，斯无邪慝矣。”

孟子说：“是啊，这种人，你要非难他吧，又举不出什么错来；你要指责他吧，却又好像无可指责。他只是和世俗同流合污，为人好像忠诚老实，行为好像廉洁方正，大家都喜欢他，他也自以为正确，但实际上，并不能与他一起践行尧舜之道，所以说他是道德之贼。孔子说：‘厌恶那些似是而非的东西：厌恶狗尾巴草，怕的是它混乱禾苗；厌恶花言巧语，怕的是它搞乱正义；厌恶能言善辩，怕的是它搞乱信实；厌恶郑国的乐曲，怕的是它搞乱雅乐；厌恶紫色，怕的是它搞乱正宗的红色；厌恶好好先生，怕的是他搞乱道德。’”孔子、孟子之所以痛批乡愿者，就是因为这种人貌似老实，而实际上不老实，近似于“伪君子”。这种人，表面老实，内中虚伪，老好好，谁也不得罪，没有原则立场，欺世盗名，败乱道德，实属可厌。两位圣贤批评乡愿者的目的，就是警诫人们，不要做这种败乱道德之人，要做真正的老实厚道人。马克思曾在《第六届莱茵省议会的辩论》中说：“最大的罪恶——伪善。”（《马克思恩格斯全集》第1卷）

第七节 弘扬诚信美德

诚信美德，不仅被齐鲁先贤十分看重，在当今时代，诚信是社会主义核心价值观的重要范畴。党的十八大以来，习近平总书记在多个重要场合强调诚信的重要性。党的二十大报告提出：“弘扬诚信文化，健全诚信建设长效机制。”

为加强诚信建设，中央文明委员会于2020年出台了《关于开展诚信缺失突出问题专项治理行动的工作方案》，针对当前经济社会中的诚信热点问题和群众反映强烈的失信突出问题，集中开展10项诚信缺失突出问题专项治理行动。这10项诚信缺失的突出问题是：电信网络诈骗问题、互联网信息服务领域失信问题、全国防疫物资产品质量和市场秩序问题、扶贫脱贫失信问题、国家考试作弊问题、交通运输领域失信问题、骗取社会保险问题、法院判决不执行问题、金融领域失信问题、生态环境保护失信问题。

中央文明委要求：要加强诚信理念教育，开展诚信实践活动，把诚信建设作为群众性精神文明创建活动的重要内容，引导各地区各部门构建诚信教育体系，不断增强人们的诚信理念、规则意识、契约精神，努力打造不敢失信、不能失信、不愿失信的社会环境，积极构建诚信社会、诚信中国。

要弘扬诚信之风，杜绝弄虚作假，必须全社会都树立诚信理念、规则意识、契约精神。

首先，领导干部要讲诚信，要对党忠诚，对人民负责。上述所列"全国防疫物资产品质量和市场秩序问题""扶贫脱贫失信问题""金融领域失信问题""生态环境保护失信问题"等，多为领导不力所造成。习近平总书记十分重视诚信，在多种场合强调诚信。如2013年8月28日，他在辽宁考察时指出："领导干部要把深入改进作风与加强党性修养结合起来，自觉讲诚信、懂规矩、守纪律，襟怀坦白，言行一致，心存敬畏，手握戒尺，对党忠诚老实，对群众忠诚老实，做到台上台下一种表现，任何时候、任何情况下都不越界、越轨。"2016年12月9日，他在中共中央政治局第三十七次集体学习时强调："对突出的诚信缺失问题，既要抓紧建立覆盖全社会的征信系统，又要完善守法诚信褒奖机制和违法失信惩戒机制，使人不敢失信、不能失信，对见利忘义、制假售假的违法行为，要加大执法力度，让败德违法者受到惩治。"

其次，企业经营者要奖诚信。信用作为一种无形资产，对商业的兴旺发达起着决定性作用。2016年3月4日，习近平在参加全国政协十二届四次会议民建、工商联界委员联组会时的讲话中要求："各类企业都要把守法诚信作为安身立命之本，依法经营、依法治企、依法维权。法律底线不能破，偷税漏税、走私贩私、制假贩假等违法的事情坚决不做，偷工减料、缺斤短两、质次价高的亏心事坚决不做。"

品牌的创立离不开诚信原则，品牌的维持与发展更离不开诚信。2014年4月4日，齐鲁晚报刊载了一篇题为《孟洛川：东方巨贾　一代儒商》的文章，详细分析了孟洛川和他创立的瑞蚨祥成功的因素：

作为儒家亚圣的后代，孟洛川深受儒家和为贵、仁爱、礼教等道德规范的浸染，其经营之道，深深打上了儒家文化的烙印，这就是“以德为本、以义为先、以义致利”。孟洛川立下的店训是“货真价实、童叟无欺”。瑞蚨祥之所以能够长盛不衰，很大程度上应归功于孟洛川。在经营中他始终贯穿了这种传统的东方思想精髓和道德准则——诚信，而建立在诚信基础上的品牌效应，也仿佛真的变成了一只伴着祥云的青蚨，让瑞蚨祥受益无穷。

海尔集团创始人张瑞敏曾说：“一个企业要永续经营，首先要得到社会的承认、用户的承认，企业对用户真诚到永远，才有用户、社会对企业的回报，才能保证企业向前发展。”

1985年，海尔总裁张瑞敏的一位朋友在厂里买一台冰箱，挑选时发现好多台都有毛病。朋友走后，张瑞敏把400多台冰箱检查了一遍，结果有76台存在缺陷。当时每台冰箱的价格是800多元，相当于一名职工两年的收入。张瑞敏说：“我要是允许把这76台冰箱卖了，就等于允许你们明天再生产760台这样的冰箱欺瞒消费者。”说罢，他抡起大锤子砸下了第一锤！很多职工流着眼泪砸了冰箱。张瑞敏告诉大家：“有缺陷的产品就是废品。”正是他这一锤，砸出了海尔员工“零缺陷”的质量意识，也宣布了海尔全面质量管理的开始。正是这一锤，砸出了海尔屹立至今，依然坚挺的底气。

当下享有盛誉的任正非华为集团、曹德旺福耀集团，都是以诚信立身、以质量取胜的信得过品牌。一个品牌的创立往往是一代人甚至几代人心血付出，有些著名的品牌，甚至是百年品牌，由于后来的经营者不再坚守祖训，不再恪守诚实守信的职业道德，“忽喇喇似大厦倾”，最终没有逃脱倒闭的命运。因此，企业经营者应切记《管子·乘马》“非诚贾不得食于贾，非诚工不得食于工，非诚农不得食于农，非信士不得立于朝”之训，牢固树立诚信意识。

再次，每一个人都要做诚信道德的践行者、诚信文化的建设者。从事不同职业的人员，同样需要诚信。比如，科技工作者要讲诚信，“电信网络诈骗”“互联网信息服务领域失信”等，多为某些丧失道德的网络技术人员所造成。商家、厂家要讲诚信，他们多是生产经营民用产品的，关乎亿万百姓的生活和健康。农民要讲诚信，农民是全社会的“衣食父母”，亿万民众每天餐桌上的主食和菜蔬瓜果，都是农民辛勤劳作所提供的，因此广大农民注意不要过度使用农药，以免出现农产品高毒农药残留问题。教师要讲诚信，作为人类灵魂的工程师，要坚守立德树人之初心，授业解惑，诲人不倦。当然，学生也要讲诚信，诚信学习，不虚假，不作弊，踏踏实实学本领，切勿虚度年华。总之，人人都要讲诚信，营造好全社会诚信之风，弘扬好诚信美德。

诚信不仅是立身之本，更是立国之本。在中国共产党领导中国人民开创历史伟业的进程中，我们形成和发展了以马克思主义为指导的革命文化、社会主义先进文化，熔铸了以伟大建党精神为源头的中国共产党人精神谱系，为建设新时代的诚信文化提供了最直接的文化滋养。党和国家十分重视诚信教育，2017年12月27日，习近平在中央政治局会议上特别提到了商鞅“徙木立信”的故事，要求领导干部徙木立信、以上率下，锲而不舍落实中央八项规定精神。据说，商鞅变法时恐怕百姓不信任，便在国都市场南门立下一根三丈高的木杆，昭示百姓：有能将此木搬到北门者，就赏给十镒黄金。百姓对此感到惊讶，没有人去搬。商鞅又宣布说：“有能够把它搬过去的，就赏给五十镒黄金。”有一个人把木杆搬到了北门，商鞅立即赏给他五十镒黄金。由此获得了百姓的信任。

2021年10月31日，习近平总书记在二十国集团领导人第十六次峰会上讲：“中国古人说：‘诚信者，天下之结也。’就是说诚信是结交天下的根本。中国将坚持对外开放的基本国策，发挥超大规模市场优势和内需潜力，着力推动规则、规制、管理、标准等制度型开放，不断加大知识产权保护力度，持续打造市场化、法制化、国际化营商环境，为中外企业提供公平公正的市场秩序。”

我们应认真学习借鉴齐鲁先贤的诚信思想，以诚信为立身之本，视诚信为天下之结。深刻领会习近平总书记一系列相关讲话精神，修好诚信之德，做好诚信之事。只有人人讲诚信，才会营造出全社会诚信之风，广大民众才会有满满的安全感、幸福感。

第四章　齐鲁文化中的孝亲尊老思想

孝，指善事父母。《尔雅·释训》释“孝”说：“善父母为孝。”《说文解字》也说：“孝，善事父母者。从老省，从子，子承老也。”后来意义稍宽，指尊亲敬老之善德。所谓孝道，是指奉养父母老人的准则规范。

孝亲尊老，是中华民族的传统美德，素有“百善孝为先”之说。尤其是儒家，对孝道更为重视，《十三经》之中，就有专著《孝经》一部。对于孝行孝道，孔子、曾子、孟子等都有精辟的论述，这些论述，在两千多年后的今天，仍具有很现实的借鉴和启示作用。

第一节　孔子的孝亲尊老思想

孔子重视孝道，对于孝，他讲了很多，如：“弟子入则孝，出则悌，谨而信，泛爱众而亲仁。”（《论语·学而》）“父在观其志，父没观其行，三年无改于父之道，可谓孝矣。”（《论语·学而》）“父母在，不远游，游必有方。”（《论语·里仁》）“孟武伯问孝。子曰：‘父母唯其疾之忧。’”（《论语·为政》）“孟懿子问孝。子曰：‘无违。’樊迟御，子告之曰：‘孟孙问孝于我，我对曰，无违。’樊迟曰：‘何谓也？’子曰：‘生，事之以礼。死，葬之以礼，祭之以礼。’”（《论语·为政》）

以上，孔子要求：作为子女，无论在家还是在外，时刻不忘孝敬父母，敬顺长上。父亲去世，儿子不得轻易改变父亲生前立下的规矩。父母年老体弱，儿女尽量不远游；如果迫不得已要远游，也一定告知父母所去的具体地方（以免父母牵挂，以便父母召唤）。担忧父母的疾病，因为疾病会导致父母痛苦和死亡。不违背孝道之礼，生、死、祭，都要循礼而行。

最能体现孔子孝道思想境界的，是以下两则：

> 子游问孝，子曰：“今之孝者，是谓能养。至于犬马，皆能有养。不敬，何以别乎？”（《论语·为政》）

意思是说：今天有些人谈到孝，认为做到能养就是孝了。这种要求太低了，连狗和马等有灵性的动物都能做到长幼间的相养，作为人，在赡养老人时如果体现不出“敬”来，那与狗马等畜生有何区别？

乌鸦反哺其母之佳话以及动物中众多相养的真实例子，证实禽兽确实能做到长幼间的相互养活。大家都曾看到这么一个纪录片：一老海豚病弱得不能游动，而幼海豚总是伏在老海豚腹下，背驮其游动，恰似年轻人搀扶着老人，其动人场面，令人类自愧不如（当今人类还在为“老人摔倒扶不扶”的问题而纠结）。人能相养，动物也能相养，人如果在赡养老人时体现不出“敬”来，那和禽兽有何区别？关键要看这个“别”字，孔子强调的是人与禽兽之间的区别。孔子的境界高，对人在孝的方面要求高，在对待老人方面，只做到“养”是不够的，还要做到“敬”，不能停留在禽兽的水准上。

> 子夏问孝。子曰：“色难。有事，弟子服其劳；有酒食，先生馔，曾是以为孝乎？”（《论语·为政》）

“色难”的意思是，敬色难，即侍奉父母，长期做到敬色（和颜悦色）为难。汉代郑玄《论语注》注曰：“言和颜悦色，是为难也。”杨伯峻《论语译注》译曰：“儿子在父母前经常有愉悦的容色，是件难事。”常言道：“床前百天无孝子”，大概就是说的为子女者在侍奉父母方面要做到长久的和颜悦色的难度吧？凡有长期侍奉老父老母经历的儿女，大概都有切身感受，孔子大概就是根据众多儿女的这种感受，发出的这一实实在在的感叹，同时也是对儿女向“孝”的更高境界的要求。下文的“有事，弟子服其劳；有酒食，先生馔”，孔子认为仅仅做到这些，太容易了，是一般人都能做到的，达不到“孝”的程度，所以他用反诘的语气“曾（zēng；竟，难道）是以为孝乎”加以反问。孔子认为，做子女的对待父母，在让其吃饱穿暖的情况下，重要的是要做到“恭敬”，要和颜悦色，让老人打心眼里舒适，这才算是真正做到了“孝”。与上则所主张的同样，只做到“养”不行，还要做到“敬”。侍奉父母和颜悦色，正是“敬”的最好表现。

孔子主张博爱广孝，《孝经·天子章》记载：“子曰：‘爱亲者，不敢恶于人。敬亲者，不敢慢于人。’”《孝经·广至德章》记载：“子曰：‘教以孝，所以敬天下之为人父者也。教以悌，所以敬天下之为人兄者也。’”孝道不是仅仅限于自家父母，还要顾及天下父老。

孔子的孝行故事——合葬父母

孔子的父亲叔梁纥，与原配夫人施氏共生九女。后纳妾，生一男，叫孟皮（孟皮腿脚有残疾）。为有一个健康的继承人，纥决定再娶。听说颜襄家有三女，便托媒人上门提亲。颜父征求三个女儿意见，大女儿、二女儿考虑到年龄悬殊（纥已六十多岁）而拒绝，唯有小女儿不介意年龄而应允。婚后不久，生孔子。不幸的是，孔子刚满三岁，父亲就死了。母亲年轻轻守寡，含辛茹苦，养育孔子。孔子少年懂事，也主动帮母亲分担，种庄稼、种菜、放牧、做丧祝（助人办理丧事）等。他曾说："吾少也贱，故多能鄙事。"在生活的重压下，母亲积劳成疾，于孔子17岁时去世。为尽孝道，孔子决定让母亲与父亲合葬。但是，传说孔子不知父亲葬在何处（当时的墓葬习俗，大概是不封坟头），向邻居打听，也没得到结果。于是，他便把母亲的棺材停放在五父之衢（四通八达的道路），自己跪在大路旁，以引起人们的注意。果然不久，一位当年曾任车夫的母亲告诉了他父亲的墓地。《史记·孔子世家》记载："孔子母死，乃殡五父之衢，盖其慎也。陬人挽父之母诲孔子父墓，然后往合葬于防焉。"防，指防山，在曲阜东十三公里处。防山北麓，即孔子父母的合葬处，名为"梁公林"。

第二节　曾子的孝亲尊老思想

作为孔子的弟子，曾子宗其师，对"孝"又有较为全面的论述和发挥。在孔子以后的儒学发展中，曾子可谓是儒家孝理论的集大成者。他不仅以孝著称，而且在孝道理论方面无论从广度还是深度都继承和发展了孔子的孝道思想。曾子思想以孝为核心，开创了儒家的孝治派。有人认为，《孝经》是曾子作的。《大戴礼记》中收有《曾子本孝》《曾子立孝》《曾子大孝》《曾子事父母》等论孝专篇，可见，在孔子弟子中，曾子对儒家孝道思想的发展贡献最大。

他忠实其师，主张：

> 大孝尊亲，其次不辱，其下能养。（《大戴礼记·曾子大孝》）

这等于给孝分了等级，把尊敬父母视为"大孝"，要求人们在"能养""不使父母受辱"的前提下，追求"大孝"的境界。继而又言：

> 居处不庄，非孝也；事君不忠，非孝也；莅官不敬，非孝也；朋友不信，非孝也；战阵无勇，非孝也。五者不遂，灾及乎身，敢不敬乎！故烹熟鲜香，尝而进之，非孝也，养也。

他把孝放大，认为庄肃、忠君、敬业、诚信、勇武都是孝行之表现，做不到这些，就会灾及其身，就会致使父母受辱，因此应敬慎对待。继而又言：

> 民之本教曰孝，其行之曰养。养可能也，敬为难；敬可能也，安为难；安可能也，久为难；久可能也，卒为难。父母既殁，慎行其身，不遗父母恶名，可谓能终也。夫仁者，仁此者也；义者，宜此者也；忠者，忠此者也；信者，信此者也；礼者，体此者也；行者，行此者也；强者，强此者也。乐自顺此生，刑自反此作。夫孝者，天下之大经也。夫孝，置之而塞于天地，衡之而衡于四海，施诸后世而无朝夕，推而放诸东海而准，推而放诸西海而准，推而放诸南海而准，推而放诸北海而准。

他把孝看作“民之本教”、放诸四海而皆准的“天下大经”，鼓励人们向着“敬”“安”“久”等不易达到的大孝目标进取。即使父母死了，也要“慎行其身，不遗父母恶名”。“仁”“义”“忠”“信”“礼”等一切德行，都要以“孝”为根本。

在孝道方面，曾子最突出的特点是“顺”。他说：“父母恶之，惧而无怨；父母有过，谏而不逆。”（《大戴礼记·曾子大孝》）继而又言：

> 父母之行，若中道则从，若不中道则谏，谏而不用，行之如由己。从而不谏，非孝也；谏而不从，亦非孝也。孝子之谏，达善而不敢争辨。争辨者，作乱之所由兴也。由己为无咎则宁，由己为贤人则乱。孝子无私乐，父母所忧忧之，父母所乐乐之。孝子惟巧变，故父母安之。（《大戴礼记·曾子事父母》）

当然，顺从父母、使父母心里高兴是孝的必然要求，但是，“顺”要有原则，要把握适当的“度”，比如“父母有过，谏而不逆”，就要看是什么性质的“过”，若是原则性的、会带来严重后果的“过”，那就不能不违逆，不能不争辩，过分迁就，不但会害了父母，也会害了个人和别人。所以《孝经·谏争章》曰：“父有争子，则身不陷于不义。”需注意的是，违逆、谏诤时要讲究方式方法，比如“巧变”(灵巧变化，委婉劝谏)，尽可能减轻伤害父母的程度。

曾子孝的另一特点是朴素实在。他说：

> 往而不可还者，亲也；至而不可加者，年也。是故孝子欲养，而亲不待也。木欲直，而时不待也。是故椎(chuí，用棰击打)牛而祭墓，不如鸡豚逮亲存也。(《韩诗外传》)

意思是说，故往而不可再生还者，是父母亲的生命；到了一定的限度而不可再增加的，是父母的年龄。所以孝子想以后再尽赡养之心，而父母的年龄不会等待；这和树木想直而时间不会等待是一个道理。所以，与其到父母死后击杀大牛去祭坟，还不如赶在父母活着的时候让其吃到小鸡小猪呢。

这种朴素至诚之言，让人听得入心，催促人抓紧时间行孝。很多做子女的，父母在世时，常因忙呀，路途远呀，生活条件差呀等理由，疏于对父母的赡养，总幻想着以后再尽孝，但是，父母的年龄不能等待。一旦父母离世，则悔恨不已，然已晚矣，留下“子欲养而亲不待”终生之憾。

曾子的孝行故事——耘瓜受杖

《孔子家语·六本》记载：

曾子耘瓜，误伤瓜根。父亲曾皙大怒，抡起大杖击其背，曾子仆地而不省人事，好大一会儿才苏醒过来。醒后吃力地爬起，跪在父亲面前说：“刚才我得罪于大人，大人用力教训我，不会累着您老吧？”父亲不理，曾子便退回房去，援琴而歌，欲令曾皙闻之，知其身体未被打伤。孔子听说此事，非常生气，吩咐弟子们说：“曾参到我这里来，不要让他进门！”曾参自以为无罪，使人请教孔子。孔子说：“你们没听说过吗，从前瞽瞍有儿子叫舜，舜事奉瞽瞍时，欲使之，未尝不在身边，索而杀之，未尝可得，小棍击打则待过，大杖则逃走，所以瞽瞍不犯不父之罪，而舜不失烝烝之孝。今曾参事父，委身以待暴怒，死而不避，这么着，既身死而又陷父于不义，其不孝孰大焉？你不是天子之民吗，杀天子之民，其罪如何？”曾参听后说：“我曾参罪大矣。”于是面见孔子而谢过。

这里，孔子既批评了父亲曾皙家暴，也批评儿子曾参在把握“孝顺”的度上的过分，他适时教诲，纠正其偏失。

由此故事，我们想到了毛泽东《关于陕甘宁边区的文化教育问题》中的一段话："我们还要提倡父慈子孝。过去为了这件事，我还和父亲吵了一架，他说我不孝，我说他不慈，我说应该父慈第一，子孝第二，这是双面的。如果父亲把儿子打得一塌糊涂，儿子怎样能够孝呢？这是孔夫子的辩证法。今年庆祝三八妇女节，提出建立模范家庭，这是共产党的一大进步。我们主张家庭和睦，父慈子孝，兄爱弟敬，双方互相靠拢，和和气气过光景。"这种朴实之言，对我们如何处理夫子关系具有启示意义。

第三节　孟子的孝亲尊老思想

一般认为，孔门数曾子最能传孝道，而子思是曾子的学生，孟子又是子思门人的学生，所以，孟子受先儒孝道之影响，对孝道思想又有了很好的弘扬和发展。孟子的孝道思想，既有高屋建瓴的一面，又有具体细微的一面。就高屋建瓴的一面而言，他主张：

> 老吾老，以及人之老；幼吾幼，以及人之幼。(《孟子·梁惠王上》)

意思是说，尊敬自家的老人，从而推广到尊敬别家的老人；爱护自家的孩子，从而推广到爱护别家的孩子。若人人具有了这种无私之孝慈，才会孝行满天下，慈爱满天下。

就具体细微的一面而言，他既主张"尊""养"，又强调"事""守"。他说：

> 孝子之至，莫大乎尊亲；尊亲之至，莫大乎以天下养。(《孟子·万章上》)

认为孝的极点，就是尊敬父母亲；尊敬父母亲的极点，就是拿天下可以拿到的来奉养父母。又说：

> 事，孰为大？事亲为大。守，孰为大？守身为大。不失其身而能事其亲者，吾闻之矣；失其身而能事其亲者，吾未之闻也。孰不为事？事亲，事之本也；孰不为守？守身，守之本也。曾子养曾皙，

必有酒肉。将彻（撤），必请所与。问："有余？"必曰："有。"曾皙死，曾元养曾子，必有酒肉。将彻，不请所与。问："有余？"曰："亡矣。"将以复进也。此所谓养口体者也。若曾子，则可谓养志也。事亲若曾子者，可也。（《孟子·离娄上》）

在养方面，他推崇曾子对父亲曾皙既养其身又养其志的做法。关于"养志"，赵岐《孟子注》曰："将彻，请所与，问曾皙所欲与子孙所爱者也。必曰有，恐违亲意也，故曰养志。"孙奭疏曰："盖曾子知父欲有余者与之所爱之子孙，故徇而请其所与，问有余，故复应之曰有，是其遂其亲之志意，而不违者也，故曰养志也。"说得通俗点，"养志"就是顺从、满足老人的心意。

孟子还把"慕父母"情结视为大孝至孝的范围。他说：

大孝终身慕父母。五十而慕者，予于大舜见之矣。（《孟子·万章上》）

所谓慕父母，就是依恋父母。在这方面，他推崇大舜，舜帝到了五十多岁时，还常常依恋着父母。不是吗，只要父母在世，做儿女的就永远是孩子。儿女到了五六十岁还依恋父母，证明亲情浓厚，亲情保鲜持久。他把不孝的情况分为五种：

世俗所谓不孝者五：惰其四支，不顾父母之养，一不孝也；博弈好饮酒，不顾父母之养，二不孝也；好货财，私妻子，不顾父母之养，三不孝也；纵耳目之欲，以为父母戮，四不孝也；好勇斗很（狠），以危父母，五不孝也。（《孟子·离娄下》）

总结"五不孝"的目的，是希望人们戒除之，好好赡养父母，不危父母，"人人亲其亲，长其长，而天下平。"（《孟子·离娄上》）

孟子的孝行故事——尊母训不休妻

《韩诗外传》记载：

孟子妻独居，踞。孟子入户视之，白其母曰："妇无礼，请去之。"母曰："何也？"曰："踞。"其母曰："何知之？"孟子曰：

"我亲见之。"母曰："乃汝无礼也，非妇无礼。《礼》不云乎？'将入门，问孰存。将上堂，声必扬。将入户，视必下。'不掩人不备也。今汝往燕私之处，入户不有声，令人踞而视之，是汝之无礼也，非妇无礼也。"于是孟子自责，不敢去妇。

这段文字是说：孟子的妻子独自一人在屋里，箕踞（叉开两腿坐着，像个簸箕），很不雅观。孟子进屋看见妻子这个样子，很生气，向母亲说："这媳妇不讲礼仪，请准许我把她休了。"孟母说："什么原因？"孟子说："她箕踞。"孟母问："你怎么知道的？"孟子说："我亲眼看见的。"孟母说："这是你不讲礼，不是你媳妇不讲礼。《礼经》上不是这样说吗：将要进门的时候，必须先问谁在家？将要进入厅堂的时候，必须先高声传扬（打个响声），让里面的人知道；将进屋的时候，必须眼往下看，不要到处窥探。《礼经》这么讲，为的是不让人没准备。如今你到妻子闲居休息的地方去，进屋没有声响（媳妇没防备），因而被你看到了箕踞的样子。这是你不讲礼，而不是媳妇不讲礼。"孟子听了母亲的教训后，自责自己错了，不敢再说休妻的事了。

第四节　孝道思想的当代意义

一、道德重塑的需要

古人云，"孝为德之本"。中华民族历来以崇重道德享誉世界，被誉为文明古国、礼仪之邦。

十八大以来，以习近平同志为核心的党中央十分重视道德文明建设，习总书记视察山东曲阜时指出：国无德不兴，人无德不立。必须加强全社会的思想道德建设，激发人们形成善良的道德意愿、道德情感，培育正确的道德判断和道德责任，提高道德实践能力尤其是自觉践行能力，引导人们向往和追求讲道德、尊道德、守道德的生活，形成向上的力量、向善的力量。只要中华民族一代接着一代追求美好崇高的道德境界，我们的民族就永远充满希望。

习总书记的话语重心长，字字落地有声，我们应细心领会，高度认识道德建设的伟大意义，人人从自身做起，自觉践行，重塑道德形象，争做讲道德、尊道德、守道德的模范。

二、社会和谐的需要

黄松海在《谈中国文化之孝道》文中说："孝道礼仪作为中华礼仪的重要组成部分，它是一种民族修养，一种文化境界和内化力量。中国文化之孝道历数千年文明进化，具有深厚的文化积淀和丰富的民族元素。其作为中国传统文化的核心，渗透至几千年的中国社会生活方方面面。它在加强个人修养、和谐家庭关系方面发挥了巨大的作用，客观上为维持中国封建社会的稳定与秩序提供了意识形态支撑，为国家的统一起到了积极作用。"

孔子说："弟子入则孝，出则悌，谨而信，泛爱众而亲仁。"意思是，年轻人在家要孝顺父母，出外要敬顺长上，谨慎言行，诚实守信，博爱民众而亲近仁人。

弟子有若受孔子孝道思想启发，曾发表感想："其为人也孝弟（悌），而好犯上者，鲜矣。不好犯上，而好作乱者，未之有也。君子务本，本立而道生。孝弟也者，其为仁之本与！"（《论语·学而》）意思是说：假如为人孝顺父母，敬顺长上，而好冒犯长上的，极为少有。不好冒犯长上，而好造反作乱的，未曾有过。君子致力于孝悌之根本，根本确立了，那么为人之道就会随之产生出来。孝悌，大概就是仁道的根本吧。有若认为，人具备了孝道素质，一般来说不会有犯上作乱的行为。在家孝敬老人，出门尊敬长上，这是很自然的。倘若一个连爹娘都不爱、都不养的人，你还期望他对别人亲爱友善，那是不可能的。

曾子主张："大孝尊亲，其次不辱。"不辱，即不辱没父母，不做坏事，不给父母落骂名。还有孟子所说的"老吾老，以及人之老；幼吾幼，以及人之幼"，都是和谐社会的金玉良言。倘若人人具有了这样的无私之孝慈，才会孝行满天下，慈爱满天下。倘若达到了如此境界，社会将是多么的和谐美好！

因此，习近平总书记指出：道德是社会关系的基石，是人际和谐的基础。他强调要始终把弘扬中华民族传统美德、加强社会主义思想道德建设作为极为重要的战略任务来抓，为实现中华民族伟大复兴的中国梦提供强大精神力量和有力道德支撑。

三、家风建设的需要

社会是由众多家庭组成的，如何在家庭中建立一种和谐的关系，这就需要有家庭伦理。在中国，自古以来就有着维护家庭关系的种种伦理规范，“孝”无疑是家庭伦理中最重要的观念。

《大戴礼记·卫将军文子》记孔子语曰：“孝，德之始也；弟，德之序也。”《孝经·三才章》记孔子语曰：“夫孝，天之经也，地之义也，民之行也。”孔子认为，孝是修德之始，孝是天经地义之事。

子女幼时，父母精心地呵护养育；子女长大了，父母也老了，作为子女，赡养、孝敬父母，自然是应该的、天经地义的事。常言道，养儿防老，就是这个道理。作为儿女，对父母要心存感恩之情，时时感念父母对自己倾注的慈爱、呵护和养育。马克思在《给父亲的信》中深有感触地说：“还有什么比父母心中蕴藏着的情感更为神圣的呢？父母的心，是最仁慈的法官，是最贴心的朋友，是爱的太阳，它的光焰照耀温暖着凝聚在我们心灵深处的意向！”铭记父母养育之恩，当思加倍报之。

《论语·阳货》记载，弟子宰予认为“为父母服丧三年，时间太久”，孔子批评说：“予之不仁也！子生三年，然后免于父母之怀。夫三年之丧，天下之通丧也，予也有三年之爱于其父母乎！”

孔子并非绝对强调守丧时间上的长短，关键是让人明白一个道理：父母养自己三年，自己才能离开父母的怀抱，那么自己为父母守丧三年，是完全应该的；父母辛辛苦苦地把自己养大，自己应有感恩之心，而这份感恩之情，是永恒的，不好用时间的长短来衡量。

孔子唯恐某些人“感恩”观念淡漠，还以“礼”进行约束，他说：“生，事之以礼。死，葬之以礼，祭之以礼。”（《论语·为政》）意思是，“父母活着的时候，要按照礼的要求服侍赡养他们；死了以后，按照礼的要求安葬他们，按照礼的要求祭祀他们。”并郑重告诫人们：“无违！”即不要违背孝道之礼。

切莫看轻了老人死后之事，曾子说：“慎终（死）追远，民德归厚矣。”（《论语·学而》）意思是，敬慎地对待父母的丧事，追念祭祀历代祖先，民众的道德就会趋向敦厚。

养儿防老，老有所养，死得善葬，死后还能得到后代的祭祀追念，是老人们的朴素愿望。人人都有“老”的时候，谁都期待着老辈之年能得到子女的关心和赡养。人之常情，无须赘言。也正是人们在这方面的普遍认知，所以，老的慈幼爱幼，幼的敬长事长，成为维系家庭关系和睦的主导因素，成为每个家庭世世代代传承的美德。反过来讲，倘若老不慈幼，幼不敬长，家庭关系何以维系？

孝与慈是互为影响的，人人重孝，会促使老者更加爱幼；人人爱幼，当然也会促使幼者更加敬老。中华民族各个家庭所传承弘扬的，正是这良性循环的优良传统。当今社会所倡导的家风建设，虽然内涵丰富，但也还是以“敬老爱幼”为其根本。

习近平总书记在2016年12月12日召开的第一届全国文明家庭表彰大会上指出：“家风好，就能家道兴盛、和顺美满；家风差，难免殃及子孙、贻害社会。”又说：“广大家庭都要弘扬优良家风，以千千万万家庭的好家风支撑起全社会的好风气。”“各级领导干部要带头抓好家风，做家风建设的表率。”

四、树立“忠孝兼顾”“广孝广敬”观念

古人云：“自古忠孝难两全”，这种说法有些片面。应该说，在特定的情况下，有时候是这样的，例如，在战场上，在为国家而舍小家的危急关头。一般情况下，只要用心去做，克服困难，是能够做到忠孝兼顾的。

就古代来讲，岳飞可谓忠孝两全的楷模。战争年代，他在尽忠报国的同时，先是把母亲留在黄河以北安全地带，经常派人去探望；后来又把母亲迎接到军中。母亲生有很难治愈的疾病，每次喂药，岳飞一定要亲自来。据说，妻子李娃病终时选择陪葬在婆婆身边，以使其死后，仍然能在婆婆身边尽孝。

就当代而言，忠孝方面可歌可泣的楷模更是举不胜举。如军人彭政榜，是无锡联保中心某汽车营一连班长，曾圆满保障全军重大演训活动4次，安全行车12万多公里。2015年的冬天，母亲因病逝世，父亲也因承受不了打击，突发疾病，瘫痪在床。为了方便照顾父亲，他在部队附近租住了一个民房。部队考虑到他的实际情况后，帮助联系了具有医疗功能的养老院，同意他在工作时间参加学习训练，休息时间回去照顾父亲。这些年，只要有治愈父亲的一线希望，他都愿意尝试。他跟着父亲学针灸，为父亲治疗褥疮，陪他慢慢锻炼，鼓励他渐渐恢复行动能力。在照顾父亲期间，他参加了全军机动卫勤分队跨区基地化训练，在考核中，他所在的医疗队获得了第一名。他始终坚信，只要有心，忠孝也可以两全。

孔子主张广孝广敬，他说：“教以孝，所以敬天下之为人父者也。教以悌，所以敬天下之为人兄者也。”（《孝经·广至德章》）孟子也说：“老吾老，以及人之老；幼吾幼，以及人之幼。”（《孟子·梁惠王上》）孝道不是仅仅限于自家父母，还要顾及天下父老。若人人具有了这种无私之孝慈，才会孝行满天下，慈爱满天下。

在发扬古人广孝广敬思想的同时，现代人的观念应有所发展，境界应有所提升，孝道要与爱国、爱民、为人民服务联系起来。1939年，毛泽东同志在《关于国民精神总动员的号召》中指出：“我们提倡忠孝不是忠于某一个人，孝于某一个人，为国尽忠、为民族尽孝，就是最大的忠、最大的孝。”继而又在《中国共产党中央委员会为开展国民精神总动员运动告全党同志书》中强调：“对国家尽其至忠，对民族行其大孝。必须号召全国同胞实行这种最高的民族道德，……因为一个真正的孝子慈孙，必然是对国家民族尽忠尽职的人。这里唯一的标准，是忠于大多数与孝于大多数，而不是仅仅忠于少数与孝于少数，违背了大多数人的利益，就不是真正的忠孝，而是忠孝的叛逆。对于仁义也是一样，有益于大多数人的思想行为谓之仁，处理关系于大多数人利益的事务而得其当谓之义。……共产党员在国民精神总动员中，必须号召全国同胞实行其对国家尽其大忠，为保卫祖国而奋战到底；对民族尽其大孝，直至中华民族之彻底解放；对四万万五千万同胞与人类之大多数给与绝大的同情与卫护，以实行其大仁。”毛泽东把一生献给了祖国，献给了人民，是人民最忠诚最孝敬的儿子。

习近平同志在党的十九大报告中说：“深入实施公民道德建设工程，推进社会公德、职业道德、家庭美德、个人品德建设，激励人们向上向善、孝老爱亲，忠于祖国、忠于人民。”习总书记既强调“忠”，又强调“孝”。今人的孝道观，既要做到忠孝兼顾，又要提升孝道境界，拓宽孝行视野。

第五章　齐鲁文化中的和谐友善思想

和谐友善，意思是和睦协调，友好亲善。和谐意味着良好的人际关系，良好的社会关系，良好的人与自然关系。友善则意味着以宽广的胸怀与人为善，关爱他人，帮助他人。和谐友善是人类大家庭中的成员得以共同生存和共同发展的必然要求。以和为贵、友善待人是我们中华民族的传统美德之一。人生活在社会群体之中，需要以友善的态度，来构建和谐的人际关系。

第一节　齐文化中的和谐友善思想

“和”的观念产生很早，其最初意义是由音乐之和，逐步引申为人际关系之和，再到国家政事之和。较早将“和”进行理论层面的提升，使之成为事物之根本和天地法则的人，是西周末期的思想家史伯。他提出了“和实生物，同则不继”的命题。“和”是指事物多样性的统一，“故先王以土与金、木、水、火杂，以成百物”(《国语·郑语》)，它是百物构成的法则；“和”是一种包容，多元素相互调和，从差异中求得和谐。“同”是指无差别性的单一事物，“若以同裨(益)同，尽乃弃矣”。(《国语·郑语》)这说明，“同”有排他性。

对于“和”与“同”的区别，齐国晏婴曾以烹鱼和音乐演奏为例做过一段精彩的说明：

> 齐侯至自田，晏子侍于遄台，子犹驰而造焉。公曰：“唯据与我和夫！”晏子对曰：“据亦同也，焉得为和？”公曰：“和与同异乎？”对曰：“异。和如羹焉，水火醯醢盐梅以烹鱼肉，燀之以薪，宰夫和之，齐之以味，济其不及，以泄其过。君子食之，以平其心。君臣亦然。君所谓可而有否焉，臣献其否以成其可；君所谓否而有可焉，臣献其可以去其否，是以政平而不干，民无争心。故《诗》曰：‘亦有和羹，既戒既平。鬷嘏(zōngjiǎ)无言，时靡有争。’先王之济五味、和五声也，以平其心，成其政也。声亦如味，一气，二体，三类，四物，五声，六律，七音，八风，九歌，以相成也。

> 清浊，大小，短长，疾徐，哀乐，刚柔，迟速，高下，出入，周疏，以相济也。君子听之，以平其心。心平，德和。故《诗》曰：'德音不瑕。'今据不然。君所谓可，据亦曰可；君所谓否，据亦曰否。若以水济水，谁能食之？若琴瑟之专壹，谁能听之？同之不可也如是。"(《左传·昭公二十年》)

这段文字大意是：齐景公从猎场回来，晏子在遄台（亦称歇马台、戏马台）随侍，这个时候梁丘据也赶着马车来到了此处。景公感慨地说道："与我能够和谐相处的只有梁丘据啊！"晏子对景公说："梁丘据仅仅是与您保持相同罢了，怎么能称得上与您和谐呢？"景公说："和谐跟相同难道还不一样吗？"晏子回答说："当然不一样了。和谐就像做羹汤，用水、火、醋、酱、盐、梅来烹调鱼和肉，用柴火烧煮，厨工再加以调和，使味道适中，味道太淡就增加点调料，味道太浓就加水冲淡。君子吃了，以平和其心。那么君臣相处也是这样。君王认可的可行性方案中如果存在不可行性因素，做臣子的把不可行性因素指出来，那么就会促进不可行方案的完备性。如果君王认为不可行方案中却包含了可行性因素，臣子明确指出可行性部分，再剔除不可行性因素，由此就会达到政令畅通也不会与礼制相违背的情况，普天下的百姓也就不会有对抗之心。因此《诗·商颂·烈祖》说：'还有调和好的羹汤，厨工也把味道调和得五味适中。众人默默地向神灵进献以供神灵享用，此时也没有争斗。'先王使五味调和适中、让五声和谐动听，实际上是用来使内心平和，以便完成政事的。音乐也像味道一样，它是由一气、二体、三类、四物、五声、六律、七音、八风、九歌等相互组合搭配而成的。同时也是由清浊、大小、短长、快慢、哀乐、刚柔、高低、出入、疏密进行相互调节的。君子听了这样的音乐之后，可以使心性平和。心性平和之后，德行也就随之协调了。《诗·豳风·狼跋》说：'（公孙）品德声望是没有瑕疵的。'可梁丘据现在可不是这样，君王您认为可行的事情梁丘据也认为可行，君王您认为不行的他也说不可行，就好像用清水去调剂清水，谁还能去喝它呢？如果用琴瑟总弹一个音调，谁还能听得下去呢？虽然保持一致但是不能做到彼此和谐，和这个道理是一样的。"

齐景公称赞梁丘据能够与国君"和"。晏婴指出，这只是"同"，并不是"和"。以厨师烹饪为例，只有把多种不同的调味品适当搭配在一起，烹调出的鱼肉才能鲜美可口。又以音乐为例，只有多种多样的音协调组合，才能奏出优美动听的音乐。这说明，“和”是多样性的协调统一，而“同”是无差别性单一事物的生硬叠加，是盲目地苟且求同。

一、管仲治齐的和谐友善之道

管仲是齐桓公的相国，在治国方面，注重和谐友善。一个国家怎么样才能和谐呢？怎么样才能稳定呢？管仲认为，为政者首先要爱民，使民众之间相亲相爱，上下和谐友善，国家才能得以稳定。《管子·小匡》记载：

> 桓公又问曰：“寡人欲修政以干时于天下，其可乎？”管子对曰：“可。”公曰：“安始而可？”管子对曰：“始于爱民。”公曰：“爱民之道奈何？”管子对曰：“公修公族，家修家族，使相连以事，相及以禄，则民相亲矣。放旧罪，修旧宗，立无后，则民殖矣。省刑罚，薄赋敛，则民富矣。乡建贤士，使教于国，则民有礼矣。出令不改，则民正矣。此爱民之道也。”公曰：“民富而以亲，则可以使之乎？”管子对曰：“举财长工，以止民用；陈力尚贤，以劝民知；加刑无苛，以济百姓。行之无私，则足以容众矣；出言必信，则令不穷矣。此使民之道也。”

这段话的意思是说，想修明政事以求合时于天下需从爱民做起，爱民就要让百姓在事业上互相关心，俸禄上互相补助，民众就会相亲相爱。爱民要宽放旧的罪行，对旧宗进行救助，为没有子嗣者立嗣，这样人口就逐渐增多了。同时还要减少相应的刑罚，少收赋税，由此民众才会慢慢富裕起来。各乡在选贤用士的时候，使贤士能在全国范围内展开教育，那么百姓就会懂得礼数。发出去的命令如果不朝令夕改，百姓就会从事正道。以上这些就是爱民之道。百姓富裕而且亲近团结了，可以广开财源进而雇用各种工人，以此来保障百姓的日常需求；贡献施展才力并尊贤重士，以此勉励民众去追求知识；可以施加刑法但不必过分苛刻，这样才对百姓有利。为政者在实施这些措施的时候不存有私心，那么上下就能和谐，也会使民众团结。说出的话讲信用，命令就不会没人听从。这就是使民之道。

国家的和谐安定亦离不开精心的社会管理。管子认为，分业管理很重要，于是把老百姓分成四个类别：士、农、工、商。这四类人之间职业不同、收入不同，因此他们之间最容易出现矛盾，也容易使人见异思迁，导致社会混乱。因此，应制定相应的行政管理措施。《管子·小匡》记载：

> 桓公曰："民居定矣，事已成矣，吾欲从事于天下诸侯，其可乎？"管子对曰："未可。民心未吾安。"公曰："安之奈何？"管子对曰："修旧法，择其善者，举而严用之；慈于民，予无财，宽政役，敬百姓，则国富而民安矣。"公曰："民安矣，其可乎？"管仲对曰："未可。君若欲正卒伍，修甲兵，则大国亦将正卒伍，修甲兵。君有征战之事，则小国诸侯之臣有守圉之备矣。然则难以速得意于天下。公欲速得意于天下诸侯，则事有所隐，而政有所寓。"公曰，"为之奈何？"管子对曰："作内政而寓军令焉。为高子之里，为国子之里，为公里，三分齐国，以为三军。择其贤民，使为里君。乡有行伍，卒长则其制令，且以田猎，因以赏罚，则百姓通于军事矣。"桓公曰："善。"于是乎管子乃制五家以为轨，轨为之长；十轨为里，里有司；四里为连，连为之长；十连为乡，乡有良人，以为军令。是故五家为轨，五人为伍，轨长率之。十轨为里，故五十人为小戎，里有司率之。四里为连，故二百人为卒，连长率之。十连为乡，故二千人为旅乡，良人率之。五乡一师，故万人一军，五乡之师率之。三军故有中军之鼓，有高子之鼓，有国子之鼓。春以田，曰蒐，振旅。秋以田，曰狝，治兵。是故卒伍政定于里，军旅政定于郊。内教既成，令不得迁徙。故卒伍之人，人与人相保，家与家相爱，少相居，长相游，祭祀相福，死丧相恤，祸福相忧，居处相乐，行作相和，哭泣相哀。是故夜战其声相闻，足以无乱；昼战其目相见，足以相识；欢欣足以相死，是故以守则固，以战则胜。君有此教士三万人，以横行于天下，诛无道以定周室，天下大国之君莫之能圉也。

管仲首先推行了四民分业、三国五鄙制度，让士、农、工、商四民互不杂处，各归所属，父子相袭，安居乐业。四民中，士、工、商三民居于国都，农民居于郊野。把国都划分为六个工商乡和十五个士乡，共二十一个乡。十五个士乡是齐国的主要兵源。国君管理五个乡，上卿国氏家族和高氏家族各管理五个乡。

管仲在进行行政区域划分与行政管理改革的时候，施行了"三其国、五其鄙"的政策。所谓的"三其国"是把都城与城郊以内的地域中的五家划为一轨，十轨划为一里，四里划为一连，然后十连划为一乡。即把国划分为二十一乡，工商乡为六个，士（农）乡为十五个，所划分的每级都设一个负责人，在每年正月的时候向齐桓公汇报所属区的治理情况。“五其鄙”中“鄙”是指城郊以外的地域，属于乡属村。其中把三十家划为一邑，十个邑划为一卒，十个卒划为一乡，三个乡划为一县，十个县划为一属。全国共设有五属，再设五大夫。每年正月之时，由五属大夫把属内情况向齐桓公汇报，督察其功过。由此，全国形成统一的整体。

管仲在改革中还提到军队编制的政策就在里进行商定，而军旅政策则在郊野进行商定。同属于一里的士兵会做到人人相保，各家各户也会相敬互爱；他们年少时一同居住，长大的时候一同交游；在祭祀的时候会互相祝福，遇丧事之时也会相互扶持体恤，不论是福是祸都可以做到互相关心，在所居住的地方相互之间开展娱乐活动。行动上也会相互默契地配合，哭泣的时候也会相互哀悼。所以，在夜间作战是因为熟悉彼此的声音，就不会出现混乱的局面；如果是白天发动战争的话，一眼就可以认出彼此。彼此之间深厚欢欣的友谊之情足可以做到为对方去牺牲生命，所以，用这样的士兵组成的军队来进行防守阵地的话那么阵地会很巩固，用来进行作战的话也会取得胜利。如果一国国君拥有这样一支经过训练的三万士兵的队伍，并用它来争霸天下，去惩治那些无道之国，以此来安定周王朝，那么普天之下的大国君王就没有谁能够限制他了。

这一套管理方法简称“分居”和“定业”。“分居”是指四业分居，这样可以促进社会和谐稳定，“定业”就是子承父业，促进社会分工的专业化和技术化。

这样的社会管理体系十分科学，并成为其后各个朝代的范本。令人敬佩的是，这样的管理体系并不是户籍制，并不限制人口流动，十分人性化，完全符合管仲以民为天的思想，实现了社会的和谐稳定。

二、管仲与鲍叔牙的友善之交

友善的意思就是友好、亲善。友善意味着善待他人、关爱他人。管仲与鲍叔牙自幼是贫贱之交，相互知心，团结友善，共同辅佐齐桓公长达四十多年，为齐国建立了不朽的功业。《史记·管晏列传》记载：

> 管仲曰：“吾始困时，尝与鲍叔贾，分财利多自与，鲍叔不以我为贪，知我贫也。吾尝为鲍叔谋事而更穷困，鲍叔不以我为愚，知时有利不利也。吾尝三仕三见逐于君，鲍叔不以我为不肖，知我

不遭时也。吾尝三战三走，鲍叔不以我为怯，知我有老母也。公子纠败，召忽死之，吾幽囚受辱，鲍叔不以我为无耻，知我不羞小节而耻功名不显于天下也。生我者父母，知我者鲍子也。”

鲍叔既进管仲，以身下之。子孙世禄于齐，有封邑者十余世，常为名大夫。天下不多管仲之贤而多鲍叔能知人也。

这段话大意是说，管仲当年贫困的时候和鲍叔牙一起做过买卖，在分盈利时自己往往会多得一些，可是鲍叔牙并不觉得是管仲贪财，而是了解管仲这样做是由于生活贫困所致。管仲曾经为鲍叔牙出谋划策做事情，可是结果却使鲍叔牙的境况更为糟糕，可是鲍叔牙并不因此认为管仲愚笨，他知道是由于时机不利才会这样。管仲曾多次做官，但又多次被君主罢免，而鲍叔牙并没有认为是管仲没有才能，他知道管仲是没有遇到良好的时机。管仲也曾多次参与作战，但也曾多次战败而逃跑，可是鲍叔牙并没有因此认为管仲是个胆小的人，他知道这是因为管仲家中还有老母亲的缘故。公子纠因争王位失败而遭杀，召忽为其殉身，管仲也被囚禁起来受尽了屈辱，可是鲍叔牙并不认为管仲是不知羞耻的人，而是认为管仲是不拘泥于小节之人，不会因失小节感到羞耻，反倒会因为功名不能显耀于天下而感到羞耻。由此管仲说：“生我的人是父母，真正了解我的人却是鲍叔牙。”

鲍叔牙在举荐管仲辅佐齐桓公之后，心甘情愿地把自己居于管仲之下。管仲的后世子孙在齐国也都享有俸禄，有十几代人都得到了封地，并且多数后代都成为有名的大夫。正因为如此，世人往往不去称赞管仲是贤能之才，而是称颂鲍叔牙是识人之才。

第二节　鲁文化中的和谐友善思想

一、儒家的和谐友善思想

儒家重视“和合”，孔子主张“和而不同”(《论语·子路》)、“祖洽四海”(即和协四海;《孔子家语·论礼》)、“讲信修睦”(《礼记·礼运》)，弟子有若主张“和为贵”。儒家所倡导的“和合”，其含义宽泛，主要包括人与自然的和谐及人与人之间的和谐。

1. 人与自然的和谐

孔子明白“天地合而万物生”的道理，所以他说：“天地不合，万物不生。”(《孔子家语·大婚解》)由此要求人们：“夫大人者，与天地合其德，与日月合其明，与四时合其序，与鬼神合其吉凶。先天而天弗违，后天而奉天时。”（《周易·乾卦·文言》）“圣人作则，必以天地为本，以阴阳为端，以四时为柄，以日星为纪，月以为量。”（《礼记·礼运》）要求人顺其天道，与大自然和谐相处。儒家还要求，对于自然万物要取之以时，取之有节。《大戴礼记·曾子大孝》曰：“草木以时伐焉，禽兽以时杀焉。”《孟子·梁惠王上》曰：“不违农时，谷不可胜食也；数罟不入洿池，鱼鳖不可胜食也；斧斤以时入山林，材木不可胜用也。谷与鱼鳖不可胜食，材木不可胜用，是使民养生丧死无憾也。”

2. 致“中和”

“中和”，一种和谐、适度的状态。《中庸》首章说：

> 喜怒哀乐之未发谓之中；发而皆中节谓之和。中也者，天下之大本也；和也者，天下之达道也。致中和，天地位焉，万物育焉。

意思是，喜怒哀乐没有发出的时候，叫作中；发出以后符合法度，叫作和。中，是天下的根本；和，是天下的通途。达到中和，天地就各安其位了，万物就能生长繁育了。

人们在对待喜怒哀乐这四种情感的时候，要把握住一个适中的度。过度的喜或者乐都不能叫喜、乐；喜怒哀乐时做到无所偏倚，这就是“中”；平时能保持适中的状态，就可以做到中节，这就是所谓的和。如果能达到“中和”这一境界的话，那么天与地便都会各在其位了，万物也便会自然地生长繁育了。这是一种中庸的思想，它追求不偏不倚、世界万物都各得其所的美好状态。孔子对“中和”思想进行了发挥，认为“过犹不及”（《论语·先进》）。反对“过”与“不及”这两种不合乎中道的行为，只有无过无不及的适中状态，才是好的，才是事物的最佳状态。孔子“过犹不及”的中和思想渗透在他理论学说的各个方面，其中和思想的核心内涵便是要求人们在为人处世之时，要秉承适度这一原则，这样才会实现人格的完善、社会的和谐。

3. 和而不流

“和”并不是随声附和、“和稀泥”、选择无原则退让的一种折中主义态度，而是有非常明确的原则。《礼记·仲尼燕居》中记载过孔子说的话：“礼乎礼！夫礼，所以制中也。”这句话的意思是说：无过无不及的中和，是要有一个标准的，这个标准是礼。《论语·学而》记载有子的话说：“知和而和，不以礼节之，亦不可行也。”一味地追求“和”，而不去用“礼”

的规范加以节制，是不可行的。可见，“礼”是衡量“过”与“不及”的尺度，一切思想言论、行为都要以“礼”为唯一准则，如果为“和”而丧失了“礼”的原则，那就是“乡原，德之贼也”。(《论语·阳货》)儒家之“和”含义丰富，揭示出了事物多样性、差异性的辩证统一。

继而谈谈“友善”。

“友善”，即友好善良，指在人与人交往过程中应友好相待、崇德向善，与人为善，关爱他人。善待他人，要有仁爱之心，《易传·系辞》有“立人之道，曰仁与义”的说法，“仁爱”是中国传统道德中最为重要的规范之一。提出“仁者爱人”的孔子不仅大力倡导仁爱，还明确地说明了施行仁爱的方法，即：“君子成人之美，不成人之恶。小人反是。”(《论语·颜渊》)意思是君子成全别人的好事，而不助长别人的恶处。小人则与此相反。“成人之美，不成人之恶”贯穿了儒家一贯的思想主张，即“己欲立而立人，己欲达而达人。能近取譬，可谓仁之方也已”。(《论语·雍也》)所谓“能近取譬”，就是能推己及人，将心比心，并进一步做到“己所不欲，勿施于人”，不将自己不想要的事强加于他人身上。合此二者，古人称之为“忠恕之道”。朱熹说：“尽己之谓忠，推己之谓恕。”(《论语集注》)简而言之，就是用对待自己的态度去对待别人。

关于“友善”，孔子师徒亦提供了自己的经验：“君子敬而无失，与人恭而有礼，四海之内皆兄弟也。”(《论语·颜渊》)为人处世，要做到“温良恭俭让”或“恭宽信敏惠”。对待朋友，要“忠告而善道(导)之”，(《论语·颜渊》)形成一种“朋友切切偲偲，兄弟怡怡”(《论语·子路》)的和谐状态。切切：互相切责。偲偲(sīsī)：互相勉励。怡怡：和顺，和睦。

孟子认为，人生来就有一种最基本的共同天赋本性，即“善”。因此，他主张“性善论”，认为“人皆可以为尧舜”(《孟子·告子下》)。孟子鼓励人人向善，个个都可以成为尧舜一样的圣贤。他将“与人为善”视作处世为人的最高境界，认为真正的大善要像大舜那样真诚地热爱善，拥抱善，与人一起为善。因此，“与人为善”的第一要义就是要主动地与人一起去为善。《孟子·尽心上》记载：

> 舜之居深山之中，与木石居，与鹿豕游，其所以异于深山之野人者几希。及其闻一善言，见一善行，若决江河，沛然莫之能御也。

舜平时举止言行无异于常人，而当他见一善行，闻一善言，那种心中对于善的热爱，就如大河长江之水，奔涌而前，不可抵御，满腔热情地去拥抱别人的善行与善言。

荀子与孔子孟子一样，也秉持“善”的思想。《荀子·非十二子》记载：

> 兼服天下之心：高上尊贵不以骄人，聪明圣知不以穷人，齐给速通不争先人，刚毅勇敢不以伤人；不知则问，不能则学，虽能必让，然后为德。遇君则修臣下之义，遇乡则修长幼之义，遇长则修子弟之义，遇友则修礼节辞让之义，遇贱而少者则修告导宽容之义。无不爱也，无不敬也，无与人争也，恢然如天地之苞万物。如是则贤者贵之，不肖者亲之。如是而不服者，则可谓訞怪狡猾之人矣，虽则子弟之中，刑及之而宜。

这段话的意思是，如果想做到让天下人对自己心悦诚服，方法是：即便是身在高位，享尽尊荣，也不会因此而傲视别人；虽然聪慧过人，通达事理，但不会因此而让人难堪；尽管才思敏捷能快速领悟，但也不会在别人面前争先逞能；性格刚强坚毅而且又勇敢大胆，可是不会因这样而伤害别人；如果自己不懂就向别人请教，自己不会就努力去学习，能耐即便再大，也一定是很谦虚谨慎，这样做才算是真正的有道德。面对自己的君主就要尽臣子之道，面对自己的父老乡亲就要讲究长幼之间所遵守的道德标准，面对自己的父母兄长就要讲究为人子女为人兄弟所奉行的规矩，面对自己的朋友就要讲究遵守礼节的一般行为规范，面对地位低而且年幼的人，就要秉持教导以及宽容的原则。总而言之，没有不爱的，没有不敬的，从来不会与人发生争执，心胸非常宽广，就像天地可以包容世间万物那样。假如可以做到这样，那么有贤能之人会去尊重你，不贤之人也会因此而亲近你；如果说还有人对你无法做到心悦诚服，那这样的人基本上就属于怪异并且奸猾的人了，即使这种人是你子弟中的人，那么把刑罚加到这些人的身上也是无可厚非的。

二、墨家的和谐友善思想

墨子主张“兼爱”。“兼”的意思是全部、整个。兼爱就是互爱、广爱，一种无差等的爱，不分远近、贵贱、亲疏，视人如己，为人由己。墨子认为，天下祸乱的原因，是因为不相爱。如果大家能够兼爱，就能实现天下大治。《墨子·兼爱》曰：

> 当察乱何自起？起不相爱。臣子之不孝君父，所谓乱也。子自爱，不爱父，故亏父而自利；弟自爱，不爱兄，故亏兄而自利；臣自爱，不爱君，故亏君而自利，此所谓乱也。虽父之不慈子，兄之不慈弟，君之不慈臣，此亦天下之所谓乱也。父自爱也，不爱子，故亏子而自利；兄自爱也，不爱弟，故亏弟而自利；君自爱也，不爱臣，故亏臣而自利。是何也？皆起不相爱。
>
> 虽至天下之为盗贼者亦然：盗爱其室，不爱其异室，故窃异室以利其室。贼爱其身，不爱人，故贼人以利其身。此何也？皆起不相爱。虽至大夫之相乱家，诸侯之相攻国者亦然。大夫各爱其家，不爱异家，故乱异家以利其家。诸侯各爱其国，不爱异国，故攻异国以利其国。天下之乱物，具此而已矣。察此何自起？皆起不相爱。
>
> 若使天下兼相爱，爱人若爱其身，犹有不孝者乎？视父兄与君若其身，恶施不孝？犹有不慈者乎？视弟子与臣若其身，恶施不慈？故不孝不慈亡有。犹有盗贼乎？故视人之室若其室，谁窃？视人身若其身，谁贼？故盗贼亡有。犹有大夫之相乱家，诸侯之相攻国者乎？视人家若其家，谁乱？视人国若其国，谁攻？故大夫之相乱家，诸侯之相攻国者亡有。若使天下兼相爱，国与国不相攻，家与家不相乱，盗贼无有，君臣父子皆能孝慈，若此，则天下治。

墨子认为，天下乱的原因是缺少了爱。假若天下都能相亲相爱，爱别人就像爱自己，哪里还有不善的人呢？我们在对待自己的父亲、自己的兄长还有君主的时候如果像对自己个人一样的话，怎么还会发生不孝顺的事情呢？在对待自己的弟弟、自己的儿子以及下属时如果也像对待自己个人一样，怎么会有不慈之事发生呢？因此，不孝之事不慈之事如果都没有了，那这个社会上还会有盗贼的存在吗？如果把别人的家当自己家一样去对待的话，还会有谁去盗窃呢？把别人像自己个人一样去对待，那么还会有谁去害人呢？这样的话，就不会有盗贼了。还会有士大夫相互侵扰彼此的封地，各诸侯相互攻打彼此的封国吗？对待对方的封地像对待自己的封地，还有谁会去侵犯呢？把他人的封国当自己的封国去对待，还有谁会去攻伐呢？因此大夫互相侵犯封地、各诸侯相互攻打讨伐封国的情况就都不会发生了。如果天下人彼此做到相爱，国与国之间不相互攻伐，封地之间不相互侵扰，盗贼没有了，君与臣、父与子之间皆能做到孝敬慈爱，由此，天下也就会归于太平了。

墨家主张的兼爱，与儒家主张的“己所不欲，勿施于人”(《论语·颜渊》)，“老吾老，以及人之老；幼吾幼，以及人之幼”(《孟子·梁惠王上》)异曲同工，归根到底在于爱人。爱，崇高而伟大，却又平实而简单。人人都有能力关心和帮助他人，并非力不足。因此孔子说：“有能一日用其力于仁矣乎？我未见力不足者。”(《论语·里仁》)墨子则从“兼相利”的角度说明“夫爱人者，人必从而爱之；利人者，人必从而利之”。(《墨子·兼爱》)能在实际生活中做到“有力者疾以助人，有财者勉以分人，有道者劝以教人”(《墨子·尚贤》)，就是爱人。人与人之间充满关爱，是最美的和谐状态。

第三节　聚友爱之心，成和谐世界

“仁爱”是儒家思想的核心，在现实社会中的基本要求就体现为“和谐友善”。和谐友善通常是指人与人之间所产生的一种关系，比如家庭各成员间的关系、邻里关系、同事关系、部门或上下级间的关系等，同时这种关系也涵盖国家之间、民族之间的关系，也可以把它推及到人与自然的关系。

人处在社会当中，不是一个独立的个体，具有一定的群体性和一定的社会性。在人们进行日常生活、工作和学习的过程中，一般都不会离开对某种关系的理解以及处理。对于个人来讲，处理好与家人、朋友、同事之间的关系，就可以营造出一个轻松惬意的生活和工作环境。恰到好处的关系氛围会使人在工作和生活中心情舒畅、精神振作，处处感受到情谊和温暖，如此一来，不仅可以愉悦身心，而且可以提高工作效率，最终形成良好的社会风气。小到家庭，大到整个社会，人们生活在一定的集体之中，不可避免地会在情感意志、思维行动上发生一定的分歧甚至冲突，在这个时候就会影响做到和谐共处，但如果每个人都能保持一份仁爱友善之心，家庭就会和睦，社会就会和谐团结众志成城。孟子说：“天时不如地利，地利不如人和。”(《孟子·公孙丑下》)孟子所说的这句话在今天一般会用“团结就是力量”来进行概括。每个人基本上都是处于集体当中的，当面对来自四面八方且性格迥异之人的时候，遇到仅凭一己之力无法解决困难之事的时候，那么此时所有人就朝共同目标去努力，积极营造团结友爱、互相帮助的友好人际关系，以此来达到大家共同进步的目标，同时也积极促进个人以及集体事业美好景象的产生。

雷锋同志说得好："一滴水只有放进大海里才永远不会干涸，一个人只有当他把自己和集体事业融合在一起的时候才能最有力量。"

当今社会，人与人之间的交往非常频繁，而且有时又会显得极为复杂。保持仁爱之心，与朋友和谐友善，与同事团结友爱，相对来说，似乎更为容易，而对于陌生人，真正做到亲善友好则不那么容易。古人倡导"海内存知己，天涯若比邻"（王勃《送杜少府之任蜀州》），"四海之内皆兄弟也"（《论语·颜渊》），认为"推己及人"应该成为交往的基本原则。所谓"推己及人"，就是用自己的心思来推想别人的心思，设身处地替别人着想；尊重他人，进而做到"己欲立而立人，己欲达而达人"（即自己想在社会上立得住，也帮助别人立得住；自己想发达成功，也帮助别人发达成功）。在古时的自然经济状况下，或许会存在幽居独处的"隐士"，但是在现代社会，人们不太可能悠然自得地过着离群索居的生活，人们的活动轨迹必然会和整个社会、和别人发生关联。人际交往之间我们提倡"推己及人"，这种原则民族间、国与国间、人和自然间都应该被提倡。在处理国与国之间的关系时，应当秉持着将心比心的理念。自己期望生活的美好时，也应该想到他人亦需要美好生活。"己所不欲，勿施于人"的意思是说，自己不想要的也不要强加给别人。国家与国家之间的相处也是这个道理。国与国之间要保持互相尊重的和善态度，能够尊重各国主权以及领土的完整性，做到相互不去侵犯、互不干涉别国内政、和平共处。同时还要尊重各国人民自己的选择，营造一个和谐友善和平稳定的国际环境以求得全人类的共同发展和进步。各民族之间同样应当遵循友善的原则，和平共处，不可以强凌弱；应当团结和扶持，不可分裂和掠夺。胡锦涛同志在《十八大报告》中说得好："人类只有一个地球，各国共处一个世界。历史昭示我们，弱肉强食不是人类共存之道，穷兵黩武无法带来美好世界。要和平不要战争，要发展不要贫穷，要合作不要对抗，推动建设持久和平、共同繁荣的和谐世界，是各国人民共同愿望。"历史的教训应当记取，战争给民众带来的灾难令人惊悚：第一次世界大战，死亡3000万；第二次世界大战，死亡9000万；一次南京大屠杀，死亡30万；一场伊拉克战争，死亡近百万，而且造成约200万难民无家可归，妇女儿童冻饿而死，惨不忍睹！还有阿富汗战争，叙利亚战争、巴以战争等种种悲剧无不诉说着缺失仁爱友善之心的可怕后果。

进入新世纪的人类，不仅要做到与他人友善相处，与社会和谐相处，与世界团结相处，也要做到与自然环境和睦共处。自然界不是独立存在的，人类对自然界有依存性，也有互动性。马克思在《德意志意识形态》中指出：“只要有人存在，自然史和人类史就彼此相互制约。”追求“世界的一切部分的和谐，特别是人与自然界的和谐”。又在1866年8月7日致恩格斯的信中征引比·特雷莫《人类和其他生物的起源和变异》说：“不以伟大的自然规律为依据的人类计划，只会带来灾难。”(《马克思恩格斯全集》第31卷)在古时，人们就产生了“天人合一”的思想，并运用这种思想来指导各种行为活动，以此来保护环境。周代时颁布《野禁》和《四时之禁》，不准违背时令砍伐木材、渔猎，并设立山林川泽管理官员。如今，人类应当以审慎的态度认真思考人与自然界之间是紧密联系紧紧依存的关系，深入地理解了这样的关系后可以做到善待自然、保护环境，能与自然和谐共生，达到天人合一的和谐境界。

第六章　齐鲁文化中的修身思想

修身，就是修身养性，达到具有良好的人性品格和道德修养的境界。齐鲁先贤都很注重修身，致力于道德品质的修养。孔子讲“克己”“修己”“内省”“君子”，曾子讲“孝道”“慎独”“正心诚意”“修齐治平”，孟子讲“修身”“养性”“穷则独善其身，达则兼济天下”“浩然正气”“大丈夫”，荀子讲“治气养心”“恭敬忠信”“通则一天下，穷则独立贵名”“大儒”，这些，皆为后世树立了修身做人的规范。

第一节　孔子的修身思想

一、修身目的

关于修身的目的，孔子做了高度概括：“修己以敬”，“修己以安人”，“修己以安百姓。”《论语·宪问》记载：

> 子路问君子，子曰：“修己以敬。”曰：“如斯而已乎？”曰：“修己以安人。”曰：“如斯而已乎？”曰：“修己以安百姓。修己以安百姓，尧舜其犹病诸！”

子路问怎么做才是君子。孔子说：“修养自己，尊敬别人。”子路又问：“如此而已吗？”孔子说：“修养自己，使周围的人安乐。”子路又问：“如此而已吗？”孔子说：“修养自己，使天下的老百姓安乐。修养自己，使天下的老百姓安乐，恐怕就连尧舜也会担心做不到啊！”

这说明君子修身进达的三个层次：“修己以敬”，就是修己敬人，对人彬彬有礼，这是德行修养的基本表现。“修己安人”，就是修养自己，使周围的人安乐，不危害周围的人，多做有益于他人的事，比如助人为乐、乐善好施之类的事情。“修己安百姓”，就是修养自己，使天下的老百姓安乐。这是高境界的要求，要求胸怀天下，为社会图安定，为人民谋幸福。这不仅仅是在口头上，而是要付诸行动，踏踏实实地去做，做出让广大民众看得见、感受得到的成就。这也就是儒家所倡导的“修身齐家治国平天下”。

二、修身方法

孔子认为，修身之关键在于“正心”。正心就是通过修为，使自己的内心世界变得堂堂正正，纯净而光明。《论语》中记载了孔子修身的方法，其中包括做人、交友、为政几方面。

1. 做人

《论语·宪问》载：

> 子路问成人。子曰：“若臧武仲之知、公绰之不欲、卞庄子之勇、冉求之艺，文之以礼乐，亦可以为成人矣。”曰：“今之成人者何必然？见利思义，见危授命，久要不忘平生之言，亦可以为成人矣。”

子路问怎样做才是一个完美的人，孔子说：如果能够做到智慧、克制、勇敢、多才多艺，再用礼乐加以修饰，也就可以算是一个完人了。又说：见利思义，临危授命，久处困顿境遇而不忘平生诺言，也可以算是一位完美的人。

孔子认为，具备完善人格的人，应当富有智慧、克制、勇敢、多才多艺等。还认为，有完善人格的人，应当做到在见利、见危和久处困顿境遇的时候，能够思义、授命、不忘平生之言。尤其是提出“见利思义”的主张，即遇到有利可图的事情，要考虑是否符合义，不义则不为。《论语·宪问》记曰：

> 子曰：“君子道者三，我无能焉：仁者不忧，知者不惑，勇者不惧。”子贡曰：“夫子自道也。”
>
> 子贡方人，子曰：“赐也贤乎哉？夫我则不暇。”
>
> 子曰：“不患人之不己知，患其不能也。”
>
> 子曰：“不逆诈，不亿不信，抑亦先觉者，是贤乎！”

孔子的意思是，作为君子应该遵循三个方面：仁德之人不会感到忧愁，智慧之人不会感到迷惑，勇敢之人不会感到畏惧。“仁、智、勇”这三个方面，在《中庸》里被称之为“天下之达德”。

子贡评论别人的短处，遭到孔子的批评。

不要忧虑别人不知道自己，应担心自己没有能力和本事。

不预先怀疑别人欺诈，也不猜测别人不诚实，然而能事先觉察别人的欺诈和不诚实，这才是贤人。

《论语·季氏》载：

> 孔子曰："君子有三戒：少之时，血气未定，戒之在色；及其壮也，血气方刚，戒之在斗；及其老也，血气既衰，戒之在得。"

君子有三种事情应引以为戒：年少的时候，血气还不成熟，要戒除对女色的迷恋；等到身体强壮了，血气方刚，要戒除与人争斗；等到老年，血气已经衰弱了，要戒除贪得无厌。

> 孔子曰："君子有九思：视思明，听思聪，色思温，貌思恭，言思忠，事思敬，疑思问，忿思难，见得思义。"（《论语·季氏》）

君子有九种要思考的事：看，要思考看清楚与否；听，要思考是否听清楚；脸色，要思考是否温和；容貌，要思考是否谦恭；言谈，要思考是否忠诚；办事，要思考是否谨慎严肃；遇到疑惑，要思考如何向别人询问；愤怒时，要思考是否有后患；见到财利时，要思考是否合乎义。

君子所谓的"九思"在孔子看来是涵盖了一个人行为举止、方方面面，孔子要求他自己和自己的学生们要认真思考一言一行并且能做到自我反省，思考和反省的内容包含了道德修养等各种行为规范，如温、良、恭、俭、让、忠、孝、仁、义、礼、智等等，所有这些，都是孔子关于道德修养学说的重要内容。

2. 交友

《论语·季氏》载：

> 孔子曰："益者三友，损者三友。友直，友谅，友多闻，益矣。友便辟，友善柔，友便佞，损矣。"

意思是，于人有益的朋友存在三种类型，于人有害的朋友也存在三种类型。与正直的人做朋友，与诚实守信的人做朋友，与博学多知的人做朋友，这些都是有益处的。与阿谀奉承的人做朋友，与当面恭维、背后诽谤的人做朋友，与善于花言巧语的人做朋友，这样是有害处的。

《论语·子罕》载：

> 子曰："主忠信，毋友不如己者。"

孔子是说，要主持忠信，不和在忠信上不如自己的人交朋友。

《论语·子路》载：

> 子曰："君子和而不同，小人同而不和。"

意思是，君子追求的是与周遭保持和谐而不愿与其同流合污，而小人只追求与周遭保持一致即可，通常不会去追求和谐。"和而不同"这种思想是孔子思想体系中的重要组成部分。孔子认为作为一个君子，不但能做到与周遭的人和物保持和谐，而且在对待处理事情时都会进行独立思考，从来不会盲目地人云亦云，随声附和；小人不能形成独立的见解，只想着和别人一致就行，也不讲究原则，这样和别人也不能维持和谐友好的关系。"和而不同"和"同而不和"的本质区别，二者之间的辩证关系，体现了孔子思想蕴含着的深刻哲理和高度智慧。

3. 为政

《论语·为政》载：

> 子曰："为政以德，譬如北辰，居其所而众星共之。"

以道德教化来治理政事，就会像北极星那样，自己居于一定的方位，而群星都会环绕在它的周围。

孔子提倡德治，希望每一个统治者都以德治国。在古人眼里，北极星在茫茫长空中位置恒定星光明亮，所有的星辰都拱卫着它，犹如德高望重的尊者。道德虽然无形，却具有无穷的感召力，所以孔子希望统治者为政以德，以德服人，以德化人。

> 子曰："道之以政，齐之以刑，民免而无耻。道之以德，齐之以礼，有耻且格。"(《论语·为政》)

用政令教导民众，用刑法整顿民众，民众往往就会逃避制裁而无耻辱感；用道德教导民众，用礼仪整顿民众，民众就会有知耻之心而自觉纠正不良思想行为。

这个“格”字，历来解释不一，汉郑玄《论语郑注》解作“格，来也”，魏何晏《论语集解》解作“格者，正也”，宋朱熹《论语集注》解作“格，至也”，清黄式三《论语后案》解作“‘格’、‘革’音义并同，当训为革”，杨伯峻《论语译注》译作“人心归服”，赵又春《我读论语》解作“‘格’是行为不出格”，金知明《论语精读》解作“格，动词，区分”，李里《论语讲义》解作“‘格’当格除讲”，金池《论语新译》解作“格：人格，好品格”。笔者认为，释“格”为“正”，符合经义。《尚书·冏命》：“绳愆纠谬，格其非心。”孔颖达疏：“木不正者，以绳正之。”愆（qiān），过失，偏失；绳愆：以准绳纠正偏失。格其非心：正其邪心。《汉语大字典》解曰：“格：正，纠正。《方言》卷三：‘格，正也。’清吴善述《说文广义校订》：‘制器者以木为法，所以正不正者曰格。’”《孟子·离娄上》：“惟大人能格君心之非。”赵岐注：“格，正也。”人有耻辱感，才能格其非心，才能正其不正，可见，释“格”为“正”胜于其他诸说。

《论语·颜渊》记载，季康子问政，孔子回答说：“政者，正也。子帅以正，孰敢不正？”《孔子家语·大婚解》记载孔子的话说：“夫政者，正也。君为正，则百姓从而正矣。”在孔子的思想体系里，特别强调为政者要带头“正身”“正己”。《论语·子路》里孔子反复讲：“其身正，不令而行；其身不正，虽令不从。”“苟正其身矣，于从政乎何有？不能正其身，如正人何？”《孔子家语·王言解》里还记载了孔子对学生曾参讲的“七教”：

> 上敬老则下益孝，上尊齿则下益悌，上乐施则下益宽，上亲贤则下择友，上好德则下不隐，上恶贪则下耻争，上廉让则下耻节，此之谓七教。七教者，治民之本也。政教定，则本正也。凡上者，民之表也，表正则何物不正？

上行则下必效之，居上位者如果能率先正己，那么百姓就会效而行之，社会风气就会朝着良性方向发展。可见，相对于法律的外部约束作用，孔子更重视内心道德的教化作用，从而消除社会争斗的根源。他非常重视居上位者的人格魅力和表率作用。居上位者只有正己，才能得到百姓的认可和拥护，才有资格去正人。否则，即便是发号施令，也是没有人会真心服从的。

第二节　曾子的修身思想

曾子的修身思想主要体现在《礼记·大学》篇中。《大学》相传为曾子所作。《大学》开篇提出了“三纲领”——明明德、亲民、止于至善，和“八条目”——格物、致知、诚意、正心、修身、齐家、治国、平天下；“八条目”中，“修身”是根本，以修身为本，格物致知诚意正心，都是进行内在的德智修养，齐家治国平天下则是修身的目的。后世一般把“修身齐家治国平天下”连在一起说，简称“修齐治平”，说明齐家治国平天下和个人道德修养的一致性。

关于如何修身的问题，《大学》表明了一些思想观点。例如，不同的人，身份不同，所处的地位不同，修养德行所达到的目标和境界不同。人们要根据不同的身份和地位朝不同的目标修身养性。

> 为人君，止于仁；为人臣，止于敬；为人子，止于孝；为人父，止于慈；与国人交，止于信。（《大学》）

还提出“慎独”的见解。“君子必慎其独也！”在自己独处的时候，别人看不见的时候，别人听不到的时候，也一定要做到言行谨慎，不做出格的事。

> 所谓诚其意者，毋自欺也。如恶恶臭，如好好色，此之谓自谦。故君子必慎其独也！小人闲居为不善，无所不至；见君子而后厌然，掩其不善而著其善；人之视己，如见其肺肝然，则何益矣？此谓诚于中，形于外。故君子必慎其独也。（《大学》）

所谓使意念真诚，就是不要自己欺骗自己。如同厌恶污浊的气味，如同喜爱好看的颜色一样，这就叫作自快自足。所以君子必须谨慎地对待独自一人时的言行！小人闲居之时多有不良的举动，什么坏事都可做出，见到君子之后就有躲避的神态，掩盖其不良的行为，而显明自己的优点。别人审视你自己时，如同看见你腹中肺肝，（掩盖对于你自己）有什么好处啊。这叫作真诚在于内心之中，体现在外表之上，所以君子必然慎重对待独自一人时的言行。

所谓“修身在正其心”者，身有所忿懥，则不得其正；有所恐惧，则不得其正；有所好乐，则不得其正；有所忧患，则不得其正。心不在焉，视而不见，听而不闻，食而不知其味。此谓修身在正其心。(《大学》)

意思是，倘若想要修养出好的品德，首先要做到摆正心态，如果时常感到愤懑不平，那么就得不到端正；心中时常感到惶恐不安，那就得不到端正；心里有所喜好或偏好的话得不到端正；心里如果有所忧患就得不到端正。如果说心不在焉，即便是看了，也是什么都看不到；就算是听了，也是什么都听不到；就算是吃了，却也辨不出味道来。因此，一个人若要修养品德的话，主要是端正自己的心态。

是故君子有诸己而后求诸人；无诸己而后非诸人。所藏乎身不恕，而能喻诸人者，未之有也。(《大学》)

意思是，君子若要修身，那么就要做到自己先具有品德，尔后再去要求他人；自己先不去做坏事，尔后才能再去要求别人不做。自己如果不先做到“推己及人”的恕道，却让别人明白这种恕道从而按照自己的意思去做，这是不可行的。自己厌恶反对的事情，不能用同样的做法对待与自己相对的另一方人。

所恶于上，毋以使下；所恶于下，毋以事上；所恶于前，毋以先后；所恶于后，毋以从前；所恶于右，毋以交于左；所恶于左，毋以交于右。(《大学》)

如果厌恶自己上级的行为，那就不能用上级的做法去对待自己的下级；如果厌恶自己下级的行为，那就不能以此之道去对待自己的上级；如果厌恶在我之前任职之人的行为，那就不能用他们的做法去对待在我之后任职之人；如果厌恶任职在我之后之人的行为，那就不要用他们的做法去对待任职在我前面的人；若是在我右边之人的为人处世之道让我厌恶，那就不要以此之道同我左边的人去交往；如果在我左边之人的处世之道让我厌恶，那就不能用他的那种行为同我右边的人去打交道。

上述之外，曾子还提倡心地诚实宽大，能够容纳人。别人有才能，如同自己有一样；别人德才兼备，诚心诚意喜欢，不嫉妒。高尚的德行，一定要忠诚老实才能够获得，骄纵放肆便会失去，等等。

第三节　孟子的修身思想

“修身”“养性”这两个词，见于《孟子·尽心上》：“尽其心者，知其性也。知其性，则知天矣。存其心，养其性，所以事天也。夭寿不贰，脩身以俟之，所以立命也。”在这里，孟子指出了“养性事天修身立命”这一安身立命的根本途径。

修身养性，是一个人在思想、道德、学识、技艺等方面自觉地进行学习、磨炼、陶冶和提高的实践活动，是安身立命的基础。尽其心、知其性，是经过自身的不懈努力所最终实现的程度和达到的境界。

孟子的修身养性思想观念，主要体现在他提出的三个著名的命题。

一是“舍生取义”：

> 鱼，我所欲也；熊掌，亦我所欲也。二者不可得兼，舍鱼而取熊掌者也。生，亦我所欲也；义，亦我所欲也。二者不可得兼，舍生而取义者也。生亦我所欲，所欲有甚于生者，故不为苟得也；死亦我所恶，所恶有甚于死者，故患有所不辟也。如使人之所欲莫甚于生，则凡可以得生者何不用也？使人之所恶莫甚于死者，则凡可以辟患者何不为也？由是则生而有不用也，由是则可以辟患而有不为也。是故所欲有甚于生者，所恶有甚于死者。非独贤者有是心也，人皆有之，贤者能勿丧耳。（《孟子·告子上》）

鱼是我所喜欢的，可是熊掌呢，也是我喜欢的，如果这两样东西无法都拥有的话，那我只好舍弃鱼而选择熊掌。我想要生命，道义呢，我也想要，可是两种东西无法同时兼得的话，那我只能选择放弃生命去选择道义。我固然想要拥有生命，但我想要拥有的东西还有比生命更重要的，因此我不愿选择做苟且偷生之事；死亡我当然是厌恶的，但还有一些东西比死亡让我更厌恶，因此有些灾祸我不选择躲避。相较于生命而言，倘若人们想要拥有的东西没有比它更为重要的，那但凡是可以求得生存的方式手段，又有什么不能用的呢？倘若没有比死亡更让人们厌恶的事情了，那但凡是可以用来躲避灾祸的方式手段，又有什么不能使用的呢？如果说采取某种方式可以得到生命的话，但有人就是不肯用；采用某种手段可以躲灾避祸，也是有人不肯用。由此看来，有比生命更为重要的东西让他们选择，有比死亡更甚的事情让他们厌恶。这样的心志不是只有贤人才有的，每个人都有，只是贤能之人要一直持有而不能丧失罢了。

二是“天将降大任于斯人也”的担当意识：

> 舜发于畎亩之中，傅说举于版筑之间，胶鬲举于鱼盐之中，管夷吾举于士，孙叔敖举于海，百里奚举于市。故天将降大任于是人也，必先苦其心志，劳其筋骨，饿其体肤，空乏其身，行拂乱其所为，所以动心忍性，曾益其所不能。(《孟子·告子下》)

舜从田野耕种过程中被任用，傅说从筑墙的劳作中被选拔，胶鬲从贩鱼卖盐的过程中被举用，从狱官手里获释后的管仲被举用为相，孙叔敖是从隐居的海滨被任用的，百里奚是从市井被任用的。所以说，如果上天将要对人委以重任时，势必是要先磨炼这个人的心志，让他的筋骨受到劳累，使他的肚子经受饥饿之苦，让他身处于穷困之中，做事也有诸多不顺，以此来撼动其心灵，坚韧其性格，增强其所不备的能力。

要担当大任，就要注重涵养“浩然正气”：“我知言，我善养吾浩然之气。……其为气也，至大至刚，以直养而无害，则塞于天地之间。其为气也，配义与道。”(《孟子·公孙丑上》)还要修养“大丈夫”品格：“居天下之广居，立天下之正位，行天下之大道，得志与民由之，不得志独行其道。富贵不能淫，贫贱不能移，威武不能屈，此之谓大丈夫。”(《孟子·滕文公下》)

三是“穷则独善其身，达则兼善天下”：

> 尊德乐义，则可以嚣嚣矣。故士穷不失义，达不离道。穷不失义，故士得己焉；达不离道，故民不失望焉。古之人，得志，泽加于民；不得志，修身见于世。穷则独善其身，达则兼善天下。(《孟子·尽心上》)

孟子认为，尊崇德，以义为乐，就可以做到悠然自得而无所求。因此读书人在穷困的时候不丢失义，位尊而且有声望时不背离道。穷困的时候不丢失义，所以读书人能坚持自己的操守德行；位尊有声望的时候不背离道，那么也不会让百姓感到失望。古时之人，得志的时候，给人民施以恩泽；不得志的时候，就着重修养自己的品德从而立身在世。穷困潦倒的时候，独自坚守自己的善良本性，位尊有声望的时候，就要努力让普天之下的百姓得到好处。

孟子还主张闻过则喜，乐取于人，与人为善。他说：

> 子路，人告之以有过，则喜。禹闻善言，则拜。大舜有大焉，善与人同，舍己从人，乐取于人以为善，自耕稼陶渔以至为帝，无非取于人者。取诸人以为善，是与人为善者也。故君子莫大乎与人为善。(《孟子·公孙丑上》)

这是说，子路，别人指出他的过错，他就很高兴。禹，听到善言，就拜谢。伟大的舜有大德，善与人共同做善事，抛弃缺点，学人长处，乐于吸取别人的优长来行善。从他当农夫、陶工、渔夫，直到成为天子，总是取人之长补己之短。学习别人的长处来行善，就如同和别人一起行善。所以，君子的最高德行就是与别人一起行善。

第四节　荀子的修身思想

荀子，名况，时人尊而号为卿，故称荀卿，后人尊称为荀子。战国后期赵国人，曾在齐国稷下学宫任祭酒多年。荀子以孔子为师，以六艺为法，对同时代的各家学说均进行了批判总结，是战国时代最后的一位儒学大师。

《荀子》一书，特立《修身》为篇，可见其对修身的重视。该篇详细论述了修身养性、提高伦理道德修养的道理和原则：

> 见善，修然必以自存也；见不善，愀然必以自省也。善在身，介然必以自好也；不善在身，菑然必以自恶也。故非我而当者，吾师也；是我而当者，吾友也；谄谀我者，吾贼也。故君子隆师而亲友，以致恶其贼。好善无厌，受谏而能诫，虽欲无进，得乎哉！小人反是，致乱而恶人之非己也；致不肖而欲人之贤己也；心如虎狼，行如禽兽，而又恶人之贼己也。谄谀者亲，谏争者疏，修正为笑，至忠为贼，虽欲无灭亡，得乎哉！(《荀子·修身》)

见到善良的行为，一定认真地检查自己是否自身存有这种行为；见到不善的行为，一定要严肃地省察自己。自身如果有好的德行操守，那就坚定自信地珍惜重视它；自身如果有不好的品行，就要像害怕灾祸一样厌恶它。因此，能把我的缺点指出来而又能中肯地批评我的人，他就能成为我的老师；能对我加以肯定且又恰当赞赏的人，他就能成为我的朋友；对我有所谄媚的人，他就是败坏我的人。因此身为君子定要尊重自己的老师，亲近自己的朋友，痛恨那些对自己阿谀奉承的贼人。君子对好德行保持追求而且永远不会感到满足，而且在得到劝告就能保持警戒，这样做的话即便是自己不想求进步，那会可能吗？可是小人的行径恰恰与此相反，自己在行为处事上胡作非为，可是对别人的批评却很痛恨；自己行事非常无能，但又期盼着别人能说自己是贤能之才；自己的心地像虎狼一样，行为处事和禽兽一般，却又厌恶别人败坏自己。亲近阿谀奉承自己的人，却疏远对自己直言劝谏的人，别人说的可以改正自己错误的话却被当作是别人讥笑自己，对自己非常忠诚的行为却被当作是在损害自己，以这样的方式进行处事的人，即便是不想走向灭亡，可能办到吗？

> 扁善之度，以治气养生，则后彭祖；以修身自名，则配尧禹。宜于时通，利以处穷，礼信是也。凡用血气、志意、知虑，由礼则治通，不由礼则勃乱提僈；食饮、衣服、居处、动静，由礼则和节，不由礼则触陷生疾；容貌、态度、进退、趋行，由礼则雅，不由礼则夷固僻违、庸众而野。故人无礼则不生，事无礼则不成，国家无礼则不宁。(《荀子·修身》)

使人无往而不善的法则是：用调理血气来保养身体，那么寿命就会仅次于彭祖；用修身来使自己闻名，那么名声可配尧禹。既适于用来处守显达顺境，也利于处守困窘的境遇，这全在于礼法和信义。凡是在用到血气、意念志气、智慧还有思虑时，如果遵从礼，那就会通达顺利，如果不遵从礼义，那就会出现悖乱，或者怠慢；在饮食、穿衣、居处以及活动时，如果遵从礼义，那就会表现得和谐恰当，如果不遵从礼义，那就可能会触犯禁忌，或者说是产生疾病；在相貌、态度、进退、行走时，如果遵从礼义，那就会呈现出温雅可亲的画面，如果不遵从礼义，那就会呈现出傲慢固执、庸俗粗野的画面。因此，人如果没有礼义的话，就不能生存；做事情如果不讲礼义的话，就办不成；国家如果没有礼义的话，就不能安宁。

治气养心之术：血气刚强，则柔之以调和；知虑渐深，则一之以易良；勇胆猛戾，则辅之以道顺；齐给便利，则节之以动止；狭隘褊小，则廓之以广大；卑湿重迟贪利，则抗之以高志；庸众驽散，则劫之以师友；怠慢僄弃，则炤之以祸灾；愚款端悫，则合之以礼乐，通之以思索。凡治气养心之术，莫径由礼，莫要得师，莫神一好。夫是之谓治气养心之术也。(《荀子·修身》)

涵养正气、修养心性所用到的方法是：面对血气刚强的人，可以用温和柔软的方法进行调和；面对思虑深沉且不开朗之人，那就用比较坦率而且平易近人的方法来同化他；面对勇猛乖张的人，就用疏通开导的方法来辅助他；对于性子急嘴巴快的人，那就用动静结合的方法对他加以节制；对于心胸狭窄的人，那就用宽宏大量的态度与语气来开导他；对于卑劣、迟钝、贪利之人，可以用崇高的志向帮助他提高；对于平庸散漫之人，可用良师益友的帮助改造他；对懈怠、轻佻、自暴自弃之人，可以用招灾致祸的后果让他通晓明白；对于愚钝、朴实、端庄、拘谨之人来说，可以用礼乐去调教他，用发散思维的方法让其开通。涵养正气、修养心性的方法，可以说没有比遵从礼义更为直接的了，也没有比得到好的导师更为重要的了，更没有比专一地爱好更为神妙的了。这就是涵养正气、修养心性的方法。

体恭敬而心忠信，术礼义而情爱人，横行天下，虽困四夷，人莫不贵。劳苦之事则争先，饶乐之事则能让，端悫诚信，拘守而详，横行天下，虽困四夷，人莫不任。体倨固而心执诈，术慎墨而精杂污，横行天下，虽达四方，人莫不贱。劳苦之事则偷儒转脱，饶乐之事则佞兑而不曲，辟违而不悫，程役而不录，横行天下，虽达四方，人莫不弃。(《荀子·修身》)

体貌上毕恭毕敬，内心里忠诚信实，遵从礼而且表现出仁爱的性情，拥有这种品行的人行走天下，即便是在边远地区遭受困厄，也没有人会不敬重他；抢着去做劳累辛苦之事，可以获利、可以享乐的事情却让给别人，能做到诚实守信，而且又能遵纪守法明察事理，这样的人行走于天下，即便是困顿于边远的地方，也没有人会不信任他。体貌上非常傲慢固执，内心阴险狡诈，遵从慎到、墨子的学说，而且内心污秽杂乱，这样的人在行走天下时，即便是显赫通达于四方，也没有人不会去轻视他；一遇到劳苦之事就苟且懦弱而逃避，而遇到可以获利、可以享乐之事就巧舌如簧地去进行谄媚，毫不谦让而身手敏捷地去展开抢夺，品行不端违背事理且又不忠诚不厚道，工程劳役之事表现得怠惰而且也不进行检查约束，这样的人行走天下，即便是显贵于四方，也没有人不去摒弃他。

在《荀子·劝学》中，除了讲述学习态度、学习方法，同时还指出学习意义和学习目的，学习意义和目的就是要让君子的道德得以完善，让读书人的各种修养得以丰富，能够使他们迈向圣人的境界。如："君子博学而日参省乎己，则知明而行无过矣。"前句讲修身，后句讲修身的效果，表明其重要性。荀子还论述了周围环境对于一个人学习和成长的重要性，实际上讲的也是修身应当注意的问题。

> 蓬生麻中，不扶而直；白沙在涅，与之俱黑。兰槐之根是为芷，其渐之滫（xiū），君子不近，庶人不服。其质非不美也，所渐者然也。故君子居必择乡，游必就士，所以防邪僻而近中正也。（《荀子·劝学》）

蓬草长在麻地里，不用扶持也能直立住，白沙混进了黑泥里，就会与之全黑。香草兰槐的根叫白芷，一旦浸入臭汁里，君子不愿靠近，民人不愿佩戴。不是它本身不香美，而是被浸染臭了。所以君子居住一定要选择好的乡邻，出游一定要结交贤士，这是为了防止走上邪僻而接近中正之道。

> 物类之起，必有所始。荣辱之来，必象其德。肉腐出虫，鱼枯生蠹。怠慢忘身，祸灾乃作。强自取柱，柔自取束。邪秽在身，怨之所构。施薪若一，火就燥也；平地若一，水就湿也。草木畴生，禽兽群焉，物各从其类也。是故质的张，而弓矢至焉；林木茂，而斧斤至焉；树成荫，而众鸟息焉；醯（xī）酸，而蚋（ruì）聚焉。故言有召祸也，行有招辱也，君子慎其所立乎！（《荀子·劝学》）

事情发生一般都是有其原因的，荣辱降临通常也会与德行相应。肉腐烂了就会生蛆，鱼枯烂了就会生虫，松懈懒散、怠慢不敬而摒弃做人准则的话就会招致灾祸。物太刚强，则自取断折；太柔弱，则自取束缚。邪秽在身，容易结怨。把柴同样放置，火总向干柴处燃烧；一样平的地方，水总是向低洼潮湿处流淌。草木丛生，野兽成群，万物皆以类聚。所以如果把靶子设置好，那么弓箭自会射来；如果树木长成了森林，那么斧头就会被吸引来砍伐；树林枝叶繁茂且荫凉的话，那么众鸟自会前来栖息；如果醋变酸，那么就把蚊虫招惹来。因此，言语表述有可能招致灾祸，所作所为有可能受到侮辱，君子在为人处世上不得不保持一个谨慎的态度。

从《荀子》全书来看，荀子的修身观可略述为以下三个方面：

第一，荀子认为人性本恶，用道德可以改变。荀子也探讨人的本性，不过他与孟子所持观点不同，对孟子“性善论”进行批判，而坚持“性恶论”的观点。他在《荀子·性恶》中说道：“人之性恶，其善者伪也。”认为人生来的本性就是恶的，而善则是通过后天努力逐渐养成的。同时还说道：“凡人之欲为善者，为性恶也。”（《荀子·性恶》）意思是人们提倡行善、想要行善的主要原因还是由于人自身的本性有恶的一面。荀子提出“性恶论”的目的并不是单纯地讨论人性的恶，而是认为人自然的本性在发展过程中有往善发展的可能性，也有向恶发展的可能性。人性在后期的发展形成过程中可以用道德、政治、法度等各种手段把恶往善的方向去引导。基于此，荀子又说道：

> 故学数有终，若其义则不可须臾舍也。为之，人也；舍之，禽兽也。（《荀子·劝学》）

荀子觉得，如果从需要学习的科目上来看的话，那是有尽头的，但是如果从学习意义方面来看的话，进取之心可是片刻也不能有所懈怠的。持之以恒地去好好学习，那么就有可能成为比较有修养的人；在学习这条道路上选择放弃的话，就很有可能成为像禽兽一样没有教养的人。因此我们需要做到《荀子·劝学》里所说的“以善先人”，即用美好的言语行为去引导人的性格发展走向，这就是所谓的教化。

第二，荀子认为，教化必须以“隆礼”为基，为修身立则。《荀子·礼论》说：

> 礼起于何也？曰：人生而有欲，欲而不得，则不能无求；求而无度量分界，则不能不争；争则乱，乱则穷。先王恶其乱也，故制礼义以分之，以养人之欲，给人之求，使欲必不穷乎物，物必不屈于欲。两者相持而长，是礼之所起也。

这里论述了礼的起源。礼是为了调节“欲”和“物”之间的矛盾、满足社会管理的需要应运而生的。荀子把礼作为衡量一切社会行为的最高标准。他认为:“人无礼则不生,事无礼则不成,国家无礼则不宁。”(《荀子·修身》)在管理国家方面将“礼”视为治国的根本,在道德修养上将其看作修身的准则、规范。这种“道之极”体现在对君子行为、学说、名声的判断和约束上。“君子行不贵苟难,说不贵苟察,名不贵苟传,唯其当之为贵。”(《荀子·不苟》)意思是说,君子在对待举止行动方面,不会觉得不符合礼仪的很难做到的就很可贵;在看待学说方面,不会因为不符合道义的揭示阐述他人没有揭示的东西就可贵;在看待名声方面,不会认为不符合道义的广为传播是可贵的。只有这些都符合礼仪了,那才觉得是难能可贵的。

第三,荀子认为,“致诚”是修身的基础。他在《不苟》篇中说:

> 君子养心莫善于诚,致诚则无它事矣。唯仁之为守,唯义之为行。诚心守仁则形,形则神,神则能化矣。诚心行义则理,理则明,明则能变矣。变化代兴,谓之天德。天不言,而人推高焉;地不言,而人推厚焉;四时不言,而百姓期焉。夫此有常,以至其诚者也。

荀子着重强调“致诚”是修养心性、修养道德的基础。如果能做到诚心诚意,坚守住仁爱之心,并且坚持奉行道义,那么就能够更迭兴起,也合乎上苍化育万物的恩泽了。基于此,荀子提出尊重老师亲近朋友、修养身心省察自身、严于律己、专心致志、重道义轻名利、重德行轻相貌等修养身心的一系列方法。荀子认为,只要遵循他所提出的修身养性的方法而行事的话,就会做到像他在《荀子·修身》里所说的“好法而行,士也;笃志而体,君子也”,意思是喜欢法且能亲身践行的是士,而能意志坚定地一直践行下去就成为君子了。

荀子崇尚大儒品格,他说:

> 彼大儒者,虽隐于穷阎漏屋,无置锥之地,而王公不能与之争名;在一大夫之位,则一君不能独畜,一国不能独容,成名况乎诸侯,莫不愿得以为臣。用百里之地,而千里之国莫能与之争胜;笞棰暴国,齐一天下,而莫能倾也。是大儒之征也。其言有类,其行有礼,其举事无悔,其持险应变曲当。与时迁徙,与世偃仰,千举

万变，其道一也。是大儒之稽也。其穷也俗儒笑之；其通也英杰化之，嵬琐逃之，邪说畏之，众人媿之。通则一天下，穷则独立贵名，天不能死，地不能埋，桀跖之世不能污，非大儒莫之能立，仲尼、子弓是也。(《荀子·儒效》)

荀子认为，大儒者，即使隐居在偏僻的街巷、简陋不堪的房屋中，贫穷得无立锥之地，那王公大人也不能同他争夺名望；虽以百里之地，也能整齐天下，除暴安民。其“通则一天下，穷则独立贵名”，与孟子“穷则独善其身，达则兼善天下”有异曲同工之妙。这里，体现了荀子修身齐天下的至高境界。

第五节　修身的当代意义

“修身”在当今社会有着重要的、长远的现实意义，对于人类社会来说，修身一直是一个非常重要的人生课题。

所谓的修身就是为了完善并健全自我人格。孔子很看重自我修身的重要性，他说：“古之学者为己，今之学者为人。”(《论语·宪问》)“为”，是“治”的意思。这话是说，古时学者的目的是修治自己，当今学者的目的是治理别人。

孔子主张修己，主要是修养德行，即修养仁爱友善之德、文明礼仪之德、诚信不欺之德、孝亲尊老之德、爱国爱民之德、廉洁奉公之德，等等。就当今现实而言，可以说按照社会主义核心价值观严格要求自己，就是最好的修德。在我国的教育进程中，历来讲究“立德树人”，其根本要求便也是先培养德行，然后才可以培养才能。修养德行就要从小事开始做起，踏踏实实地做好了每一件小事，才能坚实地迈出每一步。生活中的每一件小事都可以看作是自己的立身之本。就像《荀子·劝学》中所说的“故不积跬步，无以至千里；不积小流，无以成江海”。

修身，要有高远的目标，要像孔子所说的那样：“修己以安人”“修己以安百姓”(《论语·宪问》)。正像马克思在《青年在选择职业时的考虑》中说的那样：“人们只有为同时代人的完美、为他们的幸福而工作，才能使自己也达到完美。如果一个人只为自己劳动，他也许能够成为著名学者、大哲人、卓越诗人，然而他永远不能成为完美无疵的伟大人物。”也如毛泽东在《讲堂录》中所说：“毒蛇螫手，壮士断腕，非不爱腕，非去腕不足以全一身也。彼仁人者，以天下万事为身，而以一身一家为腕。惟其爱天下万世之诚也，是以不敢爱其身家。身家虽死，天下万世固生，仁人之心安矣。”

毛泽东曾在《论联合政府》中告诫我们：“我们曾经说过，房子是应该经常打扫的，不打扫就会积满了灰尘；脸是应该经常洗的，不洗也就会灰尘满面。我们同志的思想，我们党的工作，也会沾染灰尘的，也应该打扫和洗涤。”

2014年5月4日，习近平总书记在《青年要自觉践行社会主义核心价值观》中说：“要修德，加强道德修养，注重道德实践。德者，本也。蔡元培先生说过：‘若无德，则虽体魄智力发达，适足助其为恶。’道德之于个人、之于社会，都具有基础性意义，做人做事第一位的是崇德修身。这就是我们的用人标准为什么是德才兼备、以德为先，因为德是首要、是方向，一个人只有明大德、守公德、严私德，其才方能用得其所。修德，既要立意高远，又要立足平实。要立志报效祖国、服务人民，这是大德，养大德者方可成大业。同时，还得从做好小事、管好小节开始起步，‘见善则迁，有过则改’，踏踏实实修好公德、私德，学会劳动、学会勤俭，学会感恩、学会助人，学会谦让、学会宽容，学会自省、学会自律。”

当今社会，从政为官者的修身问题也是习近平总书记非常重视的问题。他在参加十二届全国人大二次会议安徽代表团审议时着重强调：“各级领导干部都要树立和发扬好的作风，既严以修身、严以用权、严以律己，又谋事要实、创业要实、做人要实。严以修身，就是要加强党性修养，坚定理想信念，提升道德境界，追求高尚情操，自觉远离低级趣味，自觉抵制歪风邪气。”（该讲话以《树立和发扬“三严三实”的作风》为题，收入《习近平谈治国理政》）习总书记还说：“一个人能否廉洁自律，最大的诱惑是自己，最难战胜的敌人也是自己。一个人战胜不了自己，制度设计得再缜密，也会‘法令滋彰，盗贼多有’。希望同志们，‘吾日三省吾身’，做到严以修身，严以用权、严以律己，谋事要实、创业要实、做人要实。古人讲：‘君子为政之道，以修身为本。’中国传统文化历来把自律看作做人、做事、做官的基础和根本。《论语》中就说，要‘修己以敬’、‘修己以安人’、‘修己以安百姓’。古人所推崇的修身齐家、治国平天下，修身是第一位的。我们共产党人更应该强化自我修炼、自我约束、自我塑造，在廉洁自律上作出表率。”（2014年5月8日，习近平在同中央办公厅各单位班子成员和干部职工代表座谈时的讲话）

《孟子·尽心上》中提到“穷则独善其身，达则兼善天下”，要求人在不得志的时候先修养个人品德，得志之后就要造福天下百姓。其实不管是修养品德还是造福百姓，我们应该要做到的都是先要修养身心。所以《礼记·大学》说：“古之欲明明德于天下者，先治其国；欲治其国者，先齐其家；欲齐其家者，先修其身。”修身是齐家、治国、平天下的根本，这也综合体现了个人修身与社会的和谐的密切关系。在当代社会，如果想要让社会达到整体和谐的局面，人们就应该自觉地去修养身心，进而实现《礼记·大学》“大学之道，在明明德，在新民，在止于至善”的至高要求。毛泽东在《七古·送纵宇一郎东行》中也说道：“沧海横流安足虑，世事纷纭从君理。管却自家身与心，胸中日月常新美。”其中“管却自家身与心”与孔子在《论语·宪问》所说的“修己以安人”是一样的，皆集中突出了“修己”或“修身”的现实意义与社会价值。当今时代，党和国家大力倡导精神文明建设，从根本上说，全社会的精神文明建设，还是要从每个人的修身做起。

第七章　齐鲁文化中的德政思想

"为政以德，譬如北辰，居其所而众星共之"，这是《论语》中对以德治国的精炼表述。齐鲁文化中以道德原则作为统治思想的思想学说非常丰富。以孔孟为代表的儒家学说，以墨子为代表的墨家学说等等都将德治作为其政治思想的核心来进行阐述。对于中国历朝历代统治者来说，能否遵循以德治国的原则，是其统治合法性是否稳固的重要基础。

第一节　孔子的德政思想

孔子在周礼的基础上提出了"为政以德"的概念。"礼"和"仁"是孔子德治思想的核心。孔子受宗法制的影响非常大，他认为治理天下和治理一个家庭在原则上是一致的。统治者即是民之父母，对待民众应如同对待子女一般爱护，要做到"行德爱民"。对待民众是以养育、教导和规范为主，惩罚只是迫不得已的手段。无论是统治者还是民众，都要受到教化，才能自觉地维护社会的稳定和谐。孔子的德治思想主要有以下几个层面：

一、以德化民

孔子认为治理国家的道理很简单，只要做到遵循民众的意愿，制定符合百姓意愿的政令，实行德治，就能成功。为政者首先要做到自身正，正所谓"其身正，不令而行；其身不正，虽令不从"（《论语·子路》）。若要让民众遵守规则，自己先要遵守规则，否则百姓是不会服气的，即使有强行命令，百姓也不会服从的。

> 季康子问政于孔子，孔子对曰："政者，正也。子帅以正，孰敢不正？""君子之德风，小人之德草，草上之风必偃。"（《论语·颜渊》）

政，就是正的意思。你在上位的带头走正道，在下位的谁敢不走正道？为政者的道德好比风，老百姓的道德好比草，风吹到草上，草一定随风倒伏。

《中庸》中说“小德川流，大德敦化”，孔子推崇以榜样的力量来引导人民，民众的德行会跟随统治者的德行发生改变，也就是所谓的“德化”。

《晏子春秋·内篇杂下》记载，齐灵公喜好让宫女女扮男装，于是国人纷纷效仿。灵公派官吏禁止，命令凡是抓到有女扮男装者，当场裂衣断带。但收效甚微，屡禁不止。灵公问晏子为什么，晏子回答：“您自己在宫中让宫女女扮男装，却禁止外面这么做，就如同挂着牛头卖马肉，您为什么不在宫内禁止呢？这样外面的民众一定也不敢这么做了。”灵公听从了晏子的建议，果然不到一个月，国人都不再女扮男装了。

二、以礼教民

“德”是人的内在品质，“德”的外在表现就是“礼”。社会上每个人都有好的品德还不行，人和人之间怎么相处？各种人际关系怎么处理？孔子给出的解决方案就是“礼”。但是，礼仪制度是“为政者”制订的，这就需要把“礼仪制度”通过教育的方式传授给民众。

> 子曰：“道之以政，齐之以刑，民免而无耻；道之以德，齐之以礼，有耻且格。”（《论语·为政》）

孔子说：“用政治条文去引导民众，再利用刑法来整顿他们，民众只是免于刑责却没有廉耻观念；如果用道德教化来引导民众，老百姓就会有廉耻观念，并且还会自觉纠正自己不正确的思想行为。”正如《尚书·冏命》所言：“绳愆纠谬，格其非心。”有了道德准绳才能纠正谬误，才能纠正其邪心。

中华民族一向重视礼仪文化，到了周代，周人以血缘关系为纽带，结合殷商礼制，把法律、礼仪、风俗和道德结合在一起形成周礼，后经周公进行了进一步完善。在春秋战国时期，社会上出现了“礼崩乐坏”的局面，这让孔子痛心疾首，极力倡导恢复周礼。

孔子提出的“礼”不仅仅是礼节仪式，还是道德规范，所有的道德如恭、孝、忠、义及“仁”都要受到“礼”的指导和约束。

> 孟懿子问孝，子曰：“无违。”樊迟御，子告之曰：“孟孙问孝于我，我对曰‘无违’。”樊迟曰：“何谓也？”子曰：“生，事之以

礼；死，葬之以礼，祭之以礼。”（《论语·为政》）

孟懿子询问关于“孝”的事。孔子回答说：“不要违背礼节。”樊迟给孔子驾车，孔子告诉他说：“孟孙问我什么是‘孝’，我回答说‘不要违背礼节’。”樊迟说：“您说的是什么意思呢？”孔子解释说：“父母在世的时候，要按照礼节服侍他们；去世的时候，要按照礼节安葬他们；还要按照礼节每年祭奠他们。”这就强调，儿女要为父母尽孝，不仅仅是赡养他们，还要处处按照礼节对待父母。又说：

> 恭而无礼则劳，慎而无礼则葸（xǐ），勇而无礼则乱，直而无礼则绞。君子笃于亲，则民兴于仁；故旧不遗，则民不偷。（《论语·泰伯》）

这是说，谦恭过度而不符合礼就会有劳倦之感，谨慎过度而不符合礼就会畏惧不前，勇敢过度而不符合礼就会违法作乱，直率过度而不符合礼就会尖刻伤人。恭敬、慎重、勇敢、正直这些道德品质如果没有符合礼的要求来进行就会走向反面。只要能遵守礼制，人的各种正面品质就能够得到发扬，就可以做到“仁”。

> 颜渊问仁。子曰：“克己复礼为仁。一日克己复礼，天下归仁焉。为仁由己，而由人乎哉？”颜渊曰：“请问其目。”子曰：“非礼勿视，非礼勿听，非礼勿言，非礼勿动。”颜渊曰：“回虽不敏，请事斯语矣。”（《论语·颜渊》）

颜回问关于“仁”的事，孔子回答说：“严格要求自己，完全按照礼制的要求去做，就是‘仁’。一旦做到了严格按照礼制行事了，天下的百姓也就归向了‘仁’。是否做到‘仁’，关键在自己，难道还靠别人吗？”颜回又问道：“请您说得具体一些。”孔子说：“不符合礼的事不要看，不符合礼的话不要听，不符合礼的话不要说，不符合礼的行为不要做哦。”

孔子十分重视教育的力量，教化民众是实现理想政治状态的必由之路，孔子本人也是伟大的教育家，十分清楚教育的重要性。《论语·子路》记载：

> 子适卫，冉有仆，子曰："庶矣哉！"冉有曰："既庶矣，又何加焉？"曰："富之。"曰："既富矣，又何加焉？"曰："教之。"

孔子经过卫国时，感慨卫国人口众多。冉有问人口多了以后应该怎么办，孔子说要让民众富裕。冉有又问富裕之后呢？孔子回答要教育他们。孔子认为教育需要有一定的物质基础，富庶是教化民众的前提，如果民众连肚子都吃不饱，教化也就提不上日程。在《学而》中子贡问孔子："贫而无谄，富而无骄，何如？"孔子回答："未若贫而乐，富而好礼者也。"也表达了这层意思。

孔子教化的主要内容，首先是以礼乐为核心的社会秩序规范。这一规范使得社会上下相安，民众能够遵守社会秩序，听从管理，自觉地维护家庭邻里的和睦相处，守望相助。其次才是政令法律等内容。

三、以政富民

为政以德，核心是实施仁政。孔子在创建礼学的同时，还建立了一套有关"仁"的学说。关于"仁"，在孔子之前提的并不是很多，但孔子反复强调"仁"的作用，提升了它的地位，《吕氏春秋》评价"孔子贵仁"，认为"仁"是孔子思想的核心之一。

仁学主要思想是倡导人与人之间要相互友爱，相互帮助。《论语·颜渊》中樊迟问仁，子曰："爱人。"所谓"爱人"，就是对人有爱心，要设身处地为对方着想，对别人的痛苦、情感给予同情和理解，在此基础上提供帮助。"仁"一方面是使别人得到满足和幸福，"夫仁者，己欲立而立人，己欲达而达人"(《论语·雍也》)。另一方面是不把自己不愿承担的痛苦麻烦推到别人身上，即"己所不欲，勿施于人"(《论语·卫灵公》)。

> 孔子过泰山侧，有妇人哭于墓者而哀。夫子式而听之，使子路问之，曰："子之哭也，壹似重有忧者。"而曰："然。昔者吾舅死于虎，吾夫又死焉，今吾子又死焉！"夫子曰："何为不去也？"曰："无苛政。"夫子曰："小子识之，苛政猛于虎也！"(《礼记·檀弓下》)

孔子经过泰山旁边，看见一个妇女在坟墓旁痛哭。孔子站起来，伏在车子前边的横木上，让子路上前问问是怎么回事儿。子路问道："你哭得这个样子，的确像有多重的伤心事吧？”那个妇人说：“没错，之前我的公公被老虎咬死了，后来我的丈夫又被老虎咬死了，现在我的儿子也被老虎咬死了！”孔子问：“那为什么不离开这里呢？”妇人回答说：“（这里）没有严酷繁重的赋税。”孔子说：“学生们记住，严酷繁重的赋税比老虎还要凶猛可怕！”

子贡问政。子曰：“足食，足兵，民信之矣。”（《论语·颜渊》）

子贡问怎样治理政事。孔子说：“粮食充足，军备充足，民众信任。”

哀公问政于孔子。孔子对曰：“政之急者，莫大乎使民富且寿也。”公曰：“为之奈何？”孔子曰：“省力役，薄赋敛，则民富矣；敦礼教，远罪疾，则民寿矣。”（《孔子家语·贤君》）

富裕是民众的普遍愿望。孔子说：“富与贵，是人之所欲也；……贫与贱，是人之所恶也。”（《论语·里仁》）人人向往富裕，谁也不愿天天受穷。所以孔子说：“富而可求也，虽执鞭之士，吾亦为之。”（《论语·述而》）充分表达了他对富裕的深切向往。正如斯大林1934年1月26日《在党的第十七次全国代表大会上关于联共（布）中央工作的总结报告》所说：“穷人自己也不愿再做穷人，而是力求往高处走，过富裕生活。”（《斯大林选集》下卷）

四、以和惠民

孔子提倡“仁”政，而且“仁者爱人”，既然“爱人”，就要尊重人的生命。这体现在，对国内的老百姓以道德引导为主，以刑法惩戒为辅，而在处理国与国的争执时，也是采用和平的方式，不主张诉诸战争。

孔子认为，德与刑是政治的两个方面，要双手并用，宽猛相济，先德后刑。他提出以直正枉，先教后杀。孔子主张慎杀：

季康子问政于孔子曰：“如杀无道，以就有道，何如？”孔子对曰：“子为政，焉用杀？子欲善，而民善矣。”（《论语·颜渊》）

季康子询问孔子怎么样处理政务，说：“如果杀掉不符合道义的人，让民众接近有道义的人，怎么样呢？”孔子回答说：“您处理政务，怎么用得着杀戮呢？您自己大行善事，民众就会模仿您做善事。”可见，孔子反对统治者滥杀无辜，主张身居上位的人做好表率。

子之所慎：斋、战、疾。（《论语·述而》）

孔子所谨慎对待的事是：斋戒、战争、疾病。战争，是人与人之间的杀戮，关乎对生命的尊重与敬畏。疾病，是掠夺人们健康的杀手，关乎人的生死存亡。所以孔子呼吁为政者谨慎对待。

孔子一贯反对战争，主张和平。《论语·季氏》记载，季氏将伐颛臾，当时在季氏家任职的弟子冉求、季路没有及时劝止，受到孔子的严厉批评：

求！周任有言曰：“陈力就列，不能者止。”危而不持，颠而不扶，则将焉用彼相矣？且尔言过矣，虎兕出于柙，龟玉毁于椟中，是谁之过与？……丘也闻有国有家者，不患贫而患不均，不患寡而患不安。盖均无贫，和无寡，安无倾。夫如是，故远人不服，则修文德以来之。既来之，则安之。今由与求也，相夫子，远人不服，而不能来也；邦分崩离析，而不能守也，而谋动干戈于邦内；吾恐季孙之忧不在颛臾，而在萧墙之内也。

孔子批评说：“冉求！良史周任有句话说：‘能在所任职位上施展才力就干下去，不能的话就辞职。’譬如为盲人做相导，他遇到危险而不去护持，将要跌倒而不去搀扶，那又何必用你这个相呢？并且你的话也是错误的，老虎野牛从笼子里跑出来，龟甲美玉在匣子里放坏了，这是谁的过错呢？……我孔丘听说：有国的诸侯或有家的大夫，不怕财富少，而怕分配不均；不怕人民少，而怕不安定。大概分配平均了，也就没有贫穷；民众和谐团结了，也就不显得人少；国家安定，就不容易倾覆。正因为这样，所以远处的人不服，就修文德以招徕他们。既然来了，就好好安顿他们。如今你仲由和冉求，相助季氏，远处的人不服，不能招徕他们；国家分崩离析，而不能守护，反而谋划在国内大动干戈；我担心季氏的担忧不在颛臾，而在自己的门屏之内。”

孔子主张善人治国：

子曰：“善人为邦百年，亦可以胜残去杀矣。”（《论语·子路》）

让善人治理国家，经过较长一段时间，就可以消除残暴，废除刑罚杀戮了。孔子所说的“善人”，就是心怀仁善、持守仁政之人。

第二节　孟子的德政思想

孟子主张性善论，在孔子的思想核心基础上，提出了“仁义”的思想主张，在国家治理方面，孟子的理念是“民本”“王道”和“仁政”。孟子的德政思想有以下内容。

一、仁政养民

孟子生活的战国时代，相对于春秋来说是一个更加混乱、杀伐无道的年代，诸侯之间的规则礼法已经荡然无存，只剩下为霸权进行的战争杀伐。孟子面对诸侯混战、民不聊生的社会现实，主张施行“仁政”。

孟子认为：人的自然本性是善的，人们的“恻隐之心”“羞恶之心”“辞让之心”和“是非之心”，都是天生的，这些被后人称为“四端”。它们是“仁、义、礼、智”四德的基础，这些构成了孟子的“性善论”。

既然人人都有“恻隐之心”，作为君主，只要“以不忍人之心，行不忍人之政，治天下可运之掌上”，也就是说，国君只要不做伤天害理之事，治理天下就是很容易的事，“行仁政而王，莫之以御”，主张国君要施行“仁政”。处理政事要依照“仁”的原则，不然就是自取灭亡。“仁政”是孟子政治主张和社会理想的主要内容，而“性善论”则是孟子一系列政治主张的基础。也就是说，在孟子眼里，正是由于“人性善”——特别是那些统治者本身善良，才是实现仁政的基础。

仁政是孟子最关注的政治理念，他说：“不仁而得国者，有之矣；不仁而得天下者，未之有也。”（《孟子·尽心下》）意思是，不仁的人得到一个国家，有这样的情况；不仁的人却得到天下，是从来没有过的。又说：“三代之得天下也以仁，其失天下也以不仁……天子不仁，不保四海；诸侯不仁，不保社稷；卿大夫不仁，不保宗庙。”（《孟子·离娄上》）他要求君主带头行仁义，说：“君仁，莫不仁；君义，莫不义。”（《孟子·离娄下》）又说：“如有不嗜杀人者，则天下之民皆引领而望之矣。”（《孟子·梁惠王上》）如果有一位不好杀人的君主，那么，天下的老百姓都会伸长着脖子期待他的解救了。

他劝谏邹穆公开仓济民：

凶年饥岁，君之民老弱转乎沟壑，壮者散而之四方者，几千人矣；而君之仓廪实，府库充，有司莫以告，是上慢而残下也。(《孟子·梁惠王下》)

他劝谏梁惠王“省刑罚，薄税敛”：

王如施仁政于民，省刑罚，薄税敛，深耕易耨，壮者以暇日修其孝悌忠信，入以事其父兄，出以事其长上，可使制梃以挞秦楚之坚甲利兵矣。彼(指秦楚)夺其民时，使不得耕耨，以养其父母；父母冻饿，兄弟妻子离散。彼陷溺其民，王往而征之，夫谁与王敌？故曰：“仁者无敌！”(《孟子·梁惠王上》)

他主张给民众固定的资产：

民之为道也，有恒产者有恒心，无恒产者无恒心。苟无恒心，放辟邪侈，无不为已。(《孟子·滕文公上》)

人民拥有一定的田产和住宅，才能安心从事生产活动，才有遵守道德规范和行为准则的物质保障。

子之君将行仁政，选择而使子，子必勉之！夫仁政，必自经界始。经界不正，井地不钧，谷禄不平。是故暴君污吏必慢其经界。经界既正，分田制禄可坐而定也。……请野九一而助，国中什一使自赋。卿以下必有圭田，圭田五十亩；余夫二十五亩。死徙无出乡，乡田同井。出入相友，守望相助，疾病相扶持，则百姓亲睦。方里而井，井九百亩，其中为公田。八家皆私百亩，同养公田。公事毕，然后敢治私事，所以别野人也。此其大略也。若夫润泽之，则在君与子矣。(同上)

孟子主张统治者应将土地分给农民，使各家既有私田，又有公田，既保障每个家庭生活自足，又保障国家合理的税收。

孟子重民爱民，把人民的地位放在至高位置，他说：

民为贵，社稷次之，君为轻。(《孟子·尽心下》)

并总结出“得民心者得天下，失民心者失天下”的精辟结论。

> 桀纣之失天下也，失其民也。失其民者，失其心也。得天下有道：得其民，斯得天下矣。得其民有道：得其心，斯得民矣。得其心有道：所欲与之聚之，所恶勿施尔也。民之归仁也，犹水之就下、兽之走圹也。故为渊驱鱼者，獭也；为丛驱爵（雀）者，鹯（鹞鹰）也；为汤武驱民者，桀与纣也。今天下之君有好仁者，则诸侯皆为之驱矣。虽欲无王，不可得已。（《孟子·离娄上》）

孟子认为想要取得天下，必先取得民众的支持，而要取得民心就要想百姓之所想，乐百姓之所乐，忧百姓之所忧。“乐民所乐者，民亦乐所乐；忧民之忧者，民亦忧其忧。乐以天下，忧以天下，然而不王者，未之有也。”（《孟子·梁惠王下》）可以说得民心、从民欲是孟子仁政的重要内容。

二、王道服人

孟子主张统治者实行“仁政”，让国内的老百姓富裕起来，过上安居乐业的日子。那么在处理国家之间的关系时，孟子主张“王道”，反对“霸道”。

“仁政”的具体方案就是“王道”，这是孟子政治主张的最高目标。孟子在其著述中精辟地阐述：“不违农时，谷不可胜食也；数罟不入污池，鱼鳖不可胜食也；斧斤以时入山林，材木不可胜用也。谷与鱼鳖不可胜食，材木不可胜用，是使民养生丧死无憾也。养生丧死无憾，王道之始也。”（《孟子·梁惠王上》）

减轻百姓赋税，合理役使百姓，人们衣食无忧，生活安乐，这就是“王道”。这是一个很大的范畴，大体包含两大主要内容：一是有完善的政治制度；二是整个社会有完美的道德伦理体系。而前者则是其主要部分，孟子曾多次论述。

齐宣王曾向孟子请教“王政”。孟子的答案是：“……文王之治岐也，耕者九一，仕者世禄，关市讥而不征，泽梁无禁，罪人不孥。老而无妻曰鳏，老而无夫曰寡，老而无子曰独，幼而无父曰孤。此四者，天下之穷民而无告者。文王发政施仁，必先斯四者。”（《孟子·梁惠王下》）所说的“王政”，不仅轻徭薄役，减轻刑罚，还要对鳏寡孤独、穷民无告者有特殊关照，这实际是主张社会具有一个保障制度，“王政”首先要包含这些内容。

孟子清醒地认识到，若要使一个国家的百姓有“恒心”，则国家必须给“恒产”，否则则四民不安。“是故明君制民之产，必使仰足以事父母，俯足以畜妻子，乐岁终身饱，凶年免于死亡。”（《孟子·梁惠王上》）人们首先能活下来，然后才能言及仁义，这与“仓廪实而知礼节，衣食足而知荣辱”竟然有某些互通之处。因此孟子特别提醒国君们要给予民众生活上的保障：“五亩之宅，树之以桑，五十者可以衣帛矣；鸡豚狗彘之畜，无失其时，七十者可以食肉矣。百亩之田，勿夺其时，八口之家可以无饥矣。”（《孟子·梁惠王上》）数口之家，拥有百亩之田，五亩之宅，男耕女织，老有所养，幼有所教，这就是孟子描绘的理想的王道乐土。

这种做法的效果，正如伟人毛泽东在《关心群众生活，注意工作方法》中所说：“解决群众的穿衣问题，吃饭问题，住房问题，柴米油盐问题，疾病卫生问题，婚姻问题。……假如我们对这些问题注意了，解决了，满足了群众的需要，我们就真正成了群众生活的组织者，群众就会真正围绕在我们的周围，热烈地拥护我们。”

三、与民同乐

孟子劝谏梁惠王，不要独乐，要与民同乐。《孟子·梁惠王下》记载：

> 庄暴见孟子，曰：“暴见于王，王语暴以好乐，暴未有以对也。”曰：“好乐何如？”孟子曰：“王之好乐甚，则齐国其庶几乎？”他日见于王，曰：“王尝语庄子以好乐，有诸？”王变乎色，曰：“寡人非能好先王之乐也，直好世俗之乐耳。”曰：“王之好乐甚，则齐其庶几乎！今之乐，犹古之乐也。”曰：“可得闻与？”曰：“独乐乐，与人乐乐，孰乐？”曰：“不若与人。”曰：“与少乐乐，与众乐乐，孰乐？”曰：“不若与众。”“臣请为王言乐。今王鼓乐于此，百姓闻王钟鼓之声、管籥之音，举疾首蹙頞而相告曰：‘吾王之好鼓乐，夫何使我至于此极也？父子不相见，兄弟妻子离散。’今王田猎于此，百姓闻王车马之音，见羽旄之美，举疾首蹙頞而相告曰：‘吾王之好田猎，夫何使我至于此极也？父子不相见，兄弟妻子离散。’此无他，不与民同乐也。
>
> 今王鼓乐于此，百姓闻王钟鼓之声、管籥之音，举欣欣然有喜色而相告曰：‘吾王庶几无疾病与？何以能鼓乐也？’今王田猎于

此，百姓闻王车马之音，见羽旄之美，举欣欣然有喜色而相告曰：‘吾王庶几无疾病与？何以能田猎也？’此无他，与民同乐也。今王与百姓同乐，则王矣。”

只有与民同乐，才是真正的快乐。只有与民同乐，才能得到广大民众的爱戴。

四、化民育民

对民众进行教育，使民众具有良好的道德修养，是孟子“仁政”和“王道”思想的一个方面。孟子认为古代贤明的君主都是重视教育的：

后稷教民稼穑，树艺五谷，五谷熟而民人育。人之有道也，饱食煖衣，逸居而无教，则近于禽兽；圣人有忧之，使契为司徒，教以人伦：父子有亲，君臣有义，夫妇有别，长幼有序，朋友有信。放勋曰：“劳之来之，匡之直之，辅之翼之，使自得之，又从而振德之。”圣人之忧民如此，而暇耕乎？（《孟子·滕文公上》）

孟子认为，古代的后稷和尧都是在养民富民的同时，对老百姓进行道德教育，“教以人伦：父子有亲，君臣有义，夫妇有别，长幼有序，朋友有信”。

设为庠序学校以教之；庠者养也，校者教也，序者射也；夏曰校，殷曰序，周曰庠，学则三代共之：皆所以明人伦也。人伦明于上，小民亲于下。有王者起，必来取法，是为王者师也。（《孟子·滕文公上》）

办好各级学校，以明人伦秩序为主要教育目的，和谐君民关系。

孟子对曰：“地方百里而可以王。王如施仁政于民，省刑罚，薄税敛，深耕易耨；壮者以暇日修其孝悌忠信，入以事其父兄，出以事其长上，可使制梃以挞秦楚之坚甲利兵矣。彼夺其民时，使不得耕耨以养其父母，父母冻饿，兄弟妻子离散。彼陷溺其民，王往而征之，夫谁与王敌？故曰：‘仁者无敌。’王请勿疑！”（《孟子·梁惠王上》）

可以看出，孟子实行“仁政”，“省刑罚，薄税敛，深耕易耨”的同时，还要“壮者以暇日修其孝悌忠信，入以事其父兄，出以事其长上”，这是进行儒家的道德教育，其目的是使民众有君国之心，甘为捍卫国家尽力，也就是“忠君爱国”。

第三节　荀子的德政思想

荀子作为儒家思想家，基本是主张“德治”的，但是他认为人性本来是“恶”的，光靠道德的感化和引导是不够的，同时也强调“法”和“礼”的作用，因此，他的两个学生韩非和李斯就发展为法家代表人物。

一、王道养民

荀子的思想比较驳杂，他的德治理念吸收了各派的思想，但总体上属于儒家。荀子认为“人性恶”，如果对人性不加以限制，任其发展，则会产生各种恶果，必须对人性进行改良才能治理天下。他详细地比较了王者、霸者两种政治道路，提出了“王道”思想。在他看来，所谓“王道”，即“王制”，是最理想的政治状态。《荀子·王制》分别从王者之人、王者之制、王者之论、王者之法四个方面进行了论述：

> 王者之人：饰动以礼义，听断以类，明振毫末，举措应变而不穷。夫是之谓有原，是王者之人也。
>
> 王者之制：道不过三代，法不贰后王。道过三代谓之荡，法贰后王谓之不雅。衣服有制，宫室有度，人徒有数，丧祭械用皆有等宜。声则凡非雅声者举废，色则凡非旧文者举息，械用则凡非旧器者举毁。夫是之谓复古，是王者之制也。
>
> 王者之论：无德不贵，无能不官，无功不赏，无罪不罚。朝无幸位，民无幸生。尚贤使能而等位不遗，折愿禁悍而刑罚不过。百姓晓然皆知夫为善于家而取赏于朝也，为不善于幽而蒙刑于显也。夫是之谓定论，是王者之论也。
>
> 王者之法：等赋、政事，财万物，所以养万民也。田野什一，关市几而不征，山林泽梁以时禁发而不税。相地而衰政，理道之远近而致贡。通流财物粟米，无有滞留，使相归移也。四海之内若一家，故近者不隐其能，远者不疾其劳，无幽闲隐僻之国，莫不趋使而安乐之。夫是之谓人师，是王者之法也。

荀子主张，行动应遵从礼义，举措应有应变能力；制度应随时变革，适应时代要求；尚贤使能，赏罚严明；财富养民，减轻赋税。他认为，统治国家最重要的不是财富和权力，是道义。“志意修则骄富贵，道义重则轻王公；内省而外物轻矣。”（《荀子·修身》）“身劳而心安，为之；利少而义多，为之；事乱君而通，不如事穷君而顺焉。故良农不为水旱不耕，良贾不为折阅不市，士君子不为贫穷怠乎道。”（《荀子·修身》）人的社会地位应由道义的高低来决定。庶民如果品德高尚，可以升为大夫；天子诸侯缺乏德行，同样应该贬为平民。人道义的高低不在于血统门第，在于自己的学习和修养。“可以为尧禹，可以为桀跖，可以为工匠，可以为农贾，在势注错习俗之所积耳。”（《荀子·荣辱》）如果君主无道，是可以被推翻的。在道义面前，人人平等。

荀子主张治理天下要实行“礼治”，强调“礼治”在国家治理中的重要作用，“得礼义然后治”（《荀子·性恶》），“天下从之者治，不从者乱；从之者安，不从者危；从之者存，不从者亡”（《荀子·礼论》），“隆礼贵义者其国治，简礼贱义者其国乱”（《荀子·议兵》），“人无礼不生，事无礼不成，国家无礼不宁”（《荀子·大略》）。荀子提出了“以礼正国”的主张，实际是主张“以礼治国”，“以礼安邦”。

> 今人之性，固无礼义，故强学而求有之也；性不知礼义，故思虑而求知之也。然则生而已，则人无礼义，不知礼义。人无礼义则乱，不知礼义则悖。然则生而已，则悖乱在已。（《荀子·性恶》）

另一方面，他从选贤任能的基本立场出发，主张“贤能不待次而举，罢不能不待须而废”。（《荀子·王制》）这就是说，既要充分地尊重人才，不拘一格地使用、选拔人才，“尚贤使能，而等位不遗”（同上）；又要防止滥竽充数。正因如此，所以他大声疾呼地批评那种“安不恤是非，不治曲直，唯便僻亲比者之用”的做法（《荀子·王霸》）。

二、平政爱民

荀子认为“天之生民非为君也，天之立君以为民也”（《荀子·大略》），“故君人者，欲安，则莫若平政爱民矣”（《荀子·王制》），“有社稷者而不能爱民，不能利人，而求民之亲爱己，不可得也”（《荀子·君道》）。“岁虽凶败水旱，使百姓无冻馁之患，则是圣君贤相之事也”（《荀子·富国》）。

荀子重视人民的力量，认为“君舟民水”，民可以载舟，也可以覆舟：

马骇舆，则君子不安舆；庶人骇政，则君子不安位。马骇舆，则莫若静之；庶人骇政，则莫若惠之。选贤良，举笃敬，兴孝弟，收孤寡，补贫穷。如是，则庶人安政矣。庶人安政，然后君子安位。传曰：‘君者，舟也。庶人者，水也；水则载舟，水则覆舟。’此之谓也。故君人者，欲安则莫若平政爱民矣；欲荣则莫若隆礼敬士矣；欲立功名则莫若尚贤使能矣。（《荀子·王制》）

这段话强调，只要庶民安政，君子才可以安位。也就是说，只要老百姓普遍满意，统治者才能江山稳固。并且提出让庶民安政的措施：“选贤良，举笃敬，兴孝弟，收孤寡，补贫穷。”虽然只有15个字，却明确了为政者要重视人才，重视道德教育，做好社会保障和扶贫等多个重要方面。

这些都是强调，国君只有为民着想，民众才能拥护国君。国君做到“平政爱民”，国家才能长治久安，国君的地位才能稳固。

三、节用裕民

荀子同样重视经济活动，主张加强农业生产，提出“强本而节用”；主张节约用度，让民众富足，提出“节用裕民”的主张：

足国之道，节用裕民，而善臧其余。节用以礼，裕民以政。彼裕民故多余，裕民则民富，民富则田肥以易，田肥以易则出实百倍。（《荀子·富国》）

这就是说，要使国家富裕，首先是节约用度，使百姓富足，然后妥善收藏多余的社会财富。节约才能有富余的财富，老百姓才能富足，老百姓丰衣足食了，土地也会变得肥沃，从而还会获得更好的收成。

荀子反对铺张浪费，主张勤俭节约，认为这是使国家富强和百姓富裕的办法。

他强调加强农业生产的重要性：

强本而节用，则天不能贫……本荒而用侈，则天不能使之富。（《荀子·天论》）

加强农业生产并且节约用度，那么上天也不能使这个国家贫穷；农业荒芜而且奢侈浪费，那么上天也不能使这个国家富裕。这也体现了荀子“人定胜天”的唯物主义思想。

> 田野县鄙者，财之本也；垣窌仓廪者，财之末也。百姓时和，事业得叙者，货之源也；等赋府库者，货之流也。故明主必谨养其和，节其流，开其源，而时斟酌焉。潢然使天下必有余，而上不忧不足。如是，则上下俱富，交无所藏之。是知国计之极也。（《荀子·富国》）

乡村田野，是财富的根源；地窖谷仓，是财富的末节。百姓四季勤奋，做事有条理，是财富的源头。赋税等级和仓廪府库，是财富的支流。所以贤明的君主一定严肃对待和顺的情况，节约用度，开发源头，按季节变化安排事情。财富不断涌来，天下就有盈余，统治者就不用担忧不够用。如果是这样，就上层和下层的人都富有，财富都多得没有地方存放。这就是最好的治国之策。

如果因财富有余而过度浪费，就会损减国家的财富，从而导致百姓的贫困。所以“圣王之生民也，使皆富厚，优犹知足，而不得以有余过度”。（《荀子·正论》）荀子的这些主张，仍然是重视“民”的作用，百姓富足才能安定，国家也就可以长治久安。

第四节　墨子的德政思想

墨子的德政思想，主要有以下几个方面：

一、兼爱非攻

墨子的德治思想表现为兼爱和非攻，兼爱和非攻是墨子的思想核心。墨子重视人与人之间的“交相利”原则，即在物质利益上人和人要互利互惠。为了维护这种原则，墨子又提出了“兼相爱”的思想，将其视为人们应遵从的政治、道德行为准则。在墨子看来，兼爱就是“爱人若爱其身”（《墨子·兼爱上》），人爱别人不分远近亲疏，就像爱自己那样爱一切人。墨子认为，社会动荡的根源是因为人与人之间的不相爱，要用兼爱代替人与人之间的隔阂与对立，即：“夫爱人者，人必从而爱之；利人者，人必从而利之。”（《墨子·兼爱中》）就是说人要先关爱他人，做有利于他人的事，才会使得人与人之间充满爱；坚持贯彻兼爱的思想，天下才能太平。“兼爱”包括统治者对普通百姓的“爱”，爱百姓而达到为百姓谋福利。“兼爱”在处理国家之间的关系方面的表现就是“非攻”。墨子主张的非攻，并不是反对一切战争，而是反对非正义的战争，对于禹征有苗、汤攻桀、武王伐纣等，他认为是顺于天、利于民的战争。

兼爱和非攻可以认为是体和用的关系。兼爱是小到人与人之间，大到国与国之间都要兼相爱交相利，而非攻则主要是国与国之间不互相攻伐，可以认为，非攻是兼爱的具体表现，或者说，用兼爱的原则处理国与国的关系，就必然是非攻。

墨子推崇周文王、大禹这些先贤为兼爱的模范，认为他们就是采用兼爱的方法达成王道。《墨子·兼爱下》说：“文王之兼爱天下之博大也，譬之日月，兼照天下之无有私也，即此文王兼也。”墨子认为，兼爱是一种高尚的品德，所以仁人乐为，“兼即仁矣，义矣”。这种兼爱，是以利民、利天下作为出发点的。当兼爱的原则运用在国家之间时，具体表现就是“非攻”。为了维护各国之间的和平，墨子认为首先要厚邻，即厚交邻国，建立睦邻友好关系。其次要帮助弱小国家抵抗大国的侵略战争。楚国当年想要讨伐宋国时，为了帮助弱小的宋国，墨子派墨者入宋帮助宋国守卫国都，同时亲自面见楚王，化解了楚国入侵的危机。

二、德高服众

“尚贤”与“尚同”，是墨子提出的政治主张。

“尚贤”说的是取用人选的时候当以贤能为准。墨子指出：“官无常贵，而民无终贱，有能则举之，无能则下之。”（《墨子·尚贤上》）又说：“贤者举而上之，富而贵之，以为官长；不肖者抑而废之，贫而贱之，以为徒役。”（《墨子·尚贤中》）墨子关于“尚贤”的论说突破了宗法等级制度的约束，显示出彻底的平等色彩，可以说是后来任人唯贤之主张的滥觞。

“尚同”，说的是统一人们的思想。墨子认为，天下之乱是因为人们的思想不同而起的，“一人一义，十人十义，百人百义”（《墨子·尚同中》），每个人行事都有不同的准则，而彼此的思想相互冲突，这就导致了天下的混乱。墨子提出的解决办法是：上天“选择天下赞阅贤良圣智辩慧之人，立以为天子，使从事乎一同天下之义”（同上）。并立三公、万国诸侯，以至左右将军、大夫和乡里之长，社会成员自下而上尚同于天子之“义”。由最贤明的人做天子，用最为高尚和智慧的思想来统一天下人的思想，由此人人心理相同不二，社会的运行也就会井井有条。

墨子提出的“贤人”标准和条件是：

> 今也天下之士君子，皆欲富贵而恶贫贱。曰：然女何为而得富贵而辟贫贱？曰：莫若为贤，为贤之道将奈何？曰：有力者疾以助人，有财者勉以分人，有道者劝以教人。若此，则饥者得食，寒者得衣，乱者得治。若饥则得食，寒则得衣，乱则得治，此安生生。(《墨子·尚贤下》)

以上可知，墨子判断“贤人”依据的是道德品质，是那些“有力者疾以助人，有财者勉以分人，有道者劝以教人”的人。也就是先人后己、乐于助人、积极为社会下层民众办事的人。

> 故古者圣王唯能审以尚贤使能为政，无异物杂焉，天下皆得其利。古者舜耕历山，陶河濒，渔雷泽。尧得之服泽之阳，举以为天子，与接天下之政，治天下之民。……则王公大人明乎以尚贤使能为政，是以民无饥而不得食、寒而不得衣、劳而不得息、乱而不得治者。(《墨子·尚贤中》)

墨子认为，“以尚贤使能为政”，才能为下层民众带来幸福，才能建设良好的社会秩序。墨子的“尚贤”思想和儒家的“尊贤”思想有相通之处。

三、节用利民

“节用”“节葬”是墨家治国利民的重要原则。所谓“节用”，就是“节约用度”，即“用财不费，民德不劳”。(《墨子·节用上》)指出：“圣王在上，其发令、兴事、使民，用财也。”只有做到“去无用之费”，才是“兴天下之大利”。(同上)

墨子在《节用》篇多次谈到“诸加费不加于民利者，圣王弗为”，就是说那些只增加花费而不增加民众利益的事情，贤明的君主是不去做的。如果增加费用能提高民众的利益，就去做，否则，就不做。这都充分反映了墨子具有很强烈的利民思想。

墨子分别从器用、饮食、衣服、舟车、丧葬和宫室这几个方面来进行论述，提出器皿能够使用，饮食能够充饥，衣服冬天能够保暖、夏天能够遮阳，车船能够载物，棺木能够用到尸骨腐朽，宫室能够区分男女，就可以了。去除无用的花费，是圣王的道法，也是天下最大的利益。

《汉书·艺文志》说道："墨家者流，盖出于清庙之守（官），茅屋采椽，是以贵俭。"由此可知，节用节俭是墨子最为重要的思想内容之一，也是墨家学派在思想上区别于其他学派的一个重要标志。

墨子主张"节用"，也主张"节葬"，认为"厚葬"和"久丧"是铺张浪费，是导致百姓减少、国家贫困的原因。他认为，人生才几十年时间，花费很多年用在守丧方面，是浪费百姓的生命。在节葬这点上，墨家和道家有一定的相似性。

墨子节用思想对我们今天建设节约型社会，具有重要的借鉴意义。要建设节约型社会，就要"去其无用之费"，在全社会倡导健康文明的消费方式，各级政府官员要率先垂范，以身作则。牢记伟人毛泽东所强调的："任何地方必须十分爱惜人力物力，决不可只顾一时，滥用浪费。"（《必须学会做经济工作》）"坚决反对任何人对于生产资料和生活资料的破坏和浪费，反对大吃大喝，注意节约。"（《在晋绥干部会议上讲话》）"力求节省，用较少的钱办较多的事。"（《关于正确处理人民内部矛盾的问题》）

第五节　德政思想的当代意义

德政思想体现出的道德原则在我国传统政治中占有重要位置。当今，随着改革开放的不断深入，社会主义市场经济不断成熟，社会结构日趋多元化复杂化，道德在现代国家管理和社会治理方面发挥的作用也越来越突出。在现代社会中，法治是一个社会文明的重要体现，但需要依靠道德的力量进行补充。良好的道德教化有利于全体公民素质的提高，促进法治社会的建设和运行。很难想象在一个道德水准低下的社会环境中，法治能够得到良好的施行，因此，道德仍起着非常重要的作用。

中国古代的德政思想具有悠久的历史，可谓是源远流长，对中国历史产生了深远的影响。当然，这些建立在古代封建专制基础上的德政思想具有消极落后的一面，但是，其中很多内容和思想，对于今天仍有较强的借鉴意义和参考价值。

首先，古代思想家主张的"爱民"和"为民"思想，对今天仍具有借鉴意义。今天我们党提倡"全心全意为人民服务"，就是对古代"爱民""为民"思想的继承和发展。在进行社会主义现代化建设的时代，我们能清醒地认识到，广大人民群众才是国家的主人，各级政府和领导干部的权力是人民赋予的，各级政府和领导干部应具有关爱人民、为人民谋福利的初心。树立立党为公、执政为民的理念，认真贯彻党的“一切为了群众，一切依靠群众，从群众中来，到群众中去”的群众路线；建立科学的民主决策机制，使人民的民主权利得到保障，这样才能充分发挥人民群众的建设社会主义的积极性、主动性和创造性，不断发展先进的生产力和进步文化，真正做到权为民所用、情为民所系、利为民所谋，使我们的工作获得最广泛最可靠最牢固的群众基础和力量源泉。

其次，古代提倡“德化”，就是上层统治者用高尚的品德感化人民，在今天来说，就是各级领导要具有高尚的品德，成为人民群众的榜样。传统德政思想中的“德主刑辅”，将德与法看作体和用的关系，这就自然使德与法成为一组对立互补的概念。事实证明：没有道德引导的法治是政治权力的奴隶，而没有法治保障的道德是海市蜃楼般的空中楼阁。现代社会是法制社会，依法治国是基本国策，但这绝不意味着我们就可以完全放弃道德的教化，相反更要注重道德对法治的促进作用。我们必须明确“德”的自律性和“法”的他律性，认清现代意义的德政并不是古代德政的照搬，而是一种完全新型的社会主义德政，是以法律为保障的德政。只有以德治国和依法治国相结合，用进步的，符合社会主义发展的道德观念、道德准则来规范和指导现代人的日常生活，才能为建设法制社会打好基础。

再次，古代思想家的“尚贤”思想，要求任人唯贤唯能，让优秀人才得到合理的任用。贤能治国是传统德政思想的主要内容。在新的历史时期，我们仍然要把选拔人才、知能善任作为选拔各级领导干部的基本原则。这就要求我们要健全德才兼备、举贤任能的制度，把坚持党管干部的原则与改进干部管理方法结合起来，形成广纳群贤、人尽其才、能上能下、充满活力的用人机制，为各方面人才建功立业开辟广阔的道路，让出色人才脱颖而出。分析古代德政思想，认识其当代价值，实现对传统德政思想的继承与超越，是贯彻“以德治国”方略的重要措施。准确把握传统德政思想的合理因素，推陈出新，赋予其与时俱进的内涵，并将其创造性地应用于当代社会管理实践中，以期更好地调整社会主义市场经济条件下的社会利益关系，有效促进社会稳定和国家的长治久安。

最后，古代的“惠民”德政，就是关心民生、改善民生，急民所难，满足人民群众的物质文化需要。习近平总书记说得好：“人民对美好生活的向往，就是我们的奋斗目标。”这些年，党和国家尽最大努力大搞经济建设，带领全民脱贫致富，从方方面面改善人民的生活水平。党和政府把人民的生命财产安全放在第一位，是古代“德政”思想的现代阐释和现实应用。

道德是社会文明进步的重要引导，是维护社会关系的重要手段，习近平总书记在曲阜考察时曾特别提出：“国无德不兴，人无德不立。必须加强全社会的思想道德建设，激发人们形成善良的道德意愿、道德情感，培育正确的道德判断和道德责任，提高道德实践能力尤其是自觉践行能力，引导人们向往和追求讲道德、尊道德、守道德的生活，形成向上的力量、向善的力量。只要中华民族一代接着一代追求美好崇高的道德境界，我们的民族就永远充满希望。”

第八章　齐鲁文化中的法治思想

第一节　姜太公的法治思想

纵观中国古代思想史，自周公、孔孟以下，凡是被历代知识分子奉为正统思想的，都是主张“德主刑辅”“重义轻利”的。同时，“贵法重利”的思想和行为一直不被认可，很难成为主流。但是在《六韬》等著作中，姜尚非常重视法律和经济利益，与儒家倡导的主流思想有很大不同。姜尚的思想有以下几个方面：

一、贵法重罚

姜尚明确提出了“贵法”主张。周文王曾经咨询姜尚：治理国家最关键的是什么？姜尚回答：“贵法令之上行。”

> 文王问太公曰：“愿闻治国之所贵。”
>
> 太公曰：“贵法令之上行，必行则治道通，通则民大利，大利则君德彰矣。（《群书治要》三十一所录《六韬》逸文）

姜太公主张“贵法令之上行”，他认为，法令必行则治道通，治道通则民有大利，民有大利则可以彰显国君的美德。同时还提出要“法天地”，而不是“随世俗之所善以为法”。姜太公认为：

> 君不法天地，而随世俗之所著以为法，故令出必乱。乱则复更为法，是以法令数变，则群邪成俗，而君沈于世，是以国不免危亡矣。（《群书治要》三十一所录《六韬》逸文）

国君如果不效法天地，恒常公正之道，而是随着世俗的风尚制定法律，法令颁布后必然导致混乱。乱了之后再修订法令，就会法令多变，各种邪恶就成为流俗，君主也会随世俯仰，这样，国家是难免危亡命运的。

这里面有附带的因果联系：君主“随世俗之所著”，制定出法律条文，反而招致混乱；因为混乱了，只有继续立法；法令总是变化，就导致社会风气淫邪，君主权势下降，最终就会使国家危亡。这里的“随俗”意思是在制定法律的过程中，君主和上层统治者不能掌握主动权，而是被动地被现实引导，即受制于“流俗”；随着流俗变化，法律改来改去，其权威性和稳定性就渐渐消逝。因此，姜尚虽然主张根据社会习俗制定法律，但是又必须在法律与社会风俗之间保持一定距离，发挥法律“移风易俗”的社会改造功能。

姜太公还强调“有功必赏”和“有罪必罚”。

> 太公曰：“帝尧王天下之时，金银珠玉不饰，锦绣文绮不衣，奇怪珍异不视，玩好之器不宝，淫佚之乐不听，宫垣屋室不垩，甍桷椽楹不斫，茅茨遍庭不剪。鹿裘御寒，布衣掩形，粝粱之饭，藜藿之羹。不以役作之故，害民耕绩之时。削心约志，从事乎无为。吏忠正奉法者，尊其位；廉洁爱人者，厚其禄。民有孝慈者，爱敬之；尽力农桑者，慰勉之。旌别淑慝，表其门闾。平心正节，以法度禁邪伪。所憎者，有功必赏；所爱者，有罪必罚。存养天下鳏寡孤独，振赡祸亡之家。其自奉也甚薄，其赋役也甚寡。故万民富乐而无饥寒之色，百姓戴其君如日月，亲其君如父母。”
>
> 文王曰：“大哉，贤君之德也。”（《六韬·文韬·盈虚》）

太公说：“尧帝主宰天下的时候，不把金银珠玉作为饰品，不穿华贵绚丽的衣服，不玩赏奇异珍贵的物品，不把古玩宝器作为宝贝，不听淫佚的音乐，不粉刷宫廷里的墙壁，不雕饰甍桷椽楹，庭院中的茅草也不修剪。以鹿裘过冬，穿着粗布衣服，吃粗粮淡饭，喝野菜粥。不因为征发劳役而误了百姓的耕织。节制自己的欲望，控制自己的贪念，用清静无为的思想处理政事。官吏中清廉守法的就得到升迁，廉洁爱民的就增加其俸禄。民众中孝敬老人、慈爱晚辈的给予嘉奖，勉力从事农业的予以慰勉。分开善恶良莠，表扬善良之家，提倡心志公平，端正节操品德，利用法制禁止邪恶的行为。即使对自己不喜欢的人，如果有功劳同样给予奖赏；对自己喜欢的人，如果犯罪了，也必定予以惩罚。赡养鳏寡孤独的人，赈济遭受天灾人祸之家。帝尧对于自己的生活，却是非常俭朴，也尽量少征收赋税劳役。所以，天下民众富足安乐而没有饥寒的脸色，百姓拥戴这样的人，如同景仰日月，亲近这样的人，如同亲近父母。”

文王说：“伟大呀！帝尧这位贤君的德行。”

这段话的含义，主要是要求统治者不以喜怒爱憎而枉法裁判，“所憎者，有功必赏；所爱者，有罪必罚”。姜尚还强调赏罚之间要有一定的等差关系，要有明显的区别，“赏如高山，罚如深溪”。同时，姜尚还反对“喜刑喜杀”之“狼戾”行为；反对“刑繁”，“刑繁则民忧，民忧则流亡”。特别批评“专君”，即专权之君主。“专君者权专，权专则刑专。”可见，姜尚虽然主张君主制度，但还是认识到了君主专制的潜在危险。

法律的制定，往往根基于人性的认识或假定。姜尚认为人的本性都是趋利避害的，因此，必须制定法律，“或夺或赏”：

> 文王问太公曰：“举贤天下以为法，不能以为治者，何也？”太公曰：“夫人皆有其性，趋舍不同，喜怒不等，故或夺或赏。”（《敦煌写卷·六韬·取舍》）

文王问姜太公说：“推举贤明的人，让天下的人效法，却不能治理好国家，是为什么呢？”姜太公回答说：“人们各有他的本性，取向和舍弃不同，喜爱和愤怒不同，因此，要有的惩罚，有的赏赐。”

儒家主张“贤人政治”，即通过“贤人”的道德表率作用，感化和引导社会风尚，但是，姜太公认为，人性中有善和恶两个方面，所以，赏善罚恶就是必要的。

中国古代，立法、司法和行政往往不分，“刑赏”“刑罚”等词语与今天的很多专业法律术语有很大不同，但是也有一些意义重合或者接近的词语。前文中的“罚”与“赏”，即同时具有行政和司法方面的双层含义。其中，“罚在于使人无罪”的观点是很具有远见的，与现代法学中犯罪学的某些观点有暗合之处。这种表述，在中国古代还有一种说法就是“刑期无刑”，即“刑罚”的目的不在于刑罚本身，而在于其惩戒作用，即从根源上消灭犯罪，减少犯罪和刑罚，以至于最终达到不用刑罚。按照现代犯罪学的表述就是：使用刑罚，具有惩罚已有犯罪和消除可能犯罪的功用，“罚在于使人无罪”兼具惩罚既然和预防未然两层含义。

二、不废礼义

姜太公又详细分析和论述了人性的各种情况，提出不同的对待方法：

> 王曰：“何谓人性？”

> 太公曰："性有仁、有忠、有信、有义、有贪戾、有狼戾。仁者，好与而不好夺，好赏而不好罚，好生而不好杀。忠者，不嫉不妒。信者，不欺，少恶而多善，众公而少私。义者，喜新爱故。贪戾者，好得好夺，不好利人而好败。狼戾者，喜刑喜杀。故人君之趋舍合于仁义，则万人安乐，君伐有国。合于忠则吏不为奸，而万民殷富。合于信则君臣［禾荅］而远者亲。合于贪戾则民人流亡，国必更王。合于狼戾则杀，不治，君失其天下，祸及子孙。"王曰："戒哉！"（《敦煌写卷·六韬·取舍》）

姜太公首先阐述了人的"性"有善性"仁""忠""信""义"，又有恶性"贪戾""狼戾"，然后阐述了人性的具体情况，提出国君的做法合于"仁义""忠信"则国家强盛，百姓殷富，如果合于"贪戾""狼戾"则可能"民人流亡"，甚至"君失天下，祸及子孙"。这一段论述，说明了姜太公崇尚"仁""忠""信""义"，强调国君治理国家要合于"仁""忠""信""义"。

在敦煌写卷中记载了姜尚和文王关于"礼义"的一段对话，内容大致如下：

> 文王问太公曰："以礼义为国，而不能大利其民，何也？"
>
> 太公曰："礼者，明长幼，别贵贱，所以象德也。义者，所以辅正治也。故皆未足以大利人也。"
>
> 文王曰："为国而不用礼义，可乎？"
>
> 太公曰："不可。失礼义者，治国之粉泽也。虽然，非所以定天下而强国富人也，君无之无以别贤能，故以礼义明之。"（《六韬·礼义》）

以上问答，周文王认为"以礼义为国"，却"不能大利其民"。姜尚却指出："礼"在于"明长幼，别贵贱"，"义"则在于"辅正治"，都没有所谓"大利"可言。既然如此，治理国家是否可以废弃礼义？姜尚的回答当然是否定的。因为，如果没有"礼义"，就没有办法"别贤能"；没有办法"别贤能"，就会随俗入邪，国政混乱。因此，尽管礼义不能直接用来"定天下""强国富人"，但最终是不可废弃的。

姜太公不仅不否认"礼义"的作用，而且还非常重视"仁"：

文王曰："树敛何若而天下归之？"

太公曰："天下非一人之天下，乃天下之天下也。同天下之利者，则得天下，擅天下之利者，则失天下。天有时，地有财，能与人共之者，仁也。仁之所在，天下归之。免人之死，解人之难，救人之患，济人之急者，德也。德之所在，天下归之。与人同忧同乐，同好同恶者，义也。义之所在，天下赴之。凡人，恶死而乐生，好德而归利，能生利者，道也。道之所在，天下归之。"(《六韬·文韬·文师》)

文王说："如何确定收揽人心的办法，而使天下之人都诚心归服呢？"太公回答："天下不是某一个人的天下，而是天下之人共有的天下。能同天下之人共享其利的人，就能得到天下。想独享天下之利的人，就会失去天下。天有岁时变化，地有货财滋生，能同人们共享其利，这就是仁。仁所在的地方，天下的人都向它聚拢。能免除别人死亡之险，解救别人之疾患，接济别人所急需，这就是德。德所在的地方，天下的人都会归向那里。能与人们同忧同乐，同好同恶，这就是义。义所在的地方，天下的人都会聚拢而去。凡是人，无不恶死乐生，无不好德趋利，这就是道。道所在的地方，天下之人都归向那里。"

可见，姜太公虽然重视法治，把"贵法"作为治国的关键，但是他仍然强调"礼义"和"仁"的作用。此中仁、德、义、道，也都是以"生利"为基本内容，这就明确揭示出经济发展对于国计民生的关键作用。在姜尚的治国理念中，"仁义"与"利"有密切关系，不宜割裂开来。

第二节　管子的法治思想

管仲(？—前645年)，颍上(今安徽颍上)人。名夷吾，又名敬仲，字仲，谥号敬，史称管子。春秋时期齐国著名的政治家、军事家。管子祖上是周穆王。他幼年丧父，由母亲抚养成人，生活清贫，只能过早地挑起家庭重担，为了生计，他曾经与鲍叔牙合伙经商，后来又从军。到齐国后，几经周折，依赖鲍叔牙的保荐，逐步升为为齐国上卿(即丞相)，被后人誉为"春秋第一相"，辅佐齐桓公成为春秋时期的第一霸主。管仲的政治主张见于《国语·齐语》和《管子》一书。

管子是春秋时期一位出色的革新家。他在周礼比较薄弱的齐国，推行了前所未有的改革。他的改革主张都与后来的法家一脉相通，所以被视为法家先驱。管子是第一个提出“法”概念的人，之前称为“刑”。管子认为，国家要有治，治的落实就是行赏罚之责。赏罚是国家建立的根本，也是君主地位稳固的根本，更是人民安其居、乐其业的根本，而“法”就是立国立君立民的赏罚制度，这种制度是治理国家、为民兴利除害的利器。（据唐代兴《管仲的王霸学思想及其精神源流》，《管子学刊》2005年第1期）

管子的法制思想最为完备，体现在以下几个方面：

一、立法顺民

管子作为早期法家人物，非常重视法律的作用，他强调君主立法必须符合客观规律的要求。

> 有生法，有守法，有法于法。夫生法者君也，守法者臣也，法于法者民也。（《管子·任法》）

生法者君也，但是君主制法不能凭一己之私心，任意立法，要受到客观规律的制约。

> 根天地之气，寒暑之和，水土之性，人民鸟兽草木之生物，虽不甚多，皆均有焉，而未尝变也，谓之则。（《管子·七法》）

管子这里所说的“则”，就是指自然界的客观规律。自然规律是不以人们的意志为转移的，具有客观性，所以君主制法也不能违背客观规律，必须反映并符合客观规律的要求。如果不符合客观规律，即使制定了法律，也是不能达到预期目的的。

> 不明于则，而欲出号令，犹立朝夕（立表观测早晚日影以定东西方向）于运钧（亦作运均，转动的陶轮）之上，檐（摇）竿而欲定其末。（《管子·七法》）

管子还强调制定法律必须顺从民意，“下令如流水之原，令顺民心”；“俗之所欲，因而予之；俗之所否，因而去之”（《史记·管晏列传》）。

为了有效地制定法律而不致紊乱，管仲还提出了一系列立法的原则性要求。如立法要统一，避免重复制定繁杂的法律。管子说：“数出重法而不克其罪，则奸不能止。故法不烦，而吏不劳，民无犯禁，百姓无怨于上。”（《管子·七臣七主》）

再如立法要因时而变，不能一成不变。管子说：“法者不可恒也。”（《管子·任法》）“明君者非一君也。其设赏有薄有厚，其立禁有轻有重，迹形不必同，非故相反也，皆随时而变，因俗而动。”究竟什么时候行厚赏，什么时候立严禁，管子说：“夫民躁而行僻，则赏不可以不厚，禁不可以不重。”（《管子·正世》）

立法应适时而变，但绝不意味着法律可以朝令夕改。所以管子还强调法的稳定性。“上无固植，下有疑心，国无常经，民力必竭数也。”所谓“常经”，指的就是法律。如果刚刚制定的法律，马上就加以修改，“则庆赏虽重，民不劝也，杀戮虽繁，民不畏也。”（《管子·法法》）管子在这里强调法的稳定性，和他说的“法者不可恒也”是辩证地统一的。

管子还强调法的平等性。“法者天下之仪也，所以决疑而明是非也，百姓所悬命也。故明王慎之，不为亲戚故贵易其法，吏不敢以长官威严危其命，民不以珠玉重宝犯其禁。”（《管子·禁藏》）

二、施法公正

《管子·权修》篇说：

> 厚爱利足以亲之，明智礼足以教之。上身服（实行）以先之，审度量以闲之，乡置师以说道之。然后申之以宪令，劝之以庆赏，振之以刑罚。故百姓皆说（悦）为善，则暴乱之行无由至矣。（《管子·权修》）

这是说，国君如果付出厚爱和充分的利益，就可以让老百姓感到亲近；能明白处理问题讲究充分的礼节，就可以教育人民。国君要亲身行动来引领人民，审定法律政策来限制人民，设置基层官吏来教导、教化人民。然后再用法律政令加以规约，用奖赏来进行鼓励，用刑罚来进行威慑。这样，百姓就会都愿意做好事，暴乱的行为发生的可能性就很小了。

法律实施之前，除了施恩德亲近人民，申明智礼教化人民，还要讲说引导人民，使人民知法而守之。不教而诛，为管子所不取。徒有说教开导，犹不足取信于民，还应与先服（“上身服以先之”）相结合，“置法以自治，立仪以自正”（《管子·法法》）。因为上不行，则民不从，所以有道之君行法修制，首先以身作则，先使民服也。开导与先服是法律实施的先期准备，是实行法治的重要步骤。

在实施法律的时候，管子特别强调无私，认为行法之难莫过于私，害法之甚亦莫过于私，“私者，乱天下者也”（《管子·心术下》）。实施法律的过程中，之所以产生徇私枉法的现象，管子认为不外乎五种情况：其一顾臣而行，离法而听贵臣，贵而威之；其二富人用金玉事主，提出要求，富而禄之；其三贱人以服约（驯顺屈服）卑敬悲色哀告其主，贱而事之；其四近者以逼近亲爱有求其主，近而亲之；其五美者以巧言令色请其主，美而淫之。“为主不得用其法”，皆“离法而听之”，法律根本无法实施。（《管子·任法》）曲法徇私多在贵近之臣，臣民之私又都乘君主有私而得逞，所以明君治法，首先必须去私。管子明确提出：“天不为一物枉其时，明君圣人亦不为一人枉其法。”（《管子·白心》）这对于坐极至尊的独裁者君主来说，当然是难以做到的。但是，管仲能够针对当时统治阶级徇私枉法的时弊，提出治法去私的思想，无疑是有远见卓识的，也是难能可贵的。

三、礼法并重

管子主张“以法治国”，这在中国历史上是一个很重要的现象。但管子强调以法治国的同时，并不忽视和排斥德、礼在社会生活中的作用。管子其实是主张“礼法并重”的，和其他法家人物的思想有很大不同。管子主张法律是天下必须共同遵循的行为规范，是治国理政的重要手段。但是，法治不可能是万能的，也不可能解决社会中存在的所有问题。管子在强调“以法治国”的同时，也更加重视“礼”的作用。

> 国有四维，一维绝则倾，二维绝则危，三维绝则覆，四维绝则灭。倾可正也，危可安也，覆可起也，灭不可复错也。何谓四维？一曰礼，二曰义，三曰廉，四曰耻。礼不逾节，义不自进，廉不蔽恶，耻不从枉。故不逾节，则上位安；不自进，则民无巧诈；不蔽恶，则行自全；不从枉，则邪事不生。（《管子·牧民》）

国家有四条关键纲领，减少了一条，国家就可能倾斜；减少了两条，国家就会危殆；减少了三条，国家就可能倾覆；减少了四条，国家就可能灭亡。倾斜还可以扶正，危殆还可以挽救，倾覆也可以再起，只有灭亡了，那就不能挽回了。什么是四条关键纲领呢？一是礼，二是义，三是廉，四是耻。有了礼制，人们就不会越过应守的规矩；有了义节，人们就不会盲目追求升迁；有了廉洁，就不会再掩饰自己的过错；有了羞耻之心，就不会趋附坏人。人们严格遵守各类规范，国君的地位就稳定；不自谋仕进（不经荐举而以不正当的手段谋官），百姓就不巧谋欺诈；不掩饰过错，人们的行为就自然端正；不附和坏人，那邪的事情就不会再发生。

可见，管子把“礼、义、廉、耻”比作“国之四维”，并认为“一维绝则倾，二维绝则危，三维绝则覆，四维绝则灭。四维张则君令行，四维不张，国乃灭亡”。这里管子梳理了礼义廉耻，并与法治并列起来，实在是管子“以法治国”思想的又一创造。管子主张把道德教化当成终身大事来对待，使人们自觉重德守法，以达到“法立而不用，刑设而不行”的理想状态。这和孔子的想法和做法是一致的。德教被管子看作是减少刑罚的有效途径。管子希望通过德教，净化社会环境，进而推动以法治国的实施。在礼法运用上，管子主张先礼而后法：“法出于礼，礼出于治。治，礼道也。万物待治礼而后定。”（《管子·枢言》）

管子主张礼与法都是基本的治国方针，强调礼法并重，双管齐下，标本兼治，综合治理。二者的关系是相辅相成、相互补充、相互促进的，而不应是相互对立、相互排斥的。德治主张用礼义来教化、感化民众，是抓住了治国的关键。主张以法律为工具，治国安民，作为治标的方法。法治的前提和基础是德治，法治是德治得到贯彻执行的制度保障。德与法好比是车的两个轮子，鸟的两个翅膀，缺一不可，它们共同作用于治国安邦的具体过程之中。

第三节　《司马法》《孙子》中的法治思想

一、《司马法》以法治军思想

《司马法》是我国古代重要的兵法著作，成书时间大约在战国初期。据《史记·司马穰苴列传》记载：“齐威王（？—前320年）使大夫追论古者司马兵法而附穰苴于其中，因号曰《司马穰苴兵法》。”《司马法》成书至今已有两千多年，遗失了很多内容，现仅存五篇。但是，在这仅存的五篇之中，记载着从殷周到春秋、战国时期的战争原则和方法，对研究那个时代的军事思想，提供了非常珍贵的资料。

（一）礼表法里

司马穰苴作为早期法家的代表人物，十分强调“法”的作用，他认为“礼”与“法”是表里关系：

> 古者，国容不入军，军容不入国。军容入国，则民德废；国容入军，则民德弱。故在国言文而语温，在朝恭以逊，修己以待人，不召不至，不问不言，难进易退，在军抗而立，在行遂而果，介者不拜，兵车不式，城不上趋，危事不齿。故礼与法表里也，文与武左右也。（《司马法·天子之义》）

古时候，朝廷的礼仪、法规则不用于军队之中，而军队的礼仪、法规也不用在朝廷之上。如果把军队的礼仪、法规用于朝廷之上，社会的礼仪风俗就会逐渐废弛，如果把朝廷的礼仪、法规用在军队之中，军队的尚武精神就会渐渐削弱。因为在朝廷上要求言语温文尔雅，而在朝见君主时态度要恭敬谦逊，宽以待人，严以律己，国君不召则不来，不问则不说，朝见时礼仪烦琐，辞退时礼仪简略。大夫在军队中要昂首挺立，而在战阵中则要行动坚决果断，穿着铠甲时可以不跪拜，在兵车上可以不俯轼行礼，在城上不能急走（以免惊扰老百姓），遇到危险时可以不讲究年龄次序。所以礼仪和法规是相互表里的，文和武是左右相辅的。

这段话，司马穰苴论述了治军与治国的不同，强调治军有治军的礼仪法度，治国有治国的礼仪法度。并提出“礼与法表里也”的主张。

（二）赏罚适当

凡是法家人物，主张以法治军、以法治国，而“法”的具体体现，就是有“赏”有“罚”，司马穰苴也不例外，同样十分重视“赏”和“罚”，并且提出“赏不逾时”“罚不迁列”，实际上是强调赏罚适当：

> 古者贤王，明民之德，尽民之善，故无废德，无简民，赏无所生，罚无所试。有虞氏不赏不罚，而民可用，至德也。夏赏而不罚，至教也。殷罚而不赏，至威也。周以赏罚，德衰也。赏不逾时，欲民速得为善之利也。罚不迁列，欲民速睹为不善之害也。大捷不赏，上下皆不伐善。上苟不伐善，则不骄矣，下苟不伐善，必亡等矣。上下不伐善若此，让之至也。大败不诛，上下皆以不善在己，上苟以不善在己，必悔其过，下苟以不善在己，必远其罪。上下分恶若

此，让之至也。(《司马法·天子之义》)

古代贤明的君主，表彰民众的美德，激发民众的善行，所以就没有道德败坏的事情，也没有简慢怠惰的人，因而不需要奖赏和惩罚。虞舜不奖赏也不惩罚，百姓都能听从他，这是因为他有高尚的道德。夏代只奖赏却不惩罚，这是因为有很好的教育。商代只用刑罚，却不用奖赏，这是因为有强力的威势。周代奖赏刑罚并用，这是因为道德的引领已经衰微。奖赏不要过时，是为了使民众及时得到做好事的回报。惩罚也要就地执行，是为了使民众立即看到违法的恶果。大的胜利之后不奖赏，上下就不夸功。如果上级不夸功，就不会犯骄傲的毛病了；如果下级不夸功，他们就没有等级差别，从而无攀比之心了。上下都能不夸耀自己的功劳，就是最好的谦让风气。大的败亡之后如果不执行惩罚，上下都会认为错误在自己。如果上级认为错误在于自己，必定会决心改过，如果下级认为错误在于自己，必定会决心避免再犯错误。上下都争着分担错误的责任，也就是最好的谦让风气。

奖赏和刑罚，自古就是将帅治军的两个办法，这两个办法是相辅相成的。“罚不迁列”指的就是惩罚，及时执行纪律，迅速教导群众。孙膑甚至要求“赏不逾日，罚不还面”，赏罚的目的是鞭策警示众人，时过境迁就失去了应有的作用。军队要有严格的纪律，才能令行禁止，有战斗力。古人说“兵当先严纪律，设谋制胜在后”，即是这个道理。

在中国几千年的历史上，宋代的岳家军、明代的戚家军，都是由于军纪严整、赏罚分明，军队才勇敢善战的。戚继光从他本人的治军经验中提出，赏罚必须合乎情理。情理也就是众人之心声。就是说，要奖励的人必须是群众欢迎的、佩服的，要惩罚的人也必须是群众痛恨的、厌恶的。分清善恶，分清功过，才能赏罚严明。赏也好，罚也好，都需要首先讲清道理，使民众知道得赏或受罚的原因，就会使民众真正受到教育而不会产生对官府的怨恨之心。

（三）教化成习

司马穰苴虽然是法家人物，强调“法”的作用，但是他仍然十分重视“仁义”，在现存的《司马法》五篇中，第一篇就是《仁本》，开头一句就是“古者，以仁为本，以义治之之谓正”，既然强调“以仁为本”，在主张以法治军、以法治国的同时，同样强调对老百姓的法律教育。

他首先重视对“士”的教育：

天子之义，必纯取法天地而观于先圣。士庶之义，必奉于父母而正于君长。故虽有明君，士不先教，不可用也。（《司马法·天子之义》）

天子的有正确的思想行动，应当效法天地，借鉴古代圣王。士庶的正确思想行为，应当是遵从父母教训，不偏离君主和长辈的教导。所以虽有贤明的君主，如果对士民不事先教育，也是不能使用他们的。

他主张通过“教民”，让百姓养成“兴良”的习惯：

既致教其民，然后谨选而使之。事极修，则百官给矣，教极省，则民兴良矣，习惯成，则民体俗矣，教化之至也。（《司马法·天子之义》）

既然已经对百姓进行了教育，然后慎重选拔使用他们。各项事业都治理到极致，各级官吏就尽职尽责了；教育内容简单明了，老百姓就会兴生良善之德；习惯养成之后，民众就会按照习俗行事。这就是教化的最大功用。

二、《孙子》以法治军思想

《孙子》，对于治理国家、理顺秩序、军队管理与编制等都有具体明确的论述。兵家以论述军事问题为中心，同时涉及政治、法制、人性、天文、地理、科技、经济等许多方面的问题，具有丰富的思想内涵。因此有的学者认为，《孙子》虽然是兵书，却也具有丰富的法制思想，也是传统法律思想的重要部分，即使是在今天，依然具有现实意义。《孙子兵法》的以法治军思想，主要有以下内容：

（一）修道保法

在《孙子》中，“法”字有多种意思，有“兵法”“计谋”“政策”“法令”等含义，孙子明确提出了“修道而保法”的主张：

故善战者，立于不败之地，而不失敌之败也。是故胜兵先胜而后求战，败兵先战而后求胜。善用兵者，修道而保法，故能为胜败之政。（《孙子·军形》）

所以，善于打仗用兵的人，总是能立于不败之地，而且不会放过任何导致敌人失败的时机。所以，打胜仗的军队总是在先创造好取胜的条件之后才去打仗，而那些打败仗的军队，往往是先打仗然后去求胜利。善于用兵的人，修明求胜之道，所以他们能够主宰战争的胜败。

孙子还提出了“法者，曲制、官道、主用也”，讲的是庙算，即出兵前在庙堂上运算、比较敌我双方的条件，估算战事胜负的概率和走向，制订可以取胜的作战方案。

> 故经之以五事校之以计而索其情：一曰道，二曰天，三曰地，四曰将，五曰法。道者，令民与上同意，可与之死，可与之生，而不畏危也。天者，阴阳、寒暑、时制也。地者，远近、险易、广狭、死生也。将者，智、信、仁、勇、严也。法者，曲制、官道、主用也。凡此五者，将莫不闻，知之者胜，不知者不胜。（《孙子·始计》）

因此，要把敌我双方五个方面的情况串通起来进行谋划，再用计谋进行较量来推测战争胜负的实情：一是政治，二是天时，三是地势，四是将领，五是制度。政治，就是让民众和君上的意志一致，打仗时可以与他们同死，也可以与他们共生，而不会畏惧危险。天时，就是指昼夜、晴雨、寒冷、炎热、季节气候的变化。地势，就是指高陵洼地、路途远近、险阻与平坦、广阔与狭隘、避死利生进退方便等条件。将领，则是指挥官所具备的智慧、诚信、仁爱、勇气、严明等素质。制度，则是军制、军法、军需的制定和管理。凡属这五个方面的情况，将领都必须知道，如果不知道，就不能打胜仗。

可见，孙子把“道”“天”“地”“将”“法”并列，其实是把“法”看作和“道”“天”“地”“将”具有同等的地位。当然，孙子所说的“法”，不单单是指“法律”，而是泛指那个时期的各类治国、治军的政策。

（二）赏罚适当

孙子一方面强调将帅要让士卒亲近依附，主张对士兵要“视卒如婴儿”“视卒如爱子”（《地形》）。另一方面他也清醒地认识到，只赏不罚，只是一味爱抚而不严格要求，那是带不好部队的，带出的部队也打不了胜仗。所以，他十分辩证地指出：“厚而不能使，爱而不能令，乱而不能治，譬若骄子，不可用也。”（《地形》）

> 杖而立者，饥也；汲而先饮者，渴也；见利而不进者，劳也；

> 鸟集者，虚也；夜呼者，恐也；军扰者，将不重也；旌旗动者，乱也；吏怒者，倦也；杀马食肉者，军无粮也；悬缻不返其舍者，穷寇也；谆谆翕翕，徐与人言者，失众也；数赏者，窘也；数罚者，困也；先暴而后畏其众者，不精之至也；来委谢者，欲休息也。兵怒而相迎，久而不合，又不相去，必谨察之。（《孙子·行军》）

士兵把兵器当成拄杖，是饥饿的现象；打水的士兵自己先喝，是干渴的表现；见有利可图却不进兵夺取，说明是疲惫了；营寨上空聚集着飞鸟，说明营帐是空的；敌人如果夜间惊叫，说明他们恐慌了；敌营惊扰纷乱，说明敌帅没有威严；敌军旌旗摇动不整，说明军纪不严，队伍混乱了；敌人军官易怒，说明军队疲惫了；敌人如果杀马吃肉，炊具悬置起来不用，士兵不回营房休息，说明是穷寇；敌帅如果低声下气同部属讲话，说明他已丧失人心；如果频繁不断地犒赏士卒，表明敌军处境窘困；频繁不断地惩罚部属，则说明敌军人力困弊；先粗暴凶狠后又害怕部属的，说明他勇而无刚；敌人如果派使者来送礼言好，说明势力穷极想休兵息战；敌人如果乘怒而来，但久不交锋又不撤退的，必须要谨慎观察他的企图了。

“数赏者，窘也”“数罚者，困也”，也暗含反对过度“赏”和过度“罚”的意思，“赏”“罚”只有适当，才能起到惩恶扬善的目的。

（三）令文齐武

在军队建设上，孙子以开拓者的姿态创立了先进的治军理论。他的治军理论内容十分丰富，其中一条主线就是“令之以文，齐之以武”（《行军》）。意思是“用政治道义教育士卒，用军纪来统一步调”。

> 夫惟无虑而易敌者，必擒于人。卒未亲附而罚之，则不服，不服则难用也。卒已亲附而罚不行，则不可用也。故令之以文，齐之以武，是谓必取。令素行以教其民，则民服；令不素行以教其民，则民不服。令素行者，与众相得也。（《孙子·行军》）

那种既没有深谋远虑而又轻敌的人，必然会被敌人擒获。士卒还没有亲近依附就执行惩罚，那么他们会不服气，不服气就很难使用。士卒已经亲近依附了，如果不执行军纪军法，也是不能用来作战的。因此，要先用仁恩对待部下，使他们思想统一，再用武威（军纪军法）使他们统一行动，这样就必能取得部下的拥戴和敬畏。平素严格执行命令，教育士卒，士卒才能养成服从的良好习惯；平素从来不严格执行命令和教育士卒，士卒就会养成不服从指挥的毛病。平时命令能贯彻执行的，说明将帅同士卒之间相处融洽。

孙子认为，最好的办法是“令之以文，齐之以武”，就是要用怀柔宽仁使他们思想统一，用军纪军法使他们行动一致，这样就必能取得部下的敬畏和拥戴。这是文德与武威并用的治军原则，对于今天也是具有借鉴意义的。

第四节　孔子的法治思想

孔子思想的核心是“仁”，在国家管理方面，孔子的基本思想是主张“德化”“德治”的，但是孔子也认识到了“刑（即法律）”的作用。孔子的法治思想表现在“德主刑辅”和“宽猛相济”两个方面。

一、德主刑辅

孔子是儒家学派“德主刑辅”法制思想的倡导者。他对中国古代文化的最大贡献，是创造了以“仁”为核心的思想理论体系，而“德主刑辅”思想是这一思想理论体系的有机组成部分。“德主刑辅”，就是以仁为本，为政以德，强调治国施政要以道德教化为根本方针，反对暴政滥刑，反对夸大刑罚杀戮的作用，主张先德后刑，先教后诛，以德为主，以刑为辅。“德主刑辅”思想一直被古代统治者奉为圭臬，作为治理国家的基本策略。

孔子“德主刑辅”思想是继承和发展西周“明德慎罚”的法律思想而来。以周公为代表的西周统治阶级总结夏商灭亡的历史教训，提出了“明德慎罚”（《尚书·多方》）的思想。主张推崇德政，慎用刑罚，做到刑罚得中，不“乱罚无罪，杀无辜”（《尚书·无逸》）。孔子以周公为道德楷模，其思想与周公一脉相承，所以“明德慎刑”实为其“德主刑辅”思想之滥觞。

孔子的“德主刑辅”思想，可以归纳为以下几点。

一是以人为本、德礼为先的法治原则。“仁”是孔子思想的核心。孔子说：“为政在人，取人以身，修身以道，修道以仁。”（《礼记·中庸》）他把“仁”作为君子的最高行为准则和最高道德标准，指出如果统治者不仁，就会引发动乱。“好勇疾贫，乱也。人而不仁，疾之已甚，乱也。”（《论语·泰伯》）所以孔子提倡安贫乐道，富者好礼，如此才能国泰民安。

“道之以政，齐之以刑，民免而无耻；道之以德，齐之以礼，有耻且格。”(《论语·为政》)孔子把“德”“礼”放到了首位，强调了“德”“礼”教化的重要性。他认为“政”“刑”的约束是消极的，只能治标，而“德”“礼”教化则是积极而有效的，是能真正加强社会感化，防患于未然的安邦治国的重要措施。并且要求执政者以身作则，率先垂范。“上好礼，则民莫敢不敬；上好义，则民莫敢不服；上好信，则民莫敢不用情。”(《论语·子路》)

二是以明德息讼为终极理想。孔子“德主刑辅”思想中的终极理想是明德、息讼。“听讼，吾犹人也，必也使无讼乎。”(《礼记·大学》)表达的正是对于“无讼”理想社会的追求。如上所述，孔子以德礼教化为先的目的就是要求民众自律自省，达到“有耻且格”(有羞耻之心则能自觉纠正自己的不良思想行为)的高尚境界，从而达到“无讼”。而孔子诉之以刑罚，济之以宽猛，其目的也是引导民众遵循法度，是在“化之弗变，导之弗从，伤义败俗”的情况下的另一种手段，最终达到以德去刑的“无讼”理想。“善人为邦百年，亦可以胜残去杀矣。”(《论语·子路》)所以，孔子“德主刑辅”的法律思想的构建最终是为了明德而息讼。尽管这在当时社会是不可能实现的，但其精神是难能可贵的，在中国长期的封建社会中影响也是很大的。

除上述以外，我们还可以从《孔子家语》关于孔子司法实践活动的记载中，更多地了解孔子有关的思想观点。孔子曾当过鲁国大司寇，就是主管刑狱的官。

> 由司空为鲁大司寇，设法而不用，无奸民。(《孔子家语·相鲁》)

这是说，孔子任职期间主张先礼教而后刑罚，虽设有法律制度、刑罚，但并未使用，这是因为，社会上没有奸民。孔子设置刑罚，只是使之对鲁民起到震慑作用，所以没有使用过。

二、宽猛相济

适用刑罚，宽猛并济。孔子强调德、礼的教化功能，但并不排斥刑罚的作用，该用刑罚的时候决不含糊。《左传》记载：昭公十四年，晋国贵族刑侯与雍子争鄐田，但审理者叔鱼徇私曲法偏向雍子，刑侯盛怒之下杀了叔鱼与雍子。宣子问其罪于叔向，叔向曰：“三人同罪，施生戮死可也。”（施，行罪也）乃施邢侯，而尸雍子与叔鱼于市。孔子称赞叔向：“古之遗直也。治国制刑，不隐于亲……杀亲益荣，犹义也夫！”足见其并不反对刑罚。“圣人治化，必刑政相参焉。太上，以德教民，而以礼齐之。其次，以政导民，而以刑禁之。化之弗变，导之弗从，伤义而败俗，于是乎用刑矣。”（《孔子家语·刑政》）

在道德教化无效的情况下，孔子是主张用刑罚的。

> 仲尼曰：“善哉！政宽则民慢，慢则纠之以猛。猛则民残，残则施之以宽。宽以济猛，猛以济宽，政是以和。《诗》曰：‘民亦劳止，汔可小康；惠此中国，以绥四方。’施之以宽也。‘毋从诡随，以谨无良；式遏寇虐，惨不畏明。’纠之以猛也。‘柔远能迩，以定我王。’平之以和也。又曰：‘不竞不絿，不刚不柔，布政优优，百禄是遒。’和之至也。”（《左传·昭公二十年》）

孔子说：“好啊！政治宽厚就会导致百姓怠慢，要用刚猛之策纠正。政治刚猛百姓会受到伤害，百姓受到伤害了就要施与他们宽厚之政。用宽厚来辅助严厉，用严厉来辅助宽厚，政治因此而得到调和。《诗经》中说：‘民众太劳苦，差不多可以让其安康些啦；赐予京师百姓恩惠，来安定四方之民。’这是把宽厚施与百姓啊。‘不要妄随人意，要谨慎防范邪恶之人；遏止盗贼肆虐，曾不畏刑法之明。’这是用刚猛之政来纠正啊。‘远则怀柔，近则亲善，以安定天子王朝。’这是用缓和之政来使百姓祥和啊。还有《诗》说：‘不竞争不急躁，不刚猛不柔弱，实施政策宽厚，所有的福祉汇集过来。’这是和谐的最高境界啊。”

以上是说，“郑国多盗，取人于萑苻（huánfú，芦苇）之泽”“不忍猛而宽”的太叔“兴徒兵以攻萑苻之盗，尽杀之”。孔子听到后赞道：“善哉，政宽则民慢，慢则纠之以猛。猛则民残，残则施之以宽。宽以济猛，猛以济宽，政是以和。”孔子既肯定“兴徒兵以攻萑苻之盗，尽杀之”严刑，同时也提出了“宽以济猛，猛以济宽，政是以和”的主张。

最能表明孔子法制思想观点的是《孔子家语》中关于孔子处理父子相讼案件的故事。孔子任鲁大司寇期间对父子相讼案件的处理引起了争议，于是孔子针对季孙氏的质疑发表了一通言论，深刻地阐明了先教后刑、以德服人的思想观点。孔子旗帜鲜明地反对暴政酷刑，严刑峻法，主张必先教而后刑，先服之以道德，最后不得已才加以刑威，并崇尚“威厉而不试，刑措而不用”。孔子对所处时代的法制现实非常不满，尖锐地指出当时乱其教、繁其刑、陷民于罪、又从而制之的恶劣行径。

> 孔子为鲁大司寇，有父子讼者，夫子同狴（bì，牢狱）执之，三月不别。其父请止，夫子赦之焉。
>
> 季孙闻之不悦，曰："司寇欺余，曩告余曰：'国家必先以孝'，余今戮一不孝以教民孝，不亦可乎？而又赦，何哉？"
>
> 冉有以告孔子，子喟然叹曰："呜呼！上失其道而杀其下，非理也。不教以孝而听其狱，是杀不辜。三军大败，不可斩也。狱犴不治，不可刑也。何者？上教之不行，罪不在民故也。夫慢令谨诛，贼也。征敛无时，暴也。不试责成，虐也。政无此三者，然后刑可即也。《书》云：'义刑义杀，勿庸以即汝心，惟曰未有慎事。言必教而后刑也。'既陈道德，以先服之；而犹不可，尚贤以劝之；又不可，即废之；又不可，而后以威惮之。若是三年，而百姓正矣。其有邪民不从化者，然后待之以刑，则民咸知罪矣。《诗》云：'天子是毗，俾民不迷。'是以威厉而不试，刑错（措）而不用。今世则不然，乱其教，繁其刑，使民迷惑而陷焉，又从而制之，故刑弥繁而盗不胜也。夫三尺之限，空车不能登者，何哉？峻故也。百仞之山，重载陟焉，何哉？陵迟（指斜坡和缓，逐步上升）故也。今世俗之陵迟久矣，虽有刑法，民能勿逾乎？"（《孔子家语·始诛》）

孔子在做鲁国的大司寇时，有父子两人来告状，孔子把他们关押在同一间监狱里，过了三个月都不审理判决。通过反省，父亲请求撤回诉状，孔子就把父子二人都放了。季孙氏听说了这件事，就很不高兴，说："司寇欺骗了我啊，从前，他曾经对我说过：'治理国家一定要以倡导孝道为先。'现在我要杀掉一个不孝的人来教导百姓遵守孝道，不是可以吗？司寇却又免除了他们的惩罚，这到底为什么呢？"冉有把季孙氏的话转告给了孔子，孔子叹息说："唉！身居高位的人不按大道行事而滥杀无辜百姓，这是违背常理的。不用孝道来教导百姓却随意判定官司，这等于是滥杀无辜。三军如果打了败仗，不能用杀掉士卒来解决问题的；刑事案件接连不断，是不能依靠严酷的刑罚来控制的。为什么呢？统治者的教化不到位，罪责不在百姓方面。下令缓慢而刑杀严酷，这是贼害百姓；随意横征暴敛，这是陵暴百姓；不尝试便责令成功，这是虐害百姓。施政中如果没有这三种弊害，然后才可以使用刑罚。《尚书》说：'刑杀要符合道义，不能要求都符合自己的主观愿望，审理案件不是那么容易的事。’说的就是先施教化然后使用刑罚，先讲道理使百姓明白事理。如果还不行，就应该标举贤良的人作为表率引导和鼓励他们；还不行，才可以放弃种种说教；实在不行的话，才可以用威势来震慑他们。这样做三年，然后百姓就会走上正道。其中有些不听从教化的顽劣之徒，对他们就只能用刑罚了。这样，百姓都知道什么是犯罪和刑罚了。《诗经》里面说：‘辅佐天子，使百姓不困惑。’能做到这些，就不必用严酷的刑罚，刑罚也就可搁置不用了。当今之世却做不到这些，而是教化紊乱，刑法众多，使百姓迷惑以至于随时会落入陷阱。官吏又用纷繁的刑律来约束他们，所以刑罚越严酷，盗贼就越多。三尺高的门槛，即使空车也不能越过，为什么呢？是因为门槛太陡的缘故。一座百仞高的山，负载极重的车子也能登上去，为什么呢？因为山坡是由低到高缓缓升上去的，车就会慢慢登上去。当前的社会风气已经败坏很久了，即使有严刑苛法，百姓能不违反吗？”

可见，孔子主张先对民进行教化，让民众明白道理，知道是非、善恶，有分辨能力。就是先对百姓进行教化，使他们明白敬服。实在不行的话，才可以用刑罚。可见孔子是基本主张“德化”的，不到万不得已，就不使用刑罚。

第五节 荀子的法治思想

荀子的法制思想，总起来看，主要是把孔孟的“礼治”思想和法家的“法治”政策融合起来，把礼义教化和刑罚禁制高度结合起来。《荀子·性恶》说：“古者圣王，以人之性恶，以为偏险而不正，悖乱而不治，故为之立君上之势以临之，明礼义而化之，起法正以治之，重刑罚以禁之，使天下皆出于治而合于善也。”要使天下“皆出于治而合于善”，礼教和法刑都必须具备。《荀子·大略》说：“礼之于正国家也，如权衡之于轻重也，如绳墨之于曲直也，故人无礼不生，事无礼不成，国家无礼不宁。”这里的“礼”实际上同国家的“法”基本是一致的。

一、隆礼重法

礼是维护封建等级制度的，所以对国家来说是至关重要的。荀子首先强调“隆礼”（尊崇礼），只有“隆礼”，才能巩固封建统治，“国无礼则不宁”（《荀子·修身》）。只有遵循礼的原则，才能使贵贱有等，长幼有差，贫富轻重皆有称者，使农工士商都服从统治。只有“隆礼”，才能调节统治阶级内部关系。“礼者，人主所以为群臣寸、尺、寻、丈检式也。”（《荀子·儒效》）“礼者，政之挽也。为政不以礼，政不行矣。”（《荀子·大略》）这是说君臣之间要严格按照上下尊卑等级，各司其职，各守其位，才能保证官府的正常运作。只有“隆礼”，才能一统天下四方。荀子认为要改变割据混战的局面，必须有“一天下”的贤圣君主，也就是按照统治阶级礼义行事，而且要任用贤能之人，由这样的人“隆礼尊贤而王”。（《荀子·天论》）

但是“隆礼”和“重法”是相辅相成、互相补充的：

> 故人之命在天，国之命在礼。君人者，隆礼尊贤而王，重法爱民而霸，好利多诈而危，权谋倾覆幽险而尽亡矣。（《荀子·天论》）

所以，人的命运是由天决定的，国家的命运是由礼决定的。君主管理百姓，必须崇尚礼义，尊重贤人，如此才能成王；重法制，爱护民众就能称霸；贪图私利、多行欺诈必然会危殆；玩弄阴谋权术、诈骗、阴险毒辣，就会败亡。

“礼治”虽然可以“赏不用而民劝，罚不用而民服”（《荀子·君道》），然而它也不是万能的。礼治之外，还必须“起法正以治之，重刑罚以禁之”（《荀子·性恶》）。“尧舜，至天下之善教化者也，……然而朱、象独不化。”（《荀子·正论》）因此对尧帝的儿子丹朱、舜帝的弟弟像之类顽固不化的人，就必须施之以刑罚。所以“法”对于治国也是非常必要的。“法者治之端也。”（《荀子·君道》）“道之于法也者，国家之本作也。”（《荀子·致士》）“法”和“礼”一样，都是巩固统治，富国强兵，统一天下的有力手段。

二、礼为法纲

荀子主张隆礼重法，礼法兼重，但是他的“礼”与“法”又不是一对一的关系，而是一种深层次结合的关系。由以下两点来说明。

礼是法的纲领和原则，法是依据礼并为维护礼而制定的。

> 礼者，法之大分，类之纲纪也。（《荀子·劝学》）

礼是法的大要，各种条例的总纲。礼是法的指导原则、统率。荀子认为，刑规法度产生于礼义基础之上，制定法度必须以礼义为准则。

天地者，生之始也；礼义者，法之始也。君子者，礼义之始也。为之，贯之，积重之，致好之者，君子之始也。故天地生君子，君子理天地；君子者，天地之参也，万物之总也，民之父母也。(《荀子·王制》)

天地，是生命的本源；礼义，是法律的本源；君子，是礼义的本源。实行礼义，贯彻礼义，积累加强礼义，喜好礼仪，这是做君子的开端。因此，天地生育君子，君子治理天下。君子，是天地的参赞，世事万物的主管，百姓的父母。

荀子提出"礼义者，法之始也"，而君子是要学习掌握"礼义"的，君子学习掌握了"礼义"，然后"君子"可以成为治理天下的"民之父母"，可见，荀子是把"礼义"放在比"刑法"更为重要的地位。荀子的学生韩非和李斯都是法家人物，而荀子本身仍是儒家思想家，就在于他的总的治国理念仍是强调"德化"和"礼治"的，没有像法家人物那样把法治看作是最重要的或唯一的治国方法。

三、法因礼行

礼是法的保证，无礼则法治难以实行。"非(违背)礼，是无法也。"(《荀子·修身》)"法不能独立，类不能自行，得其人则存，失其人则亡。"(《荀子·君道》)法律条文本身不能起作用，法律是靠"人"来执行、来实施的，法治效果如何，关键在于执法者的礼义素养，说到底就是"礼"对"法"的保证。因为"徒法不能以自行"(《孟子·离娄上》)，而君子足以为治。何谓君子？"道礼义者为君子。"(《荀子·性恶》)"君子者，法之原也。故有君子，则法虽省，足以遍矣；无君子，则法虽具，失先后之施，不能应事之变，足以乱矣。"(《荀子·君道》)"法而不议，则法之所不至者必废；职而不通，则职之所不及者必坠。故法而议，职而通，无隐谋，无遗善，而百事无过，非君子莫能。"(《荀子·王制》)法律既不能包揽无遗，又不能随机应变，全靠"人"(君子)来掌握。所以"有良法而乱者，有之矣；有君子而乱者，自古及今，未尝闻也"。(《荀子·王制》)

在管子、孔子、孟子、荀子、墨子等齐鲁先贤的思想中，法制思想都有较充分的体现。他们的思想观点虽然各异，但在德、礼与刑、法的关系问题上，却能够持基本一致的态度，即都没有偏废哪一方面，都把表面上看起来互相对立实际上相互为用、相辅相成的两个方面联系起来、结合起来，辩证地对待，只是各有所侧重而已。

第六节　法制思想的继承与发展

当今我们提倡依法治国，建设社会主义法治国家，那么批判地继承齐鲁文化中的法制思想，吸收传统法制思想中的优秀成分，坚持德法并重、德法兼治的理念和方针，无疑具有重要的现实意义。

一、正确处理道德与法律的关系

在实施依法治国这一基本方略下，如何处理道德与法律的关系，是一个至关重要的问题。道德是一种在治国理政中比法律更为基础、更为有效、更能反映人民意志、更能反映客观规律的社会规范，法律要以维护社会基本道德为根本目的，要以社会基本道德要求为基本内容，要以弘扬社会基本道德为实施的基本保障。在法律的制定、执行、适用过程中，都不应允许出现与社会基本道德明显相冲突的情况。

法律必须是人民意志的体现，必须以维护人民利益为根本目的。而社会基本道德是人民意志最基本的反映和人民利益最起码的要求。所以，德法并举理念的最基本的要求就是不允许制定明显违背社会基本道德要求的法律，不允许在法律的执行、适用过程中出现明显违反社会基本道德的情况。

法律规定必须是符合社会基本规律的行为规范。一个社会的基本道德是该社会的民众长期社会生活经验的总结，也是一个社会的全体成员关于人与人之间应当如何相处的基本规律的反映。明显违背社会基本道德要求的法律规定，一定是违反社会基本规律的，一定是反科学的。所以，从这个角度说，法律也不能违背社会基本道德要求。

坚持德法并重乃至道德为先，是法治正常运行的基本保证。“徒法无以自行”，任何法律都是人制定的，都必须依赖人来实施。社会基本道德对依法治国的保证作用，体现在法律的制定、执行、适用、遵守的所有环节上。我们很难想象一个没有基本道德的人可能制定出反映普通民众的意志、维护普通民众利益的法律；很难想象没有社会基本道德的人在执法、司法活动中不会想方设法地规避法律，以至于公然违背法令；很难想象那些以基本的道德标准要求日常行为的普通民众，怎么会先学习具体的法律然后再以法律要求自己的行为，他们遵纪守法，只能体现在以道德规范来要求自己方面。总之，不以维护道德准则为目的的法治，在现实中只能是无法实现的美梦。

二、推广人民调解制度

人民调解制度，是对德法并重思想的继承与发展。

古人早就认识到，如果只强调法律不重视道德，不仅不能够从根本上处理好社会问题，从某种程度上来说，还会激发社会的更多问题，影响国家安定。只有将法制规约和道德规范结合起来，才能从根本上解决问题。改革开放以来，随着我国市场经济的兴起和经济贸易的繁荣，各类诉讼案件的数量居高不下。人们不仅将经济纠纷、刑事案件诉至法院，亲属、近邻也常因家庭争执、邻里纠纷而诉诸法律，希望由法官来裁决是非曲直。但是，仅仅依靠法律裁决来解决社会各类问题的效果，其实并不理想。有的当事人为了胜诉，借助公众媒体进行炒作，伤己伤人，社会影响恶劣。面对这种状况，法律工作者积极从中华优秀传统法律文化中寻找智慧。2010年8月28日国家颁布《中华人民共和国人民调解法》，出台了“人民调解制度”。

人民调解制度源于“排难解纷”“止讼息争”的传统，契合了“尚和”“厌讼”的传统道德。相较于直接的法律裁判，其核心特性在于“调解”与“教育”，在调解过程中，努力促进道德体系同社会主义法律规范相互衔接、相互协调、相互促进。人民调解制度的实施取得了显著成效。人民调解制度的适用范围渐渐从传统的轻微侵权、小额债务、家庭婚姻、邻里关系等司空见惯的日常生活纠纷，向环境保护、医患纠纷、土地承包、拆迁安置等社会热点难点问题扩展。人民调解制度，是人民司法工作的必要补充，在解决人民内部矛盾的过程中发挥着非常重要的作用，被海外法学誉为“东方智慧结晶”。习近平总书记说得好：“法安天下，德润人心。法律有效实施有赖于道德支持，道德践行也离不开法律约束。法治和德治不可分离、不可偏废，国家治理需要法律和道德协同发力。”（2016年12月9日，习近平《在中共中央政治局第三十七次集体学习时的讲话》）

三、加强法治思想教育

法治教育是依法治国的基础。我们国家有悠久而辉煌的历史、独具特色的文化传统以及独具风格的国情，这决定了我们国家法治思想教育必然要有独特的内涵，必须走我们自己的道路。当今的法律思想教育，不仅要合理讲解西方舶来的所谓自由、民主、契约精神等，更要积极讲授传统法治文化中的道德观。法治教育实践要强调传统法律思想中的道德因素。在处理各种矛盾纠纷的时候，不仅要求事实清楚、法律条文适用，更要求树立鲜明的道德导向，弘扬美德懿行。要把每一次的纠纷处理，都变成一次表彰良好道德、引领人心向善的机会。通过发挥良好道德的教化作用，切实提高当代人的道德素养，从而为社会主义国家建设和发展创造美好的人文社会环境。

中国五千多年文明源远流长，历代先贤崇尚道德，重视法律，历代明君无不通过礼法并重、德法兼施而开创太平盛世。传统的法律文化包含着丰富的道德因素。习近平明确指出："法律法规要树立鲜明道德导向，弘扬美德义行，立法、执法、司法都要体现社会主义道德要求，都要把社会主义核心价值观贯穿其中，使社会主义法治成为良法善治。……要强化道德对法治的支撑作用。坚持依法治国和以德治国相结合，就要重视发挥道德的教化作用，提高全社会文明程度，为全面依法治国创造良好人文环境。要在道德体系中体现法治要求，发挥道德对法治的滋养作用，努力使道德体系同社会主义法律规范相衔接、相协调、相促进。要在道德教育中突出法治内涵，注重培育人们的法律信仰、法治观念、规则意识，引导人们自觉履行法定义务、社会责任、家庭责任，营造全社会都讲法治、守法治的文化环境。"（2016年12月9日，习近平在中共中央政治局第三十七次集体学习时的讲话）

第九章　齐鲁文化中的民本思想

民本，民众是国家的根本。民本观念是相对于君本、官本而言的，其原意是指中国古代的明君、贤臣为维护和巩固其统治而提出的一种统治观，其基本思想主要表现为重民、贵民、安民、恤民、爱民等。中国最早出现“民本”思想是在《古文尚书·五子之歌》，其中写道：“皇祖有训：民可近，不可下。民惟邦本，本固邦宁。”这是古代典籍中最早记载“民”是立国之本的思想。从春秋战国时期的儒、墨、道、法等百家诸子，一直到封建时代末期的进步政治家、思想家，几乎都主张和强调“民本”思想，从而使民本思想成为古代思想文化中影响最广、延续最久的一种政治思想。

“民本”思想是中国古代思想中极其重要的资源，萌芽于商周交替之时，从产生到发展经历了一个漫长的过程。人类进入文明时代之后，人们的物质生产、生活条件有了一些改善，精神文化水平也有了提高，从而发生了从崇拜自然、迷信神灵向相信依靠人类自身力量的转变。社会意识方面，也开始出现与“神本”天命观相互对立的“民本”观念。到春秋时期，“民”在诸子思想中的地位逐步上升。此后，随着社会的发展和人类历史的演进，先进的思想家和政治家们逐渐意识到，民心向背在封建王朝的更替过程中起着决定性作用。这在社会思想方面显现出的一个重要表现，就是区分“君”与“民”，进一步确立了“民”的重要地位。这就使“民本”思想成为封建社会中长期与“君本”思想相对应的政治思想。

民本思想是齐鲁文化的重要内涵之一，从西周初期的姜尚，春秋末期的孔子，到战国时期的孟子等，都具有浓厚的民本思想。齐鲁思想家确立人在世界的主体地位，珍视人的生命，关注人的生活，同情人的命运，注重人的价值，培养健康人格，建立以人为本的理论。这种理论反映在政治领域，就形成民本思想。他们在一定程度上认识了民众在历史发展中所起的决定性作用，认为君主需要民众的支持才能取得政权、巩固政权。齐鲁思想家认识到，人民的生存条件必须得到保障，在此前提下，社会才会稳定，道德建设才有基础。他们主张统治者不仅要从思想上而且要从行动上重视民众，处理好民众与君主、民众与国家的关系。

第一节 姜太公的民本思想

民本思想在姜太公身上体现得非常充分。姜太公是齐国的第一位国君，也是文王武王灭商的关键功臣和最高军事统帅，是一位功勋卓著的军事家和政治家。姜太公的民本思想可以通过史书记载的姜太公的事迹和相传为姜太公著作的《六韬》一书反映出来。

一、近民爱民

姜尚任齐国诸侯王位之初，就注意采取顺应民心的政策，“因其俗，简其礼，通工商之业，便渔盐之利，而民众多归齐，齐为大国”(《史记·齐太公世家》)，反映了姜尚顺应民心的政策收到了明显成效。而当时鲁国的伯禽却是“变其俗，革其礼”，就是改变当地的风俗和礼制，推行周礼，结果其发展远远落在齐国之后。难怪周公将两国的施政方针做了对比后发出感慨：

> 呜呼！鲁后世其北面事齐矣！夫政不简不易，民不有近；平易近民，民必归之。(《史记·鲁周公世家》)

从民心向背决定王朝盛衰的历史事实中，齐鲁地区的一些思想家和政治家认识到，统治者必须注意政应民心，在民本思想指导下制定适合民情的政策措施。

当时周已崛起，力图摆脱商朝控制，向东开拓。面对“商、周之不敌”(《左传·桓公十一年》)的情势，太公辅佐周文王强周灭商，他明白国家的兴衰取决于民心的向背，针对商朝苛政虐民，建议文王要“修德行善”，赢得民心。对内发展农业生产，安抚老年、残疾之人；废除严酷刑罚，缩小刑罚范围；制定“有亡荒阅”的法律(荒，大也；阅，蒐也。荒阅：大搜索。即对逃亡奴隶进行大搜索，谁的奴隶归谁，不许藏匿逃亡的奴隶)，得到了奴隶主贵族的拥护。对外调解虞、芮两国争端，广泛争取同盟国。到文王晚年，形成内部安定，诸侯方国人心拥护周国的局面。在治国之道上，姜太公意识到民众决定王朝的兴衰，统治者只有行“仁爱”之政，才能“服众”，即得到民众的支持和拥护。

二、利民益民

在文化建设方面，姜太公推行“因其俗，简其礼”的开明态度。“俗”是指“夷俗”，就是当时东方的东夷人民的生活习俗；“礼”是指“夷礼”，就是当时东方的东夷土著的礼仪制度。太公认为，如果在齐国强力推行西周礼俗，容易激化民族矛盾，于安邦治国十分不利。经过反复斟酌，他决定从齐国的实际出发，从俗简礼，不强制要求，实行了既让齐地民众乐于接受，又不太违背周礼的新的礼制。这实际上是充分尊重齐地和东夷土著民族的利益。

在经济政策方面，姜太公自齐国初建时就因地制宜，发展商业。据《汉书・地理志》载：“齐地负海舄卤，少五谷而人民寡。”《盐铁论》也说：“昔太公封于营丘，辟草莱而居焉。地薄人少。”面对非常恶劣的自然环境，姜太公自齐国开国之初就因地制宜，注重发展黍、稻生产，利用齐地境内丰富矿藏、盛产鱼盐的特点，大力发展青铜冶炼、丝麻纺织、捞渔煮盐等手工业生产；还利用齐国交通便利、民众的重商传统，大力发展商业，鼓励与各国通货的对外贸易。在这种“农”“工”“商”三宝并举的宏观经济策略指导下，齐国生产的冠带衣履畅销天下，鱼盐流通各国，诸侯纷纷前来朝拜，齐国逐步由偏远荒凉的小国穷国发展为雄居于诸侯东方的大国富国。《汉书・地理志》记载，太公“劝以女工之业，通鱼盐之利，而人物辐凑”。桓宽《盐铁论・轻重》记载：“通利末之道，极女工之巧，是以邻国交于齐，财畜货殖，世为强国。”太公治国，确立了“因其俗，简其礼，通商工之业，便鱼盐之利”的治国策略，在齐国漫长的发展史上，代代相传，产生了巨大的影响，奠定了齐文化的历史基础。

在军事思想方面，姜太公认为是民众决定战争的胜负。在英雄史观占统治地位的中国古代社会，齐鲁地区不少的军事家、思想家和政治家都能清醒认识到民众在战争中的作用，并注意采取各种措施争取民众支持，以确保战争的胜利，这充分体现了他们的民本思想。姜尚，被后人称为兵家之祖，反映姜尚军事思想的《六韬》指出：

> 太公曰：“天下非一人之天下，乃天下之天下也。同天下之利者，则得天下；擅天下之利者，则失天下。”（《六韬・文韬・文师》）

天下不是某一个人的私有财产，而是所有人共有的财富。能同天下人共同分享天下利益的，就可以得到天下的主宰权；独占天下利益的，就会失掉天下的治理权。

这是说，与民同利，就能得到民众的支持，就能取得天下。与民争利，就会失去民众的支持，就会失去天下。既然要与民同利，国君和大夫就要把利益分配给人民。或者，在各项决策方面，不伤害人民的利益。

> 太公曰："……天有时，地有财，能与人共之者，仁也。仁之所在，天下归之。免人之死，解人之难，救人之患，济人之急者，德也。德之所在，天下归之。"（《六韬·文韬·文师》）

天有四季变化，地有各类物产，人们能够共同享用的，只有仁爱。仁爱所在之处，天下的人民就会归向那里。消除人们的祸患，减少人们的死亡，解决人们的苦难，解救人们的危急，就叫恩德。恩德所在之处，天下的百姓就会归向那里。

就是说，统治者要和天下人分享利益，解除民众的苦难，才能得到民众的拥护。总之，在战争中要用讲仁爱、施恩德、行道义的办法去收揽人心，取得民众的拥护和支持。在这个基础上，进行正义战争，就能取得胜利。

总之，在姜太公的思想体系中，"民"具有非常重要的地位，统治者既要亲近、关爱他们，还要做对他们有利的事，统治者要"救人之患，济人之急"，才能得到"民"的拥护。这些都反映了姜太公的民本思想的特征。

第二节　管子的民本思想

管仲，是齐国重要的政治家、军事家、思想家。在相桓公"九合诸侯，一匡天下"的过程中，提出、实践了以人为本的民本思想，成为我国古代文化遗产中极可珍视的瑰宝。

一、顺民得民

管仲在总结古代历史上"圣王"与"暴君"的治国经验教训时，明确指出：

古之圣王，所以取明名广誉，厚功大业，显于天下，不忘于后世，非得人者，未之尝闻。暴王之所以失国家，危社稷，覆宗庙，灭于天下，非失人者，未之尝闻。(《管子·五辅》)

古代的圣贤君王，之所以能够取得盛名和广泛称誉，并建立丰功伟业，显赫于天下，永不为后世遗忘，如果不是得到了人民的拥护，是从来没听说过的。残暴之君之所以丧失国家，危害社稷，颠覆宗庙，湮灭于天下，如果不是因为失掉了人民的拥护，也是从来没听说过的。

针对当时的情况，他说：

今有土之君，皆处欲安，动欲威，战欲胜，守欲固，大者欲王天下，小者欲霸诸侯，而不务得人，是以小者兵挫而地削，大者身死而国亡。故曰：人不可不务也，此天下之极也。(《管子·五辅》)

现今拥有土地的国君，都希望社会安定，行事有威望，战争能获胜，防守能稳固，大的目标是想天下称王，小的愿望是要称霸诸侯，但是却不重视赢得民心，因此，结果是小的失败是打了败仗而割让土地，大的失败则是身死而国亡。管子把古代历史和当时的帝王从政经验教训归结到一点："人，不可不务也，此天下之极也。"民心，是不能不特别致力获得的，这是天下最重要的问题。

这一段话，管子正面批评"今有土之君"，"大者欲王天下，小者欲霸诸侯"，却"不务得人"，最终导致"身死而国亡"，可见，管子认为，国君治理国家，最关键的是要致力于"得人"，也就是"得到民众的拥护"。而要得到民众的拥护，君主必须顺应和满足民众的要求。

二、利民教民

管仲从维护当时统治者地位出发，提出了"得人之道"。他说：

然则得人之道，莫如利之；利人之道，莫如教之以政。(《管子·五辅》)

得人的办法，莫如给人以利益，而给人以利益的办法，莫如用政治来教育他们。

管仲的治政理念是以人（民）为本的，他主张人民是人的主体部分，因此他在说话、办事，在更多的场合下是用“人民”或“民”的，于是“富民”“利民”“爱民”“顺民心”“从民欲”“去民恶”等政策、措施乃至富国强兵之谋略相继而出。管仲在任期内大兴改革，富国强兵，重视商业，所提出的一系列富民强国措施均体现了民本思想。

首先，管仲奖励生产，发展农业。《管子·轻重甲》中谈道：“一农不耕，民或为之饥，一女不织，民或为之寒。”“天下之所生，生于用力；用力之所生，生于劳身。”强调生产的重要性，不重生产，其他则无从谈起。《管子·牧民》开头即表明：

> 凡有地牧民者，务在四时，守在仓廪。国多财，则远者来；地辟举，则民留处。仓廪实，则知礼节；衣食足，则知荣辱。（《管子·牧民》）

凡是从事国家管理的君主，必须致力于四时农事，确保粮食贮备。国家财力充足，远方的民众就能主动迁来；荒地开辟得好，本国的人民就能安居乐业。粮食充足，人们就懂得礼节；衣食丰足，人们就明白荣辱。

注重农时，有了好收成，要建仓储存。国家富裕，人们就会投奔归附。重视开垦土地，民众才会安土重迁（不会轻易迁移到其他地方去）。有了生活基础和保障，民众才会懂得讲究礼节荣辱。在《管子·七法》中特别强调了开垦土地的重要性：“地不辟，则六畜不育；六畜不育，则国贫而用不足。”重视发展畜牧业，使百姓富裕。

其次，管仲重视工商业的发展。《管子·立政》认为：“工事无刻镂，女事无文章，国之富也。”《管子·乘马》中说：“市者可以知治乱，可以知多寡，而不能为多寡，为之有道。”管子认为发展工商业是调节供需，增加财富之业。在《管子·小匡》中指出：“士农工商四民者，国之石（柱石）民也。”将士农工商四业并列，并且作为国家之根本。《管子·国蓄》篇中指出：“凡将为国，不通于轻重，不可为笼以守民，不能调通民利，不可以语制为大治，是故万乘之国有万金之贾，千乘之国有千金之贾，然者何也？”可见管子对商业的重视，特别注重商业政策在国家发展中的重要作用。

三、富民安民

管子坚持统治者要切实注意民力与国家的关系，适时调节政策的轻重缓急。顺应民众的要求，让民众过得富裕、安定。说：

> 民恶忧劳，我佚乐之；民恶贫贱，我富贵之；民恶危坠，我存安之；民恶灭绝，我生育之。（《管子·牧民》）

民众怕忧伤劳累，我便让他们安乐；民众担心贫贱，我便让他富贵；民众害怕危难，我便让他们生活安定；民众怕灭绝，我便让他们繁衍生息。

管子强调治理国家要顺从民意，想百姓之所想，减轻民众负担，千方百计为百姓谋利益，才能得到人民的拥护。管子明确提出“欲为其国者，必重其民”：

> 欲为天下者，必重用其国；欲为其国者，必重用其民；欲为其民者，必重尽其民力。（《管子·权修》）
>
> 省刑罚，薄赋敛，则民富矣。……宽政役，敬百姓，则国富而民安矣。（《管子·小匡》）

管子告诫统治者使用民力要用之有度，轻徭薄赋，使民以时，才能使民力不衰竭。发号政令要“无夺民时”。《侈靡》中发挥了这一观点：

> 如以予人财者，不如毋夺时；如以予人食者，不如毋夺其事。（《管子·侈靡》）

与其给人钱财，不如不耽误农时；与其给人饮食，不如不使他失业。这是防止产生内外忧患的办法。

《管子·七法》中指出：“根天地之气，寒暑之和，水土之性，人民鸟兽草木之生物，虽不甚多，皆均有焉，而未尝变也，谓之则。”国家发出政令必须要在确保农业生产的按时进行的前提下，从而保证农业生产的发展。调节国民收入，防止贫富两极分化。《管子·国蓄》中谈道：“智者有什倍人之功，愚者有不赓本之事，然而人君不能调，故民有相百倍之生也。”“夫民富则不可以禄使也，贫则不可以罚威也，法令之不行，万民之不治，贫富之不齐也。”提出贫富悬殊之害，调节贫富差异，使贫必有保障，富则加以干涉。

管子还设想了必要的社会福利政策，谈道：

> 入国四旬，五行九惠之教。一曰老老，二曰慈幼，三曰恤孤，四曰养疾，五曰合独，六曰问疾，七曰通穷，八曰振困，九曰接绝。（《管子·入国》）

所谓“老老”，就是设立“掌老”之官，对年过七十的老人，生活上予以特殊照顾。所谓“合独”，就是设立“掌媒”之官，为鳏寡者撮合成婚。所谓“通穷”，就是将贫穷的情况向上传达。所谓“振困”，就是赈济贫困。所谓“接绝”，就是建祠以祀死于国事之人。

《管子》中透露出社会保障意识，确保百姓的基本生活。第一，备荒贮藏，预防灾患。《治国》中提道：“粟者王之本事也，人主之大务，有人之途，治国之道也。”粮食是民众赖以生存的关键，没有粮食百姓没有吃的，国家就难以治理。《国蓄》篇论述了贮藏的重要性：“使万室之都必有万钟之藏，藏繦千万；使千室之都必有千钟之藏，藏繦百万。”使用仓廪贮存粮食，在必需的时候再加以轻重之法，以重射轻，以贱泄平，放粮救灾。第二，放贷助民，调拨粮食。面对严重的自然灾害，为进一步发展农业生产，让一无所有的农民能够种田，主张由国家给农民提供借贷。《山国轨》篇中说：“田轨之有余于其人食者，谨置公币焉。大家众，小家寡。山田，间田，曰‘终岁其食不足于其人若干’。则置公币焉，以满其准。”根据民众收入多少，酌情贷给数量不等的钱币以维持基本的农业生产。并且沉重打击高利贷者，使人民可以继续生产，保证生息。第三，兴修水利，以工代赈。《管子》认为灾害中水灾尤其应该特别注意的，《立政》篇曰：“二曰沟渎不遂于隘，鄣水不安其藏，国之贫也；沟渎遂于隘，鄣水安其藏，国之富也。”

在《度地》篇，更认为“五害之属，水最为大。”关于修筑堤坝，管子说道：

> 常令水官之吏，冬时行隄防，可治者章而上之都，都以春少事作之，已作之后，常案行。隄有毁，作大雨，各葆其所，可治者趣治，以徒隶给；大雨，隄防可衣者衣之，冲水，可据者据之。终岁以毋败为固，此谓“备之常时，祸何从来？”（《管子·度地》）

要经常派遣治理河道的官员，在冬天就检查堤防，发现要修治的堤坝及时向上级都水官报告。都水官通常是定在春季农活还不多的时候维修堤坝。但河堤筑好之后，也要经常进行检验。河堤如果发生毁坏，或者遇到大雨，就派人分段负责，需要修补的地方就及时修补，让徒隶完成这种工作。大雨中，堤防如果需要覆盖就覆盖；重要水道，可利用的就利用。一年四季都以保持堤防不溃败为治水工作的关键。这也是所谓“平时有备，祸从何来？”

这些“防患于未然”的思想，在今天仍然具有很重要的现实意义。

第三节　晏子的民本思想

晏子是继姜尚、管仲之后齐国又一位非常重要的政治家、外交家、思想家，凭借自己卓越的政治远见和外交才能闻达于诸侯。他爱国忧民，敢于直谏，深受百姓爱戴。孔子曾赞曰：“救民百姓而不夸，行补三君而不有，晏子果真君子也。”（《晏子春秋·外篇》）作为一名“爱民如子”的政治家，其丰富的民本思想主要涉及重民、厚民、教民、持民等方面。

一、爱民乐民

晏子继承了齐国的重民思想，十分重视“民”的作用，认为“民”是治国之本，强国之基。国家的兴亡，政权的得失，决定因素在于是否“得民”。国家要想保持强盛，必须顺应民心，仁爱于民。他指出：

> 婴闻之，卑而不失尊，曲而不失正者，以民为本也。苟持民矣，安有遗道！苟遗民矣，安有正行焉！（《晏子春秋·内篇问下》）

位卑微而能不失尊严，身处逆境而不失正直的，是以民为本。如果护持百姓，怎么会抛弃道义！如果舍弃百姓，怎么能有正直的行为呢！

这里，晏子明确提出了“以民为本”的思想。在他和叔向的对话中，提出了“爱民”“乐民”思想：

> 叔向问晏子曰：“意孰为高？行孰为厚？”对曰：“意莫高于爱民，行莫厚于乐民。”（《晏子春秋·内篇问下》）

晏子把“爱民”作为君主最高明的意愿，把“乐民”作为君主最宽厚的行为，这都体现了晏子对“民”在治理国家中的关键地位。就是说，无论是治国安邦，还是修身齐家，民都是根本的因素。“爱民”“乐民”是治理好国家的起点。

二、养民教民

晏子坚持“薄身厚民不苛民”，要求君臣本身的气节和修养，在刑罚上不苛求、不滥罚无辜，使民富足。认为，薄身厚民则百姓亲近，如果轻视民众，苛罚民众，就会百姓不亲，政不通人不和。主张要节养顾民：

> 景公问晏子曰：“为君身尊民安，为臣事治身荣，难乎？易乎？”晏子对曰：“易。”公曰：“何若？”对曰：“为君节养其余以顾民，则身尊而民安；为臣忠信而无逾职业，则事治而身荣。”（《晏子春秋·内篇问上》）

景公询问晏子说：“作为君王自身受尊崇，百姓能安定，作为臣子政事能做好，自身受宠荣，是困难呢？还是容易呢？”晏子回答说：“容易。”景公说：“怎么说？”回答说：“作为君王自身节俭给养，将其余的照顾给百姓，就会身受尊崇而百姓安定；作为臣子能够忠贞、诚信而不越职分，就会政事做好，身受宠荣。”

其次，要做到不苛民。齐景公在位时，刑法和苛捐杂税严重，民不聊生，民怨沸腾，民心涣散。晏子针对这种窘况，认为要重视民众就不能苛刻民众，而应薄敛省刑。他认为厚敛就会民不聊生而失去民心，重刑则会遭到百姓的反抗而危及统治阶级的统治。因而他要求“无以苛民也。”（《晏子春秋·谏上》）主张宽以待民。

晏子还主张“以身作则善教民”，真正的爱民、重民不仅在生活上关心和爱护百姓，还要对其进行礼法方面的教育。晏子生长于春秋末年，整个齐国都是一片礼崩乐坏的局面，在这种社会背景下，晏子认识到了学习礼法的重要性，试图通过礼来修正人们的行为，进而改变整个社会的混乱局面。关于教化民众的措施，晏子在回答景公问“明王之教民何若”时指出：

> 明其教令，而先之以行义；养民不苛，而防之以刑辟；所求于下者，必务于上；所禁于民者，不行于身。守于民财，无亏之以

> 利；立于仪法，不犯之以邪；苟所求于民，不以身害之，故下从其教也。……故明王修道，一民同俗，上以爱民为法，下以相亲为义，是以天下不相违，此明王之教民也。(《晏子春秋·内篇问上》)

公布教令内容，并由自己首先践行；役使百姓不苛刻，用刑罚来防止他们犯罪；要求臣下不做的，君王也不做；禁止百姓做的，自身不去做。管理百姓的财物，不因自己的私利去挥霍它；制定了法规礼仪，不以邪行去触犯它。如果向百姓有什么求取的话，也不以自身的原因去伤害他们。所以，百姓会听从他的教化。……所以圣明的君王整饬王道，同百姓一致遵守习俗，君王以爱护百姓为法，百姓以相互亲爱为义。如此，天下之人不相互遗弃，这就是圣明的君王教化百姓的道理。

认为要想修正民众的行为，首先要明其教令，让百姓懂得礼义，通晓法令，认识到礼、法的重要性，从而自觉地遵守礼法；然后君臣要以身作则，身体力行，自觉地遵守礼仪法度，要求百姓做到的，自己应该首先做到。他指出“身行不顺，治事不公，不敢以莅众”，应该“身行顺，治事公”。(《晏子春秋·问上》)“所求于下者，必务于上，所禁于民者，不行于身；守于民财，无亏之以利；立于仪法，不犯之以邪，所求于民，不以身害之。故下从其教也”。(同上)为了教化于民，晏子也是身体力行。他吃的是“脱粟之食”，穿的是“缁布之衣”，上朝坐的是弊车驽骊，住的是陋仄之室。他不仅“戒得”，也十分注意“戒色”。景公见晏子妻“老且恶”，欲以爱女嫁他，他坚辞不纳。

总之，晏子的民本思想，具有丰富的内涵，比较突出的是“爱民”“乐民”“养民”和“教民”等几个方面。

第四节　孔子的民本思想

孔子思想的核心是“仁”，儒家五常“仁”“义”“礼”“智”“信”，其中列于首位的便是“仁”。“仁”集中代表了孔子的政治理想，也体现了孔子的最高伦理价值。而“仁”的表现就是“爱人”，如“仁者爱人”，因此，孔子民本思想起点就是“仁”。品读《论语》可以感受到，孔子论“仁”，始终是把它和统治阶级施政原则以及对待民众的态度联系起来的。具体说来，孔子的民本思想可以总结为以下数端：

一、爱民利民

《论语》中大量记载了孔子爱民、重民的言论，充分体现了孔子的民本思想。孔子认为，为政之要，在取信于民，《颜渊》篇记载：

> 子贡问政。子曰："足食，足兵，民信之矣。"子贡曰："必不得已而去，于斯三者何先？"曰："去兵。"子贡曰："必不得已而去，于斯二者何先？"曰："去食。自古皆有死，民无信不立。"（《论语·颜渊》）

执政者要取信于民，首先是从心里真正关爱人民。《礼记·表记》记孔子语曰："仁者莫大于爱人。"《论语·颜渊》记载："樊迟问仁，子曰：'爱人'。"《论语·学而》中，孔子说："泛爱众而亲仁。"所谓"泛爱众"，就是广泛地爱人民大众。而"爱人""泛爱众"不是只停留在口头上，而是要躬行实践之，要有行动：如救民众于水火，为民众谋幸福，为社会图安定、图发展等。责任重大，所以曾子说："士不可以不弘毅，任重而道远。仁以为己任，不亦重乎？死而后已，不亦远乎？"（《论语·泰伯》）

要以民众的利益为重。《论语·尧曰》记孔子语曰："因民之所利而利之。"主张国家政府应鼓励民众做对自己有利的事，依着民众能够得利的事情使他们得利。

《论语·学而》中，孔子曰："道千乘之国，敬事而信，节用而爱人，使民以时。"孔子是说：领导治理拥有千辆兵车的国家，应当恭敬从事，诚信不欺，节约用度，爱护人民，役使民众选择适宜之时。

为政者，切记爱民利民的重要性，否则，就像《荀子·君道》中所说的那样："有社稷者不能爱民、不能利民，而求其民之亲爱己，不可得也；民不亲不爱，而求其为己用、为己死，不可得也；民不为己用、不为己死，而求兵之劲城之固，不可得也。"

对于从政为官者而言，要取信于民，为广大民众谋福利；对于一般人而言，要关爱别人，凡事多为民众着想。如此，定会呈现和谐友善之美好局面。

二、安民足民

我们常说"国泰民安"，"民安"是孔子追求的目标。《论语·宪问》

中，子路问怎样做才是君子。孔子答曰："修己以敬"；"修己以安人"；"修己以安百姓"。《论语·公冶长》中，子路表示要听听先生（孔子）的志向，孔子说自己的志向是："老者安之，朋友信之，少者怀之。"使老人安康，使朋友信任，让年轻人怀念。

> 孔子曰："丘也闻有国有家者，不患贫而患不均，不患寡而患不安。盖均无贫，和无寡，安无倾。夫如是，故远人不服，则修文德以来之；既来之，则安之。"（《论语·季氏》）

孔子说："我孔丘听说，有国的诸侯或有家的大夫，不怕财富少，而怕分配不均；不怕人民少，而怕不安定。大概分配平均了，也就没有贫穷；民众和谐团结了，也就不显得人少；国家安定，就不容易倾覆。正因为这样，所以远处的人不服，就修文德以招徕他们。既然来了，就好好安顿他们。"

这段话，很好地体现了孔子的"安民"思想，首先是"无贫"，其次是"无寡"，然后才能做到"安民"，只有民众安定了，国家才能稳固"无倾"。

"安民""足民"，就要做到在经济上惠民。他说："其养民也惠。"（《论语·公冶长》）"百姓足，君孰与不足？百姓不足，君孰与足？"（《论语·颜渊》）孔子认为，君主治理国家首先应该足民、惠民，给人民好处，就着人民能得利益之处而使他们得利。《论语·子路》中记载孔子在卫国的时候见百姓众多，侍奉孔子的冉有请教孔子："既庶矣，又何加焉？"孔子回答："富之。"《论语·雍也》记载：

> 子贡曰："如有博施于民而能济众，何如？可谓仁乎？"子曰："何事于仁！必也圣乎！尧舜其犹病诸！夫仁者，己欲立而立人，己欲达而达人。"

子贡说："如果有人能广泛地施惠于民，并能在贫困时救济大众，怎么样？可以说是达到仁了吗？"孔子说："哪里仅是仁道！那一定是圣德了！恐怕尧舜也担心难以做到呀！有仁德的人，自己想立身于世也要帮助别人立身于世，自己想发达成功也要帮助别人发达成功。"孔子把"博施于民而能济众"誉为圣德，主张"己欲立而立人，己欲达而达人"，可见其对惠民、济人的高度重视。

让民众安居乐业，是孔子“仁”的思想在“为政”中的表现和目的。这是孔子民本思想的重要内容。

三、教民导民

孔子的民本思想，除了表现为“爱民利民”“安民足民”之外，还有一项重要的内容，就是主张在保障了民众的物质生活之后，还要对民众进行教育、教化。

> 子适卫，冉有仆。子曰：“庶矣哉！”冉有曰：“既庶矣，又何加焉？”曰：“富之。”曰：“既富矣，又何加焉？”曰：“教之。”（《论语·子路》）

孔子到卫国去，冉有作为仆从给他驾车。孔子说：“（卫国）百姓很多啊！”冉有问：“百姓多了之后，又该怎么办呢？”孔子说：“让百姓富裕起来。”冉有又问：“（百姓）富裕了又该怎么办呢？”孔子说：“教育他们啊。”

可见，孔子主张国家政府首先要让人民富裕，继而对民众进行教化，使民众知荣辱、懂礼节。

> 道之以政，齐之以刑，民免而无耻；道之以德，齐之以礼，有耻且格。（《论语·为政》）

用政令来训导民众，用刑罚来整顿民众，民众就只求免于刑罪，而不会有廉耻之心；用道德来教导民众，用礼教来整顿民众，民众就会有廉耻之心，就会自觉纠正错误的思想行为。

这些都体现了孔子主张对民众进行引导、教化的思想，只有对民众进行引导、教化，民众才能懂得“仁爱”“忠义”“诚信”“孝顺”的大道理，才会自觉和主动地遵守国家的法律法规，做一个文明的国民。

最后，纠正一个长期以来人们对孔子“轻农”思想的误解。

《论语·子路》载：“樊迟请学稼。子曰：‘吾不如老农。’请学为圃。曰：‘吾不如老圃。’樊迟出。子曰：‘小人哉，樊须也！上好礼，则民莫敢不敬；上好义，则民莫敢不服；上好信，则民莫敢不用情。夫如是，则四方之民襁负其子而至矣，焉用稼！’”这一记载让孔子落了个“轻视农民”的罪名。可想，在当时的农耕时代，绝大多数都是农民，如果瞧不起农民，就等于瞧不起天下广大民众。倘若该罪名成立，那么“孔子的民本思想”就根本无从谈起。

我们应全面地看待孔子对待农民的态度。

首先，孔子青少年时期很贫贱，有丰富的农业劳动经历。《论语·子罕》记载：子曰：“吾少也贱，故多能鄙事。”所谓“鄙事”，按匡亚明《孔子评传》所言：“大概是扫地、做饭、洗衣、种菜、挑担、推车等家务劳动和给人家放羊、放牛以至当人家有婚丧喜事时做吹鼓手之类的事。”《孟子·万章下》记载：“孔子尝为委吏矣，曰：‘会计当而已矣。’尝为乘田矣，曰：‘牛羊茁壮长而已矣。’”孔子做“委吏”（仓库保管）时曾说：“把账目登记准确清楚。”做“乘田”（畜牧管理）时曾说：“把牛羊养得肥肥壮壮。”《史记·孔子世家》记载：“孔子贫且贱。及长，尝为季氏吏，料量平；尝为司职吏，而畜蕃息。”孔子做季氏吏时，称量做得很公平；做司职吏时，牲畜生长繁衍得很快。这些记载，不仅反映了孔子具有丰富的农业劳动经历，而且具有认真的劳动态度和踏实敬业精神。单就“敬业精神”可以看出，他对农民农事是深有感情的。

其次，孔子在丰富的劳动实践经历基础上，产生了先进的劳动思想和重农思想。比如，他主张“先难而后获”（《论语·雍也》），即先经受劳苦之难，然后才讲究获得，反对不劳而获。《论语·子路》记载：“子路问政。子曰：‘先之劳之。’请益。曰：‘无倦。’”子路问为政之道。孔子说：“要先民而劳，做好实践表率。”子路请求再多讲点。孔子说：“不要倦怠。”再比如，孔子主张勤劳致富，反对“饱食终日，无所用心”（《论语·阳货》）的懒汉行为。他说：“邦有道，贫且贱焉，耻也。”（《论语·泰伯》）国家政治清明，作为个人，如果还总是贫穷，那就是耻辱。致富是每个人的事，不能只是依赖国家和别人，要靠自己的智慧和勤劳的双手改变贫穷。富裕是民众的普遍愿望。孔子说：“富与贵，是人之所欲也；……贫与贱，是人之所恶也。”（《论语·里仁》）人人向往富裕，谁也不愿天天受穷。所以他说：“富而可求也，虽执鞭之士，吾亦为之。”（《论语·述而》）致富，如果可求的话，即使是执鞭驾车之类的低贱之事，我也做。只要是靠自身劳动致富，不计较工作是否体面。勤劳致富，不丢人；贪腐、坐享其成，才可耻。又比如，孔子主张“治政以农为本”。他说：“治政有理矣，而农为本；……生财有时矣，而力为本。置本不固，无务农桑。”（《孔子家语·六本》）意思是，治理国家有理道，农业是根本；创造财富有时机，肯下力气是根本；置本不牢固，无法从事农桑。这反映了孔子的重农思想。并特别强调，要致富，必须肯下力气，即必须卖力劳动。

当时是农耕时代，农民是衣食父母，不重农就意味着没饭吃，这是妇孺皆知的大道理，孔子绝不会无知到“瞧不起农民”的地步。就孔子的“劳动致富”思想印证，他不会瞧不起农民。至于孔子斥责樊迟“学稼”之问，显然是“学稼”有违孔子的培养目标，在那礼崩乐坏的时代，孔子是注重培育具备大格局大志向的治世救世之才，而不是教人如何种庄稼。这与当今北大高才生毕业后“卖猪肉”是一个道理，倘若该生在校学习期间向老师请教“如何卖猪肉”，那老师会很自然地脱口而出：“我不如屠夫！”

第五节　孟子的民本思想

孟子是我国古代民本主义的杰出代表，他的“民本”思想，集中体现在对“民”的强烈关注和深刻认识上。孟子认为民众是社会和国家的根基。民众创造的财富，是国家存在与发展以及君臣统治的基础，君主得失天下取决于民心的向背。统治者只有得到百姓的拥护和支持，才能得到江山。要赢得百姓拥护，就要做到思想上教民、化民，政治上宽民、爱民；经济上富民、惠民；孟子的民本思想对中国古代的政治思想产生了极大的影响。

一、民贵君轻

孟子对人民、国家和统治者三者之间的关系、地位在历史上首次做了明确的阐述：

> 孟子曰：“民为贵，社稷次之，君为轻。是故得乎丘民而为天子，得乎天子为诸侯，得乎诸侯为大夫。”（《孟子·尽心下》）

孟子说：“百姓最为重要，国家其次，国君为轻。所以，得到民心的做天子，得到天子欢心的做国君，得到国君欢心的做大夫。”

孟子提出了“民贵君轻”的著名政治论断和主张，这是孟子民本思想最为典型、最为明确的体现，“民贵君轻”成为后世广泛流传的名言，一直为人们所赞誉。

有必要提出的是，“民”是一个集合概念，“民”作为一个集合的整体是贵的，重于国君的，但“民”当中的每一个个体，普普通通的一介小民又怎么样呢？“民”这个整体，正是由一个个的个体组成，每一个个体都是应当受到尊重的，正如当今社会，提倡民主，提倡平等，提倡包容，提倡多样性。“法律面前人人平等”，当一个个体的“民”与“君”相比，就应当是平等的，因为国君，也是一个个体的民。因此说个体之民，轻与君是不恰当的。

可见，千年之前的孟子，其观念与当代民主观念不谋而合。孟子此处的阐述，绝非是封建主义，恰是中华文明的精华。

孟子提出了“民贵君轻”的思想，警示君王施行仁政，并且提出了如何“以民为本”的政治措施，将“民本”思想提高到了新的程度。孟子主张保障民众的各种利益。

孟子说：“诸侯之宝三：土地、人民、政事，宝珠玉者，殃必及身。”(《孟子·尽心下》)

诸侯的宝贝有三样：土地、百姓和政治，那种以珍珠美玉为宝贝的人，祸害一定会降临到他身上。

孟子明确地告诉诸侯国君，诸侯的宝贝是“土地、人民、政事”，如果不把“土地、人民、政事”当作宝贝，反而把“金玉”作为宝贝，必然会“殃必及身”。他已经认识到了在国家的实际治理中，百姓是尤为重要的力量。得到诸侯的赏识可以成为大夫，得到天子的欢心可以成为诸侯，得到百姓的拥护才可以成为天子。由此可见，在百姓、大夫、诸侯、天子的层层结构中，天子的地位最高、最尊贵，但也只有得到民众的拥戴才能成为天子。失去了民心，天子也就不复存在了。可见，孟子“民贵君轻”的含义是，民众是国家的基础，绝对不能动摇。对君主而言，取得民众的支持和拥护，是极其重要的事情。

二、富民教民

孟子“王道”与“仁政”的政治主张，构想和设计了先“富民”而后“教民”的理想王国。

首先，经济上要富民、惠民。百姓是国家的根本，只有百姓富足了，国家才能富强。孟子继承了孔子的足民、惠民的思想，并在此基础上提出了“制民之产”。

是故明君制民之产，必使仰足以事父母，俯足以畜妻子，乐岁

终身饱，凶年免于死亡，然后驱而之善，故民之从之也轻。(《孟子·梁惠王上》)

英明的君主应规划好民众的固定田产，必须要让他们上足以赡养父母，下足以养育妻儿；好收成的时候，百姓丰衣足食；收成不好的时候，也不至于饿死。然后，再去教育他们走上仁义的道路，百姓就愿意听从。“制民之产”是使百姓拥有一定的田产，即“恒产”。有了“恒产”，百姓就不会随便外出，也不会违法作乱。

孟子还提出了“制民之产”的具体方案：

五亩之宅，树之以桑，五十者可以衣帛矣。鸡豚狗彘之畜，无失其时，七十者可以食肉矣。百亩之田，勿夺其时，数口之家可以无饥矣。(《孟子·梁惠王上》)

每家给五亩土地的住宅，四围种植着桑树，那么，五十岁以上的人都可以有丝棉袄穿了。鸡狗与猪这类家畜，适时的去饲养繁殖，那么，七十岁以上的人就都有肉可吃。一家给他一百亩土地，并且不去妨碍他的生产，多口人的家庭便都可以吃得饱饱的。民众最担忧的是衣食无保障，正如墨翟所说：“民有三患：饥者不得食，寒者不得衣，劳者不得息。”(《墨子·非乐》)所以毛泽东同志在《经济问题与财政问题》中强调：“必须给人民以看得见的物质福利。”其次，孟子主张统治者在政治上要宽民、爱民，反对虐政。“暴其民甚，则身弑国。不甚，则身危国削。”(《孟子·离娄上》)他劝说统治者不要残害百姓，如果暴虐百姓太厉害，就会身死国亡，如果暴虐百姓不太厉害，也会身处危险地位，国力削弱。最后，孟子强调统治者在思想上要教民、化民。

孟子曰：“善政不如善教之得民也。善政，民畏之；善教，民爱之。善政得民财，善教得民心。”(《孟子·尽心上》)

好的政治不如好的教育更能得到百姓的支持。好的政治只能使百姓敬畏，好的教育才能使百姓喜爱。为获得百姓拥护，一定要进行好的教育。所以，孟子主张要在“富民”的同时，对百姓进行道德教育。他主张，教育百姓不仅要有国都里的学府，更关键的是大力兴办“庠”“校”“序”等乡野学校。设立学校的目的是对百姓进行人伦教育，让百姓明白人与人之间的各种伦理关系，以及各种行为准则和礼仪规范。《孟子·滕文公上》载：

> （孟子）曰："人之有道也；饱食、煖衣、逸居而无教，则近于禽兽。圣人有忧之，使契为司徒，教以人伦——父子有亲，君臣有义，夫妇有别，长幼有叙，朋友有信。放勋曰：'劳之来之，匡之直之，辅之翼之，使自得之，又从而振德之。'圣人之忧民如此，而暇耕乎？"

人有人的道理，如果仅仅吃得饱，穿得暖，住的安逸，却不接受教育，不懂礼义廉耻，那就接近禽兽了。圣人为此忧虑，于是选派契担任司徒，教导百姓做人之道，使他们懂得父子之间有亲情，君臣之间有礼义，夫妇之间有分别，长幼之间有次序，朋友之间有诚信。

孟子的"教民"思想，和孔子的教化民众的思想有一脉相承之处，都是主张在解决民生基本问题，即"温饱"问题的基础上，对民众进行"仁义礼智信"的教育。如果说，孔子和孟子代表的儒家思想家的"富民""足民"思想，类似于我们今天倡导的物质文明建设的话，那么，对民众进行教化，就类似于我们今天所说精神文明建设。当然，古代的思想家的"富民"和"教民"思想，还都是朴素的"民本思想"的具体体现，还都是立足于维护封建统治者的根本利益的基础上的，绝对达不到我们今天提倡的物质文明建设和精神文明建设的高度。

孟子的民本思想的确包含了丰富的内涵，尤其是"民贵君轻"的提出，在战国时期是极具进步意义的。我们没有必要用现在的标准去要求古人，应该给予中肯的评价。孟子民本思想中体现的政治智慧和政治理性，是古代思想家创造的宝贵财富，需要我们去继承和发扬，树立"以人为本"的理念，努力建设和谐社会。

第六节　民本思想的现代启示

古代贤明君主、思想家提出民本思想虽然是为当时君主专制统治阶级服务的，旨在维护封建专制国家安定稳固，但其思想精华对当下仍有现实意义和借鉴价值。

以民为本的思想在现代社会有十分重要的意义。民为邦本，本固邦宁。要想使国家长治久安，繁荣富强，就要关注民权民生，实施惠民恤民政策。荀子说：“天之生民，非为君也；天之立君，以为民也。”（《荀子·大略》）朱熹说：“天下之务，莫大于恤民。”（《论权者谋·立道篇》）纵观中国历史，凡是重视百姓，真正“以民为本”的君王，在其执政的时期都会有好的政绩，就会国内稳定，社会矛盾缓和，相反则会引起民不聊生，社会动荡。儒家的“以民为本”思想，具有相当高的进步性和人民性。虽然此“民本”不是现代意义上的民主，但它有着深刻的社会历史意义，它是古代政治文明的最高表现。“民本思想”对历代统治集团具有约束和劝谏力量，历代贤臣名相都倡导君主要“为政以德”，勤政爱民，官吏要廉洁自律，为民做主，客观上起到了缓和社会矛盾，维护国家安定的功用。在中国漫长的封建时代，中央集权制能够维护国家统一和社会稳定，同时也具有一定的社会服务职能。封建统治集团把民众看作邦国之本，把国君和民众的关系比作舟和水的关系，追求民众的安居乐业，统治集团与民众之间能够和谐共处，这并不仅仅是虚伪的道德说教，而是基于期望国家长治久安的政治追求。因此，认真汲取古代民本思想所内蕴的政治经验和智慧，对于当代社会立党为民、民主建设无疑具有重要的现实意义。

中国古代民本思想为解决新时代社会主要矛盾提供了历史依据。新时代我国社会的主要矛盾已经转化为“人民日益增长的美好生活的需要同不平衡不充分的发展之间的矛盾”。人民日益增长的对美好生活的需要，不仅表现为对物质文化高质量的需要，还包括日益增长的对民主、法治、公平、正义、安全、环境等方面的需要。“不平衡不充分的发展”制约着人民对日益增长的美好生活需要的满足，成为这一矛盾的主要方面。解决“不平衡不充分的发展”问题成为固本宁邦的关键。

中国古代的民本思想，为建设清廉俭朴、务实担当的干部队伍提供了历史“龟镜”。唐太宗李世民强调，君主必须为天下众生谋福利，而不能利用权势地位谋取个人利益；“不恤民事”是失道之举，严重者将丧失为君的条件。统治者腐败、官吏贪赃枉法是引起民怨、社会动荡的根源。党的干部，特别是各级领导干部，要用“公权”为人民谋利，决不可将“公权”变为自己谋取不正当利益的工具。“官清赢得梦魂安”，千万不可“损百姓以适其欲”。要清廉为政，清白做人。要勤俭办事，珍惜民力，反对奢华；为人民办实事，帮助群众解决生产生活中的困难和问题，如解决就医、就学、就业、饮水安全、社会保障、住房问题，以及生态环境建设、环境污染问题。要敢于担当，勇于负责，坚决反对推诿扯皮、失职渎职行为。真心实意为民服务，一定会赢得民众的拥戴。

现当代马克思主义者都十分注重“以民为本”，伟人毛泽东在《论联合政府》中指出：“我们共产党人区别于其他任何政党的又一个显著的标志，就是和最广大的人民群众取得了最密切的联系。全心全意地为人民服务，一刻也不脱离群众；一切从人民利益出发，而不是从个人或小集团的利益出发；向人民负责和向党的领导机关负责的一致性；这些就是我们的出发点。”又强调：“共产党人的一切言论行动，必须以合乎最广大人民群众的最大利益，为最广大人民群众所拥护为最高标准。”他特撰《为人民服务》一文，且把“全心全意为人民服务”特定为中国共产党的根本宗旨。周恩来在《谈谈青年的学习和生活》中强调：“我们革命的目的，就是要使人民得到幸福。”刘少奇在《论共产党员的修养》中指出：“为最大多数人民的最大利益而奋斗，是我们一个不变的原则。”

习近平总书记继承发展了毛泽东、周恩来、刘少奇等老一辈革命家关于为人民服务、群众路线的思想，在第十八届一次全会上当选为中共中央总书记后的中外记者见面会上，首先提出：“人民对美好生活的向往，就是我们的奋斗目标。”此后，在多个场合一再提出“把人民放在心中最高位置”。党的十九大把“坚持以人民为中心”思想上升为新时代坚持和发展中国特色社会主义的基本方略，成为新时代中国特色社会主义思想的重要内容。2016年10月21日，习近平《在纪念红军长征胜利80周年大会上的讲话》中语重心长地说：“‘水能载舟，亦能覆舟。’这个道理我们必须牢记，任何时候都不能忘却。老百姓是天，老百姓是地。忘记了人民，脱离了人民，我们就会成为无源之水、无本之木，就会一事无成。我们要坚持党的群众路线，始终保持党同人民群众的血肉联系，始终接受人民群众批评和监督，心中常思百姓疾苦，脑中常谋富民之策，使我们党永远赢得人民群众信任和拥护，使我们的事业始终拥有不竭的力量源泉。”继而，习总书记一再强调：“江山就是人民，人民就是江山！”

第十章 齐鲁文化中的尚贤思想

尚贤思想的具体体现，就是尊贤和任能。尊贤体现了对个人品德修养的尊重，任能则体现了对人的才华的重视。这一思想在我国有悠久的历史，传说尧、舜、禹时期的“禅让制”，充分体现了尊贤任能思想。商周时期实行世官制的同时，仍保留着尊贤任能思想，《论语》即有“汤有天下，选于众，举伊尹”的记载。此后凡是英明的君主都重视选贤任能，正所谓“大道之行也，天下为公，选贤与（通“举”）能，讲信修睦”（《礼记·礼运》）。源远流长的齐鲁文化中，出现过许多尊贤任能的故事，如姜太公尊贤尚功，鲍叔牙荐贤任贤，晏子解骖赎贤，孔子举贤，墨子尚贤等等，留下了历史佳话，给后人树立了典范。

第一节 姜太公的尚贤思想

姜尚辅佐武王伐纣有功，封地为齐，为齐国第一任国君，称太公。姜太公以足智多谋著称。司马迁说：“周西伯昌之脱羑里归，与吕尚阴谋修德以倾商政，其事多兵权与奇计，故后世之言兵及周之阴权皆宗太公为本谋。……天下三分，其二归周者，太公之谋计居多。”（《史记·齐太公世家》）姜太公既然足智多谋，自然认识到贤能之士的重要性。他提出的“尊贤能，赏有功”主张，其实就是尊重人才。凡是品德好、有才能的人，不论身世如何，只要于国于民有所贡献，就会受到嘉赏重用。

一、尊贤尚功

据《吕氏春秋·长见》载：“吕太公望封于齐，周公旦封于鲁，二君者甚相善也。相谓曰：‘何以治国？’太公望曰：‘尊贤尚功。’”太公治齐的政治谋略主要是尊重贤能，崇尚功绩，并提出一套比较系统的“六守”标准。太公认为，只有按照好的标准选才与用人，才能取得天下和驾驭天下；反之，就会倾覆和败亡。所谓“六守”是指：

> 一曰仁，二曰义，三曰忠，四曰信，五曰勇，六曰谋，是谓六守。（《六韬·六守》）

“仁”就是仁善，关爱民众；“义”就是公平正直、坚持正义；“忠”就是对君主和国家忠贞不贰；“信”就是要具备诚实守信的品格；“勇”就是要有胆识，能决断，不怕困难险阻；“谋”就是要能谋划大事、善于处理各类事务。从姜子牙用人的六条标准可见，他所认为的良吏，必须文武俱善、德才兼备，还要爱民爱国、刚强忠勇，既坚持了品质标准，又提出了能力要求。

在人才政策方面，姜太公实行“尊贤尚功”的办法。就是选拔贤良有能力的人做官，吸收大批东夷当地的人才加入齐国统治集团，让他们在国家建设中发挥能量。对通过考核符合选贤标准的人，不分亲疏，用其所长，最大限度发挥他们的积极创造性。这一用人策略补充了西周以血缘关系为基础的“尊尊亲亲”的正统思想。姜太公还把用人提升到事关国家兴亡的高度，提出“六守”“八征”“六不用”的人才理论。实践证明，他的用人思想不仅开创了“任人唯贤”“唯才是举”的人才策略的先河，也为后来齐国称霸列国奠定了基础。

二、选才考能

在《六韬·文韬·举贤》中，姜太公提出了选贤的办法，主张按“两要领”选贤：一方面要“将相分职，而各以官名举人，按名督实”；一方面要“选才考能，令实当其名，名当其实，则得举贤之道也。”他主张对被举用者进行考验和考察：

> 富之而观其无犯，贵之而观其无骄，付之而观其无转，使之而观其无隐，危之而观其无恐，事之而观其无穷。富之而不犯者仁也，贵之而不骄者义也，付之而不转者忠也，使之而不隐者信也，危之而不恐者勇也，事之而不穷者谋也。（《六韬·文韬·六守》）

给被任用的人致富的机会，考验他是否贪财而枉法；给他高等的官爵，看他骄横与否；授予他以重任，看他擅权与否；指令他做些事情，看他有无隐瞒欺骗；让他处于危难之中，考察他恐惧与否；命令他处理复杂事务，看他有无应变能力。如果面对财富而不枉法，是仁人；如果富贵而不骄横，是有义；若受委托而不改志向，是忠诚；如果处理事情而不欺瞒，是有信；如果遇到危难而不恐惧，是有勇；如果面对复杂事情能应变自如，是有谋略。

由于姜太公重视人才，善于任用人才，所以齐国的各类人才脱颖而出。齐国在以后的发展中，都继承了姜太公重视人才的传统。其他国家的人才也到齐国谋求发展，据说范蠡就到齐国经商，改名为鸱夷子皮，最后发了财，后来遇到齐国灾荒，他就把财物全部捐出来救济灾民。可见范蠡不仅有政治才能，也有经济才能，更具有救济苦难民众的高尚品质。

第二节　齐国君臣的尚贤事迹

一、齐桓公的尚贤事迹

齐桓公，齐国第十六代君主，春秋五霸之首。桓公不计前嫌，重用管仲为相的故事为后人称道，其求贤若渴、礼贤下士的故事还有以下几则：

（一）庭燎招贤

齐桓公之所以能成就霸业，成为诸侯之长，是他雄心勃勃、励精图治、广揽人才的结果。《韩诗外传》记载了他“庭燎招贤”的故事，春秋时期天子和国君在接待外国使者或商讨国家大事时，要在大庭中燃起火炬，叫“庭燎”，这是最高规格的接待礼仪。关于“庭燎招贤”的原文如下：

> 齐桓公设庭燎，为士之欲造见者，期年而士不至。于是东野鄙人有以九九见者。桓公使戏之，曰：“九九足以见乎？”鄙人曰：“臣不以九九足以见也！臣闻君设庭燎以待士，期年而士不至。夫士之所以不至者，君，天下之贤君也，四方之士皆自以为不及君，故不至也。夫九九，薄能耳，而君犹礼之，况贤于九九者乎？夫太山不让砾石，江海不辞小流，所以成其大也。《诗》曰：“先民有言，询于刍荛（ráo）。”言博谋也。桓公曰：“善。”乃因礼之。期月，四方之士相导而至矣。（《韩诗外传》卷三）

齐桓公因求贤若渴而“庭燎招士”，但一年过后，没有一个贤士前来。这时，东野那里有个地位低下的人求见，齐桓公很高兴地登堂接见。他问来人有何才能，来人回答：“我会九九算术。”桓公讥笑说：“会九九算术也能算一技之长吗？齐国这样的人到处都是。”来人回答道：“大山不拒绝细小的石头，所以才成了大山；大海不拒绝细小的溪流，所以才成为大海，九九算术不算什么，但您如果对我以礼相待，还怕比我高明的人不来吗？”桓公深感有理，便设庭燎之礼接待了他。果然，一个月后四面八方的贤士接踵而至。

齐桓公听从管仲尚贤重士的意见，不断在士中选用人才。宁戚出身农牧，一经赏识，便委以国政，用为大司农。因此，在齐桓公的朝堂上很快就会集了管仲、鲍叔牙、宁戚、隰朋、高傒、宾须无、东郭牙、王子成父等大批优秀人才。桓公在管仲等人的谋略帮助下，对经济、军事和内政都进行了政绩显著的改革，使齐国很快变得富强起来。

（二）五见小臣稷

在封建社会里，有才能的人往往显得清高，所谓“傲爵禄”“轻其主”，像毛遂那样能自荐的人不多。因此，君主能礼贤下士就显得尤为重要。《新序·杂事》记载：

> 齐桓公见小臣稷，一日三至不得见也。从者曰：“万乘之主，布衣之士，一日三至而不得见，亦可以止矣。”桓公曰：“不然。士之傲爵禄者，固轻其主；其主傲霸王者，亦轻其士。纵夫子傲爵禄，吾庸敢傲霸王乎？”五往而后得见。天下闻之，皆曰：“桓公犹下布衣之士，而况国君乎？”于是相率而朝，靡有不至。

大意是说，齐桓公听说小臣稷是个贤士，就渴望见他一面。有一天，齐桓公连着三次去见他，小臣稷托故不见。跟随桓公的人说：“您贵为万乘之主，他是个布衣百姓，一天当中您来了三次而不得见，也就算了吧。”但是齐桓公却很有耐心地解释：“不能如此，清高的贤士轻视爵禄富贵，才会傲视君主，如果其君主轻视霸王，必然也就会不在乎贤士。纵有贤士轻视爵禄，我哪里又敢傲视霸王呢？”齐桓公连续五次前往拜见，才得以见到小臣稷。天下人听到这个事，都说：桓公能谦下布衣之士，何况国君呢？于是相继来朝，没有不到的。

（三）礼贤东郭邮

《管子·小问》记载：

> 桓公与管仲阖门而谋伐莒，未发也，而已闻于国矣。桓公怒，谓管仲曰：“寡人与仲父阖门而谋伐莒，未发也，而已闻于国，其故何也？”管仲曰：“国必有圣人。”桓公曰：“然。夫日之役者，有执席食以视上者，必彼是邪？”于是乃令之复役，毋复相代。少焉，东郭邮至。桓公令傧者延而上，与之分级而上，问焉，曰：“子言

伐莒者乎？”东郭邮曰：“然，臣也。”桓公曰：“寡人不言伐莒而子言伐莒，其故何也？”东郭邮对曰：“臣闻之，君子善谋，而小人善意，臣意之也。”桓公曰：“子奚以意之？”东郭邮曰：“夫欣然喜乐者，钟鼓之色也；夫渊然清静者，缞绖（cuīdié）之色也；漻然丰满而手足拇动者，兵甲之色也。日者臣视二君之在台上也，口开而不阖，是言莒也；举手而指，势当莒也。且臣观小国诸侯之不服者，唯莒，于是臣故曰伐莒。”桓公曰：“善哉，以微射明，此之谓乎！子其坐，寡人与子同之。”

大意是说，一天，齐桓公与管仲秘密商讨要征伐莒国的事，还没公开，已在外面传开了。桓公气愤地对管仲说：“我与仲父闭门谋划伐莒，没有公开就传闻于外，这是什么原因？”管仲说：“国中必有圣人。”桓公寻思了一下，说：“是的，白天雇来干事的人中，有一个端着席上饭菜眼睛向上看的，一定是他吧？”于是吩咐，让这个人继续来干同样的差役。不多久，东郭邮来了。桓公让人把他请上来，询问他说：“是你说出我要伐莒的吗？”东郭邮果敢地说：“是的，是臣下。”桓公说：“我没说伐莒，而您却言伐莒，是何原因？”东郭邮回答：“我听说过，君子善于谋划，而小人善于臆测，这是我推测出来的。”桓公又问：“你是如何推测出的？”东郭邮说：“我听说君子有三种表情，欣然喜乐，是鸣钟击鼓奏乐的表情；深沉清静，是居丧戴孝的表情；形气盛满而手足拇指有动作，是谋划战争的表情。那天，我看你们两位在台上的情况：口开而不合，像是在说莒；举手指划，方向对着莒国。而且我观察小国诸侯不肯服从的，唯有莒国。因此我推测是要伐莒。”桓公说：“好啊！从细微之处明察大事，说的就是这种情况吧！您请坐下来，我来与您共同谋划伐莒之事。”不久，齐桓公就提拔了东郭邮，委以重任。

二、齐襄王的尚贤事迹

齐襄王，妫姓，田氏，名法章，齐闵王之子，战国时期齐国国君，公元前283年到公元前265年在位。田单，妫姓，田氏，名单，临淄人，战国时田齐都临淄的市掾，后因功被任为相国，封号安平君。

（一）任人唯贤

《战国策·齐策》记载了这样一段历史：

燕攻齐，齐破。闵王奔莒，淖齿杀闵王。田单守即墨之城，破燕兵，复齐墟。襄王为太子征。齐以破燕，田单之立疑，齐国之众，皆以田单为自立也。襄王立，田单相之。过菑水，有老人涉菑而寒，出不能行，坐于沙中。田单见其寒，欲使后车分之衣，无可以分者，单解裘而衣之。襄王恶之，曰："田单之施，将欲以取我国乎？不早图，恐后之。"左右顾无人，岩下有贯珠者，襄王呼而问之曰："汝闻吾言乎？"对曰："闻之。"王曰："汝以为何若？"对曰："王不如因以为己善。"曰："奈何？"曰："王嘉单之善，下令曰：'寡人忧民之饥也，单收而食之；寡人忧民之寒也，单解裘而衣之；寡人忧劳百姓，而单亦忧之，称寡人之意。'单有是善，而王嘉之，单之善，亦王之善已。"王曰："善。"乃赐单牛酒，嘉其行。后数日，贯珠者复见王曰："王至朝日，宜召田单而揖之于庭，口劳之。乃布令求百姓之饥寒者收穀之。"乃使人听于闾里，闻丈夫之相与语，举曰："田单之爱人，嗟！乃王之教泽也！"

这是说：燕国进攻齐国，险些使齐国灭亡。闵王出逃后被杀掉。田单独当一面，坚守即墨城，对抗燕军，收复失地，后来拥立太子庸为襄王，田单本人做了相国。田单虽然功勋卓著，襄王却一直担心他（有二心）。有一次，他们一起走过淄河，看见一位老者涉渡寒冷的淄河，过河后就不能动弹了。田单就让人把多余的衣服给老人，可是那人没有什么多余的衣服，田单就脱下自己的裘衣给老人穿上。襄王很讨厌这件事，就低声自语说："田单施小恩小惠，将来很可能会夺取君位。不早打主意，恐怕来不及了。"山脚下有一个采珠人，襄王对他说："你认为有什么办法？"采珠人就说："大王不如假借此事做一件对自己有利的事。大王应该表扬田单的优点，下令说：'我忧虑百姓的饥荒，田单能收来粮食让百姓吃；我担心百姓挨冻，田单就解下他的皮衣给百姓穿；我忧虑百姓辛苦，田单也忧虑这件事，他这样做很合我的心意。'田单有这么多优良品质而大王又能赞许他，表扬田单的好处，也就是宣扬大王的好处。"襄王果真这样做了。后来襄王又在宫廷里亲自召见田单，予以慰劳。还发布告令，搜寻饥寒的百姓，收留抚养起来。此后使人到乡间吕巷打听反响，果然听到人们都称颂说："田单那样地爱人，原来是大王教化他的结果。"

可见，齐襄王既重视田单的美德，也能够听从"贯珠者"的劝谏。

（二）诛宠护贤

《战国策·齐策》记载，貂勃曾诽谤田单是小人，田单却把他举荐给齐襄王，俩人成了莫逆之交。当时，齐襄王有九个宠臣，都想谋害田单，他们就想法让襄王派貂勃出使楚国。貂勃还没回来，这九个人又都说貂勃迟迟不归，是因为靠了田单的势力。接着又说田单不讲君臣之礼，笼络人心，企图谋反。为此，襄王对田单十分怠慢。

> 貂勃从楚来，王赐诸前，酒酣，王曰："召相田单而来。"貂勃避席稽首曰："王恶得此亡国之言乎？王上者孰与周文王？"王曰："吾不若也。"貂勃曰："然，臣固知王不若也。下者孰与齐桓公？"王曰："吾不若也。"貂勃曰："然，臣固知王不若也。然则周文王得吕尚以为太公，齐桓公得管夷吾以为仲父，今王得安平君而独曰'单'。且自天地之辟，民人之治，为人臣之功者，谁有厚于安平君者哉？而王曰'单，单'。恶得此亡国之言乎？且王不能守先王之社稷，燕人兴师而袭齐墟，王走而之城阳之山中。安平君以惴惴之即墨，三里之城，五里之郭，敝卒七千，禽其司马，而反千里之齐。安平君之功也。当是时也，阖城阳而王，天下莫之能止。然而计之于道，归之于义，以为不可，故为栈道木阁，而迎王与后于城阳山中，王乃得反，子临百姓。今国已定，民已安矣，王乃曰'单'。且婴儿之计不为此。王不亟杀此九子者以谢安平君，不然国危矣！"王乃杀九子而逐其家，益封安平君以夜邑万户。

貂勃从楚国回来，襄王请他饮酒。酒酣之时，襄王竟喊道："叫相国田单马上来！"貂勃离席叩头说："大王怎么能说这种亡国的话呢？"接着又问襄王比周文王、齐桓公如何？襄王自感不如。貂勃说："这就是了！既然如此，那么周文王得到姜尚，以他为太公；齐桓公得到管仲，尊他为仲父，如今大王得到安平君（田单）却偏偏直呼其名。"貂勃又历数田单在齐国生死存亡时的功绩，感慨万分地说："在那时候，如果田单关闭城阳自称为王，城阳和天下的人谁能去制止他啊？然而，安平君考虑到君臣之道，本着浩然正气，认为不能这样做，因此就修建木阁、栈道，到城阳山中去迎接大王，大王才能够返回故国，安抚百姓。如今国事已经安定，人民也已安居乐业了，大王却直呼其名，就是小孩子一般也不会这么做。大王不如赶快杀掉这九个奸贼，向安平君谢罪，不然国家就危险了。"襄王恍然大悟，杀掉了九个宠臣，驱逐了他们的家眷，又把万户的夜邑封给了安平君。

三、鲍叔牙的尚贤事迹

鲍叔牙（？ —前644年），姒姓，鲍氏，名叔牙，鲁国平阳（今山东新泰鲍庄）人，春秋时期齐国大臣，大夫鲍敬叔之子。

鲍叔牙是管仲（字夷吾）的好朋友，早年管仲贫困，鲍叔牙时常接济他。后来管仲辅佐公子纠，鲍叔牙辅佐公子纠的弟弟公子小白（后为齐桓公）。公子小白做了国君之后，鲍叔牙推荐管仲当上了宰相，被时人誉为"管鲍之交""鲍子遗风"。在鲍叔牙的协助下，管仲实行了治国之道，促进齐国迅速由乱转治，由弱变强。齐桓公三十年（公元前656年），参与"召陵之盟"，和管仲一起，协助齐桓公成为春秋"五霸"之一。齐桓公四十一年（公元前645年），担任国相，病逝于任上。今山东省济南市历城区鲍山街道济钢新村有鲍叔牙墓。

《国语·齐语》中记载了这样一段话，可以看出鲍叔牙是怎样辞宰相、荐管仲的：

> 桓公自莒反于齐，使鲍叔为宰，辞曰："臣，君之庸臣也。君加惠于臣，使不冻馁，则是君之赐也。若必治国家者，则非臣之所能也。若必治国家者，则其管夷吾乎。臣之所不若夷吾者五：宽惠柔民，弗若也；治国家不失其柄，弗若也；忠信可结于百姓，弗若也；制礼义可法于四方，弗若也；执枹鼓立于军门，使百姓皆加勇焉，弗若也。"桓公曰："夫管夷吾射寡人中钩，是以滨于死。"鲍叔对曰："夫为其君动也。君若宥而反之，夫犹是也。"桓公曰："若何？"鲍子对曰："请诸鲁。"桓公曰："施伯，鲁君之谋臣也，夫知吾将用之，必不予我矣。若之何？"鲍子对曰："使人请诸鲁，曰：'寡君有不令之臣在君之国，欲以戮之于群臣，故请之。'则予我矣。"桓公使请诸鲁，如鲍叔之言。
>
> 庄公以问施伯，施伯对曰："此非欲戮之也，欲用其政也。夫管子，天下之才也，所在之国，则必得志于天下。令彼在齐，则必长为鲁国忧矣。"庄公曰："若何？"施伯对曰："杀而以其尸授之。"庄公将杀管仲，齐使者请曰："寡君欲亲以为戮，若不生得以戮于群臣，犹未得请也。请生之。"于是庄公使束缚以予齐使，齐使受之而退。

这是说，齐桓公自莒国回到齐国当了国君后，任用鲍叔牙为太宰。

鲍叔牙推辞说："我，只是一个庸碌之辈，您赐予我恩惠，叫我不再挨冻受饿。如果必须治理国家，那我没有能力；如果必须治理国家，只有管夷吾才行。我不如管夷吾的地方有五点：仁慈宽厚，使百姓感恩，我不如他；使国家大治而不失权柄，我不如他；用忠诚信义团结百姓，我不如他；制定道德礼法规则，使之成为百姓的行为标准，我不如他；两军打仗，在营门前击鼓助威，使士兵勇气倍增，我不如他。"桓公说："那管仲曾用箭射中我的衣带钩，差点我就丧了命。"鲍叔牙解释说："管夷吾那是为他主人效力，如果您宽恕他，让他回齐国来，他也会像效忠公子纠一样效忠你。"齐桓公问："那怎么办？"鲍叔牙说："派人到鲁国请他去。"齐桓公说："施伯是鲁国有智谋的大臣，他知道我要任用管仲的话，肯定不放他，那怎么办？"鲍叔牙说："派人向鲁国请求，就说：'我们齐国有个很坏的臣子在贵国，想要在齐国群臣面前处死他，所以请求贵国。'鲁国就会给了。"齐桓公就派使臣向鲁国请求放管仲，按着鲍叔牙办法做。鲁庄公询问施伯，施伯回答说："这不是要杀他，是想重用他。管仲是治理天下的才能之士，重用他，齐国一定能称霸于天下。让他回齐国，那肯定会成为鲁国的祸害啊。"鲁庄公问："那怎么办？"施伯说："把管仲杀了，然后把尸体交给齐国使者。"鲁庄公准备杀掉管仲，齐国使者向庄公请求说："我们的国君想亲眼看着处死他，如果不能把活的管仲在群臣面前杀了，还是没达到目的呀，请放活的给齐国。"于是鲁庄公吩咐捆绑管仲交给齐国使者，齐国使者领回管仲就离开了鲁国。

桓公和管仲根据中原形势拟定了霸业方针——尊王攘夷。尊重周朝王室，可以挟天子以令诸侯；攘除夷狄侵扰，是中原各国的共同愿望，可以得到诸侯的拥护，可以立德树威。从公元前681年开始，齐桓公在这一旗帜下向外发展，取得了很大成功，雄霸中原三十多年。右有管仲，左有鲍叔，人才济济，终于成就了九合诸侯、一匡天下的宏图霸业。

第三节　晏子的尚贤思想

晏子，名婴，字平仲，春秋时夷维（今山东高密）人。齐国政治家、思想家、外交家，历事灵公、庄公、景公三世。长于辞令，关心民事，节俭力行，尽忠直谏，名显诸侯。晏子在齐国历史上是继管仲以后又一位政绩斐然的贤相。

一、解骖赎贤

《晏子春秋·内篇杂上》记载：

> 晏子之晋，至中牟，睹弊冠、反裘、负刍息于途侧者，以为君子也。使人问焉，曰："子何为者也？"对曰："我越石父也。"晏子曰："何为至此？"曰："吾为人臣仆于中牟，见使将归。"晏子曰："何为为仆？"对曰："不免冻饿之切吾身，是以为仆也。"晏子曰："为仆几何？"对曰："三年矣。"晏子曰："可得赎乎？"对曰："可"。遂解左骖以赎之，因载而与之俱归。
>
> 至舍，不辞而入，越石父怒而请绝。晏子使人应之曰："吾未尝得交夫子也，子为仆三年，吾乃今日睹而赎之，吾于子尚未可乎？子何绝我之暴也？"
>
> 越石父对曰："臣闻之，士者诎乎不知己，而申乎知己，故君子不以功轻人之身，不为彼功诎身之理。吾三年为人臣仆，而莫吾知也。今子赎我，吾以子为知我矣。向者子乘，不我辞也，吾以子为忘；今又不辞而入，是与臣仆我者同矣。我犹且为臣，请鬻于世。"
>
> 晏子出，请见，曰："向者见客之容，而今也见客之意。婴闻之，省行者不引其过，察实者不讥其辞，婴可以辞而无弃乎！婴诚革之。"乃令粪洒改席，尊醮而礼之。
>
> 越石父曰："吾闻之，至恭不修途，尊礼不受摈。夫子礼之，仆不敢当也。"晏子遂以为上客。
>
> 君子曰："俗人之有功则德，德则骄，晏子有功，免人于厄，而反诎下之，其去俗亦远矣。此全功之道也。"

大意是说，晏子到晋国出使，途经中牟地方，在路边见到一位戴着破帽子、反穿皮衣、背着柴草休息的人，晏子认为他是个君子，就差人前去问询："您干什么的？"那人说："我叫越石父。"晏子问："为何到这里来呢？"越石父说："我到中牟来为人家做奴仆，倘若见到齐国使者，我可以回齐国去。"晏子问："为什么非要做奴仆呢？"越石父说："我难以避免饥寒，所以做了奴仆。"晏子又问："做了多长时间奴仆了？"越石父说："三年了吧。"晏子问："我能用钱赎你回去吗？"越石父说："可以。"晏子就解下在车子左边的马，赎出越石父，让越石父坐在自己的车上，一起回齐国。

车子到了晏子的府邸，晏子不与越石父招呼一声就回屋了，越石父很不满，要求同晏子断绝交往。晏子差人向他解释说：“我和您没有什么交情，您做奴仆三年了，我遇到了，把您赎了出来，我对您还不够意思吗？为什么您突然要和我绝交呢？”

越石父说：“我听说，贤士在不知己的人面前会遭受委屈，在知己的人面前会心情舒畅。所以，这是君子奉行的原则：不因帮助了别人就对人家傲慢，也不因别人帮助了自己就自觉低人一等的道理。我做了三年奴仆，没有遇到知己之人。今天您赎我出来，我以为您是知己之人。刚才，您坐车的时候，不向我打招呼就先上了车，我以为您是忽略了礼节；现在又不打招呼就回屋了，这跟把我当奴仆看待有什么两样呢。我还是要做奴仆啊，请您把我卖给其他人吧。”

晏子出来见越石父。说：“刚才，我看见您的外表，现在却见识了您的内心。我听说，反思自己言行的人不会再犯同样的过错，了解实情的人不会嘲讽人家的语言，我可以不因为言行不当而被你嫌弃吗？我真诚地改正错误。”于是，晏子让人打扫厅堂，重新安排座次，向越石父敬酒，对越石父以礼相待。

越石父说：“我听说，讲究礼仪不能违背了规则，极敬重的礼节不能对傧相施行。您用这么尊重的礼节对待我，我真受之有愧啊！”于是，晏子视越石父为上等宾客。

君子说：“庸俗之人帮助了别人就觉得对人有恩，觉得有恩于人就会骄慢，晏子帮助了别人，解救别人于困境，反而屈身在那人之下，这和庸俗之人大不相同。这是完善自身道德的方法。”

二、知贤用贤

晏子在提出爱民为治国之本的同时，认为执政者能否用贤人、远小人，是政治是否清明、国家能否昌盛的关键。他说：“国有三不祥：夫有贤而不知，一不祥；知而不用，二不祥；用而不任，三不祥也。”因此，他对任贤治国十分重视。《晏子春秋·内篇问上》中提出了选贤标准：

> 景公问晏子曰：“忠臣之行何如？”对曰：“不掩君过，谏乎前不华乎外；选贤进能，不私乎内；称身就位，计能受禄；睹贤不居其上，受禄不过其量；不权居以为行，不称位以为忠，不掩贤以隐长，不刻下以谀上；君在不事太子，国危不交诸侯；顺则进，否则退，不与君行邪也。

齐景公问晏子说："忠臣是什么品行？"晏子答道："不掩饰国君的错误，当面进谏国君，却又不向外宣扬；选用德才兼备的人，却不是顾及私情任人唯亲；衡量自己的才能担任官职，凭自己的能力享受俸禄；发现贤能之士能主动让贤，享受的俸禄不超过贤能之士；不因为自己的身居高位而改变自己的行事准则，不凭借自己的官职决定自己的忠信；不压制贤能之士，隐瞒贤能之士的优点，不苛求下属而对自己巴结；君王在位时，不依附太子，国家危难之时，不结交其他诸侯；世道清明就出仕做官，世道昏暗时就隐退，不顺从国君做不正之事。"

晏子通过实际考察来识贤求能的思想，是难能可贵的，也是行之有效的，至今仍不无借鉴意义。晏子还注意到，欲兴事业，非有一大批德才兼备的人来辅助不可。这样，选贤举能就不仅仅是国君一个人的事，作为君之忠臣，也应该时时注意选贤举能。所以，晏子在辅弼齐景公管理国家大事的同时，在选贤举能上也做了大量的工作。他识越石父于奴仆之中，又荐勇于改过自新的马车夫为齐国大夫，成为佳话。

第四节　孔子的尚贤思想

孔子的思想核心是"仁"，达到"仁"的最高标准的人是"圣"，而一般的才德兼备的人，即是"贤"。孔子的尚贤思想，可以概括为以下数端。

一、育贤选能

孔子是最早倡办私学的教育家，由于资料有限，对于孔子当年的教学内容，今天已经难知其详。《论语·述而》记载："子以四教，文、行、忠、信。"可见他注重的是文化知识、做事能力和忠信品质。他开设的"礼乐射御书数"六艺课程，注重的是学生德智体全面发展。目的是要挽救春秋时期礼崩乐坏的社会败局，为社会输入更多的治国理政人才。因此，在从政为官方面，孔子教导学生"为政以德"(《论语·为政》)，要求学生正直，"政者，正也。子帅以正，孰敢不正"(《论语·颜渊》)。"不能正其身，如正人何？"(《论语·子路》)"其身正，不令而行；其身不正，虽令不从。"(《论语·子路》)鼓励学生从政为民，赞美子贡所说的"博施于民而能济众"是圣德。

作为伟大的教育家，孔子十分重视对弟子的品德和才能的培养。在他的精心栽培下，好多学生德才兼备，具备了从政能力。《论语·雍也》

记载：

子曰："雍也，可使南面。"

孔子说："冉雍这个人，可以让他去做官。"冉雍，字仲弓。南面：古以坐北朝南为尊位，此指官位。后来，冉雍做了鲁国执政权臣季氏的家宰。

《论语·雍也》又记载：

季康子问："仲由可使从政也与？"子曰："由也果，于从政乎何有？"曰："赐也可使从政也与？"曰："赐也达，于从政乎何有？"曰："求也可使从政也与？"曰："求也艺，于从政乎何有？"

季康子问："仲由可以让他从政吗？"孔子说："仲由果敢决断，让他从政有什么难的？"又问："端木赐可以让他从政吗？"孔子说："端木赐通达，让他从政有什么难的？"又问："冉求可以让他从政吗？"孔子说："冉求多才多艺，让他从政有什么难的？"

孔子一向重视对贤德人才的发现和培养。《礼记·礼运》曰：

大道之行也，天下为公，选贤与能，讲信修睦。故人不独亲其亲，不独子其子，使老有所终，壮有所用，幼有所长，矜寡孤独废疾者皆有所养，男有分，女有归。

这就是说，如果儒家的大道能够推行的话，首先就是选择和推举具有优良品质和出色才华的人才，让他们参与社会管理。

孔子认为，"为政在人。"《礼记·中庸》记载：

哀公问政。子曰："文武之政，布在方策。其人存，则其政举；其人亡，则其政息……故为政在人。"

"为政在人"，是说治国理政，关键在于有没有贤能之人。这里所说的"人"，不仅指君主个人，还包括一切贤能的当政者。

《史记·孔子世家》记载：鲁哀公问政，孔子答曰："政在选臣。"但他同时强调，如果仅靠一个人去发现，选拔的人才毕竟有限，必须与群臣的积极推荐相结合，才能发现更多的贤能之士。所以，当仲弓问政时，孔子曰：“先有司，赦小过，举贤才。”（《论语·子路》）就是说，先给办事人员做好表率，赦免他们的小过错，选拔贤良人才。仲弓又问：“焉知贤才而举之？”孔子说：“举尔所知，尔所不知，人其舍诸？”可见，举荐人才是任官从政的基本职责之一，每位官员都有责任尽其所能举其所知之贤才，否则自己也不能称为贤者。因此，他对见贤不举者，予以严厉批评。《论语·卫灵公》载：“子曰：‘臧文仲其窃位者与？知柳下惠之贤而不与立也。’”臧文仲是鲁国一位名声显赫的大夫，但此人在政治上排斥贤能，明知柳下惠贤良却不推举他与自己并立于朝。孔子骂他是“窃位者”，即占着官位而不尽其职者。孔子认为，身居官位，勤政为民是其分内职责，但推贤举能也是其重要职责。不推荐人才，是一种失职。

孔子平时关注发现人才，《论语·雍也》记载：

> 子游为武城宰。子曰：“女得人焉尔乎？”曰：“有澹台灭明者，行不由径，非公事，未尝至于偃之室也。”

子游做武城邑宰时，孔子问他：“你在此地得到人才了吗？”子游回答说：“有个叫澹台灭明的人，走路不抄小道，不是公事，从不到我办公室里来。”从子游的回答中可知，澹台灭明是一个堂堂正正、不搞歪门邪道的正人君子，展现出很高的道德情操。此时，孔子虽已年迈，还是把他收入门下，成为孔子最晚收留的弟子（据李启谦《孔门弟子研究》）。经孔子培养，后来成为鲁国大夫。

二、举贤任能

孔子主张重用正直人才。《论语·为政》记载：

> 哀公问曰：“何为则民服？”孔子对曰：“举直错诸枉，则民服。举枉错诸直，则民不服。”

鲁哀公问：“怎样做才能使民众服从？”孔子回答说：“举用正直的人，把他们放置在邪曲的人之上，民众就服从；如果举用邪曲的人，把他们放置在正直的人之上，民众就不服从。”孟子曾述及不仁者居高位的严重性：“唯仁者宜在高位。不仁而在高位，是播其恶于众也。”（《孟子·离娄上》）

《论语·颜渊》记载：

樊迟问仁。子曰："爱人。"问知。子曰："知人。"樊迟未达。子曰："举直错诸枉，能使枉者直。"樊迟退，见子夏曰："乡也吾见于夫子而问知，子曰：'举直错诸枉，能使枉者直。'何谓也？"子夏曰："富哉言乎！舜有天下，选于众，举皋陶，不仁者远矣。汤有天下，选于众，举伊尹，不仁者远矣。"

樊迟问什么是仁。孔子说："关爱人。"又问什么是知。孔子说："了解人。"樊迟没明白。孔子说："举用正直的人，把他们放在邪曲的人之上，能使邪曲的人正直起来。"樊迟退下，见到子夏说："刚才吾见到先生，询问什么是知，先生说：'举直错诸枉，能使枉者直。'这话什么意思？"子夏说："含意多么丰富啊这话！舜有了天下，在众人中选拔人才，举用皋陶（gāoyáo），不仁的人便都远去了。汤有了天下，在众人中选拔人才，举用伊尹，不仁的人便都远去了。"

孔子对晋国当权者魏献子委派的县大夫，既有贵族大夫，也有其他贤者，表示赞许。"仲尼闻魏子之举也，以为义，曰：'近不失亲，远不失举，可谓义也。'"（《左传·昭公二十八年》）这样既不失亲，又不失举贤才，表现出孔子虽然没有摆脱"亲亲"原则的束缚，但已对它有所修正，是想用"举贤才"的方法弥补"亲亲"之不足。

亲贤远佞，这是历代治国理政者积累的经验。

第五节　墨子的尚贤思想

墨子，名翟，战国初期鲁国人，墨家学派创始人。传世著作《墨子》一书，内有《尚贤》一篇，专论尚贤的重要性以及选贤任能之方法。

一、富贤敬贤

《墨子·尚贤》中，论述了尚贤事能的具体办法，主张对待贤明的人，要"富、贵、敬"，这样才能使国家的"贤才"多起来。

子墨子言曰："今者王公大人，为政于国家者，皆欲国家之富，人民之众，刑政之治。然而不得富而得贫，不得众而得寡，不得治而得乱，则是本失其所欲，得其所恶。是其故何也？"

子墨子言曰："是在王公大人为政于国家者，不能以尚贤事能为政也。是故国有贤良之士众，则国家之治厚；贤良之士寡，则国家之治薄。故大人之务，将在于众贤而已。"

曰："然则众贤之术将奈何哉？"子墨子言曰："譬若欲众其国之善射御之士者，必将富之、贵之、敬之、誉之，然后国之善射御之士将可得而众也。况又有贤良之士，厚乎德行，辩乎言谈，博乎道术者乎？此固国家之珍而社稷之佐也。亦必且富之、贵之、敬之、誉之，然后国之良士亦将可得而众也。"

意思是说，当时的天子、诸侯国君、贵族大夫等从事政治的人，都希望国家富裕，百姓众多，社会安定。但是国家不能富足反而贫穷，人民没有增加反而减少，社会不得安定而显得混乱，主要是从根本上失去了他们追求的东西，却得到了他们憎恶的东西，这是什么原因呢？"墨子说："这是天子、诸侯国君、贵族大夫等从事政治的人，不能崇敬贤者、任用能人去参政的原因。所以国家拥有的贤能之士多了，国家的安定程度就能增加；贤能之士缺少了，国家的安定程度自然就会降低。因此，当权者致力追求的事情，就是在于使贤能的人才增加罢了。"

有人问："那么使贤人增多的办法将是怎样的呢？"墨子说："假如想要增加这个国家擅长射箭、驾车的人，一定要使他们富，使他们贵，尊敬他们，给他们荣誉。这样以后，国家的射箭、驾车能手将会逐渐增加。何况贤能的人，敦厚于德行，擅长于言辞，精通于学术呢？这本来就是国家的财富、朝廷的辅佐呀！也务必使他们富，使他们贵，尊敬他们，给他们荣誉，如此，国家的贤能之士才可以得到并增多。"

二、举贤任贤

《墨子·尚贤》中，也有关于推举贤人和任用贤人的论述：

故古者圣王之为政，列德而尚贤。虽在农与工肆之人，有能则举之。高予之爵，重予之禄，任之以事，断予之令。曰："爵位不高，则民弗敬；蓄禄不厚，则民不信；政令不断，则民不畏。"举三者授之贤者，非为贤赐也，欲其事之成。故当是时，以德就列，以官服事，以劳殿赏，量功而分禄。故官无常贵，而民无终贱。有能则举之，无能则下之。举公义，辟私怨，此若言之谓也。故古者尧举舜于服泽之阳，授之政，天下平。禹举益于阴方之中，授之政，九州成。汤举伊尹于庖厨之中，授之政，其谋得。文王举闳夭、泰颠于罝罔之中，授之政，西土服。故当是时，虽在于厚禄尊位之臣，莫不敬惧而施；虽在农与工肆之人，莫不竞劝而尚意。

故士者，所以为辅相承嗣也。故得士则谋不困，体不劳，名立而功成，美章而恶不生，则由得士也。是故子墨子言曰："得意，贤士不可不举；不得意，贤士不可不举。尚欲祖述尧舜禹汤之道，将不可以不尚贤。夫尚贤者，政之本也。

大意是说，尧选拔舜在服泽的北边，把政权交给他，天下安定。禹选用益在阴方（地名）之中，把政权交给他，九州平定。汤选用伊尹在厨房之中，把政权交给他，谋略成功。文王推举闳夭、泰颠于渔猎之中，把政权交给他们，商朝末年西方的各个部落臣服。因此，在那个时代，即便是位尊禄厚的大夫，都会心存敬畏而且时刻警戒；即便是农民、手工业者、做买卖的商人，也都是勉力去尊崇高尚的品德。因此士这种人，能用为得力助手。所以如果得到士子，谋略就会成功，身体不必再辛劳，得到名声并且取得功业成就，美好的事物能够显扬，丑恶的现象不再发生，就是由于得到了士的缘故。因此墨子说："得志时，贤士不可不举荐；不得志时，贤士不可不举荐。往上想师法前人，奉行尧舜禹汤之道，就不可以不崇尚贤能。尚贤，是政治的根本啊。"

墨子主张"有能则举之"然后"高予之爵，重予之禄，任之以事，断予之令"，墨子奉劝为国者，"得意，贤士不可不举；不得意，贤士不可不举"，就是说，任何情况下，都要把推举贤士作为要务。

第六节　尚贤思想的当代意义

"尚贤"思想，是对人的优秀品质和出色才华的肯定和鼓励。以上所列齐地的优秀政治家，如姜太公、齐桓公、齐襄王、鲍叔牙等，都是把发现贤才和重用贤才作为重要的政治措施，结果是这些贤才不负所望，帮助他们成就了大业。至于鲁地的著名思想家如孔子和墨子，也是十分重视人才的培养、发现、推举和任用，认为只有培养、推举和任用具有优良品质和出色才能的"贤人"，社会才能有良好秩序，才能安定和昌盛。

齐鲁先贤重视人才，这是中华文化的优良传统。所谓"得贤者昌，失贤者亡，自古及今，未有不然者也"（《韩诗外传》卷七）。"治世不得真贤，譬若治疾不得真药也”（王符《潜夫论·思贤》）。因此，尊贤重士、举贤任能，成为治理国家的根本大计，也是国家民族事业兴衰的关键。今天，尚贤思想对于我们中华民族的复兴大业仍然具有十分重要的意义。一个公司要发展，在同类公司激烈的竞争中立于不败之地，只有依靠出色的专业人才。一个大学的发展同样也是这样。目前，许多高校都出台了招聘各类人才的优惠政策，可以认为是古代“尚贤”思想的继承和发扬。

2019年1月16日，习近平在《求是》杂志发表《努力造就一支忠诚干净担当的高素质干部队伍》一文说：

> 我国历朝历代都重视官吏选拔和管理，中国历史上凡是有作为的政治家都懂得，“为政之要，惟在得人”“育材造士，为国之本”的道理，在吏治方面留下了很多思想和做法，其中不乏真知灼见。比如，《墨子》中说“国有贤良之士众，则国家之治厚；贤良之士寡，则国家之治薄”，韩非子说“宰相必起于州部，猛将必发于卒伍”，孟子说“故天将降大任于是人也，必先苦其心志，劳其筋骨，饿其体肤，空乏其身”，诸葛亮说“为人择官者乱，为官择人者治”，司马光提出“凡用人之道，采之欲博，辨之欲精，使之欲适，任之欲专”，龚自珍写道“我劝天公重抖擞，不拘一格降人才”，等等。

习总书记大量征引古人尚贤精论的目的，就是强调选贤任能对国家发展的重要性。吸取前人经验，以使全社会在用人上要公正严明，选拔视野要宽广。一个政党、一个国家、一个团体、一个单位，能不能选拔出德才兼备的领导人才，决定着这个政党、这个国家、这个团体、这个单位的兴衰存亡。

第十一章　齐鲁文化中的廉洁思想

《广雅》云：“廉，清也。”《管子·水地》曰：“鲜而不垢，洁也。”廉洁一词连用，最早出现在屈原的《楚辞·招魂》中：“朕幼清以廉洁兮，身服义而未沬。”东汉著名学者王逸在《楚辞章句》中注释说：“不受曰廉，不污曰洁。”也就是说，不接受他人馈赠的钱财礼物，不让自己清白的人品受到玷污，就是廉洁。早在《周礼》中，已用“廉”字表示政治行为：“以听官府之六计，弊群吏之治：一曰廉善，二曰廉能，三曰廉敬，四曰廉正，五曰廉法，六曰廉辨。”以儒家为代表的齐鲁文化从个人自身修养和为君之道两个方面对廉洁思想进行了较为深入的阐发，齐鲁大地也曾涌现出一批廉洁精神感人的践行者。这些，对中国古代个人修养和廉政建设都发挥过积极作用。在市场经济冲击下，在人们物质欲望高涨的今天，挖掘和弘扬齐鲁文化中的廉洁思想，可以帮助当代人抵制金钱和权利的诱惑，并可为政府的廉政建设提供文化滋养。

第一节　孔子的廉洁思想

孔子尽管没有明确提出“廉政”的命题，但在他的为政思想和修身思想中却折射出了“廉政”“廉洁”思想。在国家治理方面，孔子一直主张以德治国，提出“为政以德，譬如北辰，居其所而众星共之”（《论语·为政》），认为如果用道德治理国家，那么主政者就像北斗星被众星围绕一样，受到群臣百姓的拥护和爱戴。孔子继周公之后，第一次明确提出了“德政”的思想，首开儒家德治主义之先河。

以德治国思想的推行依赖于为政者和为官者，所以孔子提出：“为政在人”“其人存，则其政举；其人亡，则其政息。”（《中庸》）可见，“为政以德”的实质是“为官以德”。关于为什么要做官，孔子门生子路曾说：“君子之仕也，行其义也。”（《论语·微子》）孔子说：“行义以达其道。”（《论语·季氏》）在以孔子为代表的儒家看来，做官并不是为了满足权力欲望，而是为了“行义”“达道”。这也是孔子带领弟子周游列国终其一生想实现的政治理想。关于官德建设，孔子主要做了以下论述：

一、以民为本

《论语·宪问》里提到“修己以敬”“修己以安人”“修己以安百姓”，孔子认为修己的最高目的在于治国安民。刘宝楠《论语正义》曰：“‘安人’者，齐家也。‘安百姓’，则治国平天下也。”儒家讲修身、齐家、治国、平天下，这四者关系是递进的，修身的最高境界乃是治国平天下，充分体现了孔子仁学思想的民本底蕴。

正是基于民本思想的考虑，孔子主张赋税应该“敛从其薄”。他说：“君子之行也，度于礼，施取其厚，事举其中，敛从其薄，如是则以丘亦足矣。若不度于礼，而贪冒无厌，则虽以田赋，将又不足。”（《左传·哀公十一年》）孔子之所以反对苛捐杂税，是因为这增加了人民的负担，是“贪冒无厌”的表现。同时苛捐杂税也是滋生腐败的温床。

弟子子贡到信阳去做官，孔子告诫曰：“勤之慎之，奉天之时，无夺无伐，无暴无盗。……知为吏者，奉法以利民；不知为吏者，枉法以侵民。此怨之所由也。治官莫若平，临财莫如廉。廉平之守，不可改也。”（《孔子家语·辩政》）懂得为官之道的人，依法行事来为民造福；不懂为官之道的人，枉法来侵害人民。做官最重要的是公平，面对财物最重要的是廉洁。

孔子夸赞弟子澹台灭明：“贵之不喜，贱之不怒；苟利于民矣，廉于行己。”（《孔子家语·弟子行》）富贵了不沾沾自喜，贫贱了不恼怒，只要对民众有利，宁愿俭约自己，廉洁不贪。

二、修己正身

孔子要求，为政者和为官者要注重自身修养，给百姓做个道德表率。他主张作为德治主体的为政者需要效法古代的贤明君王如尧、舜、禹、周文王，在道德修为上成为百姓之楷模。只有这样，颁发的政令才会真正地推行下去。“政者，正也。子帅以正，孰敢不正？”（《论语·颜渊》）“其身正，不令而行；其身不正，虽令不从。”（《论语·子路》）“苟正其身矣，于从政乎何有？不能正其身，如正人何？”（《论语·子路》）君王的道德修养及个人道德人格力量决定了人心的向背，而最终决定国家的前途和命运。

《论语·尧曰》记载，孔子的学生子张问孔子怎么才能从政，孔子在回答中提到了为政、为官者修己正身所需要遵循的具体规则：“尊五美，屏四恶”。要遵守五种美德，摒除四种恶政，才可以从政。并接着阐释了“五美”为“君子惠而不费，劳而不怨，欲而不贪，泰而不骄，威而不猛”。君子应该做到给老百姓创造利益而不耗费，要“因民之所利而利之”；百姓参加劳役但并不怨恨，要“择可劳而劳之”；有欲望但不贪图财利，要“欲仁而得仁”；平和而不骄纵，要“君子无众寡，无小大，无敢慢”；威严却不凶猛，要“君子正其衣冠，尊其瞻视，俨然人望而畏之”。“四恶”是指：“虐”：“不教而杀”，不先进行教育，犯罪就杀；“暴”：“不戒视成”，不事先告诫，就要检视成绩或结果；“贼”：“慢令致期”，传达命令怠慢导致延误工期，完不成就处罚；“有司”：“犹之与人也，出纳之吝”，在应有的支付中吝啬克扣。

尤其要求，在上位者要做好廉正的表率，孔子说：“上恶贪则下耻争，上廉让则下耻节。……凡上者，民之表也，表正则何物不正？”（《孔子家语·王言解》）意思是，居上位的人憎恶贪婪的行为，百姓就会以争利为耻；居上位的人讲廉洁谦让，百姓就会以不讲礼节为耻。……凡身居上位者，都应是百姓的表率，表率正还有什么不正呢？

三、俭约自守、力戒奢华

孔子主张俭约自守、力戒奢华。在个人用度上“奢则不孙，俭则固。与其不孙也，宁固”（《论语·述而》）。早年齐景公问政于孔子，孔子曰：“政在节财。”（《史记·孔子世家》）孔子明确反对奢华，主张节俭：“与其奢也，宁俭。”（《论语·八佾》）当一般的礼仪讲究繁文缛节，奢侈铺张，就增加了人们的负担，承受其害，这就失去了孔子推行“礼”的本来用意。孔子赞扬子路：“衣敝缊袍，与衣狐貉者立而不耻。”（《论语·子罕》）并非常欣赏安贫乐道的学生颜回：“贤哉回也！一箪食，一瓢饮，在陋巷，人不堪其忧，回也不改其乐。贤哉回也！”（《论语·雍也》）他认定：“士志于道，而耻恶衣恶食者，未足与议也。”（《论语·里仁》）读书人志向在于追求真理，却以自己穿得不好，吃得不好为耻辱，那便不值得和他讨论真理了。“君子忧道不忧贫”（《论语·卫灵公》），一个人如果只注重追求奢靡的生活，豪华的气派，而放弃对精神富足的追求，这个人就会变得贪得无厌，一旦遇到贪污腐败的机会，很容易沦陷。

四、见得思义，轻利重义

《中庸》说：“义者宜也。”义为公正合宜的道理，也就是符合正义和公益的。在利益的诱惑和驱使下，是否能够坚守道义，成为孔子区分“君子”和“小人”的标准：“君子喻于义，小人喻于利。”（《论语·里仁》）孔子提出“君子有九思”，其中之一就是“见得思义”（《论语·季氏》）。当弟子子路问什么是“成人”也就是完美之人时，孔子指出，“成人”遵循的基本行为原则之一就是“见利思义”（《论语·宪问》）。这是说，要成为一个具有高尚人格的“君子”“成人”，在即将得到利益时，一定要考虑得到这种利益是否合乎“道义”。具体说来，就是这种获取利益的行为是否合乎一定的准则和规范。如果合乎，就是“廉”，反之，就是“污”。这种“污”，是指志向、品格受到玷污。志向、品格一旦受到玷污，也就不可能成为“君子”和“成人”。这就是孔子强调“见得思义”“见利思义”的道理所在。正是基于这种认识，孔子明确表示：“不义而富且贵，于我如浮云。”（《论语·述而》）目的在于防止自己的志向、品格被这些“不义”之“富贵”所玷污。子曰：“富与贵，是人之所欲也，不以其道得之，不处也。贫与贱，是人之所恶也，不以其道得之，不去也。”（《论语·里仁》）金钱和地位是每个人都想要的，但以不正当的手段得到，君子是不能安享的。贫穷和卑贱是每个人都厌恶的，但不通过正当的手段摆脱它，君子是不会摆脱的。

孔子褒扬的儒家品格是：“儒有委之以财货而不贪，淹之以乐好而不淫，劫之以众而不惧，阻之以兵而不慑。见利不亏其义，见死不更其守。”（《孔子家语·儒行解》）真正的儒者，面对财货不贪心，身处玩乐之境不沉迷。见利不会忘义，见死不改操守。

第二节　晏子的廉洁思想

晏子历仕齐灵公、齐庄公、齐景公三代国君，在齐景公时为国相。齐景公喜奢侈享乐，但能听晏子对他的劝谏，“景公奢，晏子事之以恭俭”（《晏子春秋·外篇上》）。孔子对此曾评价说：“晏子能明其所欲，景公能行其所善也。”（《晏子春秋·内篇谏上》）晏子的廉洁思想对齐国“外无诸侯之忧，内无国家之患”的强盛国力起了重要作用，齐景公曾说：“无晏婴，政不清。”他一生厉行节俭，被称为一代廉相。

一、廉为政本的治国之道

晏子是一个明确提出“廉政”命题的人，他曾说：“廉者，政之本也；让者，德之主也。”（《晏子春秋·内篇杂下》）“廉之谓公正，让之谓保德。”（同上）把“廉”看作是为政的根本，廉洁意味着公正。关于廉洁，《晏子春秋·内篇·问下》记载齐景公与晏子曾发生过这样一段对话：

> 景公问晏子曰：“廉政而长久，其行何也？”
>
> 晏子对曰：“其行水也。美哉水乎清清，其浊无不雩途，其清无不洒除，是以长久也。”
>
> 公曰：“廉政而遬亡，其行何也？”
>
> 对曰：“其行石也。坚哉石乎落落，视之则坚，循之则坚，内外皆坚，无以为久，是以遬亡也。”

齐景公问晏子说：“廉洁而能保存自身长久的人，他们会怎样行事？”晏子回答说：“他们行事像那水一样，流水清清，多么美好。它要是污浊，没有什么不被它污染；它要是清洁，没有什么不被它清扫干净。因此，能保存自身长久。”

景公说：“廉洁正直而快速招来亡身之祸的人，他们行事怎样？”晏子回答说：“他们行事像那石头，坚硬啊，落落的石头。看它外表是坚硬的，抚摸它的表面是坚硬的，内外都那么坚硬，没有什么能用来维持长久的东西（过于坚确，既不能容物，也不能为物所容），因此，会迅速招致灭亡。”

晏子所处的时代，正值齐国“布常无艺，征敛无度；宫室日更，淫乐不违”（《左传·昭公》）的腐败之时，齐景公穷奢极欲，喜好声色狗马，骄奢之风日盛。这样的社会现实使得晏子深切地意识到反腐倡廉对国富民强的重要性，“足欲，亡无日矣”（《晏子春秋·内篇·杂下》）。晏子将廉政与爱民、乐民、惠民结合起来，认为要实现廉政必须要爱民，“意莫高于爱民，行莫厚于乐民。”（《晏子春秋·内篇·问上》）齐景公修筑房舍，意欲将它修筑得非常华丽。有一天遇上风雨，齐景公和晏子一起入席饮酒，喝得正畅快的时候，晏子起身唱《穗歌》：“穗乎不得获，秋风至兮殚零落。风雨之弗杀也，太上之靡弊也。”暗喻齐景公召集百姓修筑长舍，致使他们没法及时收割庄稼。景公听后，停止了这项工程。晏子认为，廉政之道在于“举贤去佞”，他说：“举贤以临国，官能以敕民，则其道也。举贤官能，则民与若矣。”（《晏子春秋·内篇·问上》）晏子还把隐善扬恶、欺压百姓贪得无厌的官吏比作“社鼠”“猛狗”，主张严惩。齐景公问晏子，何为忠臣的品性，晏子回答说，俸禄要与德行政绩相匹配，“睹贤不居其上，受禄不过其量”（《晏子春秋·内篇·问上》）。并要求官吏不能因为谋取私利而损坏廉洁，“不持利以伤廉，可谓不失行”（《晏子春秋·内篇·问下》）。此外，晏子还吸收了法家思想，主张通过法律手段来加强廉政建设，做到“诛不避贵，赏不遗贱”。只有真正做到惩恶扬善、赏罚分明，才能实现政治的清正廉明。

二、戒奢尚俭的躬行之道

厉行节俭是晏子廉政思想的重要组成部分。晏子将倡廉行俭落实到劝谏国君和自我躬行上来。晏子辅佐的三君，虽有复霸理想，但都喜好奢靡的生活，对百姓征敛过度。对此，晏子积极进谏，匡君救失。他时刻以“上有所好、下必甚焉”（《资治通鉴·唐纪·高宗上元二年》）的道理巧妙地劝谏景公戒掉饮酒无度、歌舞无时、大兴土木、衣履冠带，一味讲求华美贵重、以厚礼葬伎臣，以人礼葬走狗等“为上而忘下，厚藉敛而忘民”（《晏子春秋·内篇·谏上》）的种种奢华浪费行为，要求他“节养其余以顾民”，才能“身尊而民安”“事治而身荣”。（《晏子春秋·内篇·问上》）

晏子本人就是廉洁奉公的楷模。作为齐国国相，他身体力行实践自己的为官行廉尚俭的思想。晏子生活十分俭朴，吃的是粗粮淡饭。有一次，齐景公的使臣到晏子家，晏子正在吃饭，就把自己的饭分给使臣吃了点，结果使臣没吃饱，晏子也没吃饱。晏子穿的是粗布衣服，上朝坐的是弊车驽马，住的是简陋之室。晏子请齐景公到自己家里饮酒，但不让管家向老百姓征收钱财以更新酒器。他认为官员为了享受自己的快乐，让下面的老百姓伤财破费，是不可取的。《晏子春秋》中多篇记载齐景公感叹晏子衣食住行简陋，要把封邑、千金、市租、房子、车马、美女、衣服赏赐给晏子，却多次被晏子辞绝。不仅如此，晏子还时常把自己所享的俸禄送给亲戚朋友和劳苦百姓。在他告老还乡的时候，还主动提出要把封邑还给景公。景公认为这没有先例，不同意晏子的这个提议。晏子说：“德厚受禄，所以明上也；德薄辞禄，可以洁下也。婴老，德薄无能而厚受禄，是掩上之明，污下之行，不可。”（《晏子春秋·内篇·杂下》）晏子主张，为官者接受俸禄不超过自己应得的数量，官员衡量自身来决定食禄，品德厚重就接受俸禄，品德微薄就退还俸禄。

第三节 孟子的廉洁思想

孟子生活在社会动荡、制度更替的战国时期，其时，“处士横议，百家争鸣”，孟子游历各国，奔走呼号于乱世，希望能够遇到一个赞同他观念的统治者辅佐，实现其“王道”思想。而当时的统治者在争霸的同时，贪图享乐，官员互相攀比，百姓苦不堪言。在这样的社会环境下，以民为本、守道不阿的孟子极力反对腐败蔓延，形成了自己的廉政思想，拥有丰富的内涵。孟子的廉政思想突出体现在两个层面：为政者自身要修身养性，自我省视；为政者在行为实践上要不义不欲，不义不取。

一、修身养性，自我省视

孟子的廉政思想与他的人性观念是密不可分的，他是“性善论”的主张者，认为廉洁本身即是人的尊严所在，人做到廉洁就是保有自己的善良本心，因此人的廉洁无须假求于外，而是坚守自己道德本性的要求。孟子将四心“恻隐之心”“羞恶之心”“辞让之心”“是非之心”与四德“仁”“义”“礼”“智”并举，认为这是人天生具有的，是普遍的内在道德潜能。廉洁品德是四心、四德的具体体现，其廉政思想的价值取向即在于此。因此，孟子非常注重在廉洁奉公精神建设中修身养性、道德自律的作用，修身养性、自我省视构成了孟子廉政思想的重要内容。他提出：“古之人得志，泽加于民；不得志，修身见于世。”（《孟子·尽心上》）“士，穷不失义，达不离道。……穷则独善其身，达则兼善天下。”（同上）进而又提出：“养心莫善于寡欲。”（《孟子·尽心下》）廉洁思想要求君子要惠泽民众、修身养性、坚守道义、淡泊名利。

孟子还强调：“我善养吾浩然之气。”（《孟子·公孙丑上》）认为人的至高境界要有“浩然之气”。“浩然之气”至大至刚，与道义相生相存，也就是文天祥所讲的：“天地有正气，于人曰浩然。”体现在人的思想实践中就是要：“居天下之广居，立天下之正位，行天下之大道。得志，与民由之；不得志，独行其道。富贵不能淫，贫贱不能移，威武不能屈。此之谓大丈夫。”（《孟子·滕文公下》）养浩然正气要保持赤子之心，要抵御住金钱和权力的诱惑，坚守高尚气节。养浩然正气也需要反求诸己，自我省视：“爱人不亲反其仁，治人不治反其智，礼人不答反其敬。行有不得者，皆反求诸己，其身正而天下归之。”（《孟子·离娄上》）关爱别人，但别人对你反而不亲，你需要反省自己是否做到了足够仁爱。管理他人却没有管理好，你需要反省是不是没有足够的智慧。以礼待人，但别人并没有以礼回应，你需要反省是不是有足够的敬意。行为没有得到预想的结果，要反顾自身找原因，自身行为端正了，天下的人自然就会归服。“是气所磅礴，凛然万古存”（文天祥《正气歌》），一个有着浩然正气人格的人，必然会抵制住腐败，真正做到志存高远，淡泊名利，清正廉洁，勤政为民。

二、不义不予，不义不取

作为孔子思想的忠诚拥护者和传承者，孟子继承并发展了孔子“君子喻于义，小人喻于利”（《论语·里仁》）的重义轻利观念。与先师孔子相比，孟子对利的反对态度更加强烈。《孟子·梁惠王上》记载了孟子与梁惠王的一段对话：

> 孟子见梁惠王。王曰：“叟不远千里而来，亦将有以利吾国乎？”
>
> 孟子对曰：“王何必曰利？亦有仁义而已矣。王曰‘何以利吾国？’大夫曰‘何以利吾家？’士庶人曰‘何以利吾身？’上下交征利而国危矣。万乘之国，弑其君者，必千乘之家；千乘之国，弑其君者，必百乘之家。万取千焉，千取百焉，不为不多矣。苟为后义而先利，不夺不餍（yàn，满足）。未有仁而遗其亲者也，未有义而后其君者也。王亦曰仁义而已矣，何必曰利！”

面对当时“天下之人，唯利是求”的社会状态，孟子认为必须要靠仁义道德约束人们对欲望的追求。认为如果以追求利益为终极目的，必然会导致人心不古、政权灭亡：“为人臣者怀利以事其君，为人子者怀利以事其父，为人弟者怀利以事其兄，是君臣、父子、兄弟终去仁义，怀利以相接，然而不亡者，未之有也。”（《孟子·告子下》）

所以，当利和义出现冲突时，孟子的主张是不义不与，不义不取。他说：“非其义也，非其道也，一介不以与人，一介不取诸人。”（《孟子·万章上》）如果不符合道义，一点也不能给予他人，一点也不能从他人那里收取。又说：“可以取，可以无取，取伤廉；可以与，可以无与，与伤惠。”（《孟子·离娄下》）可以拿取，也可以不拿取，拿取了有损廉洁；可以给予，也可以不给予，给予了有损恩惠。一方面不做投机钻营，靠贿赂来谋取私利的人；另一方面，面对利益的诱惑时，要以义作为评判标准来做出正确的选择，不收不义之物，不发不义之财，清廉自守，提高拒腐防变的能力。

这并不是说孟子简单粗暴地否定了一切“利”，相反，他认为对符合“道”的“利”是要坦然受之的。弟子彭更曾对孟子的奢华排场表示不满，但孟子回答说：“非其道，则一箪食不可受于人；如其道，则舜受尧之天下，不以为泰，子以为泰乎？”（《孟子·滕文公下》）泰，就是奢侈的意思。只要“利”之符合“道”，哪怕是整个天下也应得。同样《孟子·公孙丑下》中还记载了一段孟子面对弟子的诘问，回答了何“利”可取的问题：

> 陈臻问曰：“前日于齐，王馈兼金一百，而不受；于宋，馈七十镒而受；于薛，馈五十镒而受。前日之不受是，则今日之受非也；今日之受是，则前日之不受非也。夫子必居一于此矣。”孟子曰：“皆是也。当在宋也，予将有远行，行者必以赆；辞曰：‘馈赆。’予何为不受？当在薛也，予有戒心；辞曰：‘闻戒，故为兵馈之。’予何为不受？若于齐，则未有处也。无处而馈之，是货之也。焉有君子而可以货取乎？”

孟子的弟子陈臻问孟子：“前些日子在齐国的时候，齐王送给您好金一百镒，您不接受；而到宋国时，宋王送给您七十镒，您却接受了；在薛国，薛君送给您五十镒，您也接受了。如果以前的不接受是正确的，那后来的接受便是错误的；如果后来的接受是正确的，那以前的不接受便是错误的。老师您总有一次做错了吧。”孟子回答说：“都是正确的。当在宋国的时候，我准备远行，对远行的人理应送些盘缠。所以宋王说：‘送上一些盘费。’我怎么不接受呢？当在薛地的时候，我听说路上有危险，需要戒备。薛君说：‘听说您需要戒备，所以送上一点买兵器的钱。’我怎么能不接受呢？至于在齐国，则没有任何理由。没有理由却要送给我一些钱，这等于是用钱来收买我。哪里有君子可以拿钱收买的呢？”孟子提出了“君子不货”的道理，有道德的人不被金钱所俘获，不苟得。

第四节　廉洁思想的当代意义

廉政即廉洁政治，指为政者在履行职能时公正廉洁，不以权谋私，徇私舞弊、贪污腐败则是其对立面。在整个中国历史长河中，因廉政而兴国的美谈为人乐道，因贪腐而误国的现象为人不齿，因此，廉政不仅是历朝历代政治建设的基本关注点，同时也是古往今来学者持续探讨的话题。中国古代廉政思想源远流长，它不仅是历史文化的精华，更对当前加强廉政制度建设具有重要的启示意义。

一、以民为本的情怀

早在西周时期周公就提出了“崇德，尚礼，利民为本”的为政思想。其后，孔子、孟子、管子、荀子、晏子等齐鲁先贤们均以“民本”思想作为官德的核心，也是廉政建设的目的和出发点。人民群众是历史的创造者，得民心者得天下，正如晏子所说：“谋度于义者必得，事因于民者必成。”（《晏子春秋·内篇·问上》）意思是谋划时考虑符合道义就一定能够实现，做事时注重顺从民意就一定能够成功。

中国共产党员要保持始终不渝为人民的初心，始终与人民群众同呼吸共命运。一个时时刻刻装着人民，“先天下之忧而忧，后天下之乐而乐”的官员，必定能够站在人民的立场，坚决防范人民群众所反对的，纠正人民所痛恨的。必然能够为人民群众谋利益，“但愿苍生俱饱暖，不辞辛苦出山林”（于谦《咏煤炭》）。

廉洁奉公要多为百姓做实事，为他们解决实际问题。不管身处什么岗位，做什么工作，都要怀着一颗赤诚之心想民众之所想，急民众之所急，切实保证人民群众的切身利益和合法权益。晏子请求齐景公发放粮食以帮受雨灾之苦的百姓，但齐景公耽于饮酒，无暇接见晏子。晏子为百姓着急，于是把自己家的粮食拿出来分给了百姓。晏子心怀百姓，为民解忧的事迹至今仍激励着当代人要关注百姓疾苦，并力所能及地为百姓做实事，从民生利益出发，清廉做事，一心奉公，真正做到养民、惠民、利民、乐民。反观当今社会，在民生项目上搞权钱交易、偷工减料，严重损害人民群众利益，甚至生命安全，将民生项目变成“民怨项目”的腐败新闻时时出现。这就是滥用人民给予的公共权力，没有真正把人民放在心中，为自己谋私利的不正行径。管子说：“国有四维，一维绝则倾，二维绝则危，三维绝则覆，四维绝则灭。倾可正也，危可安也，覆可起也，灭不可复错也。何谓四维？一曰礼，二曰义，三曰廉，四曰耻。”（《管子·牧民》）这告诫我们，要坚定地持守四维，严厉打击贪污腐败，否则，国家会倾危覆灭。要有廉耻观念，顾炎武《廉耻》曰：“礼义，治人之大法；廉耻，立人之大节。盖不廉则无所不取，不耻则无所不为。”人一旦到了不知廉耻的地步，就会“无所不取”，“无所不为”，贪欲无度。

二、廉洁自律的坚守

许慎在《说文解字》中写道："贪，欲物也。"欲望是腐败的温床，如果放松了对自我的约束，追求过度财富和权力，就很容易滑入贪污腐化的境地。贪污腐化一方面要法律法规的约束，另一方面也要发挥为官者的主体自觉，修身立德，做到"慎独"的自律极致。自觉做到不贪财、贪色、贪权、贪乐、贪味、贪利等，为官要廉洁。先秦儒家非常注重在廉洁奉公精神建设中道德自律的作用。

《左传·襄公十五年》记载：宋人或得玉，献诸子罕，子罕弗受。献玉者曰："以示玉人，玉人以为宝也，故敢献之。"子罕曰："我以不贪为宝，尔以玉为宝，若以与我，皆丧宝也，不若人有其宝。"

孔孟之乡有一个著名典故——杨震拒贿。《后汉书》记载，杨震慧眼识才，举荐过很多人，人称"关西孔子"。其中被举荐的就有荆州茂才王密，他因杨震的举荐，做了昌邑（今属山东）县令。有一天，杨震停宿在昌邑，王密为答谢杨震的知遇之恩，怀抱十斤金子，在晚上悄悄来找杨震。并说现在夜深人静，不会有人知道我来给您送金子的。杨震回答道："天知、地知、我知、你知"，怎么能说没人知道呢？坚定地拒绝了王密的重金酬谢。

在今天，党的各级领导干部更应该时刻加强自己的道德修养，按照"自重、自省、自警、自励"的"四自"要求，廉洁自律，保持清洁的为政精神。一国官德的高度往往会影响整个社会的道德水平。

党员干部带头做好廉洁自律的表率，民众才能"以吏为师"，才能实现政治清明。"成由俭来败由奢"，为政者要保持艰苦朴素的良好作风，清正廉洁的优秀品格。只有将廉洁自律规范内化于心、外化于行，坚持理想信念宗旨"高线"，永葆共产党人清正廉洁的政治本色，才能真正做到政治清明。

习近平在十八届中共中央政治局第一次集体学习时指出："一些党员、干部出这样那样的问题，说到底是信仰迷茫、精神迷失。""反腐倡廉是一个复杂的系统工程，需要多管齐下、综合施策，但从思想道德抓起具有基础性作用。"又在十九届中央纪委四次全会上指出："要深刻把握党风廉政建设规律，一体推进不敢腐、不能腐、不想腐。一体推进不敢腐、不能腐、不想腐，不仅是反腐败斗争的基本方针，也是新时代全面从严治党的重要方略。"这些重要论述，强调了在反腐倡廉工作中对官员进行道德教育的重要性。一些官员就是因为在名利面前冲昏了头脑，忘掉了人民公仆的身份，放弃了为官之道的道德修养，而走上了贪污腐败的道路。子路说："君子之仕也，行其义也。"(《论语·微子》)所以在反腐倡廉中要加强对党员的党性教育和道德品性教育，党员自觉培养孟子提倡的浩然正气，筑牢拒腐防变的思想道德防线。

第十二章 齐鲁文化中的强国富民思想

历代治国理政者，大多以强国富民为根本要务。回顾数千年中国历史，凡注重强国富民者，则民富国强；否则，则相反，贫穷落后挨打的屈辱，我们的先人是饱尝过的。齐鲁政治家具有强烈的责任感，倾力于强国富民，既有理论，又有实践，为后人留下了宝贵的经验。

第一节 姜太公的强国富民思想

姜太公初建齐国时，面对的是“齐地负海舄卤，少五谷而人民寡”（《汉书·地理志》）的不良环境。也就是说，齐国沿海，地多盐碱，不宜耕种，人烟稀少。桓宽《盐铁论·轻重》记载：“昔太公封于营丘，辟草莱而居焉。地薄人少。”齐地是一个荒草丛生、土地瘠薄、人口不多的蛮荒之地。面对如此恶劣的自然条件，姜太公本着立国先富民的思想，因地制宜，在注重改良土地、发展农业生产的同时，利用境内矿藏、鱼盐等资源丰富的特点，大力发展冶炼业、渔盐业、丝麻纺织业等手工业。还利用齐国交通便利、人民有重商传统的优势，着力发展商业，推行与列国通货的外贸政策。《史记·齐太公世家》记载：“太公至国修政，因其俗，简其礼，通商工之业，便鱼盐之利，而人民多归齐。”《汉书·地理志》记载：“太公……乃劝以女工之业，通鱼盐之利，而人物辐凑。”桓宽《盐铁论·轻重》记载：“通利末之道，极女工之巧，是以邻国交于齐，财畜货殖，世为强国。”

姜太公认为，农、工、商是国家经济命脉的三个重要支柱，是国家的“三宝”。他指出：“六守长，则君昌，三宝完，则国安。”（《姜太公兵法·六守》）在这种“农、工、商”三宝并举的宏观战略指导下，齐国制造的冠带衣履畅销四海，鱼盐流通列国，诸侯纷纷前来朝拜，齐国逐步由偏僻荒凉的穷弱小国发展为雄居于东方的富强大国。

孔子对姜太公的这些举措给予了高度评价，认为他做到了“兼利天下”，并以姜太公自比，感叹自己没有遇到明君。《孔丛子·记问》：“楚王使使奉金帛聘夫子。宰予、冉有曰：‘夫子之道，于是行矣。’遂请见。问夫子曰：‘太公勤身苦志，八十而遇文王，孰与许由之贤？’夫子曰：

‘许由，独善其身者也。太公，兼利天下者也。然今世无文王之君也，虽有太公，孰能识之？”孔子认为，姜太公远远超过了著名贤人许由。许由只是做到了不贪富贵、洁身自好，而姜太公做到了兼利天下。

第二节　管仲的富民强军思想

齐桓公做了国君后，鲍叔牙向桓公推荐管仲为相。管仲辅佐齐桓公，致力于富民强国，采取了多种措施。一是发展经济，“设轻重渔盐之利，以赡贫穷”（《史记·齐太公世家》）。二是对百姓实行“宽政役、敬百姓”“省刑罚、薄赋敛”（《管子·小匡》）的政策，坚守对老百姓“爱之、益之、利之、安之”（《管子·枢言》）的正确主张。三是强兵，强大国势。在“天子卑弱，诸侯力争，南夷北狄交伐中国”（《管子·大匡》）的情势下，管仲辅佐桓公“九合诸侯，一匡天下”，成为诸侯国盟主，确立了大国地位，为国家方方面面的发展奠定了稳固的基础。《管子·治国》曰：

> 凡治国之道，必先富民。民富则易治也，民贫则难治也。奚以知其然也？民富则安乡重家，安乡重家则敬上畏罪，敬上畏罪则易治也。民贫则危乡轻家，危乡轻家则敢陵上犯禁，陵上犯禁则难治也。故治国常富，而乱国常贫。是以善为国者，必先富民，然后治之。

大凡治国的道理，一定要先使民众富裕，民众富裕就容易治理，民众贫穷就难以治理。怎么知道是这样呢？民众富裕了，就安于乡居而重视家园。安乡重家，就恭敬君上而畏惧刑罪。敬上畏罪，就容易治理了。民众贫穷，就不安于乡居而轻视家园。不安于乡居而轻视家园，就敢于对抗君上，违犯禁令，抗上犯禁，就难以治理了。所以，治理得好的国家往往是富的，而乱国必然是穷的。因此，善于治国的君主，一定要先富民，然后再加以管理。

管仲认为，经济发展水平和道德进步是相辅相成的，所谓“仓廪实而知礼节，衣食足而知荣辱”，没有足够的物质生活水平做保障，道德水平的提高只能成为空谈。这是一种贴合生活实际和社会发展规律的重要思想。

要想做到“仓廪实”，就要看重粮食，所以管子说：“不生粟之国亡，……粟也者，民之所归也。……上不利农，则粟少，粟少则人贫，人贫则轻家，轻家则易去，易去则上令不能必行。……粟者，王之本事也，人主之大务，有人之途，治国之道也。"（《管子·治国》）常言道"民以食为天"，没饭吃，就意味着死亡，一切皆无从谈起。

他重视强兵建设，规定每家出战士一人，编成五人为伍、五十人为小戎、二百人为卒、二千人为旅、一万人为军的军队组织。军事组织隐匿于行政系统之中，以蒙蔽他国。《管子·小匡》谈到这种军队组织的优点："卒伍之人，人与人相保，家与家相爱，少相居，长相游，祭祀相福，死丧相恤，祸福相忧，居处相乐，行作相和，哭泣相哀，是故夜战其声相闻，足以无乱；昼战其目相见，足以相识，欢欣足以相死，是故以守则固，以战则胜。君有此教士三万人，以横行于天下，诛无道以定周室，天下大国之君莫之能圉也。"组织严密，战斗力强，是齐国建立霸业的有力保证。兵力虽强，但不滥用，这一点受到了孔子的肯定："桓公九合诸侯，不以兵车，管仲之力也。如其仁！如其仁！"（《论语·宪问》）

第三节　晏婴的节俭恤民思想

晏婴是齐国的一位贤相。在政治上主张薄敛省刑，尚俭力行，爱民恤民。他经常劝谏景公不能"厚取于民，而薄其施"，反对修筑章台，大兴土木，多次迫使景公罢台减役。遇到天灾，则赈济灾民。《晏子春秋·内篇谏上》：

> 景公之时，霖雨十有七日。公饮酒，日夜相继。晏子请发粟于民，三请不见许。公命柏遽巡国，致能歌者。晏子闻之不说，遂分家粟于氓，致任器于陌，徒行见公曰："霖雨十有七日矣，坏室乡有数十，饥氓里有数家，百姓老弱，冻寒不得短褐，饥饿不得糟糠，敝撤无走，四顾无告，而君不恤，日夜饮酒，令国致乐不已，马食府粟，狗餍刍豢，三保之妾，俱足粱肉。狗马保妾，不已厚乎？民氓百姓，不亦薄乎？故里穷而无告无乐有上矣；饥饿而无告，无乐有君矣。婴奉数之筴以随百官，使民饥饿穷约而无告，使上淫湎失本而不恤，婴之罪大矣。"再拜稽首，请身而去，遂走而出。公从之，兼于涂而不能逮，令趣驾追晏子其家，不及。粟米尽于氓，任器存于陌，公驱及之康内。公下车从晏子曰："寡人有罪，夫子倍

弃不援，寡人不足以有约也，夫子不顾社稷百姓乎？愿夫子之幸存寡人，寡人请奉齐国之粟米财货，委之百姓，多寡轻重，惟夫子之令。”遂拜于途。晏子乃返，命禀巡氓家有布缕之本而绝食者，使有终月之委；绝本之家，使有期年之食；无委积之氓，与之薪橑，使足以毕霖雨。令柏巡氓家室不能御者，予之金；巡求氓寡、用财乏者死，三日而毕，后者，若不用令之罪。公出舍，损肉撤酒，马不食府粟，狗不食飦肉，辟拂嗛齐，酒徒减赐。三日，吏告毕上，贫氓万七千家，用粟九十七万钟，薪橑万三千乘；坏室二千七百家，用金三千。公然后就内退食，琴瑟不张，钟鼓不陈。晏子请左右与可令歌舞足以留思虞者退之，辟拂三千，谢于下陈，人待三，士待四，出之关外也。

齐国遭受洪灾，而齐景公贪图安逸，终日声色犬马，不顾百姓饥寒。晏子面见景公，力陈不爱民恤民之害。最终景公妥协，晏子根据灾民的不同情况分别予以赈济，发放粮食、烧柴、钱款，帮助灾民渡过难关。又请求齐景公遣散了宫中专司饮宴游乐的侍从人员、歌妓舞女等三千人。

晏婴倡导勤俭节约。春秋战国之交的齐国与齐桓公时比已经有了较大的变化，齐国国室衰微，以田氏为代表的卿大夫势力开始崛起。卿大夫们倚仗权势，奢侈铺张，令晏婴不满。对此，晏婴身体力行。《史记·管晏列传》记载：

晏平仲婴者，莱之夷维人也，事齐灵公、庄公、景公，以节俭力行重于齐。既相齐，食不重肉，妾不衣帛。其在朝，君语及之，即危言（直言）；语不及之，即危行。国有道，即顺命；无道，即衡命。以此三世显名于诸侯。

《晏子春秋》对晏婴的节俭行为多有记载。例如齐景公赐给他千户之县的食邑，他一再推辞不受。为他建新宅，赐良马大车，他也不接受。一件狐裘穿三十年不舍弃，等等。晏婴的节俭朴素作风为齐国君民树立了良好榜样，在诸侯各国享有普遍赞誉。

例如，他主张革除旧的烦琐礼仪，反对久丧厚葬，认为：“厚葬破民贫国，久丧道哀费日。”（《晏子春秋·外篇第八》）

再如，齐景公的宠臣梁丘据死了，齐景公欲“丰厚其葬，高大其垄”。（《晏子春秋·内篇谏下》）由于晏子的反对，景公“遂罢为垄之役，废厚葬之令”（同上）。晏子认为，讲究烦琐费事的表面礼仪，嗜好消磨心志的声色舞乐，盛行厚葬久丧，使人徒自破财伤身，有害无益。他还反对把贵重有用的器物货财当作陪葬品供养死人。因为这样做，“无补死者而深害生者”。这显示出了晏子的务实精神，不去追求那些不实用的东西和礼节。

晏子反对奢靡之风。齐景公大兴土木，役使百姓。《晏子春秋·内篇谏下》记载：

> 景公筑路寝之台，三年未息；又为长庲之役，二年未息；又为邹之长途。晏子谏曰：“百姓之力勤矣！公不息乎？”公曰：“途将成矣，请成而息之。”对曰：“君屈民财者，不得其利；穷民力者，不得其乐。昔者楚灵王作顷宫，三年未息也；又为章华之台，五年又不息也；乾溪之役，八年，百姓之力不足而息也。灵王死于乾溪，而民不与归。今君不遵明王之义，而循灵王之迹，婴惧君有暴民之行，而不睹长庲之乐也，不若息之。”公曰：“善！非夫子，寡人不知得罪于百姓深也。”于是令勿委坏，余财勿收，斩板而去之。

齐景公好大喜功，不体恤民力，长年役使百姓，修筑高台、宫殿、长途道路，百姓不堪其苦。晏子用楚灵王的教训做比较，警示景公不恤民力的严重危害，劝使停修这些工程。在君权专制统治下，谏君对制约君权可能起到些微弱作用，但不可能从根本上去限制君权。但是，有一点限制，总比毫无限制要好。应铭记墨翟对人们的警示：“俭节则昌，淫佚则亡。”（《墨子·辞过》）

在那个君权至上的时代，晏子却能主张仁政爱民，为社会底层的老百姓发声，而且直言批评统治者的过失，一般人是很难做到的。

第四节　孔子爱民富民、勤劳致富思想

孔子的仁爱之心，多表现在关心民众疾苦、民众富裕的问题上。比如面对“苛政猛于虎”的现实，他极力倡导仁政，他说：“为政以德，譬如北辰，居其所而众星共之。”（《论语·为政》）面对征伐和贫富不均的情况，他也有鲜明的主张，《论语·季氏》篇记载：季氏将伐颛臾。冉有、季路来见于孔子，征求孔子的意见。孔子反对征伐，说：

> 丘也闻有国有家者，不患贫而患不均，不患寡而患不安。盖均无贫，和无寡，安无倾。夫如是，故远人不服，则修文德以来之。既来之，则安之。今由与求也，相夫子，远人不服，而不能来也；邦分崩离析，而不能守也，而谋动干戈于邦内；吾恐季孙之忧不在颛臾，而在萧墙之内也。

意思是，我孔丘听说，有国的诸侯或有家的大夫，不怕财富少，而怕分配不均；不怕人民少，而怕不安定。大概分配平均了，也就没有贫穷；民众和谐团结了，也就不显得人少；国家安定，就不容易倾覆。正因为这样，所以远处的人不服，就修文德以招徕他们。既然来了，就好好安顿他们。如今你仲由和冉求，相助季氏，远处的人不服，不能招徕他们；国家分崩离析，而不能守护，反而谋划在国内大动干戈；我担心季氏的担忧不在颛臾，而在自己的门屏之内。在国家关系上，孔子主张和平；在财富分配制度上，孔子倡导均平。孔子这里所说的“修文德”，就是修仁德。为政者修好仁德，广泛施行仁德，老百姓自然“近者悦，远者来”。

《论语·颜渊》篇记载：“子贡问政。子曰：‘足食，足兵，民信之矣。’”孔子把“足食”放在首位，要求从政为官者，应首先考虑民众的生活问题。《论语·子路》篇记载：

> 子适卫，冉有仆。子曰：“庶矣哉！”冉有曰：“既庶矣，又何加焉？”曰：“富之。”曰：“既富矣，又何加焉？”曰：“教之。”

孔子到卫国，冉有驾车。孔子说：“这里的人口真多啊！”冉有说：“人口已经够多了，再该做什么？”孔子说：“使他们富裕起来。”冉有说：“如果已经富裕了，再该做什么？”孔子说：“教育他们。”

孔子认为只有人民富裕，再加以必要的教化，才能使得国家文明进步。孔子主张先富而后教，让老百姓必先吃饱肚子，才谈得上教化。

我们常说“国泰民安”，“民安”是孔子追求的目标。通过上述，可以深知孔子的爱民之心，富民之情。

富裕是民众的普遍愿望。孔子说：“富与贵，是人之所欲也；贫与贱，是人之所恶也。”（《论语·里仁》）人人向往富裕，谁也不愿天天受穷。又说：“富而可求也，虽执鞭之士，吾亦为之。”（《论语·述而》）充分表达了他对富裕的深切向往。

但是，富裕不是嘴上说说就能得来的，要靠自己的勤劳，勤劳才能致富！孔子鄙弃“饱食终日无所用心”之人，并且说：“邦有道，贫且贱也，耻也。”国家政治清明，作为个人，如果还总是贫穷，那就是耻辱。致富是每个人的事，不能只是依赖国家和别人，要靠自己的智慧和勤劳的双手改变贫穷。

第五节 孟子给民以恒产、薄赋轻徭、保护工商的富民思想

孟子主张给民以恒产。恒产，主要指土地等固定的产业。在春秋战国时期，地产主要由君主掌控。孟子认为，君主应开放地产政策，使民众拥有常年的耕种权利。恒产不仅是农民生活的物质保障，同时也是统治者能否有效实行统治的重要条件。《孟子·梁惠王上》曰：

> 五亩之宅，树之以桑，五十者可以衣帛矣。鸡豚狗彘之畜，无失其时，七十者可以食肉矣。百亩之田，勿夺其时，数口之家可以无饥矣。谨庠序之教，申之以孝悌之义，颁白者不负戴于道路矣。七十者衣帛食肉，黎民不饥不寒，然而不王者，未之有也。

孟子认为，百姓有了固定的土地，有了生活保障，还要办好学校，申明孝顺父母、敬爱兄长的道理，如此，须发花白的老人便会有人扶持，不致背负着重物在路上奔走。只要百姓衣食无忧，加之良好的文明教化，君王的地位就必然稳固。

孟子主张轻徭薄赋。《孟子·梁惠王上》曰：

> 地方百里而可以王。王如施仁政于民，省刑罚，薄税敛，深耕易耨，壮者以暇日修其孝悌忠信，入以事其父兄，出以事其长上，可使制梃以挞秦楚之坚甲利兵矣。彼夺其民时，使不得耕耨以养其父母，父母冻饿，兄弟妻子离散。彼陷溺其民，王往而征之，夫谁与王敌？故曰：“仁者无敌。”王请勿疑！

孟子认为，徭役要以轻徭薄赋、不违农时为基本原则，否则就会造成“父母冻饿，兄弟妻子离散”的惨状。劝导统治者施仁政，发出“仁者无敌”之至理名言。

孟子主张保护工商。他认为工商是社会生产交换不可缺少的部分。要减少对工商业者的盘剥，减少关市之征，即减轻商业税率，发展工商业。《孟子·公孙丑上》曰：

尊贤使能，俊杰在位，则天下之士皆悦，而愿立于其朝矣。市廛而不征，法而不廛，则天下之商皆悦，而愿藏于其市矣。关讥而不征，则天下之旅皆悦，而愿出于其路矣。耕者助而不税，则天下之农皆悦，而愿耕于其野矣。廛无夫里之布，则天下之民皆悦，而愿为之氓矣。信能行此五者，则邻国之民仰之若父母矣。率其子弟，攻其父母，自生民以来，未有能济者也。如此，则无敌于天下。

如果能尊重贤才和注重使用有才能的人，杰出的人才都有相应的职位，那么，天下的有德之人都会高兴，都会愿意在这样的朝廷里供职。国家在集市上提供储存货物的库房，却不征税，商品滞销时又依法征购，不让长久积压，那么，天下的商人都会高兴，都会愿意在这样的市场做生意。关卡只负责稽查，也不征税，那么，天下的商旅都会高兴，都会愿意在这样的商路上来往。只按井田制的要求助耕公田，除此之外不再征税，那么，天下的农民都会高兴，都会愿意在这样的田野里劳动。百姓居住的地方，没有额外的徭役和赋税，那么，天下的民众都会高兴，都会愿意做这里的居民。如果能够真正做到这些，恐怕就连邻国的百姓都会把他当父母一样敬仰。如果有人想率领他们来讨伐，就像率领着儿子去讨伐父母一样，自有人类以来，是没有成功的。这样，他就会无敌于天下。

第六节　荀子的节用裕民、藏富于民思想

荀子是战国末年齐国稷下先生之一，在齐、赵、魏、秦多国游学做官。荀子的思想总体属于儒家，但也吸收了法家等学派的思想。他关注国计民生，著有《富国》专文，其曰：

足国之道：节用裕民，而善臧其余。节用以礼，裕民以政。彼裕民，故多余。裕民则民富，民富则田肥以易，田肥以易则出实百倍。上以法取焉，而下以礼节用之。余若丘山，不时焚烧，无所臧之。夫君子奚患乎无余？故知节用裕民，则必有仁义圣良之名，而

且有富厚丘山之积矣。此无它故焉，生于节用裕民也。不知节用裕民则民贫，民贫则田瘠以秽，田瘠以秽则出实不半；上虽好取侵夺，犹将寡获也。而或以无礼节用之，则必有贪利纠譑（jiǎo，通“撟”，收取）之名，而且有空虚穷乏之实矣。此无它故焉，不知节用裕民也。

荀子认为，国家实现富足的途径是节约用度，使民众富裕，妥善储藏多余的财物。节约费用依靠礼制，使民众富裕依靠政策。认识到生产、分配、消费是一个统一的经济运行过程。生产是基础，而分配和消费制约着生产。如果民众不富裕，就无法扩大再生产，也无法提高生产效率。因此要爱民惜民，减轻人民负担。

荀子还主张藏富于民，继承了姜太公的强国富民思想。《荀子·王制》：

故王者富民，霸者富士，仅存之国富大夫，亡国富筐箧，实府库。筐箧已富，府库已实，而百姓贫。夫是之谓上溢而下漏。入不可以守，出不可以战，则倾覆灭亡可立而待也。故我聚之以亡，敌得之以强。聚敛者，召寇、肥敌、亡国、危身之道也，故明君不蹈也。

荀子认为，国家富强，并不是财富都集中在国家手里，必须平衡财富分配关系，使老百姓富足。称王天下的国家，民众富足；称霸诸侯的国家，士人富足；勉强能维持不亡国的国家，官员富足；亡国的君主，自己富足，财富装满了自己的筐箧、仓库，而老百姓贫穷。这叫作上面满溢而下面干涸。这样的国家，内不能防守，外不能征战，它的灭亡立等可待。所以我搜刮民财以致灭亡，敌人得到这些财物因而强大。国家聚敛财富搜刮民财，是招引贼寇、肥敌人、亡国家、危害自身之道，所以贤明的君主是不蹈袭这种做法的。应该把财富分配给百姓，百姓富裕，才是国家的真正富强。

第七节　强国富民思想对今人的启示

齐鲁先贤的强国富民思想，给今人带来的启示是多方面的：

其一，富裕是民众的普遍愿望。孔子说：“富与贵，是人之所欲也；贫与贱，是人之所恶也。”（《论语·里仁》）人人向往富裕，谁也不愿天天受穷，诚如斯大林《在党的第十七次全国代表大会上关于联共（布）中央工作的总结报告》所说："穷人自己也不愿再做穷人，而是力求往高处走，过富裕生活的。"（《斯大林选集》下卷）"富而可求也，虽执鞭之士，吾亦为之。"（《论语·述而》）这充分表达了孔子对富裕生活的深切向往。

其二，富裕是治国者的最大责任。姜太公治齐，首先"通商工之业，便鱼盐之利"，使民众逐步富裕，"而人民多归齐"。（《史记·齐太公世家》）管子说："凡治国之道，必先富民。"（《管子·治国》）孔子也警告当政者："四海困穷，天禄永终。"（《论语·尧曰》）历朝历代，凡重视富民者，必然国泰民安，国强政稳。因此，革命导师列宁于1918年5月26日《在全俄国民经济委员会第一次代表大会上的讲话》中强调："使所有劳动者过最美好的、最幸福的生活。"（《列宁选集》第3卷）

其三，勤劳才能致富。孔子说："邦有道，贫且贱也，耻也。"（《论语·泰伯》）国家政治清明，作为个人，如果还总是贫穷，那就是耻辱。致富是每个人的事，不能只是依赖国家和别人，要靠自己的智慧和勤劳的双手改变贫穷。

其四，民富才是真正的国富，国富才能国强，国强才不受人欺负。道理很明显，若民不富，难说国富。国不富，则无力发展科技，无力建设强大的军队，无力屹立于世界。多年的屈辱史，以血的教训时时刻刻警示着我们，催人奋进！

多年来，党和国家一直把富民放在重中之重，采取了多种行之有效的措施。尤其是党的十八大以来，加大了推进脱贫致富的力度，数以千万计的贫困人口逐步摆脱了贫困。习近平总书记在十九大报告中公布："脱贫攻坚战取得决定性进展，六千多万贫困人口稳定脱贫，贫困发生率从百分之十点二下降到百分之四以下。"对于这百分之四的贫困者，习近平总书记在2017年新年贺词中强调："小康路上一个都不能掉队！"这是党中央的决心，代表了全党全国人民的心声。2020年是全国脱贫攻坚的收官之年，决胜之年，在全党全国人民的艰苦努力下，一个个贫困县、贫困乡、贫困村相继脱贫，逐步过上了衣食无忧的幸福生活。

国民富裕了，国家自然也就强大了。据新华社消息，在党的二十大即将召开之际，"奋进新时代"主题成就展全景式、多角度展现了这十年我国经济建设的巨大变化与崭新面貌。在中央综合展区经济建设主题区，一艘中国经济"奇迹"号巨轮模型展示了这十年的发展成就：

国内生产总值从53.9万亿元增长到114.4万亿元；居民人均可支配

收入从1.65万元增长到3.51万元；货物进出口总额从24.4万亿元增长到39.1万亿元；制造业增加值从16.98万亿元增加到31.4万亿元……

在习近平经济思想的科学指引下，坚持新发展理念，中国经济迈上更高质量、更有效率、更加公平、更可持续、更为安全的发展之路。

2012年至2021年，全国一般公共预算收入从11.73万亿元增长到20.25万亿元。十年来，我国财政政策效能提升，更加注重精准、可持续、支撑经济社会发展的能力明显增强。

扛稳粮食安全重任，粮食产量连续7年稳定在1.3万亿斤以上。近十年来，我国以年均约2.9%的能源消费增长支撑了6.2%的国民经济增长；发电装机超过24亿千瓦，人均电力装机由2014年的1千瓦增长至1.7千瓦。

亿户市场主体是稳经济的底气所在。截至2021年，全国市场主体突破1.6亿户，带动就业近3亿人，2013年以来新增的涉税市场主体去年纳税达到4.76万亿元，这有力印证了我国经济的强大韧性。

第十三章　齐鲁文化中的教育思想

教育在人类文明的发展和社会的进步过程中起着十分重要的作用。教育的本质，是培养人的文明素质、社会活动能力。教育是施教者对受教育者进行思想行为塑造的过程。汉许慎《说文解字》："教，上所施，下所效也。""育，养子使作善也。"教育传递和播扬着光辉思想、先进技术、灿烂文化，因此承担着传道、授业、解惑与育人的光荣使命。先秦时期，施教授徒、传播文化的社会风尚就在齐鲁大地生根发芽并迅速发展壮大，使齐鲁文化具有了丰富的历史文化内涵和完善的思想文化体系。

教育伴随着人类社会的形成而产生，随着社会的发展而发展，与人类社会共始终，有非常悠久的历史。据文献记载，中国很早就非常重视兴办教育，有乡学，也有国学，并且设有官办教育机构。《孟子·滕文公上》："夏曰校，殷曰序，周曰庠，学则三代共之，皆所以明人伦也。"朱熹《孟子集注》："庠以养老为义，校以教民为义，序以习射为义，皆乡学也。学，国学也。共之，无异名也。伦，序也。父子有亲，君臣有义，夫妇有别，长幼有序，朋友有信，此人之大伦也。庠序学校，皆以明此而已。"官办国学，是最高教育机构，周天子所设的称为辟雍，诸侯国所设的称为泮宫。《礼记·王制》云："天子曰辟雍，诸侯曰泮宫。"汉班固《白虎通·辟雍》云："天子立辟雍何？所以行礼乐宣德化也。辟者，璧也，象璧圆，又以法天，于雍水侧，象教化流行也。"关于泮宫，钱穆先生认为："泮宫者，泮是半圆形之水。《诗·鲁颂·泮水》又称泮宫，是为当时诸侯有泮宫之证。此为诸侯国中大学，即如今的地方大学。国立大学四面环水，地方大学三面环水。在形制上，表明了中央与地方的尊卑之分。"（钱穆《国史新论·中国教育制度与教育思想》）不过，这类官办学校，主要用于培养教育贵族子弟，庶民百姓的子弟是无缘进入的。

齐鲁大地历来就有重视教育的传统。齐鲁文化中，教育方面的突出成就以及教育思想，主要反映在以孔子为代表的儒家学派的教育活动中和齐国稷下学宫的学术活动中。

第一节 孔子的教育思想

孔子是伟大的思想家、教育家，在教育方面做出了巨大贡献，被后世尊为至圣先师、万世师表。孔子生活在春秋晚期，社会历史正处于大变革时代，他祖述尧舜，宪章文武，突破教育由官方垄断的格局，在鲁国创办私学，广招门徒，热心施教，积累了丰富的教育经验，形成了系统的教育思想，培养出了众多德才兼备的治世人才。

一、重视教育

孔子非常重视教育，特别强调教育在提高民众文化素质、道德水平方面的重要作用，把教育看作治国的重要施政措施，给予很高的地位。孔子认为，教育的目的是培养德政礼治人才。推行德政礼治，靠的是圣君、贤臣和良民，而他们是需要通过教育培养出来的。《论语·子路》记载：

> 子适卫，冉有仆。子曰："庶矣哉。"冉有曰："既庶矣，又何加焉？"曰："富之。"曰："既富矣，又何加焉？"曰："教之。"

孔子到卫国，冉有驾车。孔子说："这里的人口真多啊！"冉有说："人口已经够多了，该再做什么呢？"孔子说："使他们富裕起来。"冉有说："如果已经富裕了，再做什么？"孔子说："教育他们。"由此可见，孔子把教育放在了治理国家各项施政措施中非常重要的地位。

二、有教无类

为普及教育，使教育惠及平民百姓，孔子提出"有教无类"的教育主张。所谓"有教无类"，"类"指"种类"，泛指地位等级、贵贱贫富、贤愚善恶等，即不讲类别差异，对任何人都可以实施教育。在这种思想的指导下，孔子招收学生不分家族出身和贫富贵贱，只要愿意求学，一律收于门下加以教导。他说：

> 自行束脩以上，吾未尝无诲焉。（《论语·述而》）

束脩，汉代学者郑玄根据"脩"字的本义，解释为十条干肉，作为入学敬师之礼品。后世多沿袭此说。但也有人认为，“束脩”指束带修饰，是青少年生活自理能力的体现。两说相比较，后说似乎更为合理。《后汉书·延笃传》：“且吾自束脩以来，为人臣不陷于不忠，为人子不陷于不孝。”唐李贤注曰：“束脩，谓束带修饰。”孔子收徒，凡是具备了生活自理能力的求学者，他都接收教诲之。这就打破了只有公卿大夫子弟才能享有受教育的特权制度，开创了教育的普及化、平民化新局面，使每个社会成员都可以享有受教育的平等权利，为社会下层贫寒家庭的子弟接受教育开了方便之门。孔子弟子中，颜回、闵子骞、原宪、曾参、冉伯牛、仲弓、子路等，都是家境贫寒的弟子，经过孔子教诲而成才。正因为如此，孔子的弟子竟达三千人的宏大规模。

三、教学内容

孔子非常注重学生德智体全面发展，根据这一教育培养目标，孔子设置了一整套具有完整体系的教学内容。《论语·述而》记载：

> 子以四教：文、行、忠、信。

文，指文化知识；行，是指行事、做事、实践能力。忠、信，属品德方面。具备了文化知识、做事能力，还应具备优良品德。德才兼备，方为完美。

在具体教学过程中，孔子设置了六种科目：礼、乐、射、御、书、数，称之为“六艺”。

礼，指礼仪文明，行为规范。孔子强调德礼教育：“不学礼，无以立。”（《论语·季氏》）“太上以德教民，而以礼齐之。”（《孔子家语·刑政》）

乐，音乐，泛指音乐舞蹈。孔子重视乐教，曾说：“兴于诗，立于礼，成于乐。”（《论语·泰伯》）意思是，兴起在于诗，立身在于礼，成身在于乐。

射，射箭技术。古代重武习射，常举行射礼。

御，驾驭车马的技术。《周礼·地官·保氏》：“乃教之六艺……四曰五驭。”郑玄注：“五驭：鸣和鸾，逐水曲，过君表，舞交衢，逐禽左。”谓行车时和鸾之声相应，车随曲岸疾驰而不坠水，经过天子的表位有礼仪，过通道而驱驰自如，行猎时追逐禽兽从左面射获。

书，文字书写，含造字、识字。《周礼·地官·大司徒》曰：“以乡三物教万民而宾兴之：一曰六德，知、仁、圣、义、忠、和；二曰六行，孝、友、睦、姻、任、恤；三曰六艺，礼、乐、射、御、书、数。”郑玄注：“书，六书之品。”贾公彦疏：“六书者，先郑云：象形、会意、转注、处事、假借、谐声。”

数：数学。《周礼·地官·大司徒》郑玄注：“数，九数之计。”贾公彦疏：“九数者，先郑云：方田、粟米、差分、少广、商功、均输、方程、赢不足、旁要，此九章之术是也。”

从孔子所设礼、乐、射、御、书、数诸教学科目来看，都是紧紧围绕培养目标设置的，一切为了学生全面发展的需要。礼，属于道德规范教育；乐，属于艺术品味美感情操培养；射，属于体育军事技能训练；御，属于社会劳动生活技能；书、数，属于智力方面的文化教育。这些教育内容，基本涵盖了德智体美劳各个方面。

此外，“六经”（即《诗》《书》《礼》《易》《春秋》《乐》）也都是孔子的重要教学内容。《孔子家语·弟子行》记载：“卫将军文子问于子贡曰：‘吾闻孔子之施教也，先之以《诗》《书》，而道之以孝悌，说之以仁义，观之以礼乐，然后成之以文德，盖入室升堂者七十有余人。其孰为贤？’”通过卫将军文子的简短问话，可知孔子的教育目标是培养具有高尚道德情操品行端正的君子。

四、教育方法

1. 因材施教

孔子从学生的个性差异出发，进行有针对性的教学。所谓“夫子教人，各因其材”（朱熹《论语集注》）。孔子说：

> 中人以上，可以语上也；中人以下，不可以语上也。（《论语·雍也》）

孔子是说：对待中等智力以上的人，可以讲高深的学问；对待中等智力以下的人，不可以讲高深的学问。他主张对于智力不同的人分别实施教育，才能获得好的教育效果。《论语·先进》记载：

> 子路问：“闻斯行诸？”子曰：“有父兄在，如之何其闻斯行之？”冉有问：“闻斯行诸？”子曰：“闻斯行之。”公西华曰：“由也问‘闻斯行诸’，子曰‘有父兄在’；求也问‘闻斯行诸’，子

曰‘闻斯行之’。赤也惑，敢问。”子曰：“求也退，故进之；由也兼人，故退之。”

子路问了孔子一个问题：“听到了合乎道义的事，立刻就付诸行动吗？”孔子答道：“有父亲和兄长在，你怎么可以不征求一下他们的意见呢？”冉有问了孔子同样一个问题，孔子却说：“听到了一件应做的事，就该立刻付诸行动。”公西华问孔子：同一个问题，您为什么给他们的回答却不同呢？孔子解释说：“冉求遇事畏缩不前，所以我鼓励他进取；仲由好勇过人，所以提醒他退让些，遇事多听听别人的意见。”这段记载，充分体现出了孔子因材施教的教育思想，针对不同性格的学生，用不同的教导方式。

2. 适时施教

孔子在教学过程中，针对学生的思想实际和具体情况，选择最佳时机、运用适当的方式、适宜的内容对学生施行指导教育。孔子说：

不愤不启，不悱不发。（《论语·述而》）

不到学生心里憋闷、急于想知道的程度，不开导他；不到他想说而说不出的程度，不启发他。《论语·述而》又载：

互乡难与言，童子见，门人惑。子曰：“与其进也，不与其退也，唯何甚？人洁己以进，与其洁也，不保其往也。”

互乡难与言，即互乡人难于跟他们讲话，即互乡这个地方的人不好说话，难于和他们打交道。按钱穆《论语新解》所言：“其乡风俗恶，难于言善。”但孔子接见了那地方的一个小孩子，弟子们很疑惑。孔子解释说：“赞同他的进步，不赞同他的退步，这有什么过分的？别人若有清洁自身以求进步的愿望，就应当帮助他洁身，不使他保留其往日的不洁。孔子认为：童子既然有求教（洁己，清洗己身污垢）的愿望，就应该及时地、抓紧时机进行教育，帮助其洁身、进步，不可不管不问，袖手旁观。由此也凸显出一个教育家、思想家的强烈责任感。孔子说：

可与言而不与言，失人。不可与言而与之言，失言。知者不失人，亦不失言。（《论语·卫灵公》）

意思是，可以跟他说却不跟他说，会错失人才。不可以跟他说却跟他说，会错失语言。聪明的人不会错失人才，也不会错失语言。

纵观《论语》，记载孔子适时施教的故事很多，如孔子师徒周游列国时，在陈国断绝了粮食，跟从的人都饿病了，爬不起来。子路很生气地来见孔子说："君子也有穷困的时候吧？"孔子说："君子能固守得住穷困，而小人遇到穷困就会滥漫无节，胡作非为。"教育学生在困境中，要坚守，不要滥漫无节，胡作非为。再如，在陈绝粮时，子贡用携带的一些财物换来了一袋米，由颜回熬煮。煮饭时，锅里从破屋上落下一块灰尘，颜回用勺子舀出吃了。远处的子贡看到，认为颜回偷吃米，便向孔子汇报。孔子说："吾信回之为仁久矣，虽汝有云，弗以疑也，其或者必有故乎？汝止，吾将问之。"孔子并未直接问颜回"你偷吃米了吗？"而是委婉试探："颜回啊，我刚才梦见先人了，很可能是想佑助困顿中的我们，你赶紧把煮好的米饭端来，我好好敬献先人。"诚实的颜回说："向有埃墨堕饭中，欲置之则不洁，欲弃之则可惜，回即食之，不可祭也。"一是米饭被污染了，二是米饭被我先吃了，所以不能再祭献先人了。颜回解释清楚，就出去了。孔子顾谓二三子曰："吾之信回也，非待今日也。"二三子由此乃服之。孔子如此处理，既反映了对学生的爱护，又适时教育弟子们遇事勿妄猜疑，要冷静了解其"故"。又如，有一天，弟子冉有、子路进见孔子，说："季氏将伐颛臾。"孔子教训说：有国的诸侯或有家的大夫，不怕财富少，而怕分配不均；不怕人民少，而怕不安定。大概分配平均了，也就没有贫穷；民众和谐团结了，也就不显得人少；国家安定，就不容易倾覆。正因为这样，所以远处的人不服，就修文德以招徕他们。如今你仲由和冉求，相助季氏，远处的人不服，不能招徕他们；国家分崩离析，而不能守护，反而谋划在国内大动干戈。你们两位作为季氏的家臣，应该在缓和周边关系、阻止内战方面发挥作用。由此可见，弟子已经毕业工作了，孔子也没忘记不失时机地调教他们。

3. 教学相长

孔子对于教与学、师生关系的认识是辩证而深刻的。老师和学生地位应该是平等的，关系应该是融洽的。只有如此才能相互促进，共同进步和提高。《礼记·学记》曰："是故学然后知不足，教然后知困。知不足，然后能自反也；知困，然后能自强也。故曰教学相长也。"孔子在施教过程中始终实践着"教学相长"这一教育理念。例如，弟子子路率直鲁莽，常向孔子提出质疑甚至批评，孔子对此不但不生气，还十分欣赏子路的直率。如果子路说的是正确的，孔子能够认真对待，虚心接受。而弟子颜回由于从不对孔子提出过质疑和批评，反而让孔子很不满意，他批评颜回说“回也非助我者也”(《论语·先进》)。

《论语》记载，子游为武城宰，很有政绩。孔子巡游至武城时“闻弦歌之声”，便“莞尔而笑”说：“割鸡焉用牛刀？”子游马上反驳：“昔者偃也闻诸夫子曰：‘君子学道则爱人，小人学道则易使也。’”(《论语·阳货》)意思说：我的为政之道都是从老师您那里学来的，是您教我们要如此对百姓施行乐教的。孔子则马上就说：“二三子，偃之言是也，前言戏之耳。”孔子并不以子游的“当仁，不让于师”而难堪或生气，而是当即肯定了弟子的做法，承认了自己的错误。孔子经常采取讨论的教学方式，如人们熟悉的“子路、曾皙、冉有、公西华侍坐”章，鼓励弟子畅所欲言，充分发表意见，孔子与弟子之间的平等交流，形成了一种轻松和谐的讨论式教学氛围，教因学而得益，学因教而日进。从而也真正实现了“教学相长”。

孔子的教育是成功的，取得了巨大成就，弟子三千，贤人七十二。七十二贤中，突出的有颜渊、曾参、子路、子贡、子张、闵子骞、仲弓、子游、子夏、子羔、冉有、冉伯牛、公冶长等。仅就从政人才而言，如子路为鲁季氏宰、为卫蒲邑大夫，为卫大夫孔悝邑宰；子夏为莒父宰；冉求为季氏宰；子游为鲁武城宰；冉雍为鲁季氏宰；宓子贱为鲁单父宰；巫马期也曾为单父宰；仲弓为莒父宰；子羔为费郈宰；宰我为临淄大夫；子贡常相鲁卫；等等。有些虽未从政，但也在其他行业做出了突出成就。

第二节　曾子的教育思想

曾子一生从事的主要事业是讲学。他的弟子众多，以子思、乐正子春、公明仪、吴起最为著名，比较有名望的还有单居离、公明高、公明宣、子襄、阳肤、沈犹行等人。曾子讲学，行迹遍布齐鲁越卫各地。23岁时，在其家乡南武城开始设教；39岁时，离开武城进入越国授徒，随后又辗转到齐国莒地开启讲学之旅；40岁时来到卫国传播儒家思想；61岁时，重返家乡继续设教讲学。终其一生，其教育思想与理念主要体现在以下三个方面：

一、大道传薪，秉持师承

曾参深得孔子学说的要领，对孔子的心意洞察若明。比如孔子在谈到“吾道一以贯之”时，其他弟子不明白，而曾参解释说：“夫子之道，忠恕而已矣。”（《论语·里仁》）曾参在教学活动中结合自己的经验，传授和弘扬孔子学说。且看《大戴礼记》中关于曾子回答学生单居离“天圆地方”问题的一段记载：

> 单居离问于曾子曰：“天圆而地方者，诚有之乎？”曾子曰：“离！而闻之云乎！”单居离曰：“弟子不察，以此敢问也。”曾子曰：“天之所生上首，地之所生下首，上首之谓圆，下首之谓方，如诚天圆而地方，则是四角之不揜也。且来！吾语汝。参尝闻之夫子曰：天道曰圆，地道曰方。方曰幽，而圆曰明。明者吐气者也，是故外景。幽者含气者也，是故内景。故火日外景，而金水内景。吐气者施，而含气者化，是以阳施而阴化也。阳之精气曰神，阴之精气曰灵。神灵者，品物之本也，而礼乐仁义之祖也，而善否治乱所兴作也。”（《大戴礼记·曾子天圆》）

单居离向曾子请教天圆地方问题。曾子讲述了孔子“天道曰圆、地道曰方”的学说：天的道理是如圆形之能动而覆盖的，地的道理是如方形之常静而承载的。方静之道是幽深，而圆动之道为光明。光明者吐出元气，所以它显示万物的影像是在本体之外。幽深者接受元气，所以它显示万物的影像是在本体之内。所以火和日是显形在外的，而金和水是含影在内的。吐出元气的一方是施与，而接受元气的一方是化育，因此阳主给予而阴主化育。阳的精气叫作神，阴的精气叫作灵。神和灵，是万物的根本，也是礼乐仁义的起点，善和恶、治和乱皆是由此所兴起的。这里，曾子引用孔子的形象解释，不但把十分深奥的哲学道理讲明白了，还把它与礼乐仁义治国安邦联系起来，阐释和发扬了孔子的学说。

曾子对学生子襄讲什么是勇敢，更是直接转述孔子的论述。《孟子·公孙丑上》载：

> 昔者曾子谓子襄曰：“子好勇乎？吾尝闻大勇于夫子矣：自反而不缩，虽褐宽博，吾不惴焉。自反而缩，虽千万人，吾往矣。”

这段话的意思是，曾子对子襄说："你喜欢勇敢吗？我曾经在老师孔子那里听到过关于大勇的道理：反省自己觉得理亏，那么即使对普通百姓，我也不去恐吓；反省自己觉得理直，纵然面对千万人，我也勇往直前。"《孔丛子·居卫》记载：

> 曾子谓子思曰："昔者吾从夫子游于诸侯，夫子未尝失人臣之礼，而犹圣道不行。今吾观子有傲世主之心，无乃不容乎？"

这是曾子发现孔子的孙子子思（孔伋）"有傲世主之心"而及时加以提醒，同时也赞扬了孔子在诸侯面前"未尝失人臣之礼"的做法。

二、师生平等，唯道是求

曾子的教育活动还有一个突出特点，师生平等，唯道是求。在教学过程中，他常常能够放低身份，与学生平等交流，师生关系十分融洽。《论语·泰伯》记载曾子语曰：

> 以能问于不能，以多问于寡，有若无，实若虚，犯而不校，昔者吾友尝从事于斯矣。

有能力却向没能力的请教，知识多却向知识少的请教，有却像无，实却像虚，别人冒犯却不计较，过去我的朋友曾经这样做过。曾子允许学生与自己讨论、争辩，如批评子思有"傲世主之心"时，子思争辩道：

> 时移世异，各有宜也。当吾先君，周制虽毁，君臣固位，上下相持，若一体然。夫欲行其道，不执礼以求之，则不能入也。今天下诸侯方欲力争，竞招英雄以自辅翼，此乃得士则昌、失士则亡之秋也。伋于此时不自高，人将下吾；不自贵，人将贱吾。舜禹揖让，汤武用师，非故相诡，乃各时也。（《孔丛子·居卫》）

当曾子提出"屈己以伸道，抗志以贫贱"时，子思说："道伸，吾所愿也。今天下王侯，其谁能哉！与屈己以富贵，不若抗志以贫贱。屈己则制于人，抗志则不愧于道。"（《子思子·外篇》）抗志，就是要保持高尚的节操。

《说苑·反质》记载：

公明宣学于曾子，三年不读书。曾子曰："宣，而居参之门，三年不学，何也？"公明宣曰："安敢不学？宣见夫子居宫庭，亲在，叱咤之声未尝至于犬马，宣说（悦）之，学而未能；宣见夫子之应宾客，恭俭而不懈惰，宣说之，学而未能；宣见夫子之居朝廷，严临下而不毁伤，宣说之，学而未能。宣说此三者学而未能，宣安敢不学而居夫子之门乎？"曾子避席谢之曰："参不及宣，其学而已。"

公明宣在曾子门下学习，三年之中，曾子发现公明宣并不认真读书。曾子说："你既然当我的学生，三年以来，却不好好读书学习，为什么呢？"公明宣说："我哪里敢不学呢？我看见您在房子里，父母在的时候，呼喊的声音小到不让狗和马听到，我很喜欢您的这种做法，努力学习但还没有做到。我看见您接待宾客的时候，恭敬节俭，却从来不松懈不怠慢，我喜欢您的这种做法，努力学习但还没有做到。我看见您在庭院里，对待下人严格要求，却从来不诋毁伤害他们，我喜欢您的这种做法，努力学习但还没有做到。我喜欢您在这三种事情上表现出来的高尚道德修养，努力向您学习但都还没有做到，我怎敢不向您学习而号称是您门下的学生呢？"曾子马上起身离开座席向公明宣道歉说："我不如你。你一直是在真正学习啊！"

这个故事说明，曾子对待学生不摆架子，与学生平等交流，并且善于学习学生的长处。

三、重视实践，学行结合

曾子重视实践，主张学行结合。《大戴礼记·曾子立事》记其言曰：

君子爱日以学，及时以行，难者弗辟，易者弗从，唯义所在，日旦就业，夕而自省思，以殁其身，亦可谓守业矣。

君子博学而孱守之，微言而笃行之。行必先人，言必后人，君子终身守此悒悒。

行无求数有名，事无求数有成。身言之，后人扬之；身行之，后人秉之，君子终身守此惮惮。

曾子主张，学了知识要付诸实践。曾子终身奉行学行结合原则。学习的目的是要实践，要落实到行动上。学而不做，等于不学。要做到行动在前，言语在后，终身奉行。他的学生大都能够以所学知识积极投身社会活动，学以致用，有所成就，有的还成为著名的思想家和军事家，如子思、吴起等。

四、人格培养，立德树人

1. 身心修养

曾子非常重视自身修养问题。《论语》记载：

> 曾子曰："吾日三省吾身：为人谋而不忠乎？与朋友交而不信乎？传不习乎？"（《论语·学而》）

曾子主张，要经常省察自己的所作所为，用高标准严格要求自己。还说：

> 君子修礼以立志，则贪欲之心不来；君子思礼以修身，则怠惰慢易之节不至；君子修礼以仁义，则忿争暴乱之辞远。（《说苑·修文》）
>
> 君子祸之为患，辱之为畏，见善恐不得与焉，见不善者恐其及己也，是故君子疑以终身。君子见利思辱，见恶思诟，嗜欲思耻，忿怒思患，君子终身守此战战也。（《大戴礼记·曾子立事》）

曾子把修养身心作为止贪欲、防怠惰、远纷争的重要方法。要"见利思辱，见恶思诟，嗜欲思耻，忿怒思患"，十分谨慎地保持终身。

曾子还主张"慎独"，要求一个人独处时行为谨慎不苟。他说：

> 君子必慎其独也。十目所视，十手所指，其严乎！（《礼记·大学》）

曾子常以孔子德行勉励自己：

> 参昔常闻夫子之三言，而未之能行也。夫子见人之一善而忘其百非，是夫子之易事也；见人之有善若己有之，是夫子之不争也；

闻善必躬行之，然后导之，是夫子之能劳也。学夫子之三言而未能行，以自知终不及二子者也。(《孔子家语·六本》)

“二子”，指的是孔子弟子颜回和史䲡。这段话反映了曾子在修身方面，不仅对孔子的做法有深刻的理解，还有向同门贤者虚心学习的态度。

2. 弘毅立志

曾子说：

士不可以不弘毅，任重而道远。仁以为己任，不亦重乎？死而后已，不亦远乎？(《论语·泰伯》)

弘毅，就是宽宏坚毅，抱负远大，意志坚强。曾子为何要求读书人“弘毅”呢？是因为知识分子肩负着重要的社会责任，任重道远。什么样的任最重呢？答曰“仁”。实践仁是最重的，因为仁者要“爱人”，要“泛爱众”，而“爱人”“泛爱众”不是只停留在口头上，而是要躬行实践之。“爱人”“爱众”要有行动，如救民众于水火，为民众谋幸福，为社会谋发展等。责任重大，若没有宏大的志向抱负则根本谈不上践行“仁”，也就是无厚德则难以载物。而且实践“仁”是终生的事，一辈子的事，十分久远，缺乏坚强的毅力是坚持不到“死而后已”的；也可说缺乏自强不息的执着精神，则是难以终生践仁的。

曾子所作的《大学》，其主体思想就是修身、齐家、治国、平天下：

大学之道，在明明德，在亲民，在止于至善。……古之欲明明德于天下者，先治其国。欲治其国者，先齐其家。欲齐其家者，先修其身。欲修其身者，先正其心。欲正其心者，先诚其意。欲诚其意者，先致其知。致知在格物。物格而后知至，知至而后意诚，意诚而后心正，心正而后身修，身修而后家齐，家齐而后国治，国治而后天下平。

3. 孝道教育

曾子重视孝道，《大戴礼记》中的《曾子本孝》《曾子立孝》《曾子大孝》《曾子事父母》等专篇，专记曾子的孝道言行。很多学者认为，《孝经》就是曾子作的。关于孝道，曾子谈了很多：

孝有三：大孝尊亲，其次不辱，其下能养。(《大戴礼记·曾子大孝》)

孝有三：大孝不匮，中孝用劳，小孝用力。博施备物，可谓不匮矣。尊仁安义，可谓用劳矣。慈爱忘劳，可谓用力矣。父母爱之，喜而不忘。父母恶之，惧而无怨。父母有过，谏而不逆。父母既殁，以哀祀之。加之如此，谓礼终矣。(《大戴礼记·曾子大孝》)

用天之道，分地之利，谨身节用，以养父母。(《孝经》)

孝子之养老也，乐其心，不违其志，乐其耳目，安其寝处，以其饮食忠养之。孝子之身终，终身也者，非终父母之身，终其身也。是故父母之所爱亦爱之，父母之所敬亦敬之。(《礼记·内则》)

可见曾子认为的孝道，即是遵从父母意愿。但是，如果父母的行为不合乎正道，怎么办呢？曾子主张采用灵活务实的做法。《大戴礼记》记载了曾子与他的学生单句离的一段对话：

单居离问于曾子曰："事父母有道乎？"曾子曰："有，爱而敬。父母之行若中道，则从；若不中道，则谏；谏而不用，行之如由己。从而不谏，非孝也；谏而不从，亦非孝也。孝子之谏，达善而不敢争辨。争辨者，作乱之所由兴也。由己为无咎则宁，由己为贤人则乱。孝子无私乐，父母所忧忧之，父母所乐乐之。孝子惟巧变，故父母安之。若夫坐如尸，立如齐，弗讯不言，言必齐色，此成人之善者也，未得为人子之道也。"(《大戴礼记·曾子事父母》)

"齐"，通"斋"。这段话的意思是，单句离问曾子：侍奉父母，有规范吗？曾子说：有规范，就是爱与敬。父母的行为如果合乎正道，就听从他们；如果不合乎正道，就劝谏他们。劝谏了如果他们不听，就会觉得，父母行为造成的过错，就像是自己造成的一样。听从父母，对其过错不加劝谏，不是孝道。劝谏了不能让父母听从，也不算尽了孝道。孝子的劝谏目的，是让父母达到向善而不敢强争。与父母强争，会导致犯上作乱的行为发生。曾子特别强调，孝子在劝谏父母时，要善于"巧变"(灵巧变化，委婉劝谏)，尽可能减轻伤害父母的程度，使父母心安、心服，从思想上慢慢接受。

曾子是中国历史上继孔子之后出现的又一位伟大的教育家。他上承孔子之道，下启思孟学派，继承发展了孔子的教育思想。曾子的教育实践活动，具有明确坚定的教育方向和明德博学的教育内容，以及灵活务实的教育方法，对于现代社会的教育仍有可资借鉴的价值。

第三节　孟子的教育思想

孟子15岁时入学读书，受业于孔子之孙子思之门人，学成后筑坛兴学，收徒教书。他把“得天下英才而教育之”(《孟子·尽心上》)视为人生三大乐趣之一，一生大部分时间都奉献于教育事业。在长期的教育实践过程中，孟子形成了具有鲜明特色的教育思想，积累了丰富的教育经验。

一、教育的主要作用：启善性

孟子根据“恻隐之心，人皆有之”提出人性本善的思想主张。因此，他认为，教育的主要作用，就是“启善性”，引导和发扬人的善良本性。孟子把“性善论”上升到哲学的高度。他主张，教育的作用，就是要把人们本来固有的存在于内心的善性发扬光大。他说：

> 恻隐之心，人皆有之；羞恶之心，人皆有之；恭敬之心，人皆有之；是非之心，人皆有之。恻隐之心，仁也；羞恶之心，义也；恭敬之心，礼也；是非之心，智也。仁义礼智，非由外铄我也，我固有之也，弗思耳矣。故曰：求则得之，舍则失之。(《孟子·告子上》)

孟子认为，善性是每个人内心深处固有的，只不过不去思考它罢了。仁义礼智存在于人的本性之中，就像四肢长在身体上一样。教育的作用，就是“求”善性，使它能够显现出来，主导人们的行为。孟子又说：

> 恻隐之心，仁之端也；羞恶之心，义之端也；辞让之心，礼之端也；是非之心，智之端也。(《孟子·公孙丑上》)

怜悯同情的心，是仁的发端；羞耻憎恶的心，是义的发端；谦辞礼让的心，是礼的发端；辨别是非善恶的心，是智的发端。教育的作用就在于找回散失的善的本性，保存和发扬天赋的善端。孟子强调仁心，他说：

> 君子以仁存心，以礼存心。仁者爱人，有礼者敬人。爱人者，

人恒爱之；敬人者，人恒敬之。（《孟子·离娄下》）

天子不仁，不保四海；诸侯不仁，不保社稷；卿大夫不仁，不保宗庙；士庶人不仁，不保四体。（《孟子·离娄上》）

孟子认为，普通人与圣人在先天本质上并无区别，“人人皆可为尧舜”（《孟子·告子下》）。任何人，只要肯接受教育，肯学习，修仁善之德，人格就可以达到完美的境界。所以，孟子主张治理国家要“谨庠序之教，申之以孝悌之义”，用教育使人向善。教育对于实现社会的统一和谐，巩固政权，有十分重要的作用。忽视了教育，则“上无礼，下无学，贼民兴，丧无日矣”。（《孟子·离娄上》）

孟子的政治主张是仁政，仁政的根本，在于得民心，即得到广大民众的拥护。而教育，则是“得民心”最有效的手段。他说：

善政不如善教之得民也。善政，民畏之；善教，民爱之。善政得民财，善教得民心。（《孟子·尽心上》）

好的政治，不如好的教育能得到民众。好的政治，民众畏惧它；好的教育，民众喜爱它。好的政治能够得到民众的财富，好的教育能够得到民众的真心喜欢。这里，孟子把教育的作用已经上升到了“治国平天下”施政措施的重要地位。

二、教育的终极目的：明人伦、立人格

孟子认为，教育的目的应是“明人伦”。明人伦，就是阐明人类社会的各种人际关系以及社会生活准则。他说：

设为庠序学校以教之。庠者，养也；校者，教也；序者，射也。夏曰校，殷曰序，周曰庠，学则三代共之，皆所以明人伦也。（《孟子·滕文公上》）

孟子主张兴办庠、校、序等教育机构来培养学生，庠是培养之意，校是教育之意，序是依序习射之意。无论是夏代的校、商代的序、周代的庠，其设置目的是“教以人伦：父子有亲，君臣有义，夫妇有别，长幼有序，朋友有信”（《孟子·滕文公上》），后世称之为“五伦”。孟子说：“人之有道也，饱食暖衣逸居而无教，则近于禽兽。”（《孟子·滕

文公上》）人类能够实施教育，动物的活动只靠本能。教育是人类与禽兽的根本区别。

孟子非常重视教育对学生的人格培养。他说：

我知言，我善养吾浩然之气。（《孟子·公孙丑上》）

立天下之正位，行天下之大道。（《孟子·滕文公下》）

穷则独善其身，达则兼善天下。（《孟子·尽心上》）

威武不能屈，富贵不能淫，贫贱不能移，此之谓大丈夫。（《孟子·滕文公下》）

孟子认为，教育应注重学生高尚人格、远大志向的培养，应与国家命运联系在一起，重视精神境界的提升。

三、学习的基本方法：思考、渐进、恒心

关于学与思的关系，孟子更为强调“思”的作用，他说：

心之官则思，思则得之，不思则不得也。（《孟子·告子上》）

“心”这个器官是用来思考的，思则有收获，不思则没有收获。孟子强调，学习、修身的关键在于自得。他说：

君子深造之以道，欲其自得之也。自得之，则居之安；居之安，则资之深；资之深，则取之左右逢其原。（《孟子·离娄下》）

这段话的意思是，君子遵循修身之道加以深造，是想要有所得。有所得就能够安居，安居就能够拥有深厚的积累；有了深厚的积累，使用起来就能左右逢源了。

据此可知，孟子认为学习过程是循序渐进，逐步深化的，最终达到积累深厚，左右逢源。

孟子还指出：

流水之为物也，不盈科不行；君子之志于道也，不成章不达。（《孟子·尽心上》）

流水这种物体，不把坑坑洼洼填满是不会向前流的；君子立志于道，不到一定的程度不能通达。也就是说：一方面，立志要高远，胸襟要开阔；另一方面，基础要扎实，要循序渐进，逐步通达。孟子还以“揠苗助长”的寓言来说明循序渐进的重要性。

孟子主张，学习要专心致志，持之以恒。他说：

> 今夫弈之为数，小数也，不专心致志，则不得也。弈秋，通国之善弈者也。使弈秋诲二人弈：其一人专心致志，惟弈秋之为听。一人虽听之，一心以为有鸿鹄将至，思援弓缴而射之。虽与之俱学，弗若之矣。为是其智弗若与？曰：非然也。（《孟子·告子上》）

两个人同时跟一个围棋高手学习下棋，但结果大不相同，这绝非由于其智力差异，而是由于专心与不专心的缘故。因此孟子强调，学习必须专心致志，集中注意力。在强调专心致志的同时，还提出了持之以恒的思想。他告诫学生说：

> 山径之蹊间，介然用之而成路。为间不用，则茅塞之矣。（《孟子·尽心下》）

山间的小径，人们经常去走，就成了一条路。如果有一段时间不走，就会长满茅草，把路堵塞了。孟子用这件事情比喻学习。如果停下一段时间，不用心学习，就会荒废了学到的知识。所以，学习必须持之以恒。他还说：

> 有为者辟若掘井，掘井九轫而不及泉，犹为弃井也。（《孟子·尽心上》）

意思是说，做一件事，就像挖一口水井，挖到六七丈深还不见水，如果停止挖掘，结果就是一口废井。用这个比喻，说明做事必须有恒心，不能半途而废。学习知识也是这样，要坚持到底，否则就会功亏一篑。

总之，孟子的教育思想表现在教育作用、教育目的、学习方法等几个方面，对现代教育仍有重要的启示作用和借鉴价值。

第四节　荀子的教育思想

荀子，名况，字卿，战国著名的唯物主义思想家和教育活动家。曾在齐国的稷下学宫长期执教，并三次出任学宫“祭酒”（祭酒，古时飨宴祭神时由尊者或老者一人举酒祭地，遂谓位尊年长者为祭酒。后为学官名，如博士之长称博士祭酒，国子监总管称国子监祭酒），成为资望最高的“老师”。荀子一生主要从事教学与著述，其弟子众多，以李斯、韩非、张苍均、浮邱伯最为著名。

一、教育目的

在荀子看来，教育目的就是将士最终培养成为圣贤，培养成对社会有用的人才。他在《劝学》篇中指出：

> 学恶乎始？恶乎终？曰：其数则始乎诵经，终乎读礼；其义则始乎为士，终乎为圣人。

学习从哪里开始？到哪里结束？答曰：学习的顺序是从诵读《诗》《书》等经典开始，到读《礼》等典籍结束；学习的目的意义则是从做士开始，最高目标是成为圣贤。

荀子对“学而优则仕”思想做了更为深刻的阐述：“学者非必为仕，而仕者必如学。”（《荀子·大略》）治学并非一定要做官，但做官的必须先治学。荀子把当时的儒者划分为几个层次，即俗儒、雅儒、大儒。他崇尚大儒，把孔子、子弓称为大儒，认为这样的人才是最理想的，“大儒”才是培养人才的最高目标。

> 彼大儒者，虽隐于穷阎漏屋，无置锥之地，而王公不能与之争名；在一大夫之位，则一君不能独畜，一国不能独容，成名况乎诸侯，莫不愿得以为臣；用百里之地，而千里之国莫能与之争胜，笞棰暴国，齐一天下，而莫能倾也。是大儒之征也。其言有类，其行有礼，其举事无悔，其持险应变曲当，与时迁徙，与世偃仰，千举万变，其道一也。是大儒之稽也。其穷也，俗儒笑之；其通也，英杰化之，嵬琐逃之，邪说畏之，众人愧之。通则一天下，穷则独立贵名，天不能死，地不能埋，桀跖之世不能污，非大儒

莫之能立，仲尼、子弓是也。(《荀子·儒效》)

这段话的意思是说，那些大儒，即使隐居在小巷子破屋子里，贫穷得没有立锥之地，王公显贵也没有能力与他竞争名望；处在一个大夫的地位，也不是某一个国君能独自私用，不是某一个诸侯国能单独容留，他的名声与诸侯相当，诸侯没有人不愿意让他来当自己的臣下；有封地百里，而千里之国者也不能跟他争胜；他讨伐暴强，统一天下，没有人能战胜他。这就是大儒的特征。他说话合乎规范，行动合乎礼义，做事不留遗憾，扶持危局、应付突发事变处事得当，顺应时势，千变万化，原则始终如一。这是大儒的行事特征。他穷困的时候，俗儒讥笑他；他显达的时候，英雄豪杰都受其感化，不正派的人都躲避他，异端邪说都畏惧他，民众都对他感恩。他通达时就统一天下，不得志时就独善其身留名于后世。上天不能灭亡他，大地不能埋没他，夏桀盗跖的时代不能玷污他，不是大儒就不能这样立身处世。仲尼、子弓就是这样的人。这里所说的子弓，即孔子弟子冉雍，字仲弓。孔子认为冉雍有从政才能，赞曰："雍也可使南面。"

可见，荀子理想的教育培养目标是非常高的。

二、教育作用

《荀子·劝学》开篇，就形象而明确地论述教育的作用：

君子曰：学不可以已。青，取之于蓝而青于蓝；冰，水为之而寒于水。木直中绳，輮以为轮，其曲中规，虽有槁暴，不复挺者，輮使之然也。故木受绳则直，金就砺则利，君子博学而日参省乎己，则知明而行无过矣。故不登高山，不知天之高也；不临深溪，不知地之厚也；不闻先王之遗言，不知学问之大也。干越夷貉之子，生而同声，长而异俗，教使之然也。

教育能使人青出于蓝而胜于蓝，一代更比一代强；教育能使邪曲者变正直，能博学明察，闻先王之遗言。干越夷貉这四个地方的孩子，刚生下来啼哭的声音是一样的，而长大后风俗习性却不相同，这是教育使之如此，反映了教育在人的发展中的作用。

荀子的教育理论基础是性恶论，他说：

> 人之性恶，其善者伪也。(《荀子·性恶》)

“伪”，唐代杨倞注曰：“伪，为也，矫也，矫其本性也，凡非天性而人作为之者，皆谓之伪。”而教育的作用就在于“化性起伪”。他认为加强对人们的教育，可以使人们变恶为善，正如《荀子·儒效》所言：“我欲贱而贵，愚而智，贫而富，可乎？曰：其唯学乎！”

三、学习方法

荀子认为，学习是一个持之以恒的过程。因此，他提倡锲而不舍、久久为功的学习方法。他说：

> 骐骥一跃，不能十步；驽马十驾，功在不舍。锲而舍之，朽木不折；锲而不舍，金石可镂。(《荀子·劝学》)
>
> 跬步而不休，跛鳖千里。累土而不辍，丘山崇成。厌其源，开其渎，江河可竭。一进一退，一左一右，六骥不致。(《荀子·修身》)

荀子重视实践，提倡学以致用，把所学知识用于行动。他说：

> 不闻不若闻之，闻之不若见之，见之不若知之，知之不若行之，学至于行之而止矣。(《荀子·儒效》)

意思是说，不听不如听，听到不如见到，见到不如知道，知道不如去实行，学问得到了实行，就达到了极致。这说明闻、见是学习的起点，也是知识的来源。我们得到的知识是否有用，只有通过实践应用才能得到验证。正所谓“入乎耳，著乎心，布乎四体，形乎动静”。(《荀子·劝学》)

四、教师地位

荀子主张，国家必须重视教师的地位，认为教师的地位关乎国家的兴衰。

> 国将兴，必贵师而重傅；……国将衰，必贱师而轻傅。(《荀子·大略》)

荀子特别重视礼对于治国的作用，而礼的传授和实行，关键是教师。

> 礼者所以正身也，师者所以正礼也。无礼，何以正身？无师，吾安知礼之为是也？（《荀子·修身》）

荀子还进一步将天地、先祖、君师并称为礼之三本。

> 天地者，生之本也；先祖者，类之本也；君师者，治之本也。（《荀子·礼论》）

荀子认为，教师在教学过程中处于主导地位，并提出了教师资格标准。

> 师术有四，而博习不与焉。尊严而惮，可以为师；耆艾而信，可以为师；诵说而不陵不犯，可以为师；知微而论，可以为师。（《荀子·致士》）

做教师的方法有四个，但知识广博不在其列。一是有尊严而使人敬畏，二是年老阅历深而有威信，三是诵经解说而不违背师说，四是知道精微的道理而能论说。

荀子关于教育目的、作用、学习方法、教师地位、教师资格的论述都颇具新意，丰富了教育理论。

第五节　稷下学宫的办学成就

“稷”是战国时齐国国都临淄城一处城门的名称，“稷下”即齐都临淄城的稷门附近地区，齐国君主在此设立学宫，因学宫地处稷门附近，故而得名为“稷下学宫”。齐宣王（前319—前301在位）在其祖桓公、父威王于此办学的基础上扩建学宫，招揽文学游说之士数千人，任其讲学议论，形成百家争鸣的繁荣局面。学宫存在时间约150年左右。

由于齐王重视，校舍条件好，教师待遇高，吸引了众多名师，诸如孟子、荀子、淳于髡、驺衍、田骈、接子、慎到、宋钘、尹文、环渊、田巴、鲁仲连等。《史记·孟子荀卿列传》记曰：“于是齐王嘉之，自如淳于髡以下，皆命曰列大夫，为开第康庄之衢，高门大屋，尊宠之。……齐襄王时，而荀卿最为老师。齐尚修列大夫之缺，而荀卿三为祭酒焉。”

就教育功能而言，稷下学宫具有一般学校的性质和活动特点。学宫具有规模宏大的校舍等硬件设施，有优越的学习条件，“开第康庄之衢，高门大屋”，说明校舍建在交通要道，并且相当宏伟壮观。名师多，学生数量大。齐宣王时，稷下的师生数量多达“数百千人”。在学生管理上，稷下学宫制定了历史上第一个学生守则——《弟子职》，被收进《管子》一书。这个学生守则严格规定了尊敬师长、敬德修业、课堂授课、课后复习以及饮食起居、衣着仪容等方面的内容。可以看出，稷下学宫在学校管理方面相当完善。

学宫具有独特的教育特点，即包容性和灵活性。稷下学宫包容百家，因此形成“百家争鸣”“学术自由”的繁盛局面。它所实行的教学办法，很像现代的“导师”制，即学生选择教师，教师也可以选择学生，而且允许流动。《孟子·滕文公下》记载孟子在齐国时，“后车数十乘，从者数百人”。《战国策·齐策》记载，田骈“徒百人”。这说明老师名下都有不少自愿跟随的学生。这种双向选择，显示了学与教两个方面的充分自由。再者，稷下学宫还施行游学方式。这种办学方式，可以使学生们开阔视野，思想兼容并包，既促进各种学说的发展和新学说的创立，又能增进学生的社会阅历、锻炼学生的实践能力，为国家培养实用型人才。

《战国策·齐策三》记下了这样一件事：

> 淳于髡一日而见七人于宣王。王曰：“子来，寡人闻之，千里而一士，是比肩而立；百世而一圣，若随踵而至也。今子一朝而见七士，则士不亦众乎？”淳于髡曰：“不然。夫鸟同翼者而聚居，兽同足者而俱行。今求柴胡、桔梗于沮泽，则累世不得一焉。及之睾黍、梁父之阴，则郄车而载耳。夫物各有畴，今髡贤者之畴也。王求士于髡，譬若挹水于河，而取火于燧也。髡将复见之，岂特七士也？”

淳于髡是稷下先生中最有影响的学者之一，弟子众多。一天之中就向齐宣王推荐了七个贤人，可以想见，这七个人很可能都是淳于髡的弟子或稷下学宫的学生。这也说明，稷下学宫的学生可能并没有死板的学制年限的限制，根据社会对于人才的需求，学宫可以随时把优秀人才推荐给各国诸侯。

稷下作为战国时期各学派荟萃的中心，人数之众，参与面之广，前所未有。这一创举，功效有三：

第一，促进了政治昌明。田齐统治者创办稷下学宫的目的，并非只是在大办教育，传授文化知识，而是政治的需要。齐君扩置稷下学宫、广揽人才的目的之一就是广开言路，吸取诸家政治智慧。因此，“稷下先生喜议政事”（刘向《新序·杂事》）。在齐国遇到重大事件或决策时，多能积极谏言。比如《战国策·齐策三》记载：“齐欲伐魏，淳于髡谓齐王曰：‘韩子卢者，天下之疾犬也。东郭逡者，海内之狡兔也。韩子卢逐东郭逡，环山者三，腾山者五，兔极于前，犬废于后，犬兔俱罢，各死其处，田父见之，无劳勌之苦，而擅其功。今齐魏久相持以顿其兵，弊其众，臣恐强秦大楚承其后。’”淳于髡当面批评齐宣王“好马”“好味”“好色”而“独不好士”，致使“宣王嘿然无以应”（刘向《说苑·尊贤》）。由于稷下先生们的积极谏言，齐王的虚心纳谏，致使政治昌明，威、宣时期国家出现了兴盛局面。

第二，促进了学术繁荣。稷下时代，是一个思想大解放的时期，政治气氛宽松，学术言论自由，聚集于稷下的知识分子，有学识，见闻广，思想开放，争辩议论，著书立说，研究的问题十分广泛。比如邹衍，撰写《终始》《大圣》十余万言，批评“有国者益淫侈，不能尚德”，主张“仁义节俭”。再如荀况，其著作《荀子》论述“正名”“王制”“解蔽”“天论”“性恶”等多种问题，而且激烈地“非十二子”。真正形成了百花齐放、百家争鸣的学术氛围。

第三，促进了教育多功能、多形式的全面发展。稷下学宫具有政治、学术、教育的三重性质，既是一个官办的学术机构，又是一个官办的政治顾问团体，最重要的是它具有培养人才、传播文化知识的性质，因此被后人称为“齐国的最高学府”。作为教育功能，稷下学宫具有一般学校的性质和活动特点。首先，学宫具有规模宏大的校舍条件，能满足“数百千人”的教学需要。其次，有众多的师生在开展较正规的教学活动。同时，教育方式灵活自由，师生可以双向选择，可以游学，可以讨论，打破了老旧的教育模式，促进了教育多功能、多形式的全面发展。

稷下学宫集讲学、著述、育才与咨政为一体，本着尊重优待知识分子办学理念，采用官方举办与私家主持相结合的形式，倡导讲学自由和学术自由的指导方针，成为中国教育史上的一个典范。

第六节 齐鲁先贤教育思想对现代教育的启示

齐鲁文化中的教育思想是中华优秀传统文化宝库里的重要遗产，我们应该认真研究，剔除其糟粕，继承其精华，充分重视和借鉴古人的智慧，办好社会主义新时代的教育事业。齐鲁文化中的教育思想对我们的现代教育事业提供了很多有益的启示。

一、立德树人

教育，是培养人的事业，要紧紧围绕教育目的和培养目标展开。齐鲁文化中的“启善性”“明人伦”“立人格”等思想，是以人的培养为终极目标的。现代教育，对于广大青少年，就是要把他们培养成为合格的现代社会公民，使他们具有正确的人生观，高尚的情操，健全的体魄。这应该是教育的要义。但是，不少学校一味追求升学率，有些家长也一味追求高分数，忽视了孩子健全人格的培养，导致青少年学生犯罪现象时有发生。

片面追求高分、忽视健全人格教育导致的另一个恶果是，学生普遍作业负担沉重，睡眠严重不足，近视率大幅度增加，学生体质引人担忧。前些年，社会教育培训机构遍地开花，各类辅导班铺天盖地，孩子们的课余时间被各种补习班和练习册填满，探索世界的好奇心和创新思维在机械重复的学习任务中日渐消磨。针对这种状况，2021年7月，中共中央办公厅、国务院办公厅印发了《关于进一步减轻义务教育阶段学生作业负担和校外培训负担的意见》，对减轻学生的作业负担做出了明确细致的规定，并发出通知，要求各地区各部门结合实际，认真贯彻，落实执行。目前这种状况正在逐步得到改变。

二、因材施教

2021年10月，中共中央办公厅、国务院办公厅又印发了《关于推动现代职业教育高质量发展的意见》(以下简称《意见》)，提出“深入推进育人方式、办学模式、管理体制、保障机制改革，切实增强职业教育适应性，加快构建现代职业教育体系，建设技能型社会，弘扬工匠精神，培养更多高素质技术技能人才、能工巧匠、大国工匠，为全面建设社会主义现代化国家提供有力人才和技能支撑”。“坚持面向实践、强化能力，让更多青年凭借一技之长实现人生价值；坚持面向人人、因材施教，营造人人努力成才、人人皆可成才、人人尽展其才的良好环境”。

自改革开放恢复高考以来，参加高考上大学，被认为是学生成才的唯一出路，有人形容其为千军万马齐挤独木桥。尽管大学不断扩招，总会有一部分学生落榜。所以，这种选拔人才的办法，在一定程度上造成了社会上唯学历唯出身作为标准评价人才等诸多弊端。党中央的这个《意见》非常及时，也是对齐鲁文化中“有教无类、因材施教”教育思想的继承和创新，充分体现了社会主义教育制度面向人人、人尽其才的指导思想。

党的二十大报告首次将教育、科技、人才作为一个整体进行论述，强调“必须坚持科技是第一生产力、人才是第一资源、创新是第一动力”，这既是新时代伟大实践对“教育与生产劳动相结合”的马克思主义教育观的丰富拓展，也是加快建设教育强国、科技强国、人才强国的重要理论基础。党的二十大报告将扎根中国大地培养高水平人才作为重要内容，强调“坚持为党育人、为国育才，全面提高人才自主培养质量，着力造就拔尖创新人才”，并从“办好人民满意的教育”“完善科技创新体系”“加快实施创新驱动发展战略”“深入实施人才强国战略”等四个方面做了战略部署，成为全国教育事业尤其是拔尖创新人才自主培养工作的顶层设计和制度遵循。

三、尊师重教

在社会主义建设的各项事业中，教育关乎国家的兴盛、民族的未来。因此，我们党和政府非常重视尊师重教。邓小平《在全国教育工作会议上的讲话》中强调：“我们要提高人民教师的政治地位和社会地位。不但学生应该尊重教师，整个社会都应该尊重教师。”（《邓小平文选》1975—1982）办好教育，关键在于教师。2018年1月20日，中共中央、国务院印发《关于全面深化新时代教师队伍建设改革的意见》，对新时代教师队伍的建设作出了顶层设计，体现了尊师重教的重要指导思想。中央提出：“坚持教育优先发展战略，把教师工作置于教育事业发展的重点支持战略领域，优先谋划教师工作，优先保障教师工作投入，优先满足教师队伍建设需要。”在这份文件的第五部分，专门以“不断提高地位待遇，真正让教师成为令人羡慕的职业”为标题，指出：

> 明确教师的特别重要地位。突显教师职业的公共属性，强化教师承担的国家使命和公共教育服务的职责，确立公办中小学教师作为国家公职人员特殊的法律地位，明确中小学教师的权利和义务，强化保障和管理。各级党委和政府要切实负起中小学教师保障责任，提升教

师的政治地位、社会地位、职业地位，吸引和稳定优秀人才从教。

党中央国务院还特别重视乡村教育。对乡村教师，文件提出了非常具体的提高教师待遇的方案：

> 大力提升乡村教师待遇。深入实施乡村教师支持计划，关心乡村教师生活。认真落实艰苦边远地区津贴等政策，全面落实集中连片特困地区乡村教师生活补助政策，依据学校艰苦边远程度实行差别化补助，鼓励有条件的地方提高补助标准，努力惠及更多乡村教师。加强乡村教师周转宿舍建设，按规定将符合条件的教师纳入当地住房保障范围，让乡村教师住有所居。拿出务实举措，帮助乡村青年教师解决困难，关心乡村青年教师工作生活，巩固乡村青年教师队伍。在培训、职称评聘、表彰奖励等方面向乡村青年教师倾斜，优化乡村青年教师发展环境，加快乡村青年教师成长步伐。为乡村教师配备相应设施，丰富精神文化生活。

中国共产党把人民利益至上作为党的宗旨。教育关乎人民的切身利益，也关乎国家的命运，民族的兴衰。以齐鲁文化为代表的中国传统文化中，尊师重教的优良传统，在社会主义新时代得到了充分的继承、创新和发扬。

第十四章　齐鲁文化中的科技利民思想

齐鲁大地是中华文明的发祥地之一，自古以来，人杰地灵，涌现出很多重要的科技发明成就。这些科技发明的成果与丰富的思想文化成就交相呼应，不但体现出齐鲁人民勤劳、智慧、善于思辨和创新的优良品质，同时也为解决民生问题、促进经济发展作出了巨大贡献。

第一节　齐鲁科技思想与基础科学成就

春秋战国时期的社会大变革和百家争鸣为科学技术的发展提供了重要的历史条件，是中国古代科学技术的奠基时期，也是齐鲁科技取得辉煌成就的时期。

一、科技思想

齐鲁两国礼让贤士，重视学术研究，思想文化氛围相对宽松。齐国的稷下学宫是中国较早的官办学术机构，为科技创新提供了坚实的思想基础和政治基础。齐鲁两国经济发达，工农业繁盛，为科技发展提供了良好的物质条件。当时社会重视实务，讲求学以致用的风气，有利于科技的发展和传播。可以说，齐鲁大地孕育了中国最早的科学思想与科学意识。科技思想的贡献主要表现在以下几个方面：

第一，朴素的辩证整体思维。先进行整体研究后局部研究，是齐鲁古代科技思想的主要思路。齐鲁科学家受《周易》影响很深，《周易》以阴阳理论为核心，认为宇宙是一个处于相互对立、相互作用的统一整体当中。墨子、扁鹊等齐鲁科学家们也秉承了这一思想。比如《墨子·经上》在对变数理论的研究中提出："损，偏去也者，兼之体也，其体或去或存，谓其存者损。"意思是损去一部分是相对于全体而言，全体而不全是谓偏，这是利用整体与部分的关系去处理数量关系。墨子还提出："体，分于兼也。"(《墨子·经上》)认为部分是分出于整体，必须注重整体与部分的关系。

第二，实用利民的科技理念。我国的古代科学技术和西方相比，更加突出实用性，强调对百姓生产生活的作用。比如墨子以为天下兴利、利人、利民为发展科技的核心思想。《墨子·节用上》：

其为舟车何？以为车以行陵陆，舟以行川谷，以通四方之利。凡为舟车之道，加轻以利者，芊鉏不加者去之。

芊鉏：方勇译注《墨子》，据俞樾说，疑为“鲜且”，华美而无益用之义。制造车船是为了什么？车用来在陆地上走，船在河中行，用此来沟通四方之利。造车船的原则是能增加轻快便利的，就增益它；只是华美而不能增加轻快便利的，就去掉它。《墨子·非乐上》记墨子言曰：“仁之事者，必务求兴天下之利，除天下之害。将以为法乎天下。利人乎即为，不利人乎即止。”墨子的处世原则，就是“利人乎即为，不利人乎即止”。他甚至说：“摩顶放踵利天下为之。”（《孟子·尽心上》）

《墨子·鲁问》记载：

公输子削竹木以为鹊，成而飞之，三日不下。公输子自以为至巧。子墨子谓公输子曰：“子之为鹊也，不如匠之为车辖，须臾刘（斫）三寸之木，而任五十石之重。故所为巧，利于人谓之巧，不利于人谓之拙。”

这是说，公输班削竹木造了一只雀鸟，在天上能飘三天不降落，公输班认为自己技术精巧至极了，但墨子对公输班说：你造出木雀，却不如工匠造辖木，他用三寸木料，片刻间就能完成，还可以负载五十石的货物。所谓巧的，对人有利才能称之为巧，没有利那叫拙。这段话反映了墨子对技术创新的态度是，以是否实用，能不能服务于人民大众的生产生活为判定技术巧拙的主要标准。

在漫长的历史时期内，齐鲁先贤取得了十分辉煌的科技成就。比如，《墨经》被誉为先秦时期科学思想的百科全书和中国古代经验科学产生的标志；邹衍是阴阳家的重要代表，他的五行说对中国人的自然观影响深远，也是第一个提出开放型地理观的科学家；扁鹊被誉为中医科学的奠基人，而甘德是中国天文学的先驱。这些科学家对中国古代科学的发展起到了关键性作用。

二、科技成就

（一）墨子的科学成就

《墨子》中的《经上》《经下》《经说上》《经说下》四篇（一说还包括《大取》《小取》共六篇）通常被称作《墨经》。《墨经》是先秦诸子经典中科学思想最浓的一部，其中逻辑学方面所占的比例最大，自然科学次之。自然科学中，在数学、物理学等方面成就突出。兹仅就物理学中的力学研究成就做简略介绍。

关于力学，《墨子》对“力”的概念进行了基本界定。《墨子·经上》：“力，刑之所以奋也。”意思是，所谓力，是用来改变物体运动状态的。关于“力”的特点，《墨子》中也有论述。《墨经·经下》：“合与一，或复否，说在拒。”此句指明，力之间是有相互作用的，即力或者能够合数股力为一力，或者不能合数力为一力，是因为力与力之间有抵消力的缘故。《墨子·经说上》：“力，重之谓。下，与重奋也。”是说当重物自上而下压下来时，能够奋力将其撑起，这就堪称有力。物体的上举和下坠都是力在产生作用。《墨子·经上》：“动，域徙也。”意思是说，机械运动的本质，其实是物体在一定空域内的位置移动。这是墨子提出的一条简明准确的关于机械运动的定义。《墨经》中这些对力学的认识与现代力学定义基本一致，是人类对力作出的较早的科学解释。

《墨经·经说下》还对杠杆平衡原理进行了分析：

> 故招负衡木，加重焉而不挠，极胜重也。右校交绳，无加焉而挠，极不胜重也。衡，加重于其一旁，必捶，权重相若也。相衡，则本短标长，两加焉重相若，则标必下，标得权也。

墨子在这里科学解释了杠杆的原理。杠杆的一端加有重物而不翘起，是因为另外一端的平衡物（极）能够胜任其重量而取得平衡。如果把支点的绞绳右移，不加任何东西，一端就会翘起来。因为平衡物不能胜任其重量。墨子以秤杆秤锤为例解释了这个原理。秤杆，在它一头加重，必定下垂。秤锤与重物作用力相当，平衡，本短标长（本指重物端，即杠杆重臂；标指秤锤端，即杠杆力臂），两端加上相同的重量，标必定下垂，因为标得到的是秤锤的重量。俗话说，“秤砣虽小压千斤”。力学公式是，力 × 力臂（标）= 重 × 重臂（本），这个原理，墨子已经解释清楚了。

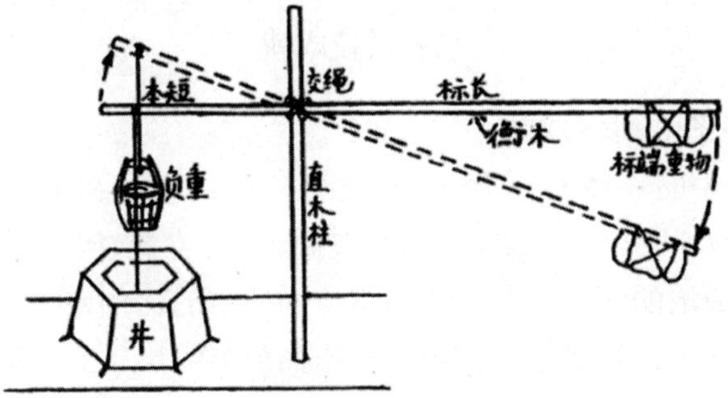

图1　杠杆原理示意图

图1非常直观地展示了杠杆原理。横木杆一端的水桶，加水于其中而不偏，原因是另一端绑的重物能胜任其重量。利用杠杆劳作，省力节时，大大提高功效。

这里我们需要指出，科学发展史上，享有“力学之父”美誉的古希腊科学家阿基米德（前287年—前212年）有一项伟大的发明，物理学上叫作杠杆定律。而墨家学派掌握杠杆原理，比阿基米德早了将近两百年！

（二）《九章算术》

《九章算术》是我国古代数学史上的一部重要典籍。学术界一般认为，它是西汉初期到东汉初期齐人的研究成果。现今留存下来的《九章算术》是从《永乐大典》中辑出的注本，共计9卷，246个问题，对数学领域的有关问题做了深入研究。例如第七章“盈不足”：

> 今有共买物，人出八，盈三；人出七，不足四。问人数、物价各几何？答曰：七人。物价五十三。

这是一个现代数学中可以用代数解决的简单问题。设人数为x，则物价可以表示为$8x-3$和$7x+4$。这样我们就可以得到这样一个等式：$8x-3=7x+4$。经过移项可得，$x=7$。代入前面的算式，可得物价为53。其实古人是用算术的方法计算的，方法更简单，物价差与人数差之比，就是人数。这里已经有了正数和负数的概念。再如第八章“方程”：

> 今有上禾三秉，中禾二秉，下禾一秉，实三十九斗；上禾二秉，中禾三秉，下禾一秉，实三十四斗；上禾一秉，中禾二秉，下禾三秉，实二十六斗。问上、中、下禾实一秉各几何？

答曰：上禾一秉九斗四分斗之一。中禾一秉四斗四分斗之一。下禾一秉二斗四分斗之三。

这是一个三元一次方程题。《九章算术》创立的“方程”一词，仍被现代数学术语沿用着。再如第九章“勾股”：

今有句三尺，股四尺，问为弦几何？答曰：五尺。

“句”是“勾”的古字。这里谈的是直角三角形三条边长的数量关系问题。

《九章算术》系统地总结了从先秦到西汉为止我国的数学成就。著名英国科技史学者李约瑟在其巨著《中国科学技术史》中指出：“《九章算术》可能是所有中国数学著作中影响最大的一部。”其中提出的分数四则算法、通分和约分法等诸多数量定理，欧洲人到了十五、十六世纪才开始使用。又如，正负数概念比印度早了近900年，欧洲数学界到了十七世纪初才提出了正负数的概念。

《九章算术》尽管是一部纯粹的学术著作，但其中大多数的数学知识都有很强的实用性，与当时社会生产生活有着紧密的联系，比如田亩丈量、收获称重、税收计算、建筑营造等等。这部著作也是齐鲁人民智慧的结晶，也体现了实用利民的科技理念，是他们为推动中华科技文化发展和生产力的提高做出的又一重大贡献。

第二节　齐鲁天文学

春秋战国时期，齐鲁先贤在天文学研究方面取得了突出成就。比如，我们今天仍在使用的夏历，据说就是夏朝时代制定的，因而叫作“夏历”。后历经修订完善，不断趋于周密。古人对于历法的认识，首先是从季节变化开始的。古书中常常出现的“四时”，就是指春夏秋冬四个季节。《尚书·尧典》：

期三百有六旬有六日，以闰月定四时成岁。

这里已经明确知道了一个太阳年的周期是366天，而且为了解决太阳年周期与月亮周期的矛盾，聪明的古人设置了闰月，以符合太阳年四个季节的周期变化。《论语 · 阳货》：“四时行焉，百物生焉。”其中的“四时”也是指四季。

《左传》中已有关于古代节气的明确记载：

> 五年春，王正月辛亥朔，日南至。公既视朔，遂登观台以望。而书，礼也。凡分、至、启、闭，必书云物，为备故也。（《左传 · 僖公五年》）

“日南至”，指的是冬至节气。这一天太阳到达南回归线，日影最长，太阳最低，古人把它定为重要节气。除了冬至以外，还有夏至，合称“二至”。“分”指春分和秋分两个节气，合称“二分”。“启”指立春、立夏，“闭”指立秋、立冬。春秋时期，已经有分至启闭八个节气了。

在四时八节基础上，到战国晚期，由于天文位置已确定，就形成了完整的二十四节气体系。到西汉时期，《淮南子》一书中明确记载了二十四节气的名称。《淮南子 · 天文训》：

> 十五日为一节，以生二十四时之变。斗指子，则冬至，音比黄钟。加十五日指癸，则小寒，音比应钟。加十五日指丑，则大寒，音比无射。加十五日指报德之维，则越阴在地，故曰距日冬至四十六日而立春，阳气冻解，音比南吕。加十五日指寅，则雨水，音比夷则。加十五日指甲，则雷惊蛰，音比林钟。加十五日指卯中绳，故曰春分则雷行，音比蕤宾。加十五日指乙，则清明风至，音比仲吕。加十五日指辰，则谷雨，音比姑洗。加十五日指常羊之维，则春分尽，故曰有四十六日而立夏，大风济，音比夹钟。加十五日指巳，则小满，音比太蔟。加十五日指丙，则芒种，音比大吕。加十五日指午，则阳气极，故曰有四十六日而夏至，音比黄钟。加十五日指丁，则小暑，音比大吕。加十五日指未，则大暑，音比太蔟。加十五日指背阳之维，则夏分尽，故曰有四十六日而立秋，凉风至，音比夹钟。加十五日指申，则处暑，音比姑洗。加十五日指庚，则白露降，音比仲吕。加十五日指酉，中绳，故曰秋分，雷藏，蛰虫北乡，音比蕤宾。加十五日指辛，则寒露，音比林钟。加十五日指戌，则霜降，音比夷则。加十五日指蹄通之维，则秋分尽，故曰有四十六日而立冬，草木毕死，音比南吕。加十五日指亥，则小

雪，音比无射。加十五日指壬，则大雪，音比应钟。加十五日指子。故曰：阳生于子，阴生于午。

这里，二十四节气的名称和顺序，已经基本确立，历经两千多年没有改变。二十四节气的确立为我国古代农业生产尤其是种植业提供了重要的时间依据，至今仍是我国农历最重要的时间节点，在广大农村普遍使用。

二、甘德的天文学成就

甘德是战国时期著名的天文学家，活动时代大约为公元前4世纪中期。据《史记·天官书》《后汉书·天文志》等史书记载，甘德是齐国人。唐代张守节《史记正义》说他作《天文星占》八卷，后人将他的著作与当时另一位天文学家石申的《天文》合在一起，通称《甘石星经》，可惜后来失传。目前仅能从其他古代典籍中找到对甘德著作的引述。根据这些零星引述，我们大致可以知道，甘德的天文学贡献主要有以下几个方面：

第一，记录了大约一百二十颗恒星的赤道坐标，这是世界上最古老的恒星记录表。甘德对恒星的观测和发现，据《玉海》引《赣象新书》说："甘德中官星五十九座，共二百一星，平道至谒者；外官三十九座，共二百九星，天门至青上；紫薇恒星二十座，共一百一星。共计一百一十八座，五百一十一星。"即甘德共测定恒星118个星座，共计511颗星。

第二，甘德对金星、水星和木星等行星进行了仔细观测，取得了较为准确的运行周期数据。唐代《开元占经》记述了甘德的观测结论："岁星凡十二岁而周，皆三百七十日而夕入于西方，三十日复晨出于东。"即测定木星的会合周期为400天（现值为398.88天），测定木星的运行周期为12年（现代测算为11.86年），误差已经很小。他还测定火星的运行周期为1.9年（现值1.88年）。在没有现代先进科学仪器的古代，靠观察星星的位置变化，能够计算得基本准确，是非常了不起的。

对于木星，《开元占经》引录甘德之语："若有小赤星附于其侧。"也就是说，甘德已经观测到了木星的卫星。而现代天文学上的记录，是在十七世纪初发明了望远镜之后，意大利科学家伽利略于1610年用它观测木星时，才发现了它的卫星。

第三，甘德还发现了行星逆行的现象。《汉书·天文志》中说："至《甘石星经》，以荧惑、太白为有逆行。"甘、石两人都观测到行星的逆行现象。《开元占经》记录："甘氏曰：去而复还为勾，再勾为巳。"用"勾"和"巳"形象地描述了行星的逆行现象。

第四，对行星的亮度等级进行了划分。《开元占经》提到甘德等人将行星按亮度强弱分为喜、怒、芒、角四类，这种划分方法类似于现在星星亮度的五等分级法。

战国时代的甘德对天文学的发展做出了巨大贡献。甘德还以占星出名，甘氏占星流派对后世占星家影响深远。

第三节　齐鲁农业科技

中国是传统农业大国，历代统治者大多都把"以农为本"作为国家经济的基本国策。因而，农业科技在我国科技史上一直有着十分重要的地位。齐鲁大地作为我国重要的农业区，有着悠久的农业种植传统，取得了辉煌的农业科技成就，比较重要的有《氾胜之书》和《齐民要术》。

一、《氾胜之书》

《氾胜之书》又称《氾胜之种植书》或《氾胜之农书》，成书于西汉，作者氾胜之，山东人。《汉书・艺文志》中著录作"氾胜之十八篇"。《氾胜之书》是后世的通称。"氾"与"汜"字形相近，学界常混，当以"氾"为是。颜师古《汉书集注》注音："氾，音凡。"《氾胜之书》是我国现存最早的一部农书，也是第一部较为完整的农业科学专著，记录了战国以来的农业科学知识，对后世农业生产和研究影响甚大。唐贾公彦《周礼疏》说："汉时农书有数家，氾胜为上。"

《氾胜之书》总结了农业生产中基本环节的理论和技术问题，它把整个农作物栽培过程当作一个有机整体加以研究，论述了耕田、收种等方法以及禾、黍、稻、麦、豆、瓜、瓠、芋、桑、麻等多种农作物的种植方法。此据石声汉《氾胜之书今释》本选摘以下内容：

1.1　凡耕之本，在于趣时，和土，务粪泽，早鉏早获。

1.2　得时之和，适地之宜，田虽薄恶，收可亩十石。

1.3　春冻解，地气始通，土一和解。夏至，天气始暑，阴气始盛，土复解。夏至后九十日，昼夜分，天地气和。——以此时耕，一而当五，名曰"膏泽"，皆得时功。

1.3.1　春，地气通，可耕坚硬强地黑垆土，辄平摩其块以生草，草生，复耕之。天有小雨，复耕。和之，勿令有块，以待时。所谓“强土而弱之”也。

1.3.2　春候地气始通：椓橛木，长尺二寸，埋尺见其二寸。立春后，土块散，上没橛，陈根可拔。此时。

二十日以后，和气去，即土刚。以时耕，一而当四；和气去，耕，四不当一。

1.4　杏始华荣，辄耕轻土弱土。望杏花落，复耕；耕辄蔺之。草生，有雨，泽，耕重蔺之。土甚轻者，以牛羊践之。如此：则土强。此谓“弱土而强之”也。

1.5　春气未通，则土历适不保泽，终岁不宜稼，非粪不解。

1.5.1　慎无旱耕！须草生。至可种时，有雨，即种土相亲，苗独生，草秽烂，皆成良田。此一耕而当五也。

1.5.2　不如此而旱耕，块硬，苗秽同孔出，不可锄治，反为败田。

1.6　秋，无雨而耕，绝土气，土坚垎；名曰“腊田”。及盛冬耕，泄阴气，土枯燥，名曰“脯田”。“脯田”与“腊田”，皆伤。

1.7　田，二岁不起稼，则一岁休之。

1.8　凡麦田，常以五月耕，六月，再耕。七月勿耕！谨摩平以待种时。五月耕，一当三；六月耕，一当再；若七月耕，五不当一。

1.8.1　冬雨雪，止，辄以蔺之；掩地雪，勿使从风飞去。后雪，复蔺之；则立春保泽，冻虫死，来年宜稼。

这里详细讲述了耕田的方法和不同土质的耕田时机及其利弊。再如：

4.2　黍者，暑也；种者必待暑。先夏至二十日，此时，有雨，强土可种黍；亩三升。

4.2.1　黍心未生，雨灌其心，心伤无实。

4.2.2　黍心初生，畏天露。令两人对持长索，搜去其露，日出乃止。

4.2.3　凡种黍，覆土，锄治皆如禾法，欲疏于禾。

这里讲述的是黍的种植方法以及管理方法。黍苗怕有水灌心，这时候可以拉起绳子从黍苗上滑过，把灌进黍苗心里的水抖掉。锄苗管理与禾（谷）相同，间苗要比禾稀疏。

《氾胜之书》还讲述了区田法。区田法是氾胜之在三辅（今陕西平原一带）指导农业生产时总结出的新型耕作方法。他深入调查实践，因地制宜，将不同等级的田地分成不同数量的小区块，做成区田：

> 7.1 汤有旱灾，伊尹作为“区田”，教民粪种，负水浇稼。
>
> 7.1.1 区田，以粪气为美，非必须良田也。诸山陵、近邑高危倾坂，及丘城上，皆可为区田。
>
> 7.1.2 区田，不耕旁地，庶尽地力。
>
> 7.1.3 凡区种，不先治地，便荒地为之。
>
> 7.1.4 以亩为率：令一亩之地，长十八丈，广四丈八尺。当横分十八丈作十五町；町间，分为十四道，以通人行。
>
> 道，广一尺五寸；町，皆广一丈五寸，长四丈八尺。
>
> 尺直横凿町作沟。沟一尺，深亦一尺。积穰于沟间，相去亦一尺。——尝悉以一尺地积穰，不相受；令弘作二尺地以积穰。
>
> 7.1.5 种禾黍：于沟间，夹沟为两行。去沟边各二寸半。中央，相去五寸；旁行，亦相去五寸。一沟容四十四株；一亩合万五千七百五十株。
>
> 7.1.6 种禾黍，令上有一寸土，不可令过一寸，亦不可令减一寸。
>
> 7.3 凡区种麦，令相去二寸一行。一沟容五十二株；一亩凡四万五千五百五十株。麦上土，令厚二寸。
>
> 7.4 凡区种大豆，令相去一尺一寸。一沟容九株；一亩凡六千四百八十株。

区田法就是把土地分成小块，打上土埂，整平土地，这样便于精耕细作和平整灌溉，从而增强土壤的保水保肥能力。不同的作物，播种密度和株距也不相同。区田法的推广和运用，对关中地区粮食单位面积产量的提高做出了很大贡献。这种方法一直延续至今。例如山区的梯田，采用的就是区田法耕种。

另外，《氾胜之书》还讲述了选种的方法，并发明推广了“溲种法”。溲种法，即在播种时在种子表面沾上一层调和肥料做种肥，既能有效保证肥力，又能减少病虫害。这种方法至今仍在广泛应用。

二、《齐民要术》

《齐民要术》，北魏益都（今山东寿光）人贾思勰著。这是一部内容丰富、规模巨大的农业生产技术著作，被称为中国古代农业百科全书。

《齐民要术》的内容主要有以下几个方面：

第一，建立了较为完整的农业科学体系，对农学类目根据实际进行了合理的归类划分，类目包括农艺、园艺、造林、蚕桑、畜牧、兽医、配种、酿造、烹饪、储备等。有的还做了深入的理论阐述。例如关于农艺种植方面，《齐民要术·种谷》记述：

> 凡谷成熟有早晚，苗秆有高下，收实有多少，质性有强弱，米味有美恶，粒实有息耗。（早熟者苗短而收多，晚熟者苗长而收少。强苗者短，黄谷之属是也；弱苗者长、青、白、黑是也。收少者美而耗，收多者恶而息也。）地势有良薄，（良田宜种晚，薄田宜种早。良地非独宜晚，早亦无害；薄地宜早，晚必不成实也。）山、泽有异宜。（山田种强苗，以避风霜；泽田种弱苗，以求华实也。）顺天时，量地利，则用力少而成功多。任情返道，劳而无获。（入泉伐木，登山求鱼，手必虚；迎风散水，逆坂走丸，其势难。）

这里科学论述了谷类作物的品种特点以及适宜地质条件。

第二，详尽探讨了种植业中经常遇到的一些基本问题，比如怎样进行抗旱保墒，如何利用轮换作物品种恢复、提高土壤肥力，如何选育良种。如《卷一·耕田》：

> 凡秋耕欲深，春夏欲浅。犁欲廉，劳欲再。（犁廉耕细，牛复不疲；再劳地熟，旱亦保泽也）秋耕稀青者为上。（比至冬月，青草复生者，其美与小豆同也。）初耕欲深，转地欲浅。（耕不深，地不熟；转不浅，动生土也。）菅茅之地，宜纵牛羊践之，（践则根浮）七月耕之则死。（非七月，复生矣。）

第三，对动物养殖技术进行了详细研究。书中叙述了牛、马、鸡、鹅等禽畜的养殖方法，共有6篇。还指出如何使用畜力，如何饲养禽畜，如何育种、治病防疫等。又记载了兽医处方48例，有的措施至今仍在采用。例如《齐民要术·养羊》：

> 圈不厌近，必须与人居相连，开窗向圈。（所以然者，羊性怯弱，不能御物，狼一入圈，或能绝群。）架北墙为厂。（为屋即伤热，热则生疥癣。且屋处惯暖，冬月入田，尤不耐寒。）圈中作台，

开窦，无令停水。二日一除，勿使粪秽。（秽则污毛，停水则“挟蹄”，眠湿则腹胀也。）圈内须并墙竖柴栅，令周匝。（羊不揩土，毛常自净；不竖柴者，羊揩墙壁，土、咸相得，毛皆成毡。又竖栅头出墙者，虎狼不敢逾也。）

这里对羊的圈养方法进行了详细的说明，并详细解释原因。

第四，介绍了农产品的加工、酿造、烹调、贮藏等食品加工技术。书中阐述了酒、醋、酱、糖稀等产品的制作过程，以及如何进行食品保存等。这对研究我国古代人对微生物知识的掌握情况和了解各地饮食习惯有着重要意义，比如书中记载的蔬菜贮藏技术在我国北方仍被使用。例如《齐民要术·造神曲并酒》篇中详细介绍了酿造米酒的方法：

造酒法：全饼曲，晒经五日许，日三过以炊帚刷治之，绝令使净。若遇好日，可三日晒。然后细锉，布帊盛，高屋厨上晒经一日，莫使风土秽污。乃平量曲一斗，臼中捣令碎。若浸曲一斗，与五升水。浸曲三日，如鱼眼汤沸，酘米。其米绝令精细。淘米可二十遍。酒饭，人狗不令啖。淘米及炊釜中水、为酒之具有所洗浣者，悉用河水佳也。若作秫、黍米酒，一斗曲，杀米二石一斗：第一酘，米三斗；停一宿，酘米五斗；又停再宿，酘米一石；又停三宿，酘米三斗。其酒饭，欲得弱炊，炊如食饭法，舒使极冷，然后纳之。若作糯米酒，一斗曲，杀米一石八斗。唯三过酘米毕。其炊饭法，直下馈，不须报蒸。其下馈法：出馈瓮中，取釜下沸汤浇之，仅没饭便止。此元仆射家法。

第五，《齐民要术》还记载了很多食物菜肴的制作料理方法。如《齐民要术·炙法》中记载了烤乳猪的方法：

炙豚法：用乳下豚极肥者，……揩洗、刮削，令极净。小开腹，去五藏，又净洗。以茅茹腹令满，柞木穿，缓火遥炙，急转勿住。（转常使周匝，不匝则偏焦也）清酒数涂以发色。（色足便止）取新猪膏极白净者，涂拭勿住。若无新猪膏，净麻油亦得。色同琥珀，又类真金。入口则消，状若凌雪，含浆膏润，特异凡常也。

《齐民要术》是一部科学巨著，它标志着中国古代农业科学发展的水平，为农业生产提供了科学方法和宝贵经验，同时也为我们了解1500年前的中国古代农业状况提供了珍贵的史料。由于这部巨著，贾思勰被后世尊为“农圣”。

第四节　齐鲁医学

在医学方面，齐鲁地区自先秦到汉初时期处于医学科技领先地位，出现了扁鹊、仓公这样的名医，取得了辉煌的成就。《史记》中专设《扁鹊仓公列传》予以记载和介绍。

一、扁鹊

扁鹊（约前377—约前307年），姓秦名越人，齐国人。据《史记·扁鹊仓公列传》记载：“少时为人舍长。舍客长桑君过，扁鹊独奇之，常谨遇之。长桑君亦知扁鹊非常人也。……乃悉取其禁方书尽与扁鹊。”扁鹊得到长桑君传授的医术和药方，从此以行医为业，救死扶伤。由于医术高声誉广，司马迁在《史记》中特为其立传，后世尊其为“医圣”。

相传扁鹊的行医范围很广，曾在齐、赵、虢、周、秦等国治病，其医术全面，除普通内外科外，还兼长“带下医”（妇科）、“耳目痹医”（五官科）、“小儿医”（儿科），善于辨证施治，能综合运用汤剂，针石、熨帖、酒醪、手术等方法对症施治。

关于扁鹊行医，有很多著名的医案。《史记·扁鹊仓公列传》记载：

> 其后扁鹊过虢。虢太子死，扁鹊至虢宫门下，问中庶子喜方者曰：“太子何病，国中治穰过于众事？”中庶子曰：“太子病血气不时，交错而不得泄，暴发于外，则为中害。精神不能止邪气，邪气畜积而不得泄，是以阳缓而阴急，故暴蹶而死。”扁鹊曰：“其死何如时？”曰：“鸡鸣至今。”曰：“收乎？”曰：“未也，其死未能半日也。”“言臣齐勃海秦越人也，家在于郑，未尝得望精光侍谒于前也。闻太子不幸而死，臣能生之。”中庶子曰：“先生得无诞之乎？何以言太子可生也！臣闻上古之时，医有俞跗，治病不以汤液醴洒，镵石挢引，案扤毒熨，一拨见病之应，因五藏之输，乃割皮解肌，诀脉结筋，搦髓脑，揲荒爪幕，湔浣肠胃，漱涤五藏，练精易形。先生之方能若是，则太子可生也；不能若是而欲生之，曾不可以告咳婴之儿。”终日，扁鹊仰天叹曰：“夫子之为方也，若以管窥

天，以郄视文。越人之为方也，不待切脉望色听声写形，言病之所在。闻病之阳，论得其阴；闻病之阴，论得其阳。病应见于大表，不出千里，决者至众，不可曲止也。子以吾言为不诚，试入诊太子，当闻其耳鸣而鼻张，循其两股以至于阴，当尚温也。”

中庶子闻扁鹊言，目眩然而不瞚，舌挢然而不下，乃以扁鹊言入报虢君。虢君闻之大惊，出见扁鹊于中阙，曰：“窃闻高义之日久矣，然未尝得拜谒于前也。先生过小国，幸而举之，偏国寡臣幸甚。有先生则活，无先生则弃捐填沟壑，长终而不得反。”言末卒，因嘘唏服臆，魂精泄横，流涕长潸，忽忽承睫，悲不能自止，容貌变更。扁鹊曰：“若太子病，所谓‘尸蹶’者也。夫以阳入阴中，动胃繵缘，中经维络，别下于三焦、膀胱，是以阳脉下遂，阴脉上争，会气闭而不通，阴上而阳内行，下内鼓而不起，上外绝而不为使，上有绝阳之络，下有破阴之纽，破阴绝阳，色废脉乱，故形静如死状。太子未死也。夫以阳入阴支兰藏者生，以阴入阳支兰藏者死。凡此数事，皆五藏蹶中之时暴作也。良工取之，拙者疑殆。”

扁鹊乃使弟子子阳厉针砥石，以取外三阳五会。有间，太子苏。乃使子豹为五分之熨，以八减之齐和煮之，以更熨两胁下。太子起坐。更适阴阳，但服汤二旬而复故。故天下尽以扁鹊为能生死人。扁鹊曰：“越人非能生死人也，此自当生者，越人能使之起耳。”

这是一个有名的案例，扁鹊治好了虢国太子“尸蹶”症。扁鹊过虢国听闻虢国太子暴毙，打听症状后准确判断出太子只是休克假死，便命弟子子阳针砭穴位“三阳五会”使太子苏复，又命弟子子豹调理药剂熨其两胁，不久太子便苏醒能坐了。此后，太子服用了20天汤药便康复如初。扁鹊因此声名远播，天下都以为扁鹊能够让死人复活。扁鹊则说，我不是能让死人复活，这人本来就活着，我只不过能使他起来罢了。

司马迁在《史记·太史公自序》中对扁鹊有高度评价，称“扁鹊言医，为方者宗，守数精明，后世循序，弗能易也”。晋葛洪在《抱朴子·辩问篇》中称赞扁鹊为“治疾之圣”。扁鹊对中国医学的贡献是相当大的。

第一，发明了“四诊”法。

中医的望、闻、问、切是四大诊断的基本方法。这四大诊法是扁鹊总结前人经验所得出的。通过对四种方法的综合运用，就能比较全面地掌握病情，对症下药。在“四诊”中，扁鹊特别擅长的是“望诊”和

"切诊"。

扁鹊最早对"切诊"进行了系统论述，尽管扁鹊的脉学著作已经失传，但在《素问》《难经》《脉经》等医学著作中，都部分保存了扁鹊的著述和脉学理论。我们今天经常看到的中医切脉于手腕的寸口，便是扁鹊发明的方法，在扁鹊之前脉诊多为遍身诊。《难经》记载"寸口者，脉之大会，手太阴之脉动也"，"然寸口者，五脏六腑之所始，故法取于寸口"。扁鹊在实践中认识到手腕的寸口在把脉中的重要性，于是发明了新的切脉法，至今为中医临床实践所沿用。西晋的《脉经》是我国现存最早的脉学专著，其中包含了大量扁鹊脉学的理论。《脉经》表明中医中脉气循环、无色诊断法以及决生死的重要诊断内容都源自扁鹊。《淮南子·泰族训》中曾记载："所以贵扁鹊者，非贵其随病而调药，贵其摩息脉血，知病之从生也。"把切脉视为确诊最重要的方法。

第二，提出"六不治"原则。

在春秋战国以前，巫和医是不分的，随着社会生产力和科技的进步，巫术的欺骗性逐渐暴露。扁鹊在医学领域明确提出了"信医不信巫"的观点，提出了"六不治"原则。《史记·扁鹊仓公列传》：

> 人之所病，病疾多；而医之所病，病道少。故病有六不治：骄恣不论于理，一不治也；轻身重财，二不治也；衣食不能适，三不治也；阴阳并，藏气不定，四不治也；形羸不能服药，五不治也；信巫不信医，六不治也。有此一者，则重难治也。

扁鹊提出了有病无法治疗的六种情况，体现了扁鹊对医治病人时会出现的几类障碍的总结。比如第一条，骄恣不论于理，指的是病人不相信医生，狂妄自大。在《韩非子·喻老》中有"扁鹊见蔡桓公"的故事，桓侯（桓公午）刚愎自用，几次不听扁鹊的建议，最后病入骨髓，无医可救。"六不治"的重要意义在于，打破了人们对于巫术的迷信。文廷式在《纯常子枝语》中提道："三代以前，巫、医之术未尝不通也，至扁鹊屈于灵巫，则事已分矣。"扁鹊将医术从巫术中分离，为中医的独立发展做出了重要贡献。

第三，创立齐派医学，发展民间医学。

扁鹊行医期间广收子弟，其中列名记载者有七位，都是扁鹊门下的佼佼者。不具名的和再传弟子应当更多，形成了由扁鹊为中心的医疗流派——齐派医学。齐派医学的后人在齐、赵、秦、周、郑等地从事医疗活动，一直发展到汉朝时期。

在春秋战国以前，医学一直被国家垄断，如《汉书·艺文志》中所说，“方伎者，皆生生之具，王官之一守也”。所谓方伎就是医学。在扁鹊以前，尚未有医学在民间传授的记载，扁鹊在将医学推向民间的过程中起到了重要作用。一方面，他广收门徒，言传身教，其门徒弟子又进一步促进了医学的大规模传播。另一方面，编著了大量的医学书籍，传播医学理论和医学经验。同时，他还鼓励弟子根据自己的特长著书立说，其中子仪著有《子仪本草》。同时，扁鹊一生行医不辍，善于“随俗为变”。《史记·扁鹊仓公列传》记载：“扁鹊名闻天下。过邯郸，闻贵妇人，即为带下医；过雒阳，闻周人爱老人，即为耳目痹医；来入咸阳，闻秦人爱小儿，即为小儿医。”可见，扁鹊是一个全科医生，凭他的高超医术，为广大民众解除病痛疾苦。这使得齐派医学能在比较大的范围内快速传播，中国的医学也从王宫走向民间。

二、仓公

仓公，姓淳于，名意，西汉时期齐国临淄人，齐派医学的中兴人物，号为仓公，司马迁将他与扁鹊两人一并立传。古代齐鲁地区是医学发达的地区，仓公通过向当时的名医公孙光、阳庆等人学习，对齐派医学进行了系统的吸收整理，建立了自己的理论体系。仓公的医学理论主要来源于《灵枢》《素问》及《难经》。

仓公系统地阐述了运动在人体健康中的作用，认为运动“以适筋骨血脉，以泻气”。同时运用“气”的理论解释病因。认为医疗不对症往往是造成“气”的交争，使得病情恶化。对扁鹊的四诊法，仓公最重视的是切脉法，认为临床看病时必先“诊其脉”，“切其脉”。为了取得更好的治疗效果，仓公设立了“诊籍”，详细记载了病人的姓名、职业、性别、症状和治疗结果等信息，这是世界上最早的病历制度，比西方出现病历要早数百年。《史记·扁鹊仓公列传》中，仓公自述行医的详细案例就有25例，此举二例：

> 齐郎中令循病，众医皆以为蹶入中，而刺之。臣意诊之，曰：“涌疝也，令人不得前后溲。”循曰：“不得前後溲三日矣。”臣意饮以火齐汤，一饮得前后溲，再饮大溲，三饮而疾愈。病得之内。所以知循病者，切其脉时，右口气急，脉无五藏气，右口脉大而数。数者中下热而涌，左为下，右为上，皆无五藏应，故曰涌疝。中热，

故溺赤也。

齐中御府长信病，臣意入诊其脉，告曰："热病气也。然暑汗，脉少衰，不死。"曰："此病得之当浴流水而寒甚，已则热。"信曰："唯，然！往冬时，为王使于楚，至莒县阳周水，而莒桥梁颇坏，信则擥车辕未欲渡也，马惊，即堕，信身入水中，几死，吏即来救信，出之水中，衣尽濡，有间而身寒，已热如火，至今不可以见寒。"臣意即为之液汤火齐逐热，一饮汗尽，再饮热去，三饮病已。即使服药，出入二十日，身无病者。所以知信之病者，切其脉时，并阴。脉法曰"热病阴阳交者死"。切之不交，并阴。并阴者，脉顺清而愈，其热虽未尽，犹活也。肾气有时间浊，在太阴脉口而希，是水气也。肾固主水，故以此知之。失治一时，即转为寒热。

这是非常珍贵的临床诊脉资料，详细记录了"涌疝""热病"的症状和医治方法。

第五节　齐鲁手工业技术

齐鲁大地，人杰地灵，历史上很早就有手工业传统。据说夏朝时期，奚仲发明了马车。奚仲是东夷薛国（今山东薛城）人，因造车有功，被夏王禹封为车服大夫，是造车鼻祖。马车的发明，不但解决了落后的交通问题，而且还促进了道路设施的进步和发展，扩大了商贸运输和文化交流活动，可谓中国科技史上的创举。

春秋战国时期，齐鲁两国的手工业十分发达。齐鲁大地也是最早种植桑麻，发展丝织业的地区之一，鲁缟、齐纨就已经是当时极负盛名的丝绸品种，司马迁在《史记·货殖列传》中曾盛赞齐国"冠带衣履天下"。此外，齐鲁两国制车、金银玉器、青铜铸造等手工制造业非常发达，据史料记载，当时齐鲁地区出现了一大批能工巧匠，被后人尊为木工祖师的鲁班就是其中的优秀代表。另外，出现了汇集手工业技术的科技著作《考工记》。

一、鲁班

鲁班，姓公输，名班（又作"般"或"盘"），故又称公输子、公输班，春秋战国之际鲁国人。生活年代晚于孔子，与墨子同时，两人有过交往。鲁班从青年时期就在机械发明制造方面展现了过人的天赋。《礼记·檀弓下》记载鲁班年轻时曾经参与过一次丧葬事务，发明了便于下棺入椁的机械。后游历出国，为楚王设计水战用的“钩拒”和攻城用的“云梯”。《墨子·公输》：“公输盘为楚造云梯之械，成，将以攻宋。”墨子听此消息，立刻派大批弟子前往宋国帮助防守，自己则亲自赶往楚国劝说楚王放弃攻宋计划。鲁班和墨子在楚王面前象征性地进行了比试之后，鲁班承认墨子防守技高一筹，于是楚王只好打消了攻宋的念头，由此就有了墨子“止楚攻宋”的故事。抛开故事的真实性不谈，虽然鲁班认输了，但从墨子的重视程度可以看出云梯在当时的威力。鲁班还制造了“木车马”，尝试改良当时的马车。

到战国时期，鲁班的工艺技巧已经闻名天下，《孟子·离娄上》说：“离娄之明，公输子之巧，不以规矩不能成方员。”此话从侧面赞美了鲁班的手工技巧已是顶尖水平。根据《事物绀珠》《物原》《古史考》等不少古籍记载，鲁班发明了很多木工工具，如曲尺（又名鲁班尺）、锯、铲、刨、钻等，鲁班还发明了中国最早的风筝。《墨子·鲁问》中说：“公输子削竹木为鹊，成而飞之，三日不下。”这一发明是中国人向往天空做出的最早尝试。

鲁班的发明创造很多，为手工业制造提供了前所未有的便利，使当时工匠们从原始繁重的劳动中解放出来，劳动效率成倍提高。所以后人逐渐把他神化，使鲁班的形象从能工巧匠演化成工匠之神，将很多其他的发明也归到他名下，对他的发明也进行了神话性的夸大。《述异记》中曾如此记载：

> 昔鲁班刻木为鹤，一飞七百里。后放于北山西峰上。汉武帝使人往取，遂飞上南峰……东北岩海畔，有大石龟，俗云鲁班所作，夏则入海，冬复止于山上。

鲁班的影响一直持续到现在，中国建筑工程最高奖项的名称便取名为“鲁班奖”。人们推崇他的发明创造精神，誉其为“大国工匠精神”，予以大力弘扬。

二、《考工记》

《考工记》是我国最早的一部有关手工业技术的文献。全书共约7000字，记述了木工、金工、皮革、染色、刮磨、陶瓷等手工业的发明成就，反映了当时所达到的科技及工艺水平。此外，《考工记》中还有包含了数学、力学、声学、建筑学、地理学等多方面的知识和经验总结。

《考工记》也像其他的早期古籍一样，没有作者署名。因此，其成书的具体年代已不可考。有的学者认为,《考工记》应当是齐国的官书，是齐国官府制定的关于手工业工艺标准、工匠劳动制度方面的一部书，作者可能是齐国稷下学宫的学者。该书的主体内容在春秋末至战国初期编纂，战国中晚期又有所补充。后该书收录于《周礼》之中。

《考工记》十分详尽地展现了当时手工业的总体情况，把工艺按性质分为木材工艺、金属工艺、皮革工艺、绘染工艺、雕刻工艺和制陶工艺6大类共30种。《考工记·总叙》：

> 凡攻木之工七，攻金之工六，攻皮之工五，设色之工五，刮摩之工五，抟埴之工二。

《考工记》中反映出比较先进的科技思想，具有整体观念和系统论的思想。认为要制造出优良的产品，必须是天时、地气、材美和工巧四者的完美结合。《考工记·总叙》：

> 天有时，地有气，材有美，工有巧。合此四者，然后可以为良。材美工巧，然而不良，则不时、不得地气也。……天有时以生，有时以杀；草木有时以生，有时以死；石有时以泐；水有时以凝，有时以泽。此天时也。

天有时令和阴晴寒暑的变化，地有地气、方位和土地刚柔的区别，材料要美好，工艺加工要讲求精巧。只有符合了这些条件，将四者紧密配合起来，才能制作出精良的器物。如果只是达到材美工巧的标准，没有适应天时和得到地气，还不能达到真正精良的水平。天时节令的变化会影响原材料的质量，进而影响制成品的质量。如《考工记·轮人》：

> 轮人为轮，斩三材必以其时。三材既具，巧者和之。毂也者，以为利转也。辐也者，以为直指也。牙也者，以为固抱也。轮敝，三材不失职，谓之完。

要制造车轮，采伐用作轮毂、轮辐、轮牙的三种木材，必须按照一定的季节采伐。三种木材准备好之后，工匠们分别进行各种车轮部件的加工，最后组装起来，做成车轮。轮毂，要使它利于车轮的转动；轮辐，要使它直指轮牙；轮牙，要使它们牢固，紧抱在一起。轮子即使磨损了，轮毂、轮辐、轮牙也会不松动变形，这样才称之为完美。又曰：

> 凡察车之道，欲其朴属而微至。不朴属，无以为完久也。不微至，无以为戚速也。轮已崇，则人不能登也。轮已庳，则于马终古登阤也。故兵车之轮六尺有六寸，田车之轮六尺有三寸，乘车之轮六尺有六寸。六尺有六寸之轮，轵崇三尺有三寸也，加轸与轐（bú，车伏兔，在舆底轸下，与轴相衔接，状似伏兔）焉四尺也。人长八尺，登下以为节。

这是说，凡观察车子的要领，要看车轮是否结构坚固以及接触地面的程度。结构不坚固，就不能经久耐用；与地接触面积大，就不能快速行走。车轮过大，会抬高车体，不方便人登车；车轮过小，会导致车体过低，对于驾车的马来说，就会始终像爬坡一样吃力。因此，兵车的车轮高六尺六寸，田车的车轮高六尺三寸，乘用车的车轮高六尺六寸。车轮六尺六寸高，轵高三尺三寸，再加上轸木，共四尺高。人高八尺，是登车下车最方便的高度。

由此可见，古人设计车辆，既考虑到了牢固轻便，牛马省力，也考虑到了车体高低与人体的适应度，以方便上下车。

第六节　科技利民思想对现代社会的启示

我国古代的科技成就是伟大的，其科技利民的思想是先进的，也是最核心的价值所在。医学成就直接服务于人类的生命和身体健康，农学成就直接促进社会生产力的提升和飞跃，都极大地改善了人类的生存条件和生活质量。古代造纸术、印刷术的发明，更是推动了文化知识的传播，促进了社会文明的进步。历史上的每一次重大科技进步，都会推动人类社会发展迈上新台阶。

我们进行科学技术研究和创新，必须以社会公利为出发点，而不能用于损人利己、谋求私利。当今社会，有的人为谋求私利科技造假，已经给社会造成了巨大危害。科学技术在“利民”的轨道里运行，它是推动社会进步的生产力。如果抛弃了“利民”的方向，转而利用科技谋求私利，它也将是巨大的破坏力！因此，坚持“科技利民”应当作为发展科技的唯一宗旨。齐鲁文化中的科技利民思想，对我们现代社会的科学研究，仍然具有重要的指导意义。

人类进入现代社会以后，随着社会的发展，世界各国都越来越认识到科技的重要性，非常重视科技研发经费投入，科技创新成果正在以前所未有的速度向前发展，日新月异。但是发展现代科技的指导思想也必须是“利民”，把为人民谋利益作为终极目标，这个出发点永远不过时。偏离了这个指导思想，就会出大问题。因为科技是一把双刃剑，它既能给人类社会带来利益，同时也可能带来危害。例如，高科技武器具有比传统武器更大的杀伤力，掌握在代表人民利益的正义者手中，它可以有效遏制不义战争，为人民造福；一旦掌握在恐怖分子等邪恶的人手中，就会给人民带来危害，甚至可能给全人类造成灾难。当今的世界并不太平，各国之间的利益纷争此起彼伏，高科技发明制造的核武器、化学武器，其毁灭地球的危机，足以让人们时时处于恐慌之中。应记住科学家爱因斯坦的一句话：“一个人对社会的价值，首先取决于他的感情、思想和行动，对增进人类利益有多大作用。”（《纪念爱因斯坦译文集》69页）

齐鲁文化中的科技利民思想，值得我们永远传承和发扬。当代中国，广大科学家在党的领导下，正是秉承科技利民的思想理念，在科技兴农、科技兴工、科技兴教、科技兴医等方面做出了巨大贡献，取得了伟大成就，大大提高了工作效率和人民生活水平，推动了社会文明的进步和发展。中国社会主义新时代的科技事业，正是在科技利民思想的引领下得到了飞速发展。我国杂交水稻、航空航天、自动控制、高铁、基建、防疫等方面取得的科技进步，正在领先或赶超世界先进水平，广泛造福于我国人民，也必将惠及全人类。社会主义现代化的中国，在科技力量的助推下，正在加快实现中华民族伟大复兴的步伐。

第十五章　齐鲁文化中的经世致用思想

所谓经世致用，是指所学知识能为治理国事尽其所用。“经世”的意思是“经国济世”，也就是治理国家，经营世务。强调的是要志存高远，胸怀天下，有远大的理想和抱负。“致用”的意思是“付诸实用”。强调的是务实，理论联系实际，把所学知识用于社会实践，关注社会现实，关注社会矛盾，解决社会问题，以求达到国治民安的实效。知识分子读书应以治世、救世为急务，要关心时政、关注社会民生，承担起治国安邦的使命。这是中国古代知识阶层居主导地位的文化价值观。

齐鲁文化历来就有重实用的特点，形成了经世致用的优良传统，最主要的体现，是在治国理政和思想文化方面，求真务实，注重实效。

第一节　齐文化中的务求实用特点

齐文化中，务求实用特点非常突出。齐国的姜太公、管子、晏子，先后治理国家，都能够因时因势，从实际出发，制定符合实际的施政措施。从姜太公立国时的因俗简礼、尊贤尚功，到齐桓公称霸时管仲的重法富民、尊王攘夷，再到齐庄公、齐景公时晏子的谦恭下士、仁政爱民，始终以实用为中心。

一、姜太公

姜太公拥有一身治世本事，曾事商纣王，发现纣是无道之君，便弃他而去。于是游说诸侯，未遇到贤明君主，无奈隐居海滨。后来听说西伯昌（文王）贤，便助昌谋划“以倾商政”。这种弃暗投明的做法，为经世致用者树立了榜样：一身本领，若为暴君所用，则是助纣为虐；若为贤君所用，则是造福亿万百姓。这就要求人们首先明白，经世，要经营什么样的“世”，致用，要致力于什么样的“用”，切勿选错了方向目标。

《史记·齐太公世家》记曰：

> 周西伯政平，及断虞、芮之讼，……伐崇、密须、犬夷，大作

丰邑。天下三分，其二归周者，太公之谋计居多。

太公佐助文王取得了“天下三分，其二归周”的巨大成就。文王崩后，继而佐助武王“修文王业”以伐纣。得道多助，失道寡助，盟津时，八百诸侯不期而会，皆赞同讨伐暴纣。旋在牧野召开了誓师大会，随即一举灭掉了商纣，“散鹿台之钱，发钜桥之粟，以赈贫民”（同上）。

姜太公是非常务实的政治家。治理齐国，他并不机械教条地完全照搬周朝的那一套制度和政策，而是从齐地实际情况出发，根据齐地的民俗，“因俗简礼”，把周礼的基本原则与东夷的民俗民风相结合，实行了独具地方特色的政策，采取了比较开明的施政措施。“俗”指“夷俗”，即当时当地东夷人的生活方式。姜太公认为，如果在齐地强行改变当地人的习俗，强力推行周礼，民众容易产生对抗情绪，激化官民矛盾，不利于治国安邦。他从齐地实际出发，不强制干涉，务实地创造了既让齐民乐于接受，又不至于有悖周礼的新制度。

姜太公还认为，农、工、商是国家经济命脉的三个重要支柱，是国家的“三宝”，国君必须控制和掌握起来。他指出：“六守长，则君昌，三宝完，则国安。”（《姜太公兵法·六守》）在经济政策方面，姜太公根据齐地实际情况，采取了一系列适合齐地实际情况而又有利于经济发展的政策。据《汉书·地理志》载：“齐地负海舄卤，少五谷而人民寡。”也就是说，齐国靠近大海，盐碱地多，人烟稀少。桓宽《盐铁论·轻重》说：“昔太公封营丘，辟草莱而居焉，地薄人少。”古书多记载，这是一个荒草丛生、土地瘠薄、人口不多的蛮荒之地。自然条件极其恶劣，不利于发展农业生产。只靠农业，要想使国家富强，显然是十分困难的。姜太公审时度势，因地制宜，把目光放在了“通商工之业，便鱼盐之利”方面，利用齐国境内农业及矿藏资源丰富、沿海多产鱼盐等独特优势，大力发展丝麻纺织、冶炼和渔盐业等手工业。此外，姜太公还利用齐国交通便利的优势，大力发展商业，制定了与列国通商的外贸政策。“农、工、商”三措并举，从此，齐国制造的冠带衣履等手工业产品畅销天下，鱼盐流通列国，国力日益强盛，齐国在一个偏僻荒凉的贫穷地方逐步富强起来，最终建成了富甲一方的富强国家，傲视诸侯，雄踞东方。

二、管仲

齐国宰相管仲，在治理齐国方面承袭了姜太公的一些政策，其中最主要的就是经世致用的指导思想，可以称得上经世致用的典范。他革新政令制度，使齐国迅速强盛起来，协助齐桓公九合诸侯，一匡天下。《史记·管晏列传》记载：

> 管仲既任政相齐，以区区之齐在海滨，通货积财，富国强兵，与俗同好恶。故其称曰："仓廪实而知礼节，衣食足而知荣辱，上服度（遵行礼度）则六亲固。四维不张，国乃灭亡。下令如流水之原，令顺民心。"故论卑而易行。俗之所欲，因而予之；俗之所否，因而去之。

管仲治国，一切从实际出发，求真务实，注重实效。不崇尚高深的理论，不追求华美的虚名，不因循守旧、机械教条。制订政策，发展经济，处理国事，乃至政务外交等，都能够根据实际情况灵活应对。《史记·管晏列传》说："其为政也，善因祸而为福，转败而为功。贵轻重，慎权衡。"

《管子》一书中，比较集中地记载了管仲的治国策略以及施政措施：

> 故善为政者，田畴垦而国邑实，朝廷闲而官府治，公法行而私曲止，仓廪实而囹圄空，贤人进而奸民退。其君子上中正而下谄谀，其士民贵武勇而贱得利，其庶人好耕农而恶饮食。于是财用足，而饮食薪菜饶。（《管子·五辅》）

这是说，国家必须重视农耕，实行法治，选拔贤人。

管仲主张治国必先富民。《管子·牧民》说："仓廪实而知礼节，衣食足而知荣辱。"这种思想是非常务实的。《管子·治国》说：

> 凡治国之道，必先富民。民富则易治也，民贫则难治也。奚以知其然也？民富则安乡重家，安乡重家则敬上畏罪，敬上畏罪则易治也。民贫则危乡轻家，危乡轻家则敢凌上犯禁，凌上犯禁则难治也。故治国常富，而乱国常贫。是以善为国者，必先富民，然后治之。

《史记·齐太公世家》记载：

> 桓公既得管仲，与鲍叔、隰朋、高傒修齐国政，连五家之兵，设轻重鱼盐之利，以赡贫穷，禄贤能，齐人皆说（悦）。

齐国在管仲治理之下，迅速成为当时的强国，经济发展，百姓富足。有了强大的实力之后，管仲又帮助齐桓公在外交方面展开了一系列务实的活动，不但抵御了外夷入侵，还逐步完成了对其他诸侯国的控制，成就了春秋史上第一个霸主。因此，管仲曾经受到孔子的称赞："桓公九合诸侯，不以兵车，管仲之力也。"（《论语·宪问》）就是说，如果不是管仲变诸侯之间的兵戎相见而为衣裳之会，人民就会陷于战乱的苦难之中。避免社会陷入战乱，这是管仲的贡献啊。孔子还高度评价了管仲的历史功绩："管仲相桓公，霸诸侯，一匡天下，民到于今受其赐。微管仲，吾其披发左衽矣。"（同上）就是说，如果没有管仲，齐鲁之地很可能就被夷化了，人们大概都要披头散发衣襟左开，还谈什么文明礼仪呢？

三、晏婴

晏婴是春秋时期齐国的又一位贤相。他在治理齐国的时候，继承了姜太公和管仲的求真务实作风，也是经世致用指导思想的体现。面对春秋时期剧烈的社会变革，礼崩乐坏，诸侯兼并，战争频发，百姓遭难，社会上出现了复古的思潮。孔子主张回到周初时期，墨子主张回到神农氏时代，老子庄子甚至主张回到原始社会里去。但是，晏子则能够实事求是，把握时代脉搏，顺应社会发展潮流和趋势，主张改革创新。例如，他主张革除旧的烦琐的礼仪，反对久丧厚葬。齐国历来就有久丧厚葬的风俗。晏子说："厚葬破民贫国，久丧循哀费日。"（《晏子春秋·外篇第八》）晏子认为，烦琐礼仪徒有形式，声色舞乐消磨心志，厚葬久丧破财伤身，有百害而无一利。

晏子反对齐景公的奢靡之风。《晏子春秋·内篇谏下》记载：

> 景公筑路寝之台，三年未息；又为长庲之役，二年未息；又为邹之长途。晏子谏曰："百姓之力勤矣！公不息乎？"公曰："途将成矣，请成而息之。"对曰："君屈民财者不得其利，穷民力者不得其乐。昔者楚灵王作顷宫，三年未息也；又为章华之台，五年又不息也；乾溪之役，八年，百姓之力不足而自息也。灵王死于乾溪，而民不与归。今君不遵明王之义，而循灵王之迹，婴惧君有暴民之行，而不睹长庲之乐也。不若息之。"公曰："善！非夫子，寡人不知得罪于百姓深也。"于是令勿委壤，余财勿收，斩板而去之。

齐景公不恤民力，好大喜功，长年役使百姓。他为满足游玩享乐需要，常年征发大批民工修筑宫殿、高台和长途道路，百姓不堪其苦。晏子以楚灵王的所作所为以及被百姓无情抛弃的下场警示齐景公，说明了不恤民力大兴徭役的危害。齐景公接受了晏子的劝谏，停了这些工程。

晏子曾经多次成功地讽谏齐君。在君权专制统治下，讽谏虽然不可能从根本上限制君权，但是，对君主私欲有一点监督、约束和限制，总要比毫无限制好得多。

《晏子春秋》记载了这样一件事情，也体现了晏子一贯求真务实的精神：

> 齐大旱逾时。景公召群臣问曰："天不雨久矣，民且有饥色。吾使人卜，云：祟在高山广水。寡人欲少赋敛以祠灵山，可乎？"群臣莫对。晏子进曰："不可！祠此无益也。夫灵山固以石为身，以草木为发，天久不雨，发将焦，身将热，彼独不欲雨乎？祠之何益？"公曰："不然，吾欲祠河伯，可乎？"晏子曰："不可！河伯以水为国，以鱼鳖为民，天久不雨，水泉将下，百川将竭，国将亡，民将灭矣，彼独不欲雨乎？祠之何益！"（《晏子春秋·内篇谏上》）

齐国久旱不雨，误了农时，齐景公要征收赋税祭祀灵山。群臣没有一个人说话，只有晏子敢于反对。齐景公又想祭祀河神，晏子又加以阻止，并且运用形象生动的比拟，说明山神、河神均急需雨而无雨，自身难保，又怎么能给人降雨呢？他认为山川无神灵，岁旱祈天祷雨，无用无益，徒增赋敛，加重百姓负担。在那个时代，能有这样的唯物主义思想，也算是难能可贵的。

第二节　鲁文化中的经世致用思想

鲁文化以儒家文化为主体，是东方文化的代表。与西方文化相比，东方文化最明显的特点是注重实用，不尚思辨。它不像西方的哲学家那样具有极强的思辨性，力图解释诸如世界的本原、今生与来世、人世与鬼神的关系等一系列的哲学问题，而是非常注重实用，非常实在地教人们正心修身，齐家治国，即如何做人，如何行事，教国君怎样治国，教官员们如何做官。《论语》《孟子》中大量篇章谈的都是此类问题。贯穿其中的"修身、齐家、治国、平天下"思想主张，最终落脚点是"平天下"，体现出了经世致用的特点。

传统儒学本身就是一种“入世哲学”。与道家消极避世的思想不同，儒家主张积极入世，按照自己的理想去改造社会，以天下为己任。儒学的思想体系，核心是“仁”。“仁”有着非常广泛的含义，从社会到国家，从统治者到普通百姓，都有不同的具体要求。要全面实现“仁”，自然是任重道远，需要奋斗终生。《论语·泰伯》：“曾子曰：士不可以不弘毅，任重而道远。仁以为己任，不亦重乎？死而后已，不亦远乎？”意思是，作为一个士人，必须要有宽广的胸怀、坚毅的品质。因为责任重大，道路遥远。这种“以天下为己任”的情怀一直被后世继承并发扬光大。在这种思想的引领下，中国历史上出现了无数志士仁人，为国家的强盛和民族的振兴而英勇奋斗。这正体现了中国传统知识分子讲求功利、求实务实的思想特点。孔子主张积极入世，周游列国，宣传救世思想，广招弟子，培养学以致用之才，鼓励学生“学而优则仕”。曾子大力倡导格物、致知和修身、齐家、治国、平天下。孟子主张以民为本，仁政待民。

除了儒家之外，墨家思想也体现出来经世致用的特点。墨子主张“仁人之事者，必务求兴天下之利，除天下之害”(《墨子·兼爱下》)。主张兼爱，反对战争，提倡尚贤使能、节用节葬，关心社会下层民众疾苦。他非常重视实用，在哲学、逻辑学、数学、物理学、机械制造等方面都有不凡的建树，后世学界尊其为科技圣人。

这个时期还出现了能工巧匠鲁班。鲁班又称公输般，传说木工使用的不少工具器械，如曲尺、墨斗、刨子、钻子、锯子等，都是他创造发明的。新的高效工具减轻了工匠们原始繁重的体力劳动，效率得以成倍提高，从而大大促进了土木工艺的发展。后世为了纪念鲁班，尊奉他为木匠始祖。

一、孔子

孔子的经世致用思想，在他的一生中体现得最明显。先看他培养学生的目的：

一是培养学生的做人意识。

《论语·述而》记载：“子以四教：文、行、忠、信。”孔子设立的四科，属于德行的“忠、信”占其二。再看孔子设立的“六艺”课程“礼、乐、射、御、书、数”，又把“礼”置于首位。可见，孔子把德行把做人看得何其重要。他认为：“君子以厚德载物。”(《周易·坤卦·象辞》)一个人，只有道德高厚才能担当起治国安民的重任。纵观整部《论语》，可以说就是一部专谈如何做人的专著，此书所频频谈论的仁、义、礼、智、信、温、良、恭、俭、让、孝、刚、勇、忠恕、知耻等，皆为君子人格的良好规范。

二是培养学生的文化知识和做事能力。

就孔子所设立四科“文、行、忠、信”和六艺“礼、乐、射、御、书、数”来看，其“文”是指文化知识，其“书”“数”是文化知识的具体内容。社会要文明进步，靠的是文化，靠的是知识，所以要大力培养众多的知识人才。其“行”，是指做事、践行，其“射”“御”，是当时人们必备的做事技能。

三是培养学生的从政能力。

孔子处于周王朝“礼崩乐坏”的动荡时代，诸侯争霸，战争频仍，民不聊生，为了救世救民，孔子注重培养弟子们的从政能力。

请看《论语》相关记载：

子路问政，子曰：“先之劳之。”（《子路》）

子张问政，子曰：“居之无倦，行之以忠。”（《颜渊》）

子贡问政，子曰：“足食，足兵，民信之矣。”（《颜渊》）

子夏问政，子曰：“毋欲速，毋见小利。欲速则不达，见小利则大事不成。”（《子路》）

仲弓问政，子曰：“先有司，赦小过，举贤才。”（《子路》）

从这些频频出现的弟子问政记载可以看出，孔子在教育学生的过程中，是特意引导学生以从政为人生目标的。以致弟子子夏深谙师意，提出“学而优则仕”的主张。

有一次，季康子问孔子：“仲由可以让他从政吗？”孔子说：“仲由果敢决断，让他从政有什么难的？”又问：“端木赐可以让他从政吗？”孔子说：“端木赐通达，让他从政有什么难的？”又问：“冉求可以让他从政吗？”孔子说：“冉求多才多艺，让他从政有什么难的？”可见，具有从政能力的孔门弟子人才济济。

孔子看到某位弟子有从政能力，就积极鼓励出仕，如“子使漆雕开仕”（《公冶长》），“雍也可使南面”（《雍也》）。

孔子不仅鼓励弟子从政，自己也在51岁时出任中都宰，注重治理社会风气，路不拾遗，卓有政绩，四方则之。不久升任大司寇（国家司法长官）。勤于政事，国君有命，“不俟驾行矣”，常常不等车马备好就自个跑步前往。主张“君使臣以礼，臣事君以忠”。夹谷会盟，显示出非凡的外交才能。为防止陪臣执国命，削弱权臣三桓武装势力，提出堕三都的正确主张。鲁国得治，齐国惧，欲败其政，乃选美女八十人，好马三十驷馈赠鲁君。季桓子受之，君臣怠于政事，沉溺于声色宴乐之中，多日不理朝政。孔子失望，离开鲁国，周游列国，宣传治世主张。

孔子的为政思想是先进的，主张为政以德：

> 子曰："为政以德，譬如北辰，居其所而众星共之。"（《为政》）

孔子希望每一个当政者都是一个有道德的人，身正为范，以德服人，以德化人，这样老百姓就会拥护他。统治者有了道德约束，百姓就可以免受暴政之苦。所以孔子说："当政者用道德来治国理政，就好像北极星安居其所，众星都在周围拱卫着他。"

主张为官者做好表率：

> 政者，正也。子帅以正，孰敢不正！（《颜渊》）

政，就是正的意思。你在上位的带头正派，在下位的谁敢不正派！

《论语·尧曰》载：

> 子张问于孔子曰："何如斯可以从政矣？"子曰："尊五美，屏四恶，斯可以从政矣。"子张曰："何谓五美？"子曰："君子惠而不费，劳而不怨，欲而不贪，泰而不骄，威而不猛。"子张曰："何谓惠而不费？"子曰："因民之所利而利之，斯不亦惠而不费乎？择可劳而劳之，又谁怨？欲仁而得仁，又焉贪？君子无众寡，无小大，无敢慢，斯不亦泰而不骄乎？君子正其衣冠，尊其瞻视，俨然人望而畏之，斯不亦威而不猛乎？"子张曰："何谓四恶？"子曰："不教而杀谓之虐，不戒视成谓之暴，慢令致期谓之贼，犹之与人也，出纳之吝谓之有司。"

这里，孔子向弟子子张详细讲述了为政的具体做法和要求，应该怎样做，不应该怎样做。在孔子的正确教育下，出现了一大批从政人才，如子路历任鲁季氏宰、卫蒲邑大夫、卫孔悝邑宰；子夏任莒父宰；冉求任季氏宰；子游任鲁武城宰；冉雍任季氏宰；宓子贱任鲁单父宰；巫马期也曾任单父宰；仲弓任莒父宰；子羔任费郈宰；宰我任临淄大夫；子贡常相鲁卫；等等。这些弟子先后走上了经世之路，为社会治理做出卓越贡献。

二、孟子

孟子受业于孔子之孙孔伋之门人，得孔子思想真谛。学成后也像孔子一样，筑坛兴学，教书育人。他把“得天下英才而教育之”（《孟子·尽心上》）视为人生三大乐趣之一，一生大部分时间都奉献于教育事业。

受教于孟子门下的弟子众多，尤其是任教于稷下学宫之时，一旦出行，“后车数十乘，从者数百人”（《孟子·滕文公下》）。培养出万章、公孙丑、乐正子、公都子、屋庐子、孟仲子等著名弟子。

他教育学生，注重培养“仁德”君子，“亲亲而仁民，仁民而爱物”（《孟子·尽心上》）。“三代之得天下也以仁，其失天下也以不仁。国之所以废兴存亡者亦然。天子不仁，不保四海；诸侯不仁，不保社稷；卿大夫不仁，不保宗庙；士庶人不仁，不保四体。”（《孟子·离娄上》）培养“大丈夫”品格，“居天下之广居，立天下之正位，行天下之大道；得志，与民由之；不得志，独行其道。富贵不能淫，贫贱不能移，威武不能屈，此之谓大丈夫”（《孟子·滕文公下》）。培养“浩然正气”，“我知言，我善养吾浩然之气。……其为气也，至大至刚，以直养而无害，则塞于天地之间。其为气也，配义与道”（《孟子·公孙丑上》）。孟子认为，具备了这样的德行品格，才是理想的治世人才。

孟子最突出的经世思想，就是民本和仁政。他说：

> 民为贵，社稷次之，君为轻。（《孟子·尽心下》）

这是把“民”放在了最重要的位置。这种主张虽然惹恼了历代统治者，但他的进步意义却被有识之士所认同，“得民心者得天下”，已成为颠扑不破的真理，哪个时代重民，哪个时代就国泰民安。直到今天，我们中国共产党仍以坚持“人民至上”“为人民服务”为根本宗旨。

施行仁政是“得民心”的基本做法。孟子总结历史上的经验教训，说：

> 桀纣之失天下也，失其民也，失其民者，失其心也。得天下有道：得其民，斯得天下矣。得其民有道：得其心，斯得民矣。得其

心有道：所欲与之聚之，所恶勿施尔也。民之归仁也，犹水之就下，兽之走圹也。(《孟子·离娄上》)

尧舜之道，不以仁政，不能平治天下。(《孟子·离娄上》)

先王有不忍人之心，斯有不忍人之政矣。以不忍人之心，行不忍人之政，治天下可运于掌上。(《孟子·公孙丑上》)

孟子主张，要有“平治天下”的担当精神：

如欲平治天下，当今之世，舍我其谁也？(《孟子·公孙丑上》)

要担当经世安民之大任，须能经受得住艰苦的考验和磨炼：

舜发于畎亩之中，傅说举于版筑之间，胶鬲举于鱼盐之中，管夷吾举于士，孙叔敖举于海，百里奚举于市。故天将降大任于是人也，必先苦其心志，劳其筋骨，饿其体肤，空乏其身，行拂乱其所为，所以动心忍性，曾益其所不能。(《孟子·告子下》)

历代成就大事者，大都经历过艰苦卓绝的奋斗，此类例子举不胜举。

三、荀子

荀子，战国末期赵国人，游学于齐，曾三次出任齐国稷下学宫祭酒，后为楚兰陵令。他讲学于齐、仕宦于楚、议兵于赵、议政于燕、论风俗于秦，当时的社会影响不在孔孟之下。

荀子非常推崇孔子思想，认为孔子思想是最好的治国理念。他继承了孔子“内圣外王”思想，主张内修其身，外遵其礼，用礼法来治理国家。他主张，人先要治气养心。《荀子·修身》说：

血气刚强，则柔之以调和；知虑渐深，则一之以易良；勇胆猛戾，则辅之以道顺；齐给便利，则节之以动止；狭隘褊小，则廓之以广大；卑湿重迟贪利，则抗之以高志；庸众驽散，则刦之以师友；怠慢僄弃，则炤之以祸灾；愚款端悫，则合之以礼乐，通之以思索。凡治气养心之术，莫径由礼，莫要得师，莫神一好。夫是之谓治气养心之术也。

意思是说，血气刚强，就用平心静气加以柔化；思想深沉，就用平易良善来使其率直；勇猛乖张，就加以疏导；心急口快，就加以节制；心胸狭窄，就用宽宏大度加以开导；卑贱迟钝贪婪，就用高尚的志向予以激发；平庸散漫，就用良师益友去影响改变；怠慢轻薄自暴自弃，就用严重的灾祸后果来警醒；愚钝朴实小心拘谨，就用礼乐去调教，用启发思索去疏导。凡是调理身心的方法，没有比遵循礼义更直接的，没有比得到老师的指导更重要的，没有比精神专一更神妙的。这就是修养身心的方法。

荀子特别强调统治者自身修养的重要性。因为统治者的一言一行都具有表率作用，上行下效。《荀子·君道》说：

> 君者，民之原也。原清则流清，原浊则流浊。故有社稷者而不能爱民、不能利民，而求民之亲爱己，不可得也。民不亲不爱，而求其为己用、为己死，不可得也。民不为己用、不为己死，而求兵之劲、城之固，不可得也。兵不劲、城不固，而求敌之不至，不可得也。敌至而求无危削、不灭亡，不可得也。

荀子认为，统治者是否亲民爱民，是国家存亡的根本。所以，荀子非常关注民生。《荀子·富国》说：

> 轻田野之税，平关市之征，省商贾之数，罕兴力役，无夺农时，如是则国富矣。夫是之谓以政裕民。

荀子主张减轻农民的赋税，公平征收关卡集市税收，减少商人数量，减少国家兴办劳役工程，不侵夺农民播种收获的农时季节，这样，国家就能富强。这叫作用施政的方法来使人民富裕起来。

在行动上，荀子主张循礼而为。他说："人无礼则不生，事无礼则不成，国家无礼则不宁。"（《荀子·荣辱》）提出："无德不贵，无能不官，无功不赏，无罪不罚。"（《荀子·王制》）

总之，荀子的学说，体现了很强的修身治世精神。

四、墨子

墨子是鲁国人，出生地在今山东滕州市。墨子曾学习孔子的儒学，基本认同儒家的价值观念，主张兼爱，也提倡孝、慈、仁、义等，思想体系自成一家，与儒家并列为“显学”。在先秦时期的百家争鸣中，有“非儒即墨”之称。

墨子的思想体系中，最为突出的是经世致用。在治国方面，他主张唯贤是举，唯才是用。《墨子·尚贤》记载：

> 故古者圣王之为政，列德而尚贤。虽在农与工肆之人，有能则举之，高予之爵，重予之禄，任之以事，断予之令。曰：爵位不高，则民弗敬；蓄禄不厚，则民不信；政令不断，则民不畏。举三者授之贤者，非为贤赐也，欲其事之成。故当是时，以德就列，以官服事，以劳殿赏，量功而分禄。故官无常贵，而民无终贱。有能则举之，无能则下之。举公义，辟私怨，此若言之谓也。

不论出身，突破世袭血统，“虽在农与工肆之人，有能则举之”，不拘一格选拔人才，这在当时具有巨大的社会进步意义。

又主张“兴天下之利，除天下之害”：

> 子墨子言曰：“仁之事者，必务求兴天下之利，除天下之害，将以为法乎天下。利人乎即为，不利人乎即止。且夫仁者之为天下度也，非为其目之所美，耳之所乐，口之所甘，身体之所安。以此亏夺民衣食之财，仁者弗为也。”《墨子·非乐上》

墨子遵循的基本原则就是：“利人乎即为，不利人乎即止。”

墨子具有突出的重实用思想，他对与社会生产生活密切相关的数学、物理学等自然科学，都进行了深入的研究。《墨子》的《经上》《经下》及《经说上》《经说下》等篇中，对数学中的倍数、几何原理，力学中的滑轮、杠杆及平衡原理，光学中的影像原理、声学中声音传播原理等，都有非常精当的论述。现代学界尊墨子为“科圣”。

在军事方面，墨子也有深入的研究，而且精通各种兵器的制造。由于他反对攻伐(《墨子》中有《非攻》篇)，所以着重研究防守。汉语中有一条成语“墨守成规”，说的就是墨子善于防守。这条成语本没有任何贬义。《墨子》中有关于守城的《备城门》《备梯》《备水》《备突》《备穴》等，都是关于防守的军事名篇。

总之，墨子的成就是多方面的，他既是中国古代伟大的思想家、哲学家、军事家，又是一个伟大的科学家、发明家。他重视理论，更注重实践，是经世致用的典范。

第三节 经世致用思想对后世的影响

形成于先秦时期的齐鲁文化及其思想，对后世产生了巨大影响。中国自汉代以后，儒学独尊。在儒家传统经世致用思想的影响下，中国历史上出现了大批仁人志士，以天下国家为己任，把经世致用作为人生远大抱负，如贾谊、晁错、司马迁、董仲舒、诸葛亮、韩愈、柳宗元、李白、杜甫、白居易、程颢、程颐、张载、朱熹、顾炎武、黄宗羲、王夫之、李颙、颜元、王源、顾祖禹、林则徐、龚自珍、魏源、康有为、梁启超、谭嗣同等杰出历史人物，无不是受了齐鲁文化的深刻影响与熏陶。他们高举经世致用的旗帜，发扬儒学的优良传统，为国家富强、民族振兴而奋斗终生，为中华思想文化的发扬光大做出了卓越的贡献。

秦末，由于战争带来的对社会生产力的巨大破坏，人口锐减，民不聊生。汉代，统治者废除了秦代的严刑峻法，对百姓采取了相对宽松的政策，恢复和发展社会生产。贾谊写了《论积贮疏》，晁错写了《论贵粟疏》，论述了粮食生产对于国家和人民的重要性，提出了粮食生产和储备的重要措施，被统治者采纳，使汉代农业生产得到迅速恢复和发展。司马迁忍辱负重，创作《史记》，“究天人之际，通古今之变”（司马迁《报任安书》），体现的是关心社会历史变革的知识分子胸襟志向，心里始终装着国家和人民。董仲舒将儒家思想结合社会需要，并融合各家思想，发展了儒家学说。诸葛亮生于汉末乱世，早年虽然隐居不仕，但仍然密切关心社会，潜心研究治国之道，向刘备提出了著名的《隆中对》，并辅佐刘备实现了三分天下。唐代，韩愈犯颜直谏，柳宗元积极参与政治革新，杜甫、白居易用诗歌关注社会下层的民众疾苦，他们都时时刻刻心系国家和人民。宋代，程颢、程颐、张载创立理学，朱熹加以发扬光大。张载治学，笃实尚行，经世致用，改变了汉唐以来儒家学者专注于典籍章句训释和六朝时期的玄空清谈之风，带着强烈的历史使命感，“为天地立心，为生民立命，为往圣继绝学，为万世开太平”（著名哲学家冯友兰先生为张载概括的横渠四句），从社会现实入手，探求解决之道。他主张学贵有用、经世致用、笃行践履，反对空知不行，学而不用。张载《横渠易说·系辞上》中说：“圣人苟不用思虑忧患以经世，则何用圣人？”清初顾炎武、黄宗羲等人有感于国破家亡，奋力矫正时弊，大力倡导经世致用，主张读书治学必须求实用，明学术，正人心。

近代以来，国家危亡之际，大批仁人志士更是义无反顾地献身于救国救民事业之中。毛泽东、周恩来、朱德等老一辈革命家就是其中的杰出代表。他们年轻时就树立起了经世济民的雄心壮志，全身心地投入到为国为民的革命斗争中，为中华民族的解放和发展做出了卓越贡献，为我们树立了光辉的榜样。他们身上，无不体现出经世致用思想的优良传统。进入中国特色社会主义新时代，中国共产党更是把人民群众对美好生活的向往作为奋斗目标，立党为公，执政为民，发展经济，不断改善和提高人民生活水平，体现的也是对中华优秀传统文化经世致用思想的继承和创新。

2014年9月24日，习近平在纪念孔子诞辰2565周年国际学术研讨会开幕式上的讲话中指出："儒家思想和中国历史上存在的其他学说都坚持经世致用原则，注重发挥文以化人的教化功能，把对个人、社会的教化同对国家的治理结合起来，达到相辅相成、相互促进的目的。"2013年7月17日，习近平在中国科学院考察时谆谆告诫青年学生："我们处于一个伟大的时代，有着伟大的目标，可谓生逢其时、责任重大。希望同学们珍惜宝贵的青春年华，坚持理想，脚踏实地，既勤于学习、善于学习，打牢知识功底、积蓄前进能量，又勇于探索、勇于突破，不断认识科技世界新领地，立志报效祖国、服务人民。"这些讲话精神，可以视为每个人践行经世致用人生大课题的引航和激励。

第十六章 齐鲁文化中的敬业精神

艰苦奋斗，爱岗敬业是中国人民的传统美德，是实现人生价值的重要途径。《礼记·学记》提出“敬业乐群”；唐代韩愈《进学解》讲“业精于勤，荒于嬉”；宋代朱熹《仪礼经传通解》讲“敬业者，专心致志，以事其业也”，皆劝谏人们把自己全部的精力放在所从事的事业上，专心致志，心无旁骛，认真负责。近代学者梁启超在《敬业与乐业》一文中回答了敬业的原因：“人类一面为生活而劳动，一面也是为劳动而生活。”勤勉敬业也是齐鲁文化中的优秀基因，是社会主义核心价值观的重要内容。从三过家门而不入的大禹到中国建筑的鼻祖鲁班，齐鲁大地涌现出无数敬业的典范，在社会主义建设的今天，我们需要挖掘齐鲁文化中的敬业精神内涵，并发扬其传统，光大其精神，落实到行动。

第一节 周公的勤政精神

周公，鲁国第一任封君，政治家、军事家、思想家、教育家，儒学先驱，被尊为“元圣”。他一生的功绩被《尚书大传》概括为：“一年救乱，二年克殷，三年践奄，四年建侯卫，五年营成周，六年制礼乐，七年致政成王。”

周文王在世时，周公旦和周武王姬发就帮助父亲处理政务，也耳闻目睹了父亲文王勤政爱民的言行。周公对父亲文王的勤政大加赞赏：“自朝至于日中昃，不遑暇食，用咸和万民。文王不敢盘于游田，以庶邦惟正之供。”文王从早上忙到中午，再忙到太阳下山，都顾不上吃饭，目的就是使百姓生活和睦。他不敢留恋于游乐，连打猎的爱好也几乎放弃了，让诸侯众国只是供其正税。文王去世后，武王即位，周公旦辅佐兄长武王灭殷建国。周公旦同样目睹了商纣王荒淫暴虐、骄奢淫逸的恶习直接加速殷王朝分崩离析的惨状。这一正一反两个例子让周公旦深刻认识到勤政爱民的重要性，为之后他提出勤政思想奠定了一定的基础。周武王去世后，尚为年幼的成王即位，周公旦临危受命，暂时摄政。兢兢业业辅佐成王，并恐其安于享乐，荒废政事，特作《无逸》，从殷、周两朝历史入手，反复从正反两方面向成王讲述“无逸”的重要性，告诫成王要勤政爱民：

> 呜呼！君子所其无逸。先知稼穑之艰难，乃逸，则知小人之依。相小人，厥父母勤劳稼穑，厥子乃不知稼穑之艰难，乃逸乃谚。既诞否则，侮厥父母曰："昔之人无闻知。"

君子处位为政不要贪图安逸，首先要懂得农事的艰难，才能知道农民的不易。这里举稼穑之艰难是用来比喻祖先创业的艰难，不要一味追求安逸。接下来又说父母辛苦劳作，而他们的孩子却不知其艰难，一味追求享乐，还粗鲁放肆地侮慢他们的父母只知劳苦不知享受。这是周公从反面来告诫后世君王要不忘祖先创业之艰难，不要贪图安逸，应保持艰苦奋斗的作风。

周公认为，周朝的先王对政务都保持着一种敬畏的态度，成王也应如此。劝诫成王要勤政，要注重民生，要学习先王的勤苦敬业精神，不要贪图享受，要时刻注意自己的行为。并且告诫后世继位的君主不要沉溺于安乐、游玩、田猎，做勤政表率，以影响万民勤勉供职。由此也体现出周公强烈的辅政责任意识和对周朝国运长久的思考："呜呼！继自今嗣王，则其无淫于观、于逸、于游、于田，以万民惟正之供。无皇曰：'今日耽乐。'乃非民攸训，非天攸若，时人丕则有愆。无若殷王受之迷乱，酗于酒德哉！"（《尚书·无逸》）

周公治国，尽心尽责，勤奋敬业。周武王说周公旦："汝播食不遑暇食，矧其有乃室。"（《逸周书·度邑》）周公曾对儿子伯禽说："我文王之子，武王之弟，成王之叔父，我于天下亦不贱矣。然我一沐三握发，一饭三吐哺，起以待士，犹恐失天下之贤人。"（《史记·鲁周公世家》）周公"握发吐哺"的故事后来成为求贤若渴敬业治国的典故，一直流传至今。后世对周公勤政多有歌颂。如曹操《短歌行》："周公吐哺，天下归心。"汉乐府诗《君子行》："周公下白屋，吐哺不及餐。一沐三握发，后世称圣贤。"唐·邵谒《论政》："贤哉三握发，为有天下忧。"唐·周昙《三代门·周公》："文武传芳百代基，几多贤哲守成规。仍闻吐握延儒素，犹恐民疵未尽知。"

周公摄政七年里，提出了各种根本性典章制度，完善了宗法制、分封制、嫡长子继承制和井田制。这些制度的形成，对中国封建社会产生了极大的影响。人们面对汉代贾谊《新书·礼容语》"文王有大德而功未就，武王有大功而治未成"之憾，认为周公集大德大功大治于一身。夏曾佑《中国古代史》评价说：“孔子之前，黄帝之后，于中国有大关系者，周公一人而已。”

至今曲阜有周公庙，正门额题“棂星门”。门内左右各立石坊一座，东坊额刻“经天纬地”，西坊额刻“制礼作乐”，赞颂周公德绩。元圣殿是周公庙的中心建筑，殿内塑有周公像，大殿枋檀正中上悬“明德勤施”匾额一块，赞颂周公的勤政业绩。

第二节　孔子的敬事观念

《论语》中多次提到要“执事敬”“事思敬”。孔子所谈的“敬事”，就基本等同于今天我们所说的“敬业”。钱穆在《论语新解》中将“敬”解读为“不懈不怠慢”。孔子说：“言忠信，行笃敬，虽蛮貊之邦，行矣。”（《论语·卫灵公》）敬事与忠信并行，是孔子所认为的立身处事之本。而孔子的敬业思想及践行之道主要体现在以下几点：

一、“居之无倦”的敬业态度

弟子子张问及孔子该如何从政，孔子说：“居之无倦，行之以忠。”（《论语·颜渊》）意思是居于官位不懈怠，执行君令要忠诚。虽然孔子说的是古代社会事君为官的准则，但对我们今天对待工作的态度仍有一定的借鉴意义。告诫我们要坚守自己的职位，在其位谋其政，永不松懈倦怠。孔子在自我评价的时候说：“其为人也，发愤忘食，乐以忘忧，不知老之将至云尔。”（《论语·述而》）孔子勤奋学习和工作，竟到了忘记吃饭的境地，沉浸在学习和工作的快乐中，忘掉忧愁，甚至忘掉了年纪。孔子感慨时间飞逝：“逝者如斯夫，不舍昼夜。”（《论语·子罕》）所以争分夺秒地用在学习中，“读《易》，韦编三绝”，穿连《周易》竹简的皮条都翻断了好多次，可见孔子是一个勤奋好学的人。按他自己的话说，就是：“学而不厌，诲人不倦。”（《论语·述而》）“十室之邑，必有忠信如丘者焉，不如丘之好学也。”（《论语·公冶长》）

他总结了不好学的六大弊病：“好仁不好学，其蔽也愚。好知不好学，其蔽也荡。好信不好学，其蔽也贼。好直不好学，其蔽也绞。好勇不好学，其蔽也乱。好刚不好学，其蔽也狂。”（《论语·阳货》）意思是，喜好仁德却不喜好学习，它的弊病是愚昧易欺。喜好智慧却不喜好学习，它的弊病是放荡无守。喜好信实却不喜好学习，它的弊病是容易被人坑害。喜好直率却不喜好学习，它的弊病是尖刻伤人。喜好勇敢却不喜好学习，它的弊病是闯祸作乱。喜好刚强却不喜好学习，它的弊病是狂妄自大。

以责任要求“敬业”以达到“勤业”，虽然高尚，但依靠自我约束，具有被动性；而由“乐业”达到“勤业”则是从业者的内在需要，是一种对学习和工作内容趣味的享受，是更持久的“勤业”动力。孔子说：“知之者不如好之者，好之者不如乐之者。”(《论语·雍也》)只有乐业才能达到乐而不倦。

二、“勤勉尽职”的敬业理念

孔子作为一名伟大的教育家，他热爱教育事业的言行至今仍是教师行业的典范。孔子一生致力于以文化人，以教育人，并在教诲弟子的过程中，建立了儒家文化的范式。他在教书育人方面尽心尽职，具有高度的敬业精神。为使学生德、智、体、劳全面发展，他合理设计教学内容，开设“礼、乐、射、御、书、数”等课程。为使学生有效学习，他精心研究，总结出“因材施教”“适时施教”“学思结合”等教学方法。通观整部《论语》，记载学生请教问题的场景有上百次，孔子皆予以耐心、富有启示的回答。

孔子一生“学而不厌，诲人不倦”，他将自己全部的学问都倾囊相授。“子曰：‘二三子以我为隐乎？吾无隐乎尔。吾无行而不与二三子者，是丘也。’”(《论语·述而》)他对待学生与对待自己的儿子一样，从无偏私。《论语·季氏》记载：

> 陈亢问于伯鱼曰：“子亦有异闻乎？”对曰：“未也。尝独立，鲤趋而过庭。曰：‘学诗乎？’对曰：‘未也。’‘不学诗，无以言。’鲤退而学诗。他日，又独立，鲤趋而过庭。曰：‘学礼乎？’对曰：‘未也。’‘不学礼，无以立。’鲤退而学礼。闻斯二者。”陈亢退而喜曰：“问一得三，闻诗，闻礼，又闻君子之远其子也。

陈亢向孔子的儿子伯鱼问道：“你在先生那里听到过特别的知识传授吗？”伯鱼回答说：“没有。父亲他曾经一个人站在庭中，我恭敬地快步而过。他忽然问我说：‘学诗了吗？’我回答说：‘没有。’他说：‘不学诗，无法讲话。’我退下后便学起诗来。又有一天，他又一个人站在庭中，我恭敬地快步而过。他问道：‘学礼了吗？’我回答说：‘没有。’他说：‘不学礼，无法立身。’我退下后便学起礼来。我就听到这两点。”陈亢退下后很高兴地说：“问一得知三，得知了学诗的道理，得知了学礼的道理，又得知君子不私爱自己的儿子。”

正因为如此，孔子赢得学生对他的无限尊敬和景仰。颜渊谈自己对老师的敬仰和受教体会曰：“仰之弥高，钻之弥坚。瞻之在前，忽焉在后。夫子循循然善诱人，博我以文，约我以礼，欲罢不能。既竭吾才，如有所立卓尔，虽欲从之，末由也已。”（《论语·子罕》）颜渊是说：“对我的老师，越仰望越觉得高大，越钻研越觉得坚实。眼看着他似乎在面前，忽然间又觉得被远远抛在后面。老师循序渐进善于诱导人，用文化知识充实我，用礼仪规范约束我，想停止都不可能。我已经用尽了我的才智，但老师好像卓绝特立得难以企及，虽然想跟从他，但感到没有路径。”子贡把老师比作数仞宫墙，比作难以超越的日月，在老师死后，他竟然守墓多年，以尽孝敬之情。

孔子对工作的勤勉尽职同样也体现在他的为官生涯中。孔子任中都宰时，倾心于民生与民风建设。《孔子家语·相鲁》记载：

> 孔子初仕，为中都宰，制为养生送死之节：长幼异食，强弱异任，男女别涂。路无拾遗，器不雕伪。为四寸之棺，五寸之椁，因丘陵为坟，不封不树。行之一年，而四方之诸侯则焉。

孔子要求，长幼异食，老年人的饭食要优于年轻人，以示孝老。强弱异任，要根据能力的大小承担不同的任务。男女别涂，男女走路分左右，即男子行右，女子行左。道路上有遗失的东西，不拾为己有。器物追求俭朴实用，不雕琢伪饰。不要厚葬，坟墓不占耕地，不封坟头，不栽种树木。如此做了一年，受到了四方诸侯的赞美和效法。

孔子在为官期间，看到市场假冒伪劣之风严重，便采取措施予以治理。《孔子家语·相鲁》记载：

> 初，鲁之贩羊有沈犹氏者，常朝饮其羊以诈市人。有公慎氏者，妻淫不制。有慎溃氏，奢侈踰法。鲁之鬻六畜者，饰之以储价。及孔子之为政也，则沈犹氏不敢朝饮其羊，公慎氏出其妻，慎溃氏越境而徙。三月，则鬻牛马者不储价，卖羊豚者不加饰，男女行者别其涂，道不拾遗，男尚忠信，女尚贞顺。四方客至于邑，不求有司，皆如归焉。

这是说，当初，鲁国有个羊贩子叫沈犹氏，经常在早晨用水把羊灌饱增加体重欺诈买羊人。有个叫公慎氏的，妻子淫乱他也管不了。还有个叫慎溃氏的，生活奢侈不守法。鲁国一些卖牲口的，美饰作假哄抬物价。到了孔子当政时期，对市场民风严加整顿，从此，沈犹氏不敢早上给羊灌水，公慎氏休其妻，慎溃氏越境迁徙他国。经过三个月，则贩卖牛马的不敢哄抬物价，卖猪羊的不敢美饰作假，男女走路各走一边，道路上丢了东西没人拾为己有，男的崇尚忠信，女的崇尚贞洁顺从。四方来客到了鲁国城邑，不求主管商旅官员的帮助，都像回到自己的家一样。

学生樊迟问什么是仁。孔子回答说："居处恭，执事敬，与人忠。虽之夷狄，不可弃也。"（《论语·子路》）居家恭顺，办事认真敬慎，待人忠诚厚道。具备了这样的仁德，即使到了边远少数民族之地，人家也不会背弃你。

《论语·乡党》记载："君命召，不俟驾行矣。"国君有命召唤，孔子不等驾好车就急匆匆步行而往。这是孔子敬业精神的生动写照。

三、精益求精的敬业追求

勤业是对职业的态度，但仅有勤业而无"精业"的本领，也干不好工作。所以要潜心锤炼自身本领，为敬业打下坚实的基础。《论语·里仁》中讲到，子曰："不患无位，患所以立。不患莫己知，求为可知也。"意思是不用担忧没有职位，只担忧没有任职的本领；不怕没有人知道自己，而是要努力追求让别人知道自己的本领。而获得这种本领的途径就是专注务实，正如《论语·子张》子夏所言："百工居肆以成其事，君子学以致其道。"

孔子不仅"学而不厌"，而且转益多师，虚心求教。他说："三人行，必有我师焉。择其善者而从之，其不善者而改之。"（《论语·述而》）他向乐官师襄学习弹琴，向大夫苌弘学乐，向郯子学习天文历法以及各种学术，向老子学习历史典籍知识及礼制，与南宫敬叔到周都洛阳考察周朝文物典制，最终成就了他令人景仰的渊博学识。

《孔子家语·辩乐解》记载了孔子向师襄学琴的故事：孔子向师襄子学习弹琴。一天，师襄子认为孔子已经学会弹一首曲子了，可以改弹新的曲子了。但孔子说我还没有领悟到这首曲子的思想内涵。又过了一段时间，师襄子认为孔子已经领悟到这首曲子的思想内涵了，可以改弹其他新曲子了。孔子回答说，我还没有想象出作曲之人的形象。又过了一段时间，孔子默然深思，幡然领悟，说知道作曲之人是一个什么样的人了，他皮色黝黑，身材颀长，志在四方，不是周文王，谁能作出如此境界的乐曲呢？师襄子听后，大赞孔子："您真是圣人啊，这首曲子正是《文王操》。"孔子这种精益求精的敬业精神，值得效法和弘扬。

第三节　班、墨的工匠精神

《考工记》曰："知者创物，巧者述之守之，世谓之工。百工之事，皆圣人之作也。"中国自古就有推崇工匠精神的传统，而齐鲁先贤鲁班和墨子，更是体现中华工匠精神的突出代表。在社会主义建设的今天，学习鲁班和墨子的工匠精神，有助于提升匠人品质。鼓励培育精益求精的创新型人才，是推动就业创业欣欣向荣的关键。

鲁班（公元前507年—前444年），姬姓，公输氏，名般，春秋时期鲁国人（今山东滕州人），当地"般""班"同音，因此世称"鲁班"。著名工匠家，被后世尊为中国工匠师祖，有着"巧圣先师""建筑鼻祖""百工圣祖"等众多尊称。在当代，鲁班已经成为能工巧匠和工匠精神的一个共名化象征，鲁班文化是以鲁班为代表的工匠群体所共同体现出的敬业精神。主要体现在以下两个方面：

一是刻苦学习的精神。

在关于鲁班的众多传说中，其中有一个是鲁班学艺的故事。鲁班年轻的时候到钟南山学艺，他先是磨了七天七夜的工具，又砍了十二个日夜的五百年老树，又花了十二个日夜把一根大柁刨得又圆又光，接着足足凿了十二个日夜，把大柁两千四百个眼儿都凿好了。正是鲁班这种虔诚学习和吃苦耐劳的态度打动了老师傅，才将全部手艺都传授给他。鲁班的三年苦学使他扎实地掌握了木匠的基本手艺，为他磨砺精湛技艺并进行发明创造奠定了基础。

二是精湛巧妙的技艺。

很多地方在建房上梁的时候都会先拜鲁班，并念鲁班上梁口诀和祝词，这是因为鲁班是上梁的"能工"。古代房屋上梁非常讲究，难度也很大。鲁班不但具有精湛的技艺，而且严格遵守行业规范，因此，大家都争先恐后地请鲁班上梁。鲁班非常注意细节，每次上梁前都在心里反复计算，保证梁与梁之间拼得严严实实，不留一点缝隙。鲁班也因其高超的技艺被后人誉为"巧圣"。鲁班之"巧"体现在两个方面：一是"巧思"。《墨子·鲁问》中记载："公输子削竹木以为鹊，成而飞之，三日不下。"相传鲁班是通过观察空中飞鸟的形态结构，仿照鸟的飞行原理发明了风筝。又传说有一天鲁班被两边长着锯齿的野草划破了手，他灵机一动发明了“锯”。二是“巧做”。鲁班不仅发明了刨子、曲尺、墨斗等工匠常用工具，还发明了石磨、雨伞等生活用具，也发明了云梯等军事器械。《长短经》中记载：“公输子能因人主之材木，以构宫室台榭。”《慎子》中记载：“公输子，巧用材也，不能以檀为瑟。”都体现了鲁班对木材的因材制宜。

墨翟（前476或480—前390或420年），鲁国滕州人，他不仅是中国伟大的“思想家”“教育家”“军事家”，同时也是中国乃至世界最早的“科学家”之一，在宇宙学、物理学和机械制造中均有前驱性的发明，因此被尊称为“科圣”。墨子出身工匠，一生秉承务实求精、勇于创新的理念，在科技方面取得巨大成就。

一是务实求精。

《墨子·法仪》中谈道：“百工为方以矩，为圆以规，直以绳，正以县。无巧工不巧工，皆以此五者为法。”（《墨子间诂》孙诒让案：“以《考工记》校之，疑上文或当有‘平以水’三字。”）意思是，作为工匠，做工要有法度，用矩划成方形，用圆规划圆形，用绳墨打成直线，用水平器定好何为平面，用悬锤定好偏正，不论是巧匠还是一般工匠，都要以这五者为法则。俗话说，不以规矩不能成方圆。这是主张，作为工匠，要想做出好活计，必须遵循一定的法则。

墨子在遵循法则的基础上，追求实用和精巧。《韩非子·外储说左上》载：“墨子为木鸢，三年而成，蜚一日而败。弟子曰：‘先生之巧，至能使木鸢飞。’墨子曰：‘不如为车輗者巧也。用咫尺之木，不费一朝之事，而引三十石之任，致远力多，久于岁数。’”可见，墨子讲究实用，把精力用在舟、车制造上。他利用杠杆原理，制造简易机械，省力节时，提高劳作功效。他制作出一种由辘轳、轮轴控制的威力巨大的连弩车，利用机械力量替代人来拉弓放箭。并运用杠杆原理制作了投掷车和转射机，在战争中用来远距离投掷武器。他制作的木鸟、活塞风箱和守城器械等俱是精巧，其高超技艺，堪与鲁班媲美。

二是勇于发明创新。

墨子在科学技术方面大胆探索，勇于创新。他的研究领域宽广，涉及数学领域里的几何学和算学，物理学领域的声学、力学和几何光学以及机械制造等。

在数学领域，墨子创设了一系列算学和几何学概念的命题和定义；在声学方面，墨子对声音共振现象展开研究，发现井或罂具备放大声音的作用，并加以利用，将之作为监听敌人动向、预防攻城的工具；在力学方面，墨子给出了一些重要的定理和概念，还对杠杆原理作了精辟表述，比阿基米德要早200年；在光学方面，成就最为突出，他通过对小孔成像的实验，对平面镜、凹面镜、凸面镜成像的研究，得出的几何光学的一系列基本原理，被认为是世界上第一位对几何光学进行系统研究的人。英国近代著名科学技术史专家李约瑟在其所著《中国的科学与文明》一书中指出："墨家思想所遵循的路线如果继续发展下去，可能已经产生欧几里得几何体系了。"

墨子所取得的巨大成就，彰显了一个工匠的勤勉敬业精神。正如孟子所说："墨子兼爱，摩顶放踵利天下为之。"(《孟子·尽心上》)意思是，只要对天下人有利，就是把自己从头到脚磨成粉末都在所不辞。这就是一个工匠所具有的一心为民、舍身为人的奉献精神。

第四节　敬业精神的当代意义

敬业乐业是中华民族的传统美德，正是这种精神的代代相传，才创造了中国五千多年辉煌灿烂的华夏文明。发展到今天，敬业乐业仍是现代职业道德对从业人员的基本要求，是职业伦理的重要范畴。在市场经济的冲击下，在思想多元化背景下，极端个人主义和享乐主义之风盛行，严重影响了社会进步，我们更应该从齐鲁文化的敬业思想中汲取营养，使之与中国特色社会主义建设相适应，为当代社会主义职业道德建设提供更多的文化和精神支持。

一、坚定理想，自强不息

理想是我们强大的精神支柱，只有坚定"大道之行也，天下为公"(《礼记·礼运》)、"摩顶放踵利天下，为之"(《孟子·尽心上》)的为天下民众服务的理想和信念，才能在物质吸引、懒散惰性等诱惑下，恪守职责，爱岗敬业。只有当大多数公民都将敬业乐业当成自己的价值追求时，社会才能发展，国家才能富强。正如党的好干部焦裕禄、孔繁森、李素丽、杨善洲等人，他们都是爱岗敬业精神的当代传承者，是我们学习的时代典范。所以，我们要将齐鲁先贤的敬业精神运用到现代职业道德建设中来，人人有信仰，国家有力量。

爱岗敬业同样要求我们要有进取精神，汲取齐鲁先贤的自强不息精神。要具备这种精神，首先应保持不断学习的状态，"敏而好学""学而不厌"，更新自己的知识储备和技能，与时俱进，日新其德。同时也要具有吃苦耐劳的品质，经受住磨炼，懂得“故天将降大任于是人也，必先苦其心志，劳其筋骨，饿其体肤，空乏其身，行拂乱其所为，所以动心忍性，曾益其所不能”的道理；要有顽强执着精神和抗挫折抗打压能力，像郑板桥《竹石》所描述的那样：“咬定青山不放松，立根原在破岩中。千磨万击还坚劲，任尔东西南北风。”要谨记周恩来总理《在中华全国青年第一次代表大会上的报告》中所说的话：“青年人没有不栽几个筋斗的，没有不碰几个钉子的。碰了钉子后，不要气馁。我们在革命斗争中不知流过多少血，遭受过多少挫折，有多少人倒下去了。在最困难的时候，不要丧气，正如毛主席说的，从地下爬起来，擦干净身上的血迹，掩埋好同伴的尸体，继续前进。要有这样的志气，要有这样的勇气。”

自强不息、敬业乐业同样要求从业者要有超越自我的创新精神。习近平总书记强调：“把创新摆在国家发展全局的核心位置，不断推进理论创新、制度创新、科技创新、文化创新等各方面创新，让创新贯穿党和国家一切工作，让创新在全社会蔚然成风。”（习近平2015年10月29日《在党的十八届五中全会第二次全体会议上的讲话》）有创新才有进步。我们要学习鲁班和墨子不断创新实践的精神，勇于探索，锐意进取。

二、精益求精、兢兢业业

中共十九大报告明确提出：“建设知识型、技能型、创新型劳动者大军，弘扬劳模精神和工匠精神，营造劳动光荣的社会风尚和精益求精的敬业风气。”中国古代“工匠精神”的核心就是“班墨精神”。我们应该向齐鲁大地中的鲁班和墨子等工匠大师学习，对工作精益求精、兢兢业业。《荀子·议兵》说：“凡百事之成也，必在敬之；其败也，必在慢之。”各种事业的成功，在于恭敬谨慎的对待，它的失败则在于疏忽怠慢。因此，有没有敬业奉献精神直接关系到事业的成败。对从业者个体来说，要发扬“班墨精神”，对工作要做到耐心专注，精益求精、崇尚极致、追求完美。从国家层面来说，提倡“工匠精神”，有助于我国实现产业转型升级，追求卓越品质，打造中国品牌。

2016年3月29日，国务院总理李克强在北京召开的第二届中国质量奖颁奖大会上强调：“各行各业要向获奖组织和个人学习，弘扬工匠精神，勇攀质量高峰，打造更多消费者满意的知名品牌，让追求卓越、崇尚质量成为全社会、全民族的价值导向和时代精神，为促进经济‘双中高’、全面建成小康社会作出更大贡献。”

第十七章　齐鲁文化中的自强不息精神

“自强不息”一语，出自《周易·乾卦·象辞》：“天行健，君子以自强不息。”意思是天道运行刚健，无休无止，人类应效法天德，刚健不息，积极有为。此语常与《坤卦·象辞》中的“地势坤，君子以厚德载物”联用，“自强不息，厚德载物”要求人们应像天一样，刚毅坚卓，发愤图强，永不停息；应像大地一样，气势和顺，德泽深厚，承载万物。这两句精辟之言，高度概括了人类积极进取、奋斗不止的精神追求，激励世世代代有志之士刚健有为、勇于担当。自强不息精神是中华民族血脉相传的精神，是中华民族精神的核心。从姜太公到孔子，一个个齐鲁文化人物的事迹生动地演绎了自强不息的精神。

第一节　姜尚的自强不息精神

姜尚的先祖曾做过尧舜时期的要职——四岳官，因帮助大禹治水有功，受封于吕、申之地，便以封地为氏，所以姜太公又名吕尚。而到姜尚出生时，已经家道中落，显贵尽失，沦为庶民阶层。为了躲避商纣王的暴政，来到东海之滨居住，成为“东海布衣”。《史记·齐太公世家》中写道：“吕尚盖尝穷困。”《韩诗外传》中甚至记载：“太公望少为人婿，老而见去。屠牛朝歌，赁于棘津，钓于磻溪。”如果记载为实，姜太公就是历史上记载过的中国第一位赘婿，年老后还被逐出妇家，屠牛、钓鱼都是当时的贱业。由此可知，姜尚过了相当长时间的困顿、坎坷生活，还很有可能饱受屈辱。但可贵的是，姜太公并没有一生受困于苦难，接受自己的困窘现状，而是一直在关心时局，利用屠牛、卖炊之便，搜集到了大量的军事情报，熟悉了政治格局与地理形势，从而为之后的出山做了充分的准备。正是因为姜太公自强不息，审时度势，终于抓住机遇，完成了从东海布衣到齐国始祖的传奇一生。李白《梁甫吟》曰：“君不见朝歌屠叟辞棘津，八十西来钓渭滨。宁羞白发照清水，逢时吐气思经纶。”

纵观姜太公一生，是以他渭滨垂钓遇到时为西伯侯的周文王为界分为两种截然不同的人生的。在此之前的姜太公境遇坎坷，潦倒穷困。但他一直保持了自强不息、百折不挠的精神。在七十多岁遇到周文王后，被拜为军师，其才华谋略得到充分发挥，建立了千秋伟业，成为流传千秋的一代谋臣。《史记·齐太公世家》中记载了姜太公与周文王的这次著名的相遇：

> 吕尚盖尝穷困，年老矣，以渔钓奸（通“干”，干谒，进见）周西伯。西伯将出猎，卜之，曰：“所获非龙非彨（chī，螭），非虎非罴，所获霸王之辅。”于是周西伯猎，果遇太公于渭之阳，与语大说，曰：“自吾先君太公曰‘当有圣人适周，周以兴。’子真是邪？吾太公望子久矣。”故号之曰“太公望”，载与俱归，立为师。

关于姜太公钓鱼之事，汉刘向《说苑》记曰：“吕望年七十钓于渭渚，三日三夜鱼无食者，望即忿，脱其衣冠。上有农人者，古之异人，谓望曰：‘子姑复钓，必细其纶，芳其饵，徐徐而投，无令鱼骇。’望如其言，初下得鲋，次得鲤。刺鱼腹得书，书文曰：‘吕望封于齐。’望知其异。”“鱼腹得书”虽说离奇，但一个老人能在渭水坚持垂钓三天三夜，足见其执着精神。

姜太公辅佐周文王、周武王灭商而统一天下，成为周王朝的开国功臣，以首功受封到齐国营丘。而最能体现太公自强不息精神的，正是齐国初建之时艰苦卓绝的创业过程。《史记·齐太公世家》载：

> 于是武王已平商而王天下，封师尚父于齐营丘。东就国，道宿行迟。逆旅之人曰：“吾闻时难得而易失。客寝甚安，殆非就国者也。”太公闻之，夜衣而行，犁（黎）明至国。莱侯来伐，与之争营丘。营丘边莱。莱人，夷也，会纣之乱而周初定，未能集远方，是以与太公争国。

当时的营丘这个地方，东靠纪国，南临逢国，北近蒲姑，这些地方邦国在东夷的势力强大而坚固。齐地本来是东夷族的居住地，东夷族以好战、善射出名。而当时的东夷并未完全归顺周王朝。所以分封姜尚到齐地，周公也有政治军事的考虑，希望姜尚能够稳定东部边境，藩屏周室，开疆拓土。姜太公刚到营丘不久，就遇到了纪国（莱人）的武力进攻。姜太公多次出征，方击退莱人，站稳了地盘，定都建齐，稳定了周王朝的东部边境。接下来，姜太公又面临着当时的齐国自然条件恶劣，粮食稀缺，人口稀少，少教化等问题。如何稳固刚建立的齐国政权，《史记·齐太公世家》作了这样的记述："太公至国修政，因其俗，简其礼，通商工之业，便鱼盐之利，而人民多归齐，齐为大国。"《史记》记事简略，从"太公至国"到"齐为大国"，仅此寥寥数语。《汉书·地理志》载："太公以齐地负海舄卤，少五谷而人民寡。乃劝以女工之业，通鱼盐之利，而人物辐凑。"汉桓宽《盐铁论·轻重》载："昔太公封于营丘，辟草莱而居焉，地薄人少。于是通利末之道，极女工之巧。是以邻国交于齐，财畜货殖，世为强国。"从这些记述中，我们可以感受到齐国建国初期的贫穷和艰难，可以了解到太公为改变土地贫瘠、人民寡少而采取的各种措施。如果不经过长久的艰苦卓绝的奋斗，是不可能取得"财畜货殖""人物辐凑""人民多归齐，齐为大国"的巨大成就的。将一片偏僻动荡的土地建为名副其实的泱泱大国，是姜太公自强不息奋斗出来的又一奇迹。

第二节　齐桓公的自强不息精神

齐国经姜尚建国，并建设为经济强国，为齐国争霸奠定了先天有利条件。政权传到齐庄公、齐僖公时，已经有意建立霸业。齐国与鲁、郑、宋、卫结盟，而齐国为盟主，并征伐许国、纪国，显示了大国威力。齐僖公去世后，长子公子诸儿即位，这就是齐襄公。齐襄公借齐庄公和齐僖公的余威，企图称霸天下。但齐襄公为政残暴、荒淫无度，又缺乏韬略，只知道一味地对外大加征伐，穷兵黩武，不仅引起了众诸侯国的不满，齐国百姓也是深受其害，怨声载道。再加上齐襄公与同父异母的妹妹文姜乱伦之事败露，齐襄公设计害死了来齐国出使的文姜的夫君鲁桓公，而导致齐鲁两国交恶。齐襄公的暴虐成性、荒淫无道终于给自己招来了杀身之祸。齐国发生宫廷政变，杀死了齐襄公，立公孙无知为国君。而公孙无知仅仅在继位两年后，就在游猎时被杀害。这两起弑君事件使得齐国大乱，一时无君。而最有资格继承君位的就是齐僖公的二儿子公子纠和三儿子公子小白。公子纠和公子小白早在齐襄公继位不久，为避免灾祸及身，已经分别由各自的师傅管仲和鲍叔牙陪同，去往他国避难。开始了艰难的流亡之旅。

公孙无知被杀后，公子纠和公子小白都赶回齐国，两者的夺君之战在回齐国的路上就已经开始了。公子小白在路上被管仲放了暗箭，但箭中带钩，小白顺势扑倒在地。公子小白的佯死骗过了管仲，公子纠放松了警惕，慢下了行程，所以公子小白抄近道率先进入了齐国，被立为国君，这就是齐桓公。

齐桓公继位后，亟须广罗人才，恢复齐国国力。他在鲍叔牙的劝谏下，不计一箭之仇，将管仲从鲁国要回，亲自到郊外迎接，并与管仲乘车而归，后拜管仲为相，总理国政。齐国此时因齐襄公的暴政和荒淫，再加上两次宫廷政变，国力已经大不如前，可谓百废待兴。齐桓公与管仲这一对圣君贤相广泛招揽贤良之士，人尽其用。接下来对齐国的政治体制进行大刀阔斧地改革，建立官僚行政管理系统，加强君权；减轻赋税，“定民之居”“成民之事”，使民众安居乐业；进行经济改革，提高农业和商业收入；推行军事改革，壮大军事力量。《史记·齐太公世家》载：

> 桓公既得管仲，与鲍叔、隰朋、高傒修齐国政，连五家之兵，设轻重鱼盐之利，以赡贫穷，禄贤能，齐人皆说。

经过一番励精图治，奋力开拓，富国强兵，“九合诸侯，一匡天下”，逐步确立了霸主地位。齐桓公与管仲受命于危难之时，将政权动荡、国将不国、内忧外患的齐国建设成为政治稳定、国力强盛的大国。

第三节　孔子的自强不息精神

鲍鹏山在《孔子归来》前言中写道：“在人类历史上，有一个人，一生坚持理想，虽四处碰壁，却决不放弃。经过艰苦卓绝的人生历程，他最终使自己从一个普通人，变成圣人，变成万世师表……这个人，就是孔子。”纵观孔子一生，为了施展自己的政治主张，在礼崩乐坏的时代四处奔波，历经坎坷，颠沛流离，却矢志不渝，知其不可而为之，真正地体现了“天行健，君子以自强不息”的刚健精神。

孔子先祖原为殷商贵族，后为躲避祸乱，逃奔鲁国，身份降为士，家道中落。而孔子的父亲叔梁纥在孔子三岁时就死去了，此时孔子的母亲颜徵在年仅20岁左右。孤儿寡母就搬到了曲阜一条叫阙里的小巷，日子的艰苦可想而知。孔子后来说：“吾少也贱，故多能鄙事。”（《论语·子罕》）意思是我年少时贫贱，所以学会了很多卑贱的技艺。从这句话中我们知道少年孔子学了很多谋生的技艺来补贴家用，维持艰难的生活。17岁时，孔子在埋葬了凄凉守寡、劳累而死的母亲后，又遇到了一件对他打击非常大的事。当时鲁国的上卿季氏发了一个通告，邀请鲁国的士族子弟前赴宴会，这对士族子弟来说是一个展示自我，取得政治前途的绝佳机会。孔子前去赴宴，却被季氏的家臣阳货拦在了门外，阳货以侮慢的口气说："季家宴请的是士族子弟，你没有资格进来。"在封建氏族社会，士已经是贵族阶层的最低等级了，孔子连士的身份都不被人认可，就意味着几乎丧失了进入上层社会的机会。这对正踌躇满志的孔子的打击可想而知。谋生的需要，孔子给季平子家做委吏（仓库保管员），继而又做乘田（管理牧场）。他当委吏期间，把账算得清清楚楚；当乘田期间，牧场的牛羊茁壮成长。

孔子从很小就对学习表现出了超出年龄的兴趣。《史记·孔子世家》记载："孔子为儿嬉戏，常陈俎豆，设礼容。"而面对少时的各种打击和困难，孔子一直没有放弃自己的志向，反而更加发愤好学。他曾说："吾十有五而志于学。"（《论语·为政》）在十五岁立下要好好学习各种知识和本领的志向。在沉重的生活压力下，一边谋生，一边刻苦学习，"敏而好学，不耻下问"，逐渐成了博学多能的人。达巷党人感慨说："大哉孔子！博学而无所成名。"（《论语·子罕》）孔子自己也曾说："十室之邑，必有忠信如丘者焉，不如丘之好学也。"（《论语·公冶长》）好学是孔子由一个孤苦少年蜕变成为"万圣之师"的关键，也是孔子自强不息精神的体现。

"三十而立"之时，孔子创办了私学。由于他博学的名气越来越大，很多人送自己的孩子来给他当学生。他打破贵族对文化教育的垄断，主张"有教无类"，招收学生不分出身贵贱，广开生源。教学态度上"学而不厌，诲人不倦"；教学方法上"因材施教""适时施教"，注重启发式教学。一所私学，能发展到弟子累计三千的规模，其办学过程中的艰辛，唯孔子自知。

为改变礼崩乐坏的政局，孔子决定从政。鲁定公九年，51岁的孔子当上了中都宰。他注重治理社会风气，路不拾遗，卓有政绩，四方效之。第二年升任为司空，不久升任大司寇。勤于政事，国君有命，常常不等车马备好，就自个跑步前往。主张君使臣以礼，臣事君以忠。处理案件，教化为主，给犯人改过机会。严肃法纪，摄相七天而杀鲁国乱政大夫少正卯。夹谷会盟显示出非凡外交才能：齐晋对峙，齐控制邻国，使鲁服从，在夹谷（今莱芜）盟会。会盟之时，他力保鲁君，挫败齐君，收复被齐国侵占的领土，获胜而归。为防止陪臣执国命，削弱权臣三桓武装势力，他提出堕三都的建议，即毁掉三邑的城堡。鲁国得治，齐国惧，欲败其政，乃选美女80人，好马30驷馈赠鲁君。季桓子受之，君臣怠于政事，沉溺于声色宴乐之中，多日不理朝政。孔子失望，含愤离开鲁国，开始了周游列国之旅。

当时世道混乱，孔子为了救世，到处寻觅明君，寻找施展政治抱负的机会。先到卫国，因得不到卫国国君灵公的信任，在卫十个月，改游陈国。路经匡邑（今河南长垣县）时，当地人误认为是阳虎（阳虎曾侵扰此地），被围困多日。被匡人放走后，又被蒲人拦截，不得已又回到卫国帝丘。灵公改变了态度，夫人南子也欣赏他，接见他。但未给官职，只不过是个顾问、陪衬而已。鲁哀公二年，灵公去世，局势紧张（将有战事），孔子决定离开卫国。想去晋国，听说晋国杀掉两个贤臣，未去。改游陈国，路经曹国，又到宋国，求见国君宋景公，景公对他较冷淡。宋司马桓魋飞扬跋扈，欲害孔子。孔子师徒化装秘密逃走，桓魋派人拦截，未获。行300里，到郑都新郑（今河南新郑市）城门，孔子在城门等候失散的弟子。子贡寻找老师，一位当地人告诉他，城门前有一个瘦高个老头，长相奇特，疲惫不堪，“累累若丧家之犬”。足见其狼狈困顿。于鲁哀公三年（陈闵公十年）五月到陈国。陈国面临吴国入侵的危险，63岁的孔子决定到楚国去。由陈入楚，路经蔡国，绝粮七天，差点饿死，而孔子仍弦歌不断。《论语·卫灵公》记载：

> 在陈绝粮，从者病，莫能兴。子路愠见曰：“君子亦有穷乎？”子曰：“君子固穷，小人穷斯滥矣。”

孔子在陈国断绝了粮食，跟从的人都饿病了，爬不起来。子路很生气地来见孔子说：“君子也有穷困的时候吧？”孔子说：“君子能固守得住穷困，而小人遇到穷困就会滥漫无节，胡作非为。”

一些隐士认为他改变不了混乱的世道，他的努力是徒劳的，劝他不要如此固执，不如隐居。《论语·微子》篇记载：

> 长沮、桀溺耦而耕，孔子过之，使子路问津焉。长沮曰：“夫执舆者为谁？”子路曰：“为孔丘。”曰：“是鲁孔丘与？”曰：“是也。”曰：“是知津矣。”问于桀溺。桀溺曰：“子为谁？”曰：“为仲由。”曰：“是鲁孔丘之徒与？”对曰：“然。”曰：“滔滔者天下皆是也，而谁以易之？且而与其从辟（避）人之士也，岂若从辟世之士哉！”耰而不辍。子路行以告。夫子怃然，曰：“鸟兽不可与同群，

> 吾非斯人之徒与而谁与？天下有道，丘不与易也。”

隐士桀溺认为：浊水滔滔弥漫天下，这世道到处都是一样混乱，你孔子师徒怎能改变这混乱现状呢？你们与其做游士，哪如像我们这样做隐士！孔子听到子路的转述，说道：“鸟兽不可跟他们同群，我不跟这天下人同道而跟谁呢？天下如果有道的话，我孔丘就不用跟世人一起做改易的事了。”因为天下无道，孔子一生栖栖惶惶，周游天下，积极救世，不赞成长沮、桀溺隐居山林。明知世道难以改变，仍旧执着坚守。倘若人人都去做隐士，那么谁来救世？天下兴亡，匹夫有责。

> 子路从而后，遇丈人以杖荷蓧。子路问曰：“子见夫子乎？”丈人曰：“四体不勤，五谷不分，孰为夫子？”植其杖而芸。（同上）

子路跟从孔子周游，有一次落在后面，遇到一位老人用拐杖担着蓧。子路问道：“您见到我的老师了吗？”老人说：“四体不勤劳，五谷不分辨，谁是你的老师？”说罢，插下手杖就锄草去了。《论语·宪问》篇记载：

> 子路宿于石门。晨门曰：“奚自？”子路曰：“自孔氏。”曰：“是知其不可而为之者与？”

子路在石门过夜。守门人说：“从哪里来？”子路说：“从孔氏那里来的。”守门人说：“是那个明知不可能还坚持要做的人吗？”

孔子周游列国，颠沛流离，历尽艰险，陈蔡绝粮，匡地被围，桓魋欲害，被人骂作“四体不勤，五谷不分”，比作“丧家狗”，仍为改变滔滔乱世而一往无前。凭着伟大志向的支撑，凭着坚韧不拔的犟劲，他坚持为救世奔走长达十四年之久。哀公十一年冬天，六十八岁的孔子结束了羁旅生涯，回到鲁国。回鲁后，他受到君臣上下及在鲁弟子们的热情欢迎，被尊为国老。遗憾的是，妻子亓官氏已去世。晚年，他一面致力于教育，一面整理六经，韦编三绝。《史记·报任安书》中说：“仲尼厄而作《春秋》。”直至七十三岁去世为止。

伟人的一生，是积极救世的一生，是自强不息的一生。他的治世思想，虽在当时未被统治者重视，但到后世，却逐渐被统治者所接受，汉代受到独尊，此后历朝历代奉为治世圭臬。直到今天，孔子的思想仍是中华传统文化中的主体。

第四节　中国古人自强不息的励志故事

自强不息是一种精神信仰，这种信仰浸染和熏陶着中国人的精神世界。有诗云："孙敬头悬梁，苏秦锥刺股，车胤囊萤学，孙康映雪读。诸人家虽贫，有志自勤苦，终一酬壮志，功名传千古。"中国历史上，在这种精神的影响下，出现了数不胜数的自强不息典范。

一、孙敬：悬梁苦读

《三字经》中有"头悬梁，锥刺股，彼不教，自勤苦"之句，以激励人勤奋读书，自强不息。其中"头悬梁"的故事主人公是西汉人孙敬。孙敬少时好学，嗜书如命，而家中贫困的他，为不辜负母亲含辛茹苦也要供自己读书的良苦用心，他发奋苦读，晨夕不止，昼夜不停，邻里们都称他为"闭户先生"。

孙敬为了通宵达旦地读书而不打瞌睡，想出了一个办法：他把自己的头发用绳子绑上，吊在房梁上。这样，每当困意袭来，头往下磕的时候，绳子就会猛拽头发，头皮一疼，孙敬就惊醒了，接着读书。功夫不负苦心人，孙敬因饱读诗书，博学多才，成为一名颇有名气的大儒，闻名而来拜师求学的弟子众多。

二、苏秦：刺骨发奋

而锥刺股的故事则是指战国时期著名的谋略家苏秦。据记载，他年轻时游说秦王而不得重用，落魄潦倒，尝尽世态炎凉的滋味。遂暗下决心，发奋读书。"乃夜发书，陈箧数十，得《太公阴符》之谋，伏而诵之，简练以为揣摩。读书欲睡，引锥自刺其股，血流至足。"(《战国策·秦策一》)每当读到困倦欲睡时，就拿起铁锥来猛刺大腿，鲜血竟流至足部。终于掌握纵横之术，兼佩六国相印，实现毕生志向。

三、匡衡：凿壁偷光

《西京杂记》记载：

> 匡衡勤学而无烛，邻居有烛而不逮，衡乃穿壁引其光，发书映光而读之。邑人大姓文不识，家富多书，衡乃与其佣作而不求偿。

> 主人怪问衡，衡曰："愿得主人书遍读之。"主人感叹，资给以书，遂成大学。

匡衡是西汉时期东海郡承县（今山东省枣庄市）人。自幼好学，但家境贫困。白天需要干活维持生计，只有晚上才能腾出时间来读书。但是家里没有钱用来买蜡烛。他邻居家一到晚上就点起蜡烛，把屋里照得通亮。匡衡蹲到邻居家墙外去看书，可是光源太远，无法看清。于是他灵机一动，把比邻的墙壁上凿了一个洞，让光线透过来，借着微弱烛光，如饥似渴、争分夺秒地读书。他听说附近有户富贵人家，家里有丰富的藏书，就跑去他家做活，不要任何报酬，而只求主人能让他阅读这些藏书。主人深为匡衡的好学精神打动，答应了匡衡这个要求。从此，匡衡得以在这户人家边干活，边看书，最后把他家所有的藏书都看完了。在持之以恒的苦读下，匡衡成为一位知识渊博的大学者。

四、越王勾践：卧薪尝胆

《史记·越王勾践世家》记述了春秋时代越王勾践报仇雪耻的故事。越国一度被吴国打败，几乎亡国。但勾践不忘国耻。司马迁写道：

> 越王勾践反国，乃苦身焦思，置胆于坐，坐卧即仰胆，饮食亦尝胆也。曰："女忘会稽之耻邪？"身自耕作，夫人自织，食不加肉，衣不重采，折节下贤人，厚遇宾客，振贫吊死，与百姓同其劳。

春秋末年，吴越争霸，吴王夫差即位后，大举进攻越国。越王勾践大败，带着剩余的五千士兵退居会稽之地。在求和失败之后，他发愤图强以求复国。为了不忘前耻，每次坐卧和吃饭前都要尝一下苦胆。并亲自下地劳作，与老百姓同甘共苦，睡在柴草上，衣物穿夫人自织的，饭里没有肉。并厚待贤士，拯救贫穷。经过十年的准备，越王勾践反击吴国大举成功，一雪前耻。

第五节　自强不息共筑中国梦

国学大师张岱年在《学术自传》中写道："中华民族的民族精神的核心内容是'自强不息'、'厚德载物'"。通观中国的社会发展史，我们可以看到中华民族对外反抗侵略，对内反抗暴政，谋求发展，革故鼎新，正是坚守自强不息的民族精神，才历经苦难而屹立不倒。仅从中国近现代史来看，如果没有共产党人艰苦卓绝、自强不息的奋斗征程，如万里长征，也就不可能推翻“三座大山”，结束长达百年被欺辱的历史，建立人民当家做主的中华人民共和国；如果没有农民发奋自强的拼搏意志，也就不可能坚守十年，在太行山岩石上凿出三百余公里的红旗渠（含总干渠和分干渠），以及全国各地修建的八万座水库；如果没有工人奋发向上的实干精神，也就不可能出现大庆油田、青藏公路、港珠澳大桥、八万里高铁（全国高铁总里程约八万里）；如果没有科技人员百折不挠的探索精神，也就不可能出现“两弹一星”、东风-5B洲际导弹、载人飞船、航空母舰、“天眼”和5G，实现中国的科技自立自强。就个人而言也是如此。共产党的好干部焦裕禄，就是靠着执着追求和自强不息精神，拖着患有慢性肝病的身体，跑遍了兰考县一百二十多个大队，带领全县人民封沙、治水，改造土地；同样，孔繁森两度援藏，跑遍九十八个乡，行程八万多公里，带领阿里人民艰苦奋斗，发展经济，脱贫致富；共和国勋章获得者袁隆平，终生研究水稻，经受无数次失败和挫折，从不言败，为农业科学发展做出杰出贡献；七一勋章获得者张桂梅，扎根贫困山区四十年，受尽艰辛，创办女子中学，帮助一千八百多名学生走进大学；国家残联主席张海迪，身残志坚，以坚韧的毅力自学了英语、日语、德语以及世界语，攻读了大学本科和硕士研究生课程，所写著作连获“全国第三届奋发文明进步图书奖”“首届中国出版集团图书奖”“第八届中国青年优秀读物奖”“中宣部‘五个一’工程图书奖”，学会了针灸等医术，为群众无偿治疗达一万多人次。此类典型，举不胜举。这些时代楷模，代表了时代精神，引领着时代发展。

面对困难和挫折，不少人往往会畏惧退缩，妄自菲薄，要记住伟人马克思的教导：“妄自菲薄是一条毒蛇，它永远啮噬着我们的心灵，吮吸着其中滋润生命的血液，注入厌世和绝望的毒液。”（马克思《青年在选择职业时的考虑》《马克思恩格斯全集》第40卷）“生活就像海洋，只有意志坚强的人，才能到达彼岸。”（西格里斯特《马克思生活记述》）

毛泽东主席在革命年代提出“艰苦奋斗是我们的政治本色。”在社会主义建设的新时代，我们仍要保持这样的政治本色，提倡艰苦奋斗精神，弘扬自强不息精神。2022年5月10日，习近平总书记在庆祝中国共产主义青年团成立100周年大会上的讲话中指出：“中华民族是历史悠久、饱经沧桑的古老民族，更是自强不息、朝气蓬勃的青春民族。”而青春民族的建设离不开青春少年和青年的自强精神。习近平总书记在十二届全国人大一次会议上说："青少年要志存高远，增长知识，锤炼意志，让青春在时代进步中焕发出绚丽的光彩。"2014年五四青年节，习近平在北京大学鼓励青年学子："实现我们的发展目标，实现中国梦，必须增强道路自信、理论自信、制度自信，'千磨万击还坚劲，任尔东南西北风'。"

"中国梦"的内涵十分丰富，习近平作了这样的阐述："实现中华民族伟大复兴，就是中华民族近代以来最伟大的梦想。"（2012年11月29日，习近平在参观《复兴之路》展览时的讲话）"国泰民安是人民群众最基本、最普遍的愿望。实现中华民族伟大复兴的中国梦，保证人民安居乐业，国家安全是头等大事。"（2016年4月14日，习近平在首个全民国家安全教育日之际的讲话）"中国梦是中国人民追求幸福的梦，也同各国人民的美好梦想息息相通。"（2015年10月22日，习近平在伦敦金融城的演讲）"中国梦是追求和平的梦。中国梦需要和平，只有和平才能实现梦想。天下太平、共享大同是中华民族绵延数千年的理想。"（2014年3月27日，习近平在中法建交50周年纪念大会上的讲话）"中国梦"的基本内涵就是"国家富强、民族振兴、人民幸福、世界和平、天下大同"。当今时代的我们，尤其是青年，作为"中国梦"的实施者，应牢记伟人"艰苦奋斗"的教导，遵循习总书记"实现中华民族伟大复兴"的指示，发扬"自强不息""勇于担当"精神，踏踏实实地为实现"中国梦"而奉献自己的力量。

第十八章　齐鲁文化中的厚德载物精神

《周易·坤卦》象辞曰：“地势坤，君子以厚德载物。”

自古以来，“德”被视作具有价值本源性质的核心理念，是为人处世的基本行为规范。“厚德载物”源于《周易》这部凝聚中华先民智慧的著作，成为君子奉行之道。德厚才能载物，提醒人们修养仁德，增强担当意识和担当能力。

古人形容人的博厚美德时，直接联想到大地：“地势坤，君子以厚德载物。”《周易·说卦》曰：“坤也者，地也。”《坤卦》六二爻辞在描写大地时说：“直，方，大，不习无不利。”“直方大”是对大地的贴切描绘，只有具备了平直、方正、阔大之品质，方能承载世间万物。儒家“厚德载物”的伟大胸怀，正是从大地的品质中概括出来的。“厚德载物”也一直承载着我们中华民族的文化血脉。

自古至今，人们皆重德，认为有德才能担当大任，有德才能配位。孔子祖述尧舜，宪章文武，思念周公，褒扬管仲，就是因为他们都是大德之人，都是圣贤。

第一节　尧舜之德

《尚书·尧典》赞尧曰：

> 曰若稽古，帝尧曰放勋，钦明文思安安。允恭克让，光被四表，格于上下。克明俊德，以亲九族。九族既睦，平章百姓。百姓昭明，协和万邦，黎民于变时雍。

用现在的话说就是：考察古代，君主“尧”的名字叫放勋，他钦敬明察，深谋远虑，宽厚温和。他讲求诚信，恪尽职守，又能谦让。他的光辉照耀四方，达于天地。他能够发扬美好的道德，使家族和睦。家族和睦了，便以和睦之礼在百姓中彰明。百姓明白了和睦之礼，又以此礼和谐诸侯国间的关系，于是，全天下民众都变得友善和谐了。这是对尧帝品德的基本概括。

《尧典》记录了尧帝治理天下的功绩：顺应天时，命羲和制定历法，为民所用；适应地利，选择平原地带，让民众安稳生活；命鲧治理洪水，消除水灾。作风民主，遇事就征求四岳（四方部族首领）意见："咨！四岳，汤汤洪水方割，荡荡怀山襄陵，浩浩滔天。下民其咨，有能俾乂？""咨！四岳，朕在位七十载，汝能庸命巽朕位？"就连选拔继承人也征求下属意见。有人讨好他，推荐他的儿子丹朱。尧帝惊讶地说："吁！嚚讼，可乎？"意思是，丹朱"嚚（yín）讼"，凶顽，好争，不可用。后来，从民间选择了具有修身齐家之德的虞舜。尧最为人们称道的是他帝位不传子而传贤，禅位于舜，不以天子之位为私有，由此亦可见帝尧之德之高厚。

《尚书·尧典》记载了帝尧选舜为继位之人的经过：

> 帝曰："咨！四岳。朕在位七十载，汝能庸命，巽朕位？"岳曰："否德忝帝位。"曰："明明扬侧陋。"师锡帝曰："有鳏在下，曰虞舜。"帝曰："俞！予闻，如何？"岳曰："瞽子，父顽，母嚚，象傲，克谐以孝，烝烝乂，不格奸。"帝曰："我其试哉！女于时，观厥刑于二女。"厘降二女于妫汭，嫔于虞。帝曰："钦哉！"

这是说，尧帝选纳贤德之人，四方诸侯之长向尧帝推荐了舜，说舜是瞽叟的儿子，其父愚顽不通事理。舜的生母死后，瞽叟又给舜续娶了一个后母，后母凶顽奸诈。后母生下了象，象桀骜不驯。而舜处在如此复杂危险（传说家人多次想杀掉他）的家庭环境，却能与他们和谐相处，以自己的孝行美德来感化他们，家人也逐步改恶从善，家庭被治理得没有了奸邪行为。尧帝听了这些，说："让我考验考验他吧！"于是，要把两个女儿娥皇、女英嫁给他，从两个女儿那里考查他的德行。尧将两个女儿嫁给了虞舜。并嘱托舜说："恭谨地处理政务吧！"正是因为舜有大孝之德，有齐家之能，才被四岳推荐给尧帝。

《舜典》赞舜曰：

> 曰若稽古，帝舜曰重华，协于帝。浚哲文明，温恭允塞，玄德升闻，乃命以位。慎徽五典，五典克从，纳于百揆，百揆时叙。宾于四门，四门穆穆。纳于大麓，烈风雷雨弗迷。帝曰："格！汝舜。询事考言，乃言厎可绩，三载。汝陟帝位。"

意思是，考察古代，帝舜名叫重华，其圣明与帝尧相合。他智慧深邃，温和谦逊的美德充满天地之间；他潜心修德，美名传到朝堂，被尧任命继位。他诚慎地履行父义、母慈、兄友、弟恭、子孝五种伦理道德，五典能被人们遵从。他被赐职总理一切政务，各种政务都被处理得井井有条。让他在明堂门口迎接宾客，来朝的宾客都端恭肃敬。让他深入大山丛林，即使有暴风雷雨也不迷路。帝尧说：“来吧，舜，我考察你三年，询问过你的事迹和言论，认为你有致求功绩的能力，可以继升帝位了。”

尧帝对舜进行了多方面的培养和考验，最终肯定了他博厚的德行和非凡的治世能力，放心地把帝位禅让给了他。舜帝恭敬尽职，举“八恺”，荐“八元”，逐“四凶”，保荐禹治水，政绩显赫，成为一代明君。

第二节　文武之德

《史记·周本纪》记曰：

> 古公有长子曰太伯，次曰虞仲。太姜生少子季历，季历娶太任，皆贤妇人，生昌，有圣瑞。古公曰：“我世当有兴者，其在昌乎？”长子太伯、虞仲知古公欲立季历以传昌，乃二人亡如荆蛮，文身断发，以让季历。

这是说，文王母贤惠，生文王昌时有祥瑞之兆，爷爷古公亶父于是说：“能兴盛我世者，大概就是昌了。”太伯、虞仲看出父亲的心意，为了让弟弟季历继位，顺利传位于昌，就出走荆蛮，文身断发，过起了流浪生活。这里，体现了太伯、虞仲的让贤之德。

> 古公卒，季历立，是为公季。公季脩古公遗道，笃于行义，诸侯顺之。公季卒，子昌立，是为西伯。西伯曰文王，遵后稷、公刘之业，则古公、公季之法，笃仁，敬老，慈少。礼下贤者，日中不暇食以待士，士以此多归之。伯夷、叔齐在孤竹，闻西伯善养老，盍往归之。太颠、闳夭、散宜生、鬻子、辛甲大夫之徒皆往归之。（《史记·周本纪》）

古公亶父死后，季历继位，由于“脩古公遗道，笃于行义”，诸侯们都拥护顺从。可见，祖父、父亲的治国之道和德行，对姬昌都产生了潜移默化的影响。姬昌继立之后，遵继老祖宗后稷、公刘之业，遵效祖父、父亲之法，笃行仁义，敬老爱幼，礼敬贤士，常常顾不上吃饭，感动得天下贤士纷纷来归。伯夷、叔齐在孤竹国，听说文王善于养老敬老，一起归来。太颠、闳夭、散宜生、鬻子、辛甲大夫也都相继归来。

后来，崇侯虎向殷纣王谗言："西伯积善累德，诸侯皆向之，将不利于帝。"于是，帝纣就把西伯囚禁于羑里。闳夭等人积极营救，求有莘氏美女，骊戎之文马，有熊九驷，奇珍异物，贿赂纣王，救出文王。这足以说明，"德不孤必有邻""得道多助失道寡助"的道理。

《史记·周本纪》又记曰：

> 武王即位，太公望为师，周公旦为辅，召公、毕公之徒左右王，师脩文王绪业。

武王重用贤人，继续文王未竟之业。

> 闻纣昏乱暴虐滋甚，杀王子比干，囚箕子。太师疵、少师彊抱其乐器而奔周。于是武王遍告诸侯曰："殷有重罪，不可以不毕伐。"乃遵文王，遂率戎车三百乘，虎贲三千人，甲士四万五千人，以东伐纣。(《史记·周本纪》)

伐无道之君纣王时，"纣师皆倒兵以战，以开武王"。纣王自焚而死后，"武王持大白旗以麾诸侯，诸侯毕拜武王，武王乃揖诸侯，诸侯毕从。武王至商国，商国百姓咸待于郊。……商人皆再拜稽首，武王亦答拜。"这些描写，充分说明了武王"伐无道就有道"所受到的广泛拥护。揖诸侯、答拜商百姓，可见武王以礼待人、平易可亲的儒雅风范，与暴纣形成鲜明对照。

由于文王、武王为后世奠定了德政基础，以致周朝国运长久，长达近800年。

第三节 姜太公、周公之德

姜太公因辅助周武王灭商有功，被封为齐国开国之君，是齐文化的奠基人。他从小喜欢学道修礼，也喜欢画作战时的布局图。成人之后就进而精心的去研究推度情理之术，对于时事观察得很透彻，也善于分析形势并及时变通。他为了寻求贤良的君主到了西周，做了周文王的军师，辅佐周王朝讨伐商纣王，创建了齐国之大业，受到后世称颂。

《史记·齐太公世家》记载："或曰太公博闻，尝事纣，纣无道，去之。游说诸侯，无所遇，而卒归周西伯。""周西伯昌之脱羑里归，与吕尚阴谋修德以倾商政。"当时的西伯侯姬昌，累德积善，纳贤招良，所从甚众，把周室治理得日渐强盛。姜尚十分倾慕姬昌的治国之道，意欲投奔。由此可见，姜尚重德，脱离无道之君纣王，投靠有道之君姬昌。而且为倾商政、治暴纣，采取以"修德"得民亲民，惠民爱民，深得民心。姜尚入周前曾历经磨难，几乎是穷困潦倒，壮志难酬，处在社会的低层。他的这一经历使他对民众的作用、地位、力量有着较为清醒的认识，使他较早地意识到天下是民众的天下，不代表民众的"天子"就不是"天子"，就应讨伐、推翻。《六韬·文韬·文师》中融汇了他的这一思想：

> "天下非一人之天下，乃天下之天下也。""天有时，地有财，能与人共之者，仁也。仁之所在，天下归之。免人之死，解人之难，救人之患，济人之急者，德也。德之所在，天下归之。"

因此，姜尚受到民众、诸侯们的衷心拥护和大力支持。

他主张举贤尚功，德治天下。举贤尚功即任人唯贤，意思是选拔人才的时候要选用有才有德有建树的人，给诸侯获封赐的封建等级爵位授以实权，让诸侯在国家的发展建设过程中能够最大限度地发挥其应有的作用。对于已经通过考核而且也符合选拔贤才标准的人，在任用的时候不分亲近和疏远，都选择他们所擅长的方面进行任用，同时督促他们干出实实在在的成绩，可最大限度地发挥他们的潜能和才干以创造佳绩。这种人才选拔机制，体现的正是厚德载物的思想。他举贤任能不计亲疏，唯才是举的策略，为后来"齐日大至于霸"的业绩，奠定了坚实的政治基础。

姜太公治国安民用仁道，施仁政，重教化，因民情，顺民心，充分表现了其治政的出发点和归宿地都是基于爱民，是厚德承载万物的体现，更是面对乱世勇于担当精神的体现。

周公也因辅助周武王灭商有功，被封为鲁国开国之君，由于成王年幼，需要辅佐，他便留在周王室摄政，让儿子伯禽代理鲁政。

《史记·鲁周公世家》记载：

> 周公旦者，周武王弟也。自文王在时，旦为子孝，笃仁，异于群子。及武王即位，旦常辅翼武王，用事居多。武王九年，东伐至盟津，周公辅行。十一年，伐纣，至牧野，周公佐武王，作《牧誓》。破殷，入商宫。已杀纣，周公把大钺，召公把小钺，以夹武王，衅社，告纣之罪于天及殷民。释箕子之囚，封纣子武庚禄父，使管叔、蔡叔傅之，以续殷祀。偏封功臣同姓戚者，封周公旦于少昊之虚曲阜，是为鲁公。周公不就封，留佐武王。

周公旦，是周武王的弟弟。周文王在世的时候，旦作为儿子非常孝顺，忠厚仁爱，胜过其他兄弟。到武王即位，旦辅佐武王，处理政务。武王九年，武王亲征至盟津，周公随军辅助。十一年，周军讨伐殷纣，军至牧野，周公佐助武王，发布了战前动员《牧誓》。周军攻破殷都，进入殷王宫。把商纣王杀了之后，周公手里拿着大钺，召公（姬奭）手里拿着小钺，左右位站立共同辅佐着周武王举行祭社神的礼仪，向上苍与殷商的民众公布纣王的各种罪状。获得胜利以后，凡是有功之臣、姓氏相同的以及亲戚都进行封赏。少昊曾经生活过的地方曲阜被封于周公，也就是鲁公。可是周公并没有去所属封国地鲁国去做国君，反倒是继续留在周王朝对周进行辅佐。可见其对周王室的忠诚。

《史记·鲁周公世家》又记载：

> 其后武王既崩，成王少，在襁褓之中。周公恐天下闻武王崩而畔，周公乃践阼代成王摄行政当国。管叔及其群弟流言于国曰："周公将不利于成王。"周公乃告太公望、召公奭曰："我之所以弗辟而摄行政者，恐天下畔周，无以告我先王太王、王季、文王。三王之忧劳天下久矣，于今而后成。武王蚤终，成王少，将以成周，我所以为之若此。"于是卒相成王，而使其子伯禽代就封于鲁。周公戒伯禽曰："我文王之子，武王之弟，成王之叔父，我于天下亦不贱矣。然我一沐三握发，一饭三吐哺，起以待士，犹恐失天下之贤人。子之鲁，慎无以国骄人。"

在武王去世的时候，成王还是尚在襁褓之中的幼儿。周公害怕底下人听闻周武王去世的消息从而对朝廷产生背叛之心，于是就替代成王处理国家政务，并主持当时的国家政权。在这种情况下，管叔（周武王之弟）和弟弟们就开始散布流言说："周公的所作所为对成王来说是很不利的。"流言之下，周公向太公望、召公奭解释说："我之所以不惧流言蜚语代替成王处理国政，实际上就是担心天下人会离心离德地背叛周王朝，到时候没有办法去向咱们的先王太王、王季、文王交代。三位先王因为国家大业操心的时间太长了，现如今才刚取得一些成功，武王却早早去世，而成王尚且年幼，我这样做的原因仅仅是为了稳固周王朝之大业"。周公同时告诫帮他处理鲁国国政的儿子伯禽，要做到勤于政务，谦虚谨慎，万不可以自己君主的地位而傲视众人。

成王长大之后，能够自己处理国事了。于是周公就把政权还给成王，成王临朝听政。周公怕成王年轻，为政荒淫放荡，就写了《多士》《毋逸》。《毋逸》里说道：做父母的，在创业方面要经历过很长时间的苦难才得以成功，可是子孙后代在父辈成功的基础上过着骄奢淫逸的生活，全然忘记了祖辈曾经受过的苦难，以致落到家业败落的地步，作为子孙后代不能不谨小慎微啊。《多士》里则说道：从商汤（商朝第一任国君）到帝乙（商朝第二十九任国君），商朝的历代君王都是遵循着礼制进行祭祀的，也都是勤勉修德。可是到商纣王执政的时候，就开始了荒淫逸乐的日子，不顾天意，不顺民心，天下百姓都认为商纣王是该杀的。周公写下这些内容用来告诫成王，以使成王成为具有高厚之德的明君，敬慎而忠实地继承和光大先帝大业。

> 周公卒后，秋未获，暴风雷（雨），禾尽偃，大木尽拔。周国大恐。成王与大夫朝服以开金縢书，王乃得周公所自以为功代武王之说。二公及王乃问史百执事，史百执事曰："信有，昔周公命我勿敢言。"成王执书以泣，曰："自今后其无缪卜乎！昔周公勤劳王家，惟予幼人弗及知。今天动威以彰周公之德，惟朕小子其迎，我国家礼亦宜之。"王出郊，天乃雨，反风，禾尽起。二公命国人，凡大木所偃，尽起而筑之。岁则大孰。于是成王乃命鲁得郊祭文王。鲁有天子礼乐者，以褒周公之德也。（《史记·鲁周公世家》）

周公去世后的一年秋季，田里的庄稼还未进行收割，一场雷雨暴风来袭，田里的庄家全都倒伏了，大树也被连根拔起。这种景象让百姓感到非常害怕。周成王和大臣恭敬地穿好朝服然后把金縢书（周公所作）打开来看，看到了周公甘愿用自己代替周武王去死的内容。太公、召公还有成王看到这样的内容之后就问史官和相关之人，他们回答说："确实是有这样的事，可是那个时候周公让我们不能往外说。"成王拿着册文哭着说："从今往后虔诚的占卜之事就不要做了！周公曾经为国家倾心操劳，但当时我尚且年幼不甚理解。现如今是老天爷发威来警示我们，并向我们彰显周公的功德，我应该陈设祭品来迎接上天之神灵，这也符合我们国家的礼仪。"于是成王就郊外举行祭天仪式，果真天降细雨，风向顿时反转，倒伏的庄稼也都站立起来。太公和召公让国人把被吹倒的大树都一一扶起来再重新夯实土基。这年获得了大丰收。于是成王让鲁国对周文王举行郊祭之礼。同时又给鲁国开了特例，让其用天子的礼乐，以此用来褒奖周公的厚德。

这种记载虽带有神话成分，但周公对周王朝的赤诚忠心，是感天地、泣鬼神的。正如曾参所言："可以托六尺之孤，可以寄百里之命，临大节而不可夺也，君子人与？君子人也！"（《论语·泰伯》）只有德厚君子，才可以把幼年孤主托付给他，才可以把国家的命运寄托给他。

第四节　至圣孔子、亚圣孟子之德

孔子创立的儒家文化被视为中国传统文化的主流，他以"仁"为思想核心，以"礼"为行为规范，建立了儒家学说的仁学思想体系。他一面强调统治者为政以德，主张以德治国，要求统治者加强自身道德修养，"祖述尧舜，宪章文武"，"修己安人，修己安百姓"，"博施于民而能济众"；一面强调士人要积极出仕，担负起治国平天下的责任。他自己更是积极行动，办学，从政，周游列国，推行救世主张。

他是一个教育家，具有高尚师德："学而不厌，诲人不倦。"为具备教师资质，他谦虚好学，学无常师：向乐官师襄学习弹琴，向大夫苌弘学乐，向郯子学习天文历法以及各种学术，向老子学习历史典籍知识及礼制。与南宫敬叔到周都洛阳，考察周朝文物典制。他自我评价曰："十室之邑，必有忠信如丘者焉，不如丘之好学也。"（《论语·公冶长》）由于学识渊博，才会被学生赞为"仰之弥高，钻之弥坚"的博学大师。由于诲人不倦，学生才会有"夫子循循然善诱人，博我以文，约我以礼，欲罢不能"的亲身感受。

他认为，人没有知识技能，难以成就大事。因此，他在学成之后，努力兴办私学，呕心沥血地为社会培养了数以千计的人才。

他是一个政治家，倡导德政："为政以德，譬如北辰居其所而众星共之。”他强调，为政者要修德，要做好德行表率：

政者，正也。子帅以正，孰敢不正？（《论语·颜渊》）

其身正，不令而行；其身不正，虽令不从。（《论语·子路》）

君子之德风，小人之德草，草上之风，必偃。（《论语·颜渊》）

“修己以敬”，“修己以安人”，“修己以安百姓”。（《论语·宪问》）

他认为，能做到“博施于民而能济众”（《论语·雍也》）者，是圣人，鼓励为政者向圣贤的目标迈进。

他是一个具有完美人格之人，被推崇为“至圣”。他重视品德修养，重视人格的塑造，通观整部《论语》，大部分内容都是在谈做人：

苟志于仁矣，无恶也（如果立志于行仁，就不会有恶念恶行了）。（《里仁》）

不学礼，无以立。（《季氏》）

主忠信，徙义，崇德也。（《颜渊》）

见贤思齐焉，见不贤而内自省也。（《里仁》）

德之不修，学之不讲，闻义不能徙，不善不能改，是吾忧也。（《述而》）

女为君子儒，无为小人儒（孔子对子夏说：“你要做品德高尚的君子式儒者，不要做品质低下的小人式儒者。”）。（《雍也》）

躬自厚而薄责于人（厚责己，薄责人）。（《卫灵公》）。

己所不欲，勿施于人。（《颜渊》）

己欲立而立人，己欲达而达人（自己想立于世，也要帮助别人立于世；自己想发达成功，也要帮助别人发达成功）。（《雍也》）

君子成人之美，不成人之恶。（《颜渊》）

君子疾没世而名不称焉（君子担心死后没有好名声被人称道）。（《卫灵公》）

细细品味，孔子思想境界之高，令人仰之；他所谈的做人道理，令人服之。虽千万世，只要有人类，就不会过时。

孟子继承并发扬了孔子的思想，成为仅次于孔子的一代儒家宗师，被誉为“亚圣”，与孔子合称为“孔孟”。

他也同孔子一样，主张修德，倡导济世。他说："穷则独善其身，达则兼济天下。"(《孟子·尽心上》)意思是，落魄不得志的时候就自己修身养性，不拖累别人；显达荣耀的时候就关注天下，济世救人。

他主张仁政，主张爱民。孟子所处的战国时代，列国攻伐，互相残杀，民不聊生。《孟子》记载："争地以战，杀人盈野；争城以战，杀人盈城。"(《离娄上》)"坏宫室以为污池，民无所安息；弃田以为园囿，使民不得衣食。"(《滕文公下》)"庖有肥肉，厩有肥马；民有饥色，野有饿莩。"(《梁惠王上》)面对这种世道，孟子提出以民为本的仁政思想。他当面劝谏邹穆公：

> 凶年饥岁，君之民老弱转乎沟壑，壮者散而之四方者，几千人矣；而君之仓廪实，府库充，有司莫以告，是上慢而残下也。(《梁惠王下》)

他建议齐宣王给民以恒产：

> 是故明君制民之产，必使仰足以事父母，俯足以畜妻子；乐岁终身饱，凶年免于死亡；然后驱而之善，故民之从之也轻。今也制民之产，仰不足以事父母，俯不足以畜妻子；乐岁终身苦，凶年不免于死亡。此惟救死而恐不赡，奚暇治礼义哉！(《梁惠王上》)

《孟子·告子下》记载：

> 孟子曰："今之事君者皆曰：'我能为君辟土地，充府库。'今之所谓良臣，古之所谓民贼也。君不乡道，不志于仁，而求富之，是富桀也。'我能为君约与国，战必克。'今之所谓良臣，古之所谓民贼也。君不乡道，不志于仁，而求为之强战，是辅桀也。由今之道，无变今之俗，虽与之天下，不能一朝居也。"

劝谏国君及事君者不要一味地扩大地盘、搜刮百姓财物充实国库，不要做桀纣式的残暴之君，要向往仁道，作为民谋福利的仁善之君。

他倡导修养仁德，做仁善之人。提出"四心"，是将"仁爱"思想内化后的人性表达，即："恻隐之心，仁之端也。羞恶之心，义之端也。辞让之心，礼之端也。是非之心，智之端也。人之有四端也，犹其有四体也。”（《孟子·公孙丑上》）意思是同情心就是施行仁的开始；羞耻心就是施行义的开始；辞让心就是施行礼的开始；是非心就是育智的开始。仁、义、礼、智是四个初始，就像我本来就所具有的，人有这四种开端，就像他有四肢一样。“四德”，是将“人性善”又归结到“仁、义、礼、智”这四种德性上。

孟子是具有大丈夫气概的人，他自信慨然、刚直坚忍。如其所说：“居天下之广居，立天下之正位，行天下之大道。得志，与民由之；不得志，独行其道。富贵不能淫，贫贱不能移，威武不能屈，此之谓大丈夫。”（《孟子·滕文公下》）“我善养吾浩然之气。”（《孟子·公孙丑上》）倡导杀身成仁、舍生取义：“生，亦我所欲也；义，亦我所欲也。二者不可得兼，舍生而取义者也。”（《孟子·告子上》）从孟子身上我们看到的浩然正气和宽广胸怀，成就了中华民族的优秀精神。

第五节　厚德载物精神对当代人的启示

厚德载物精神给当代人最根本的启示就是，只有具备敦厚道德，才能担当大任。常言道：养大德者方可成大业。

《周易·象传》云：“坤厚载物，德合无疆。”意思是，坤之地象广厚，承载一切事物，其品德与天相合，无不覆载。人类应效法大地承载万物之精神，勇于担当。数千年人类历史也足以证明，凡有厚德之人，则能担当大任，做出非凡成就，如尧舜文武、太公周公、孔孟荀墨、秦皇汉武、唐宗宋祖、岳飞文天祥等，名扬千古；凡无德之人，虽窃据要位，然德不配位，祸国殃民，如夏桀商纣、庆父赵高、秦桧严嵩等，遗臭万年！

对于当今社会而言，“厚德载物”精神有利于培养现代道德人格。儒家追求“厚德”的君子人格，集孝、悌、忠、义、礼、信、诚等诸多道德于一身，几乎成为中国传统道德的化身。儒家思想中所说的君子人格中应该所具有的多种道德行为品质，为现代社会中完善的理想的人格修养提供了一定的理论依据模式。当今社会所追求的理想人格特征也同样是人们所要追求的比较高的目标；这种追求要求人们不论何时何地都要拥有广博的爱心，可以做到乐善好施；要持有一定的正义感，能够做到见义勇为；要有一定的道德情操，做到诚实守信；面对道义与利益关系的时候能正确处理；面对需承担的责任与困难时，要拿出一定的担当和勇气。不论是古时还是当今社会都会表现出一个道理，一个人的智力因素不是能决定他事业有成的必备因素，在一定的条件下还要看一个人的非智力因素，尤其是一个人的道德与品行。但凡是有所作为、能成大器的人，基本上都是有很强的责任感、积极的进取心，还有爱国之心、悲悯之心、助人为乐、敢于奉献等优秀品质。一个人如果不具备完善的道德素质，那么他也很容易出现诚信缺失、社会责任感淡薄等负面的影响。因此，培养一个人良好的道德素质修养，对于个体而言，不仅能达到人格的完善，同时也有助于实现自己的人生价值。

2016年10月21日习近平总书记在《在纪念红军长征胜利80周年大会上的讲话》中指出："人无精神则不立，国无精神则不强。精神是一个民族赖以长久生存的灵魂，唯有精神上达到一定的高度，这个民族才能在历史的洪流中屹立不倒、奋勇向前。"当今社会人们对高尚的精神生活均有所追求，那么"厚德载物"精神就起到一定的督促作用，这种精神能让人们在追求高尚精神生活的过程中获得幸福感、满足感。儒家学派认为人和动物是有根本区别的：人是有思想情感的，人对于高尚的精神生活是有所追求的。只有去追求高尚的精神与道德情操，才能切身地体验到幸福感。《论语·述而》中记载："子曰：饭疏食饮水，曲肱而枕之，乐亦在其中矣。不义而富且贵，于我如浮云。"这就是"孔颜乐处"，就是让人们在践行道德中体会充实感和满足感。儒家所提倡的传统道德有很多富有生命力的内容，如仁人爱物、礼义廉耻、诚实守信、和谐友善、孝亲尊老等，这些是培养人们具有道德情感的主要内容，有良好的道德操守能让人生活得有尊严，也可以让有"礼仪之邦"之称的中国享誉世界。当今社会，随着物质生活水平的提高，人们更加重视对高尚精神生活的追求。在追求高尚精神生活的过程中所获取的快乐是可以超越对于物质生活的追求的，正如雷锋精神的传承者郭明义所说："帮助别人，快乐自己。"

"厚德载物"精神能够帮助人们培养其仁人爱物之心，也可以帮助人们树立诚信，注重道德操守和个人行为修养。国家需要德才兼备的人才，之所以德放首位，是因为"德不配位，必有灾殃""德薄而位尊，智小而谋大，力小而任重"，事难成矣。做人讲诚信，做事有操守，遵守其规则，如此才能真君子大丈夫，真正将事办成办好。

"厚德载物"能督促我们慎独自省，自勉自律。"君子必慎其独也"，"吾日三省吾身"，"见贤思齐焉，见不贤而内自省也"，"躬自厚而薄责于人"，"勿以恶小而为之，勿以善小而不为"，"先天下之忧而忧，后天下之乐而乐"，加强自我修养，增强社会责任感，如此才能经得起浮华，耐得住寂寞。“百善孝为先”“国事忠为本”，无论所处何种年代，都要自省，都要爱国，担当起报效国家的重任。

“厚德载物”能促进社会和谐发展。国无德不兴，人无德不立。作为一个国家，要讲国德，崇尚睦邻友好，和谐共处，相互扶持，共同发展，不要倚强凌弱，侵掠弱小。同一个世界，同一个梦想，要包容天下，追求世界大同。尤其是大国，要有大国的样子，要有大国担当，带动其他国家一起发展进步。秉持“共商、共建、共享”的理念构建命运共同体，这才是真正的大德。

当今的人们，要树立“荣耻观”，即“以热爱祖国为荣，以危害祖国为耻；以服务人民为荣，以背离人民为耻；以崇尚科学为荣，以愚昧无知为耻；以辛勤劳动为荣，以好逸恶劳为耻；以团结互助为荣，以损人利己为耻；以诚实守信为荣，以见利忘义为耻；以遵纪守法为荣，以违法乱纪为耻；以艰苦奋斗为荣，以骄奢淫逸为耻”。遵循践行了这“八荣八耻”，即可谓新时代的厚德之人。

第十九章　齐鲁文化中的精忠爱国精神

精忠爱国，指的是一个人对于国家和民族的无比忠诚和热爱。具有这种精神的人，表现出强烈的民族认同感和民族自豪感，胸怀博大，志存高远，热爱祖国，关怀民生，乐于奉献，勇于牺牲。古人常把这种精神称之为“家国情怀”。古代史书中记载了历朝历代一大批具有家国情怀的仁人志士，他们以国家和民族利益为重，不计个人得失，不顾个人安危，为国家和民族做出了重要贡献，彪炳史册。他们的感人事迹，就是这种精神的生动体现。精忠爱国不仅是中华民族千百年来一以贯之的优良传统，更是中华民族生生不息的精神力量。齐鲁文化因地域的独特性，其精忠爱国精神表现得尤为突出。

第一节　齐文化中的精忠爱国精神

一、晏子精忠为国

晏子，齐国上大夫晏弱之子，名婴，字仲，谥号“平”，夷维（今山东高密）人，春秋时期齐国著名政治家、思想家、外交家，历仕灵公、庄公、景公三朝，辅政长达50余年，富有政治远见，以其卓越的政治才能、朴素的生活作风、出色的外交表现等闻名于诸侯。晏婴聪颖机智，能言善辩，对内辅助国政，屡谏齐王；对外采用灵活的外交手段，坚持出使不受辱，捍卫了齐国的国格和国威。晏子以尽职尽责的态度，充分体现出一个臣子对于国家的热爱之情，他的事迹主要见于《左传》《晏子春秋》等书中。

晏子在齐国辅政期间，始终把国家利益放在首位，不计个人得失，廉洁奉公，时刻关心百姓疾苦。《左传·昭公三年》记载：

> 初，景公欲更晏子之宅，曰：“子之宅近市，湫隘嚣尘，不可以居，请更诸爽垲者。”辞曰：“君之先臣容焉，臣不足以嗣之，于臣侈矣。且小人近市，朝夕得所求，小人之利也。敢烦里旅？”公笑曰：“子近市，识贵贱乎？”对曰：“既利之，敢不识乎？”公曰：“何贵何贱？”于是景公繁于刑，有鬻踊者，故对曰：“踊贵屦贱。”

既已告于君，故与叔向语而称之。景公为是省于刑。君子曰：“仁人之言，其利博哉！晏子一言而齐侯省刑。《诗》曰：‘君子如祉，乱庶遄已。’其是之谓乎？”及晏子如晋，公更其宅，反，则成矣。既拜，乃毁之，而为里室，皆如其旧。则使宅人反之。“且谚曰：‘非宅是卜，唯邻是卜。’二三子先卜邻矣，违卜不祥。君子不犯非礼，小人不犯不祥，古之制也。吾敢违诸乎？”卒复其旧宅。公弗许。因陈桓子以请，乃许之。

晏子虽官至相国，却一直居住在祖上留下的破旧狭小的住宅里，多次拒绝搬入齐景公准备为其更换的新住所。他还借齐景公询问市场上交易何贵何贱之机，劝谏齐景公省刑宽政，齐景公因之废除了砍脚这一酷刑。齐景公趁晏子出使晋国期间把晏子的邻居赶走，扩建了晏子的住宅，造成既成事实。即使这样，晏子也不接受现状。齐景公不许，晏子又请陈桓子帮忙向齐景公陈述利害，最终还是把被拆掉的邻居房子在原地重新修好，把邻居们请了回来。晏子一心所想的是为国修法，为民舒困，言行之中，体现出来的是浓浓的爱国爱民情怀。

晏子曾经作为齐国使者多次出使他国，在处理与其他诸侯国的关系方面，时刻注意维护国家利益和尊严，也体现了他的爱国精神。《晏子春秋·内篇杂下》记载：

晏子使楚。楚人以晏子短，为小门于大门之侧而延晏子。晏子不入，曰：“使狗国者从狗门入。今臣使楚，不当从此门入。”傧者更道，从大门入。见楚王，王曰：“齐无人耶？使子为使。”晏子对曰：“齐之临淄三百闾，张袂成阴，挥汗成雨，比肩继踵而在，何为无人？”王曰：“然则何为使子？”晏子对曰：“齐命使各有所主，其贤者使使贤主，不肖者使使不肖主。婴最不肖，故宜使楚矣。”

晏子身材矮小，楚王想要借此羞辱晏子。因事关国家尊严，晏子针锋相对，坚持不从侧门进城，展现了大国使者的机智和才华。在与楚王会见时，又勇敢地对楚王的话语挑衅进行了反击，维护了国家尊严和自己的人格。《晏子春秋》还记载了另外一个故事，楚国无事生非，对齐国加以污蔑。《晏子春秋·内篇杂下》记载：

晏子将使楚。楚王闻之，谓左右曰：“晏婴，齐之习辞者也。

今方来，吾欲辱之，何以也？”左右对曰：“为其来也，臣请缚一人，过王而行。”王曰：“何为者也？”对曰：“齐人也。”王曰：“何坐？”曰：“坐盗。”

晏子至，楚王赐晏子酒。酒酣，吏二缚一人诣王。王曰：“缚者曷为者也？”对曰：“齐人也，坐盗。”王视晏子曰：“齐人固善盗乎？”晏子避席对曰：“婴闻之，橘生淮南则为橘，生于淮北则为枳，叶徒相似，其实味不同。所以然者何？水土异也。今民生长于齐不盗，入楚则盗，得无楚之水土使民善盗耶？”王笑曰：“圣人非所与熙也，寡人反取病焉。”

楚王君臣精心设局，为了羞辱齐国，导演了一出闹剧。在会见晏子的宴会上，故意拘押一人从楚王跟前走过，并说是抓到了盗窃犯，是齐国人。楚王故意看着晏子说：“齐国人都善于偷盗吗？”这时的晏子，明知是楚王恶意取闹，但是这个时候，任何辩解都将会毫无意义，企图证实，更是徒劳。因为，如果这样做，只会进一步坐实这件事。聪明机智的晏子以“橘生淮南则为橘，生于淮北则为枳”做比喻，说：“这个人在齐不盗，入楚则盗，大概是楚国的水土民风影响他善盗吧？”楚王无言以对，只好说：“圣人是不可以随便开玩笑的，是我自找难堪了。”晏子以自己的勇敢、机智，维护了国家尊严。

除此之外，《晏子春秋》还多次记载晏子对于齐景公的犯颜直谏。如《庄公矜勇力不顾行义晏子谏》《景公饮酒酲三日而后发晏子谏》《景公饮酒七日不纳弦章之言晏子谏》《景公燕赏无功而罪有司晏子谏》《景公爱嬖妾随其所欲晏子谏》《景公病久不愈欲诛祝史以谢晏子谏》《景公怒封人之祝不逊晏子谏》等，充分说明晏子是一个极富精忠爱国精神的仁人志士。

晏子不计私利，关怀民生，犯颜直谏，精忠为国，这种精神在今天仍然具有积极的现实意义，值得我们继承发扬。相反，有的人身居高位，却置国家和百姓利益于不顾，利欲熏心，贪污受贿，大建别墅，贪图享乐，把手中的权力用于谋私利，不仅对不起国家和人民，也对不起齐鲁先贤和祖宗。

二、匡章忠诚卫国

匡章，世称匡子或章子，战国时齐将。在齐国王图霸业的过程中，匡章扮演着重要角色。他率领军队在与秦国、燕国、楚国等诸侯国的战役中，赢得了桑丘之战、灭燕之战、垂沙之战、函谷关之战等军事胜利。

在齐秦桑丘之战中，匡章机智多谋，采用灵活机动的策略，派士兵混入秦军，里应外合，出其不意，一举击败了秦军。《战国策·齐策一》记载：

> 秦假道韩、魏以攻齐，齐威王使章子将而应之。与秦交和而舍，使者数相往来，章子为变其徽章，以杂秦军。候者言章子以齐入秦，威王不应。顷之间，候者复言章子以齐兵降秦，威王不应。而此者三。有司请曰："言章子之败者，异人而同辞。王何不发将而击之？"王曰："此不叛寡人明矣，曷为击之！"顷间，言齐兵大胜，秦军大败，于是秦王拜西藩之臣而谢于齐。

匡章是一个具备军事指挥才能的将领，忠于国家，深得齐国国君信任。在秦齐两国军队对峙期间，他不拘常规，抓住人员往来的时机，派遣士兵假扮秦卒，秘密混入秦军内部，在秦军内部布下了伏兵。就在这时，有战场侦察人员回来向齐威王报告，说匡章以齐兵降秦。齐威王不相信。但是第二个、第三个侦察人员接二连三都报告说匡章率领齐军投降秦国了。连齐国的大臣也相信了，主张立刻发兵攻打匡章。但是，齐威王深信匡章对齐国的忠诚，并没有听从大臣们的意见。最后，果然捷报传来，齐军大胜，秦军大败，秦国只好向齐国谢罪。在此战役中，齐威王之所以信任匡章，是基于匡章平时一贯忠于国家的行为表现。

三、田单忠勇复国

田单，战国时齐国人。在齐湣王任国君之际，担任首都临淄佐理市政的小官，既没有名气，也不被重用。燕国大将乐毅率军攻齐，势如破竹，齐国之地，仅存莒和即墨。当此国家危亡之际，田单临危不惧，挺身而出，率领军民坚守即墨。在抗击燕军的战斗中，田单充分表现出一个优秀军事家的智慧，想尽各种办法，调动一切有利因素，采用了许多行之有效的措施，对内稳固军心，对外巧施离间计，最终以火牛阵大破燕军，收复齐国七十余城，因功被任为相国，并被封为安平君，是一个为后人世代敬仰的爱国之士。《史记·田单列传》记载：

> 田单者，齐诸田疏属也。湣王时，单为临菑市掾，不见知。及燕使乐毅伐破齐，齐湣王出奔，已而保莒城。燕师长驱平齐，而田单走安平，令其宗人尽断其车轴末而傅铁笼。已而燕军攻安平，城坏，齐人走，争涂，以輴折车败，为燕所虏，唯田单宗人以铁笼故

得脱，东保即墨。燕既尽降齐城，唯独莒、即墨不下。燕军闻齐王在莒，并兵攻之。淖齿既杀湣王于莒，因坚守，距燕军，数年不下。燕引兵东围即墨，即墨大夫出与战，败死。城中相与推田单，曰："安平之战，田单宗人以铁笼得全，习兵。"立以为将军，以即墨距燕。

顷之，燕昭王卒，惠王立，与乐毅有隙。田单闻之，乃纵反间于燕，宣言曰："齐王已死，城之不拔者二耳。乐毅畏诛而不敢归，以伐齐为名，实欲连兵南面而王齐。齐人未附，故且缓攻即墨以待其事。齐人所惧，惟恐他将之来，即墨残矣。"燕王以为然，使骑劫代乐毅。

乐毅因归赵，燕人士卒忿。而田单乃令城中人食必祭其先祖于庭，飞鸟悉翔舞城中下食。燕人怪之。田单因宣言曰："神来下教我。"乃令城中人曰："当有神人为我师。"有一卒曰："臣可以为师乎？"因反走。田单乃起，引还，东乡坐，师事之。卒曰："臣欺君，诚无能也。"田单曰："子勿言也！"因师之。每出约束，必称神师。乃宣言曰："吾唯惧燕军之劓所得齐卒，置之前行，与我战，即墨败矣。"燕人闻之，如其言。城中人见齐诸降者尽劓，皆怒，坚守，唯恐见得。单又纵反间曰："吾惧燕人掘吾城外冢墓，僇先人，可为寒心。"燕军尽掘垄墓，烧死人。即墨人从城上望见，皆涕泣，俱欲出战，怒自十倍。

田单知士卒之可用，乃身操版插，与士卒分功，妻妾编于行伍之间，尽散饮食飨士。令甲卒皆伏，使老弱女子乘城，遣使约降于燕，燕军皆呼万岁。田单又收民金，得千溢（镒），令即墨富豪遗燕将，曰："即墨即降，愿无虏掠吾族家妻妾，令安堵。"燕将大喜，许之。燕军由此益懈。

田单乃收城中得千余牛，为绛缯衣，画以五彩龙文，束兵刃于其角，而灌脂束苇于尾，烧其端。凿城数十穴，夜纵牛，壮士五千人随其后。牛尾热，怒而奔燕军，燕军夜大惊。牛尾炬火光明炫耀，燕军视之皆龙文，所触尽死伤。五千人因衔枚击之，而城中鼓噪从之，老弱皆击铜器为声，声动天地。燕军大骇，败走。齐人遂夷杀其将骑劫。燕军扰乱奔走，齐人追亡逐北，所过城邑皆畔燕而归田单，兵日益多，乘胜，燕日败亡，卒至河上，而齐七十余城皆复为齐。乃迎襄王于莒，入临菑而听政。襄王封田单，号曰安平君。

根据《史记》记载，田单是齐国田氏贵族的远房本家。当初田单在退守安平时，命令其宗族把车轴末端外露的多余部分截掉，包上铁笼。在燕军进攻安平之时，齐国人争路逃亡，很多车子因车轴末端互相碰撞无法顺利逃脱，被燕军俘虏，唯有田单和族人顺利逃出，向东退守即墨，显示出了超群的才能和智慧。燕军围困即墨，即墨大夫战死，城中军民一致推举田单为将军。面对敌强我弱的严峻形势，田单凭着对国家的一片赤诚之心，精心谋划，因势利导，以弱胜强，完成了复国奇迹，建立了不朽功勋。田单主要采取了以下措施：

第一，燕昭王去世，新任国君燕惠王与乐毅君臣不合。田单利用这个有利时机，巧施离间计，使燕惠王撤换了燕军主帅乐毅，而任命不懂军事的骑劫接任。这样，燕军内部军心动摇，实力削弱。

第二，田单利用当时社会民众的普遍迷信心理，制造神助假象，增强自身凝聚力，疑惑敌人。

第三，诱使燕军以割鼻酷刑虐待俘虏，使齐国士兵不敢降敌，以巩固自己。

第四，强化齐国人的敬祖观念，同时又诱使燕军在城外大挖齐国人祖坟，激起齐国士兵对敌人的仇恨。

第五，以身作则，鼓舞士气。田单亲自拿着工具与士卒一起修筑城墙，还把妻妾编在队伍之中，把食物拿出来犒劳士卒。

第六，诈降麻痹敌人。田单把精兵隐藏起来，以老兵弱卒和妇女守卫城池，显示出兵力空虚的假象，以迷惑敌人。派使者去燕军军营，与燕军将领假意约定投降事宜，欺骗敌人。又从民间收集黄金，派遣即墨城中的富豪偷偷去送给燕军将领，乞求燕军进入即墨城之后不要掳掠他们，进一步麻痹燕军。

第七，夜间突袭，出奇制胜。田单为了突袭燕军，做了充分准备。他把城里的牛全部征收起来，收集了一千多头，准备用牛群打头阵，又挑选了五千名士兵组成突击队。为了惊吓燕军，专门给牛披上绛色的绢衣，绢衣上画了五彩龙纹图案。为了增强突袭杀伤效果，在牛角上绑了锋利的刀子，又在牛尾上绑了浸泡油脂的芦苇。事先把城墙凿开几十个洞穴，趁夜间发起突然进攻。把牛群从洞穴中赶出去，点燃牛尾巴上的芦苇，因尾巴疼痛，牛群狂怒地冲向燕军军营，牛尾上的火把照亮了夜空，五千名精壮士兵组成的突击队紧随牛群杀向燕军。燕军看到一群怪兽满身龙纹冲过来，被它们触到的人非死即伤，顿时惊慌失措。齐军五千壮士随后迅猛杀来，城里人乘机擂鼓呐喊，老弱妇孺站在城墙上手持各种器具敲得震天响，城外的喊杀声惊天动地，燕军顿时陷入混乱之中。燕国主将骑劫在乱军之中被杀，燕军四散溃逃，一败涂地，齐军大胜。这就是历史上有名的火牛阵。

齐军乘胜一路追击燕军，所到之处，各地城池都背燕归齐。田单兵力日益增多，一直把燕军打退到黄河边，全部收复了齐国失去的七十多座城池。田单于是派人到莒地迎回了齐襄王。齐襄王重加赏赐，封田单为安平君。

天下兴亡，匹夫有责。在齐国面临亡国危险之际，田单并没有因个人利益得失而于国事不管不问，更没有因无法得到齐滑王的重用而心存怨恨，而是选择了与齐国同生死共存亡，担负起了救国救民之重任，表现出精忠爱国的优秀思想品质。

四、田横壮烈殉国

田横（？—前202年），田氏齐国贵族宗室，秦末起义军首领。在陈胜、吴广大泽乡起义后，与堂兄田儋、兄田荣反秦复国，兄弟三人曾先后据齐地为王。

秦末，借着陈胜吴广起义造反的契机，齐王宗室后人田儋诱杀县令，复辟齐国，自称为王。田儋不久被秦将章邯所杀。堂弟田荣立侄儿田市为王，自己做丞相。西楚霸王项羽打败章邯，灭秦以后，重新分封齐地，因此田氏内部发生了争斗。田荣最终灭掉了项羽封的齐王田都、胶东王田市、济北王田安，自己做了齐王。项羽得知大怒，率军北讨，杀了田荣，大肆屠戮齐人。田荣之弟田横收拾残部，据守城阳抵抗项羽。当此之际，刘邦率领汉军出其不意打败楚军，进入彭城，迫使项羽回军自救。田横借楚汉争锋之机，重新收复巩固齐地，拥立田荣之子田广为新的齐王，田横为丞相，处理一切政务，“政无巨细皆断于相”，成了实际上的当政者。三年后，刘邦派郦食其为使者，到齐国会见齐王田广和丞相田横，要他们归顺汉朝，许诺保留齐王的称号和封地。田横认为汉强齐弱，就与郦食其达成了协议，解除了对汉军的防备。但汉将韩信采纳谋士蒯通的建议，趁齐军不备，自平原津偷渡黄河，突袭齐国在历下驻扎的守军，接着长驱直入，直逼齐都临淄。齐王田广、丞相田横认为郦食其欺骗了齐国，便烹杀了郦食其。汉军杀来，齐王田广东逃至高密，被韩信追杀。丞相田横逃亡至博阳，听说齐王已死，便自立为齐王。反击汉军，失败后逃至梁，依附彭越。后来，刘邦击败项羽统一了天下，田横不肯称臣于汉，率五百门客逃往海岛。刘邦为消除潜在隐患，派人招抚田横。

《史记·田儋列传》记载：

> 后岁余，汉灭项籍，汉王立为皇帝，以彭越为梁王。田横惧诛，而与其徒属五百余人入海，居岛中。高帝闻之，以为田横兄弟本定齐，齐人贤者多附焉，今在海中不收，后恐为乱，乃使使赦田横罪而召之。田横因谢曰："臣亨陛下之使郦生，今闻其弟郦商为汉将而贤，臣恐惧，不敢奉诏，请为庶人，守海岛中。"使还报，高皇帝乃诏卫尉郦商曰："齐王田横即至，人马从者敢动摇者致族夷！"乃复使使持节具告以诏商状，曰："田横来，大者王，小者乃侯耳；不来，且举兵加诛焉。"田横乃与其客二人乘传诣雒阳。
>
> 未至三十里，至尸乡厩置，横谢使者曰："人臣见天子当洗沐。"止留。谓其客曰："横始与汉王俱南面称孤，今汉王为天子，而横乃为亡虏而北面事之，其耻固已甚矣。且吾亨人之兄，与其弟并肩而事其主，纵彼畏天子之诏，不敢动我，我独不愧于心乎？且陛下所以欲见我者，不过欲一见吾面貌耳。今陛下在洛阳，今斩吾头，驰三十里间，形容尚未能败，犹可观也。"遂自刭，令客奉（捧）其头，从使者驰奏之高帝。高帝曰："嗟乎，有以也夫！起自布衣，兄弟三人更王，岂不贤乎哉！"为之流涕，而拜其二客为都尉，发卒二千人，以王者礼葬田横。
>
> 既葬，二客穿其冢旁孔，皆自刭，下从之。高帝闻之，乃大惊，以田横之客皆贤。吾闻其余尚五百人在海中，使使召之。至则闻田横死，亦皆自杀。于是乃知田横兄弟能得士也。

刘邦消灭项羽之后，建立汉朝，做了皇帝。田横带领部下五百多人逃入海中一个小岛上（今山东即墨的田横岛）。刘邦听到这个消息之后，认为田横兄弟平定齐国，先后做过齐王，齐国的贤士大夫都依附于他，日后难免生变。因此，刘邦就派使者赦免田横之罪，并召他入朝。田横带了两个门客一起前往洛阳。走到尸乡，对他的两个门客说："我田横起初和汉王都是南面称孤的王，而现在汉王做了天子，我却成了亡国奴。要北面称臣侍奉他，这本来就是莫大的耻辱了。更何况我烹杀了郦食其，再与他的弟弟郦商共同侍奉同一个主子，纵然他害怕皇帝的诏命，不敢动我，难道我于心就毫不羞愧吗？汉王不过是想要看看我长什么样。这里离洛阳只有三十里，现在砍下我的头，飞马送过去，用不了多长时间，我的面容不会变形，他一定能看清楚。"说完，就拔剑自杀了。两个门客在安葬完田横之后，也殉主而死。后来，随田横入海的部下五百人得知田横已死的消息后，也全部自杀了。

从田横及其五百壮士的悲壮事迹中，可以看出田横浓烈的故国情怀。他为了齐国尊严，壮烈殉国，手下五百义士亦追随他壮烈殉国，其浓烈的爱国主义精神，惊天动地，令人感佩。

第二节　鲁文化中的精忠爱国精神

一、曹刿挥师战长勺

曹刿（guì），一作曹翙（huì）。春秋时期鲁国（今山东菏泽）人，周文王第六子曹叔振铎之后，著名的军事家。曹刿的爱国事迹，在《左传》中有详细记载：

> 十年春，齐师伐我。公将战。曹刿请见。其乡人曰："肉食者谋之，又何间焉？"刿曰："肉食者鄙，未能远谋。"乃入见。问："何以战？"公曰："衣食所安，弗敢专也，必以分人。"对曰："小惠未遍，民弗从也。"公曰："牺牲玉帛，弗敢加也，必以信。"对曰："小信未孚，神弗福也。"公曰："小大之狱，虽不能察，必以情。"对曰："忠之属也。可以一战。战则请从。"公与之乘，战于长勺。公将鼓之。刿曰："未可。"齐人三鼓。刿曰："可矣。"齐师败绩。公将驰之。刿曰："未可。"下视其辙，登轼而望之，曰："可矣。"遂逐齐师。既克，公问其故。对曰："夫战，勇气也。一鼓作气，再而衰，三而竭。彼竭我盈，故克之，夫大国，难测也，惧有伏焉。吾视其辙乱，望其旗靡，故逐之。"（《左传·庄公十年》）

鲁庄公十年（前684年）春，齐国兴兵伐鲁。鲁国此前曾帮助齐国的公子纠，与小白（齐桓公）争夺齐国的君位。齐国以此为借口攻打鲁国，实则为了扩充势力范围。两军战于长勺。齐军来犯，鲁国准备迎战。这本是高居庙堂的"肉食者"谋划的事情，用不着曹刿操心。曹刿的乡人也好心劝阻。但曹刿认为，"肉食者鄙，未能远谋"，于是去见鲁庄公。曹刿首先帮助鲁庄公分析了战争必须具备的基本条件，否定了鲁庄公提出的前两个条件，指出第三个条件民心可用，可以凭借这个条件与齐国一战。并且要求"战则请从"，自告奋勇为国效力。在战场上，曹刿两次阻止了鲁庄公的鲁莽行为，指挥鲁国军队打败了齐军，取得了胜利。

从曹刿的所作所为来看，他有勇有谋，击退了入侵之敌，保卫了国家和人民。

二、曹沫智勇劫齐侯

曹沫是鲁国庄公时期的一位将领。有人认为，曹沫与曹刿是一个人。当时，齐强鲁弱，齐国多次寻找借口攻打鲁国，鲁国抵抗不住齐国的攻势，不得不割让遂邑之地求和。齐桓公与鲁庄公在柯地会盟，曹沫不顾个人安危，在会盟时机智勇敢劫持了齐桓公，痛斥齐国的侵略行为，要求齐国返还侵夺的土地。事发突然，齐桓公手下人怕伤及国君，都不敢动。齐桓公无奈被迫答应。《史记·刺客列传》记载：

> 曹沫者，鲁人也，以勇力事鲁庄公。庄公好力。曹沫为鲁将，与齐战，三败北。鲁庄公惧，乃献遂邑之地以和。犹复以为将。齐桓公许与鲁会于柯而盟。桓公与庄公既盟于坛上，曹沫执匕首劫齐桓公，桓公左右莫敢动，而问曰："子将何欲？"曹沫曰："齐强鲁弱，而大国侵鲁亦甚矣。今鲁城坏即压齐境，君其图之。"桓公乃许尽归鲁之侵地。既已言，曹沫投其匕首，下坛，北面就群臣之位，颜色不变，辞令如故。桓公怒，欲倍其约。管仲曰："不可。夫贪小利以自快，弃信于诸侯，失天下之援，不如与之。"于是桓公乃遂割鲁侵地，曹沫三战所亡地尽复予鲁。

曹沫此举，实属无奈。当时的鲁国，根本不具备在军事上与齐国抗衡的能力。在齐国步步紧逼的蚕食侵略下，损兵失地，作为一名爱国军人，自然会有刻骨铭心之痛。曹沫的行动，看似鲁莽，其实，除了他的勇敢之外，我们还可以看出他过人的智慧。齐桓公是诸侯霸主，谋取自己的利益，却经常打着周天子的旗号，把自己打扮成公平正义的维护者。一旦失信，便将失信于天下。利用齐桓公这种言不由衷、表里不一的心理，曹沫终于凭借着自己的勇气和智慧，把被齐国占领的土地又索要了回来，维护了鲁国的国家利益和领土完整，充分彰显了曹沫的大智大勇和爱国心志。

三、孔子智勇会夹谷

孔子，不仅是伟大的思想家、教育家、儒家学派创始人，还是一位富有精忠爱国精神的仁人志士。在鲁国的国家利益遭到侵犯之际，孔子敢于挺身而出，为国而战，在夹谷之会上，表现出非凡勇气和智慧。《左传·定公十年》记载：

> 十年春，及齐平。夏，公会齐侯于祝其，实夹谷。孔丘相。犁弥言于齐侯曰："孔丘知礼而无勇，若使莱人以兵劫鲁侯，必得志焉。"齐侯从之。孔丘以公退，曰："士兵之！两君合好，而裔夷之俘以兵乱之，非齐君所以命诸侯也。裔不谋夏，夷不乱华，俘不干盟，兵不偪好。于神为不祥，于德为愆义，于人为失礼，君必不然。"齐侯闻之，遽辟之。将盟，齐人加于载书曰："齐师出竟，而不以甲车三百乘从我者，有如此盟！"孔丘使兹无还揖对，曰："而不反我汶阳之田、吾以共命者，亦如之！"……齐人来归郓、讙、龟阴之田。

这是齐鲁两国外交史上的一次重大历史事件。鲁定公十年（公元前500年）春天，鲁国与齐国讲和。夏天，鲁定公和齐景公在祝其会盟，祝其实际上就是夹谷。孔子任傧相。齐国大夫犁弥为齐景公出谋划策说："孔丘懂礼仪但没有武勇，如果我们派莱人武力劫持鲁侯，一定能达到我们的目的。"齐景公听从了犁弥的计谋。会盟时，孔子见对方欲以武力劫持鲁君，一面护着鲁君往后退，一面大声对随行护卫说："战士们快拿起武器冲上去！我们两国国君友好会见，夷人俘虏却武力捣乱，这不是齐国国君令诸侯来这里会盟的本意。外人不得图谋中原，夷人不得扰乱华夏，俘虏不得干预会盟，武力不能逼迫友好。这样做对于神灵不吉祥，对于道德是损害，对于客人是失礼，齐国国君一定不会这样做。"齐景公见鲁国已作了武备，且见孔子义正词严，句句在理，便急忙令莱人退避。即将举行盟誓时，齐国人在盟书上加上了这样的话："一旦齐国军队出境作战，鲁国如果不派三百辆兵车随我们作战，就按此盟誓加以惩罚。"孔子派遣兹无还回复说："如果齐国不归还我汶阳之地，却让我们听从齐国的命令，也要按盟约加以惩罚。"最终，在孔子的据理力争之下，齐国人向鲁国归还了郓邑、讙邑和龟阴等土地。

在此次夹谷之会上，孔子作了充分的准备（文事武备），临危不惧，有理有节，义正词严，与阴险狡猾、妄自尊大、恃强凌弱的齐国君臣展开了针锋相对的斗争，捍卫了国家利益和尊严。从这件事可以看出孔子不仅智勇双全，还有一颗精忠爱国的赤诚之心。

第三节　精忠爱国精神的历史影响和现代传承

自古以来，爱国主义就是中华民族的优良传统。在齐鲁文化中，精忠爱国精神是特别重要的内容之一。历代仁人志士在传统文化特别是儒家文化的影响下形成的家国情怀，就是精忠爱国精神的最好体现。战国时期著名的爱国主义诗人屈原，忧国忧民，留下了光辉的爱国诗篇。西汉时期的苏武，出使匈奴被扣留十九年，北海牧羊，不失汉节，爱国精神彪炳日月。唐代的张巡，安史之乱中，在敌众我寡、内无粮草、外无救兵的形势下，仍然坚守睢阳，城破被俘后坚贞不屈，为国尽忠，英勇就义。韩愈《张中丞传后叙》高度评价张巡的历史功绩说："守一城，捍天下，以千百就尽之卒，战百万日滋之师，蔽遮江淮，沮遏其势。天下之不亡，其谁之功也？"睢阳的坚守，阻遏了叛军南犯之势，保护了江淮地区的安全，为唐王朝的平叛争取了宝贵时间。韩愈认为，这全系张巡之功。宋代宗泽、岳飞，忠心报国，在国家危难之际，奋勇抗击金兵，屡立战功。宗泽逝世前还大呼三声"渡河"。岳飞屡破金兵，收复失地，直逼汴京，岳家军威名令金兵胆寒。南宋文天祥被元军俘虏后坚贞不屈，留下了"人生自古谁无死，留取丹心照汗青"著名诗句。他们都是精忠爱国的典范。

精忠爱国精神具有永久价值和现实意义。正是由于精忠爱国精神的世代传承，中华民族才能始终维持民族独立和国家统一。《中国共产党第十九届中央委员会第六次全体会议公报》指出：

> 中国共产党自一九二一年成立以来，始终把为中国人民谋幸福、为中华民族谋复兴作为自己的初心使命，始终坚持共产主义理想和社会主义信念，团结带领全国各族人民为争取民族独立、人民解放和实现国家富强、人民幸福而不懈奋斗，已经走过一百年光辉历程。党和人民百年奋斗，书写了中华民族几千年历史上最恢宏的史诗。

革命战争时期，无数共产党员、革命先烈，为了新中国的诞生，为了人民的解放，献出了宝贵生命，表现了强烈的爱国主义精神。无产阶级革命家、军事家方志敏同志很早就投身革命，具有坚定的共产主义理想信念，他认定只有苏维埃才能救中国，一生对革命矢志不渝，直至献出生命。1935年1月，方志敏率红十军团北上途中被国民党军队包围。

他在冲出敌军包围圈之后，为了救援后面的队伍，置个人生死于不顾，毅然返回敌军包围圈中继续战斗，不幸被俘。在南昌监狱中，国民党用尽各种手段，威逼利诱。蒋介石专门物色了一批党政军要员和方志敏的几个同乡同学，充当说客，企图劝降。但方志敏坚决地回答他们："你们只能砍下我们的头颅，决不能动摇我们的信仰！"他在狱中写的《可爱的中国》，表现了浓烈的爱国主义情怀，读之催人泪下。恽代英同志是中国共产党早期领导人之一，早在学生时期就从事革命工作，后来参与领导了南昌起义、广州起义等革命斗争。在上海从事地下党工作时不幸被国民党逮捕，在狱中面对敌人的威逼利诱，坚贞不屈。牺牲时年仅36岁。"浪迹江湖忆旧游，故人生死各千秋。已摈忧患寻常事，留得豪情作楚囚。"这是恽代英同志英勇就义前写的一首诗，坚定的革命信念，感动着无数的后来人。

东北抗日联军总司令杨靖宇将军，在极其困难的环境中坚持抗日斗争。他的英勇顽强，令日军备感困惑：杨靖宇自陷入重重包围之中以来，断绝了一切生存物资来源，怎么生存呢？他们解剖了杨靖宇的尸体，发现其肠胃里只有草根、树皮和棉絮。连日军都不禁感慨，中国竟有如此威武不屈之人。张自忠将军奋勇抗击侵华日军，屡建战功。在中国军队与日军进行的枣宜会战中，部队陷入敌军层层包围，他身先士卒，冲锋在前，与敌寇拼死搏杀，最后身中7弹，壮烈殉国。1982年4月16日，中华人民共和国民政部批准张自忠为"革命烈士"，2009年9月将他评为"100位为新中国成立作出突出贡献的英雄模范人物"。革命烈士江竹筠，怀着对共产主义的崇高信仰，为了新中国的诞生，从事革命工作，被捕后在敌人狱中受尽各种酷刑，坚贞不屈，牺牲时年仅29岁。她的英勇事迹被作为人物原型写进革命小说《红岩》和歌剧《江姐》等文艺作品，广为流传。像董存瑞、黄继光、邱少云等英雄人物，数不胜数，他们都是精忠爱国的典范，为我们树立了光辉的榜样。

我们今天的幸福生活，是无数革命先烈用鲜活而宝贵的生命换来的，我们要倍加珍惜，倍加热爱，切不可忘记习近平在纪念孔子诞辰2565周年国际学术研讨会的讲话中所概括的这段屈辱历史，"从1840年鸦片战争爆发到1949年中华人民共和国成立，中华民族遭受了世所罕见的外族入侵和内部动荡，中国人民遭受了前所未有的苦难，一度到了濒临亡国灭种的危险境地。仅在中国人民抗日战争中，中华民族就付出了3500万人伤亡的沉重代价"。伟大导师列宁警示我们："忘记过去，就意味着背叛。"

爱国主义精神，是凝聚民心的精神源泉，是维持国家统一和社会进步的巨大力量。习近平2015年12月30日在中共中央政治局第二十九次集体学习时的讲话中说：

> 爱国主义是中华民族精神的核心。爱国主义精神深深植根于中华民族心中，是中华民族的精神基因，维系着华夏大地上各个民族的团结统一，激励着一代又一代中华儿女为祖国发展繁荣而不懈奋斗。5000多年来，中华民族之所以能够经受住无数难以想象的风险和考验，始终保持旺盛生命力，生生不息，薪火相传，同中华民族有深厚持久的爱国主义传统是密不可分的。

在当今社会，维护国家统一，促进民族团结，符合中国各族人民的愿望和最高利益。爱国主义最朴素的价值取向，便是维护国家利益，促使国家富强，保证人民幸福。这也是历史上无数仁人志士的奋斗目标。自觉维护国家的统一，促进祖国的富强，保卫国家的独立和尊严，是新时期爱国主义精神的重要体现。

还有一点需要指出：爱国，不能只爱己国，不爱他国。墨子考察社会的乱源之一，就是“诸侯各爱其国，不爱异国，故攻异国以利其国，天下之乱物具此而已矣”（《墨子·兼爱上》）。要有“四海之内皆兄弟”“天下一家”“人类命运共同体”的博大胸怀，体现博大之爱。只有树立了这种“大爱”观念，才能杜绝倚强凌弱的侵略战争，才能实现世界和平。

第二十章　儒家的大同思想

第一节　儒家大同思想的基本内涵

大同，是儒家提出的一种理想社会。《礼记·礼运》记孔子语曰："大道之行也，天下为公，选贤与能，讲信修睦。故人不独亲其亲，不独子其子。使老有所终，壮有所用，幼有所长，矜寡孤独废疾者皆有所养。男有分，女有归。货恶其弃于地也，不必藏于己；力恶其不出于身也，不必为己。是故谋闭而不兴，盗窃乱贼而不作。故外户而不闭。是谓大同。"这是说，大道实行的时代，天下是公有的，大家公选贤能者做带头人，互相讲究信誉，修整和睦关系。所以人们不只是亲爱自己双亲（也亲爱别人的父母亲），不只是慈爱自己的孩子（也慈爱别人的孩子）。使老人能安度晚年，壮年能有适当的事做，幼儿能健康成长，鳏寡孤独残废有病者都能得到照养。男的有职分，女的有夫可嫁。财货不愿遗弃于地，即使个人收藏起来，也不是私藏为己；力气生怕不出在自己身上（甘愿尽力），也不是为了自己。所以阴谋得到杜绝而不兴，盗窃乱贼而不作。所以出外不关大门。这叫作大同。这是儒家深切向往的理想社会，这种社会的基本特征是：天下公有，人人为公；人与人讲信修睦，和谐共处，崇尚博大之爱；人人各尽其力，各得其所，丰衣足食，安居乐业；没有差异，没有盗贼，没有战争，社会祥和，天下太平。

一、天下公有

"天下为公"，天下都是公有的，包括权力公有和财物公有。《礼记正义》解释说："天下为公，谓天子位也，为公谓揖让而授圣德，不私传子孙，即废朱、均而用舜、禹也。"即尧不以帝位传其子丹朱而传给舜，舜又不传其子商均而传禹，舜禹不以天下为私有。这与《六韬》中所说的"天下非一人之天下，乃天下人之天下也"是一个意思。还应从另一个角度来理解，"为公"，强调"公众"意识，强调个人责任，奉公克己，一心为公。有了这种观念，就意味着要摒弃一己之私利，而胸怀国家、心系天下，为了天下民众的事业殚精竭虑、竭诚奉献。《礼记·礼运》还提出了"以天下为一家"的主张。天下人和睦相处，犹如一家，这是大同理想的根本体现。习近平在《携手建设更加美好的世界》讲话中指出："中华民族历来讲求'天下一家'，主张民胞物与、协和万邦、天下大同，憧憬'大道之行，天下为公'的美好世界。""世界各国人民应该秉持'天下一家'理念，张开怀抱，彼此理解，求同存异，共同为构建人类命运共同体而努力。"

二、均平公平

《论语·季氏》记载，面对冉有、季路助季氏讨伐颛臾，孔子说：

> 丘也闻："有国有家者，不患贫而患不均，不患寡而患不安。盖均无贫，和无寡，安无倾。夫如是，故远人不服，则修文德以来之。既来之，则安之。今由与求也，相夫子，远人不服，而不能来也；邦分崩离析，而不能守也，而谋动干戈于邦内；吾恐季孙之忧不在颛臾，而在萧墙之内也。"

意思是，有国的诸侯或有家的大夫，不怕财富少，而怕分配不均；不怕人民少，而怕不安定。大概分配平均了，也就没有贫穷；民众和谐团结了，也就不显得人少；国家安定，就不容易倾覆。做到了这样，如果远处的人不服，就修文德以招徕他们。既然来了，就好好安顿他们。如今你仲由和冉求，相助季氏，远处的人不服，不能招徕他们；国家分崩离析，而不能守护，反而谋划大动干戈；我担心季氏的忧患不在颛臾，而在自己的门屏之内。

孔子认为，有封国、封地的人，最重要的是要注重均平，注重安定。因为均平了就不觉得贫穷，和睦了就不显得人少，安定了国家就不会倾覆。"不均"与"不安"是互相联系的，"不均"往往会引发"不安"。孔子期望"近者悦、远者来"(《论语·子路》)的美好社会状态，倘若远处的民众不服不来，那就是自己在德行上还有欠缺，那就要好好修仁德，以感召他们。

三、和谐相处

《礼记》关于"大同"的诠释和描述，呈现着一个"和谐"的社会。在这样的社会里，"圣道"大行，天下为公，社会管理者唯贤是举，选才任能；人与人之间讲信修睦，平和相处，互相扶持；彼此没有争斗，各尽其力；每一个人的生活都能够得到保障，老有所终，壮有所用，幼有所长，矜寡孤独废疾者皆有所养。人们视他人父母如同自己的父母，视他人子女如同自己的子女。而且物尽其用，人人各尽所能，盗贼不作，夜不闭户。很显然，没有“和”，就没有这一切，人与人之间就不能相互扶持，就没有人人各得其所，就没有社会风气的井然有序。诚然，人人都希望生活在这样的和谐社会里。

孔子弟子有若说：“礼之用，和为贵。”强调礼的运用要以和为贵，构建和谐社会离不开礼仪文化。和谐上下级的关系，和谐群体关系，和谐国际关系都要注重礼，正如孔子所说：“君使臣以礼，臣事君以忠。”（《论语·八佾》）“言忠信，行笃敬，虽蛮貊（mánmò，少数民族）之邦，行矣。言不忠信，行不笃敬，虽州里，行乎哉？”（《论语·卫灵公》）学生子夏所言：“君子敬而无失，与人恭而有礼，四海之内皆兄弟也。”（《论语·颜渊》）

孔子提倡礼让精神，他说：“能以礼让为国乎？何有？不能以礼让为国，如礼何？”（《论语·里仁》）孔子说：“能用礼制和谦让来治理国家吗？那有什么难的？不能用礼制、谦让来治理国家，又要礼制干什么？”

再如《论语·先进》“侍坐章”，孔子面对子路（仲由）在治国方面表现出的杀伐之气，“哂之”。曾点问孔子：“夫子为何讥笑仲由？”孔子回答：“为国以礼，其言不让，是故哂之。”

上述，足见礼对和谐社会各类关系的重要。

四、选贤任能

国家的政位，应由贤能之人执掌。而贤能人才，应是由大家选举推举出来的。比如尧帝物色继承人时，就广泛征求大臣们意见，广选于天下。《尚书·尧典》记载：

> 帝曰：“咨！四岳，朕在位七十载，汝能庸命，巽朕位？”岳曰：“否德忝帝位。”曰：“明明扬侧陋。”师锡帝曰：“有鳏在下，曰虞舜。”帝曰：“俞，予闻，如何？”岳曰：“瞽子，父顽，母嚚，像傲，克谐以孝，烝烝乂，不格奸。”帝曰：“我其试哉！女于时，观厥刑于二女。”厘降二女于妫汭，嫔于虞。帝曰：“钦哉！”

尧帝说：“啊！四方诸侯之长，我在位已有七十年了，你们谁能顺应上帝的命令，接替我继任帝位？”四方诸侯之长说：“我们缺乏德行，有辱帝位。”尧帝说：“可以考察贤明之士，选举处在僻陋之处的贤人。”众人进言说："在民间有一个穷困的单身汉，名叫虞舜。"尧帝说："是的，我也听说过，此人怎么样？"四方诸侯之长回答说："他是瞽叟的儿子，其父愚顽不明，后母愚凶不善，弟象傲慢无礼，而舜能同他们和谐相处，以孝行美德感化他们，家庭治理得十分妥善，让这样的人治理国务，不至于奸恶吧。"尧帝说："那我就试试吧！把我的两个女儿嫁给他，从他们两个那里观察舜的德行。"于是命令两个女儿下到妫水湾，嫁给虞舜。尧帝说："敬慎地处理政务吧！"经过尧帝的一番培养，舜具备了从政能力，继承了尧帝之位。

孔子主张举用正直人才。《论语·为政》记载：

> 哀公问曰："何为则民服？"孔子对曰："举直错诸枉，则民服。举枉错诸直，则民不服。"

举用正直的人，把他们放置在邪曲的人之上，民众就服从；如果举用邪曲的人，把他们放置在正直的人之上，民众就不服从。

《论语·颜渊》记载：

> 樊迟问仁。子曰："爱人。"问知。子曰："知人。"樊迟未达。子曰："举直错诸枉，能使枉者直。"樊迟退，见子夏曰："乡也吾见于夫子而问知，子曰：'举直错诸枉，能使枉者直。'何谓也？"子夏曰："富哉言乎！舜有天下，选于众，举皋陶，不仁者远矣。汤有天下，选于众，举伊尹，不仁者远矣。"

樊迟问什么是仁。孔子说："关爱人。"又问什么是知。孔子说："了解人。"樊迟没明白。孔子说："举用正直的人，把他们放在邪曲的人之上，能使邪曲的人正直起来。"樊迟退下，见到子夏说："刚才吾见到先生，询问什么是知，先生说：'举直错诸枉，能使枉者直。'这话什么意思？"子夏说："含意多么丰富啊这话！舜有了天下，在众人中选拔人才，举用皋陶，不仁的人便都远去了。汤有了天下，在众人中选拔人才，举用伊尹，不仁的人便都远去了。"

五、平治天下

"平"字，含义丰富，有"平定"义，有"平安"义，还有"均平"义，如《周易·乾卦·文言》："云行雨施，天下平也。"孔颖达疏："言天下普得其利，而均平不偏陂。”在“平天下”一语中，解作“平定”为妥，平治天下，使天下安定。孔子不主张武力平定，而是主张以仁心安抚天下黎民百姓，使他们能够丰衣足食、安居乐业。

从大处讲，孔子有平治天下的思想。他周游列国十四年，就是要挽救礼崩乐坏的社会败局，就是要天下太平。《论语·微子》篇记载：

> 长沮、桀溺耦而耕，孔子过之，使子路问津焉。长沮曰：“夫执舆者为谁？”子路曰：“为孔丘。”曰：“是鲁孔丘与？”曰：“是也。”曰：“是知津矣。”问于桀溺。桀溺曰：“子为谁？”曰：“为仲由。”曰：“是鲁孔丘之徒与？”对曰：“然。”曰：“滔滔者天下皆是也，而谁以易之？且而与其从辟人之士也，岂若从辟世之士哉！”耰而不辍。子路行以告。夫子怃然，曰：“鸟兽不可与同群，吾非斯人之徒与而谁与？天下有道，丘不与易也。”

“滔滔者天下皆是”，形容天下浊浪滔滔，到处都很混乱。滔，有弥漫义，如“滔天”，即“漫天”。《尚书·益稷》禹曰：“洪水滔天，浩浩怀山襄陵，下民昏垫。”桀溺是说，当今普天下到处都是一样的混乱，谁能改变它呢？劝孔子师徒隐居避世。孔子回答说：“鸟兽不可跟它们同群，我不跟这天下人同类而跟谁呢？天下如果有道的话，我孔丘就不用做改易的事了。”

孔子认为：隐居于山林是与鸟兽同群。吾自当与此天下人同群，安能去人从鸟兽居乎？吴林伯《论语发微》曰：“‘易’，治也。……子路以溺之言告孔子，孔子失意，以隐居山林，是与鸟兽同群，而我不与此世人之徒同群，而与谁同群耶！显白不隐，何也？天下若有道而平泰，我自不与人治之；今天下大乱，我正宜与人治之。”

从小处讲，孔子任中都宰时，他的所作所为，也体现了为官一任、平安一方的思想。《孔子家语·相鲁》记载：“孔子初仕，为中都宰，制为养生送死之节：长幼异食，强弱异任，男女别涂。路无拾遗，器不雕伪。”

他崇尚先代明君的做法：“昔者明王之治民也，法必裂地以封之，分属以理之，然后贤民无所隐，暴民无所伏，使有司日省而时考之，进用贤良，退贬不肖，然则贤者悦而不肖者惧。哀鳏寡，养孤独，恤贫穷，诱孝悌，选才能。此七者修，则四海之内无刑民矣。上之亲下也，如手足之于腹心；下之亲上也，如幼子之于慈母矣。上下相亲如此，故令则

从，施则行，民怀其德，近者悦服，远者来附，政之致也。”（《孔子家语·王言解》）

> 虞、芮二国争田而讼，连年不决，乃相谓曰：“西伯仁也，盍往质之？”入其境，则耕者让畔，行者让路；入其朝，士让为大夫，大夫让于卿。虞、芮之君曰：“嘻！吾侪小人也，不可以入君子之朝。”远自相与而退，咸以所争之田为闲田也。孔子曰：“以此观之，文王之道，其不可加焉，不令而从，不教而听，至矣哉！”（《孔子家语·好生》）

孔子得出的经验是：“邻国相亲，则长有国。”（《家语·贤君》）

还有，墨家的兼爱非攻思想，对于促使天下和平具有重要意义。墨子认为兵器是罪恶之物，战争是凶险之事。战乱祸国殃民，涂炭生灵。反对战争，建立太平社会，只能靠兼爱。他认为：“天下兼相爱则治，交相恶则乱。”（《墨子·兼爱上》）只有兼爱才能做到非攻，也只有非攻才能保证兼爱。应该使“天下之人皆相爱，强不执弱，众不劫寡，富不侮贫，贵不傲贱”（《墨子·兼爱中》）；才能使“国与国不相攻，家与家不相乱，盗贼无有，君臣父子皆能孝慈”（《墨子·兼爱上》），才能真正实现天下太平。

第二节　近现代革命先驱对大同理想的向往和追求

儒家的大同思想，对后世影响很大，远的不说，仅看近现代。近现代革命先驱，怀着拯世救民的愿望，对大同理想深切向往和追求。

一、康有为

资产阶级维新运动的著名政治活动家康有为，1885年手定大同之制，名曰《人类公理》。这部《人类公理》就是《大同书》的最早草本。戊戌政变后，康有为亡命海外，周游欧美诸国，对《大同书》又做了补充和修改。1913年，《大同书》的甲、乙两部分首次刊于《不忍》杂志。

《大同书》全书共分甲、乙、丙、丁、戊、己、庚、辛、壬、癸十部分。甲部为“入世界观众苦”，极数人间多难多艰，提出应破除九界以归“大同”。以下九部分分述破除九界问题，其标题依次为：去国界合大地，去级界平民族，去种界同人类，去形界保独立，去家界为天民，去产界公生业，去乱界治太平，去类界爱众生，去苦界至极乐。在《大同书》里，康有为描绘出了一个十分“美妙”的极乐大同世界：无阶级、无私产、无家族、无邦国、无帝王，人人相亲，人人平等。他对“大同”学说的阐释，使中国古代的“大同”理想具有了近代意义。

二、谭嗣同

谭嗣同在《仁学》中倡言：“地球之治也，以有天下而无国也……无国则畛域化，战争息，猜忌绝，权谋弃，彼我亡，平等出；且虽有天下，若无天下矣。”

《仁学》分上下卷。上卷，一是讲仁以通为第一义，破人我界，破名教，宣扬平等；二是讲仁的不生不灭，破生死界，破对待，破亲疏分别，提倡兼爱，宣扬博爱；三是讲维新，强调革新，崇奢黜俭，宣扬资产阶级的观点；四是反对封建伦常，破除封建等级制度，宣扬资产阶级民主。下卷，一是批判封建专制主义，反对民族压迫；二是批判三纲的罪恶，宣扬科学民主；三是提出以心力挽劫运，是唯心的空想，但这里要求破除我执，打破人我的界限，具有平等思想。四是讲大同，主张人人自由的思想。

三、孙中山

孙中山在《建国方略之一》第四章中指出：“人类自入文明之后，则天性所趋，已莫之为而为，莫之致而致，向于互助之原则，以求达人类进化之目的矣。人类进化之目的为何？即孔子所谓‘大道之行也，天下为公’，耶稣所谓‘尔旨得成，在地若天’，此人类所希望，化现在之痛苦世界而为极乐之天堂者是也。”从这段话来看，孙中山所说的“极乐之乡”原来就是孔子所谓“大道之行也，天下为公”。这就是说，孔子理想中的大同社会即是孙中山所说的“极乐之乡”。他给黄埔军校提的训词为：“三民主义，吾党所宗，以建民国，以进大同。”从这个训词来看，他的意思非常明确：打倒清朝这一封建王朝建立中华民国不是革命的最终目的，革命的最终目的是实现世界大同。

孙中山竭力倡言社会主义，把社会主义与传统的“大同”社会理想结合起来，形成了民生主义。他信奉《礼记·礼运》中的“大同”社会理想，主张“天下为公”。在孙中山看来，社会主义与中国传统的“大同”理想几乎是一回事，他说：“民生主义就是社会主义，又名共产主

义，即是大同主义。”“可以说共产主义是民生的理想，民生主义是共产的实行。”(《三民主义·民生主义》)

四、李大钊

李大钊认为：“现在世界进化的轨道，都是沿着一条线走，这条线就是达到世界大同的通衢。”(李大钊《平民主义》)“各个性都得自由，都是平等，都相爱助，就是大同的景运。”(李大钊《由纵的组织向横的组织》)他把儒家的大同思想与共产主义、社会主义相等同，说共产主义就是“使人间一切关系都脱去力的关系，而纯为爱的关系，使人间一切生活全不是争的生活，而纯是爱的生活”。认为社会主义道德是讲求“互助、相爱，不是谋怨仇，并为大多数谋幸福的”，是一种心服而非压服的政治制度。

他肯定孔子的“均无贫”思想和孟子的“井田”论，说：“井田制的根本要旨，乃在收天下土地为公有，而均分之于各家，使他们收益使用，是一种比较完满的土地国有，平均的授与农民耕种使用的制度。”(李大钊《土地与农民》)他对中国历史上的“平均地权的运动”做过研究和评述，表示赞同孙中山以平均地权、节制资本为内容的“民生主义”，并希望国民政府成立后，“能按耕地农有的方针，建立一种新土地政策”。

五、毛泽东

毛泽东青年时期，曾经认真研究过康有为的《大同书》。1917年8月23日，他在给黎锦熙的信中说：“孔子知此义，故立太平世为鹄，而不废据乱、升平二世。大同者，吾人之鹄也。”1919年12月，毛泽东在《湖南教育》发表《学生之工作》一文，说：“我数年来梦想新社会生活……公共育儿院，公共蒙养院，公共学校，公共图书馆，公共银行，公共农场，公共工作厂，公共消费社，公共剧院，公共病院，公园，博物馆，自治会。”这些设想，多与康有为《大同书》“贫民归公政府恤养”“病者皆归公医院治之”“死者归孝终院料理丧葬”相似，而也多是新中国成立后人民公社所实践的。

毛泽东虽然深受康有为《大同书》的影响，但随着思想的逐步成熟，他认为：“康有为写了《大同书》，他没有也不可能找到一条到达大同的路。”(《论人民民主专政》)“使中国有可能在工人阶级和共产党的领导之下稳步地由农业国进到工业国，由新民主主义社会进到社会主义社会和共产主义社会，消灭阶级和实现大同。”（同上）意思是，只有通过工人阶级和共产党的领导，才能达到社会主义社会和共产主义社会，消灭阶级和实现大同。

事实正是如此，毛泽东领导的工农革命取得胜利之后，阶级逐步消灭，贫富差别逐步缩小，土地公有，按劳分配，民主平等，他青年时期设想的“公共育儿院，公共蒙养院，公共学校，公共图书馆，公共银行，公共农场，公共工作厂，公共消费社，公共剧院，公共病院，公园，博物馆”等等，一个个都变成了现实。这些艰苦卓绝的奋斗和实践，为走向共产主义，走向大同，摸索出了经验，奠定了坚实的基础。

第三节　当今时代对大同理想的追求和实践

改革开放以来，我国大力推进经济建设，脱贫致富，共奔小康，民众生活水平明显提高。在国家逐步富强的同时，党和国家领导人站得高，看得远，胸怀世界，在实现大同理想的道路上又迈出了一大步。

2013年3月23日，习近平在莫斯科国际关系学院作题为《顺应时代前进潮流，促进世界和平发展》演讲时，向世界响亮提出“人类命运共同体”的科学论断：“这个世界，各国相互联系、相互依存的程度空前加深，人类生活在同一个地球村里，生活在历史和现实交汇的同一个时空里，越来越成为你中有我、我中有你的命运共同体。”（《习近平谈治国理政》）从那时起，“人类命运共同体”就成为激荡世界的时代最强音，在广袤时空中汇聚起和平发展的磅礴力量。

2017年12月1日，习近平在中国共产党与世界政党高层对话会上发表题为《携手建设更加美好的世界》的主旨讲话中谈道：

> 中华民族拥有悠久历史和灿烂文明，但近代以后历经血与火的磨难，中国人民没有向命运屈服，而是奋起抗争、自强不息，经过长期奋斗，而今走上了实现中华民族伟大复兴的康庄大道。回顾历史，支撑我们这个古老民族走到今天的，支撑5000多年中华文明延绵至今的，是植根于中华民族血脉深处的文化基因。中华民族历来讲求“天下一家”，主张民胞物与、协和万邦、天下大同，憧憬“大道之行，天下为公”的美好世界。我们认为，世界各国尽管有这样那样的分歧矛盾，也免不了产生这样那样的磕磕碰碰，但世界各国人民都生活在同一片蓝天下、拥有同一个家园，应该是一家人。

世界各国人民应该秉持“天下一家”理念，张开怀抱，彼此理解，求同存异，共同为构建人类命运共同体而努力。

2013年，我首次提出构建人类命运共同体的倡议。我高兴地看到，中国同世界各国的友好合作不断拓展，人类命运共同体理念得到越来越多人的支持和赞同，这一倡议正在从理念转化为行动。……人类命运共同体，顾名思义，就是每个民族、每个国家的前途命运都紧紧联系在一起，应该风雨同舟，荣辱与共，努力把我们生于斯、长于斯的这个星球建成一个和睦的大家庭，把世界各国人民对美好生活的向往变成现实。

我提出“一带一路”倡议，就是要实践人类命运共同体理念。4年来，共建“一带一路”已成为有关各国实现共同发展的巨大合作平台。涓涓细流汇成大海，点点星光点亮银河。我深信，只要各方树立人类命运共同体理念，一起来规划，一起来实践，一点一滴坚持努力，日积月累不懈奋斗，构建人类命运共同体的目标就一定能够实现。

我们应该坚持你好我好大家好的理念，推进开放、包容、普惠、平衡、共赢的经济全球化，创造全人类共同发展的良好条件，共同推动世界各国发展繁荣，共同消除许多国家民众依然面临的贫穷落后，共同为全球的孩子们营造衣食无忧的生活，让发展成果惠及世界各国，让人人享有富足安康。

根据习近平“构建人类命运共同体”的伟大构想，我国规划出“一带一路”路线图，并予以努力实施。至2023年，已有150多个国家、30多个国际组织加入了“一带一路”大家庭。

“一带一路”倡议，虽说是与沿线国家共同发展，互惠互利，但很大程度上，是我国在援助众多贫弱国家脱贫致富。对外援助是我国的优良传统。2014年7月10日，国务院新闻办公室发表的《中国的对外援助（2014）》白皮书中统计：

2010年至2012年，中国共向121个国家提供了援助，其中亚洲地区30国，非洲地区51国，大洋洲地区9国，拉美和加勒比地区19国，欧洲地区12国。此外，中国还向非洲联盟等区域组织提供了援助。援助金额共计893.4亿元人民币。

2010年至2012年，中国共在80个国家建设成套项目580个，重点集中于基础设施和农业等领域；中国共向96个国家和地区提供物资援助424批，主要包括办公用品、机械设备、检测设备、交通运输工具、生活用品、药品以及医疗设备等；中国共在61个国家和地区完成技术合作项目170个，主要涉及工业生产和管理、农业种植养殖、文化教育、体育训练、医疗卫生、清洁能源开发、规划咨询等领域；中国在国内举办1951期培训班，其中包括官员研修班、技术人员培训班、在职学历教育项目等，为其他发展中国家培训人员49148名；中国向54个国家派遣55支援外医疗队，共计3600名医护人员，开展定点或巡回医疗服务，诊治患者近700万人次；中国向60多个国家派遣青年志愿者和汉语教师志愿者近7000名；中国向30余个国家提供紧急人道主义援助，包括物资和现汇援助，价值约15亿元人民币。

2010年至2012年，中国对外援建49个农业项目，派遣1000多名农业技术专家，并提供大量农业机械、良种、化肥等农用物资。

2010年至2012年，为帮助其他发展中国家提升教育水平，支持其教育均衡、公平发展，中国通过援建维修校舍、提供教学设备、培养师资力量、增加来华留学政府奖学金名额、支持职业技术教育发展等，不断加大教育援助力度。2010年至2012年，中国政府共资助76845名留学生来华学习。

2010年至2012年，中国对外援建了156个经济基础设施项目：70余个交通运输项目，包括公路、桥梁、机场、港口等；援建了20余个能源项目，包括水电站、热电站、输变电和配电网、地热钻井工程等；援建了60余个信息化项目，包括光缆电信传输网、电子政务网以及广播电视调频发射台等。

2018年1月，全长752.7公里的联通埃塞俄比亚的斯亚贝巴和吉布提的电气化铁路正式通车，这条铁路被视为是落实“一带一路”倡议和中非合作论坛约翰内斯堡峰会“十大合作计划”的早期收获，也是中非“三网一化”和产能合作的标志性工程。

2018年9月，第七次中非合作峰会在北京召开，峰会发表了《中非合作论坛——北京行动计划（2019—2021年）》，对未来三年中非在政治、经济、社会发展、人文、和平安全和国际合作等方面的合作内容、方式、规模都进行的深入的规划和设计，中国提出要通过政府援助、金融机构和企业投融资等方式，再向非洲提供600亿美元支持。

中国是经济全球化的积极参与者和推动者。“一带一路”倡议即是最好佐证。习近平在多个场合强调，“‘一带一路’以打造人类命运共同体和利益共同体为合作目标”，“‘一带一路’不是中国一家的独奏，而是沿线国家的合唱”。这不仅使“一带一路”共商、共建、共享的理念深入人心，而且取得超出预期的成果。全球100多个国家和国际组织积极响应；50多个国家和国际组织同中国签署合作协议；“一带一路”倡议先后被载入联合国大会、联合国安理会的重要决议。2014年至2016年，中国同“一带一路”沿线国家贸易总额超过3万亿美元；中国对“一带一路”沿线国家投资累计超过500亿美元；中国企业在20多个国家建设56个经贸合作区，为有关国家创造11亿美元税收和18万个就业岗位。

正如习近平主席2018年4月8日会见联合国秘书长古特雷斯时所说：“我们所做的一切都是为人民谋幸福，为民族谋复兴，为世界谋大同。”

第四节　为实现天下大同而努力奋斗

实现天下大同，是全人类的共同愿望，世界人民深切向往公有、公平、和谐幸福的平安生活。习近平在纪念孔子诞辰2565周年国际学术研讨会上的讲话中强调：“和平与发展是当今时代的主题，也是事关各国人民幸福安康的两大问题。世界各国人民都希望生活在祥和的氛围之中，期盼战争、暴力远离人类。世界各国人民也都希望生活在安康的环境之中，期盼饥饿、贫困远离人类。然而，现实世界并不像人们希望的那么美好，局部战争依然此起彼伏，贫困饥饿依然广泛发生，连绵战火、极度贫困依然在威胁着众多人们的生命和生存，特别是许多妇女儿童依然在战争和贫困的阴影下苦苦挣扎。想到这些不幸的人们，我们心中充满了同情和责任。国际社会应该携手努力，一起来维护世界和平、促进共同发展。只有这样，和平才有希望，发展才有希望。”

习近平在强调“责任”感的同时，呼吁“国际社会应该携手努力，一起来维护世界和平、促进共同发展。”首先要有责任感，不要以为事不关己而不闻不问，要有大仁大爱、救天下于水火的担当精神。其次是国际社会携手努力，因为维护世界和平不是靠一己之力、一国之力所能完成的，要全世界积极携手。早在《共产党宣言》中，马克思、恩格斯就响亮呼吁：“全世界无产者联合起来！”1922年7月《中国共产党第二次全国代表大会宣言》又明确强调，只有全世界无产阶级和被压迫民族联合起来，共同打倒国际帝国主义，才是“解放全世界的途径”。看来，习近平所指出的“国际社会应该携手努力，一起来维护世界和平、促进共同发展”，是历代共产党人的一贯主张。共产党人一以贯之，持之以恒，百年奋斗，世界格局已发生根本变化：被压迫民族越来越团结强大，帝国主义越来越分列虚弱。尤其是习近平倡导的“人类命运共同体”“一带一路”，又在“大同”路上迈出了一大步。

中国共产党带领全国人民进行了几十年艰苦卓绝的奋斗，才取得了人民的解放，新政权新制度的建立；又经过了几十年的艰辛努力，才发展到今天的富强地步。能使全世界五分之一的人口逐步摆脱贫困，生活在和平安乐的小康环境里，这百年的奋斗是值得的。如果每个国家和民族都这样奋斗一番，世界将会是多么的美好！大同理想何愁不实现！

实现天下大同，是天下每个人的责任。作为个人，应树立“天下一家”的意识，要像孔子所倡导的，树立大志向，“平治天下”；要像墨子所说的，有大格局，既爱已国，也爱他国，使“天下之人皆相爱，强不执弱，众不劫寡，富不侮贫，贵不傲贱”，和谐相处；要像范仲淹那样，“先天下之忧而忧，后天下之乐而乐”，胸怀天下，忧国忧民；要像毛泽东那样，青年时期就立下豪言壮志：“天下者，我们的天下；国家者，我们的国家；社会者，我们的社会。我们不说，谁说？我们不干，谁干？”（毛泽东《民众的大联合》）习近平一再强调：“中华民族历来讲求‘天下一家’，主张民胞物与、协和万邦、天下大同，憧憬‘大道之行，天下为公’的美好世界。”“世界各国人民应该秉持‘天下一家’理念，张开怀抱，彼此理解，求同存异，共同为构建人类命运共同体而努力。”习近平总书记所倡导的“人类命运共同体”，代表了世界人民的心愿；他精心策划的“一带一路”，是实现大同目标的伟大构想。

主要参考文献

［1］李学琴主编：《十三经注疏》（整理本），北京大学出版社1999年版。

［2］〔清〕纪昀等编：《四库全书》，上海古籍出版社1987年版。

［3］顾廷龙主编：《续修四库全书》，上海古籍出版社1995年版。

［4］张元济编：《四部丛刊初编》，上海书店，1984年版。

［5］〔南朝梁〕皇侃著：《论语义疏》，高尚榘校点，中华书局2013年版。

［6］〔宋〕朱熹著：《四书章句集注》，新编诸子集成，中华书局1983年版。

［7］〔清〕黄式三著：《论语后案》，张涅、韩岚点校，凤凰出版社2008年。

［8］〔清〕刘宝楠著：《论语正义》，高流水点校，中华书局1990年版。

［9］钱穆著：《论语新解》，三联书店2002年版。

［10］钱逊著：《论语浅解》，北京古籍出版社1988年版。

［11］吴林伯著：《论语发微》，文化艺术出版社1989年版。

［12］孙钦善著：《论语本解》，三联书店2009年版。

［13］李泽厚著：《论语今读》，天津社会科学院出版社2007年版。

［14］〔春秋〕左丘明著：《国语》，上海古籍出版社1978年版。

［15］〔汉〕刘向集录：《战国策》，〔南宋〕姚宏、鲍彪注，上海古籍出版社1985年版。

［16］〔汉〕司马迁著：《史记》，中华书局1997年版。

［17］〔汉〕班固著：《汉书》，中华书局1997年版。

［18］〔汉〕刘歆著：《西京杂记》，中华书局1985年版。

［19］〔宋〕司马光编撰：《资治通鉴》，中华书局2012年版。

［20］〔北魏〕郦道元著：《水经注》，〔清〕王先谦校，中华书局2009年版。

［21］杨朝明著：《鲁文化史》，齐鲁书社2001年版。

［22］钱穆著：《国史新论》，九州出版社2020年版。

［23］国学整理社编：《诸子集成》，中华书局2006年版。

［24］〔清〕阮元著：《曾子十篇注释》，新兴书局1956年版。
［25］《孔子家语》，高尚举等校注，中华书局2021年版。
［26］《孔丛子》，王钧林、周海生注译，中华书局2009年版。
［27］《六韬》，陈曦译注，中华书局2016年版。
［28］〔英〕李约瑟著：《中国的科学与文明》，上海人民出版社2010年版。
［29］〔北魏〕贾思勰著：《齐民要术》，缪启愉、缪桂龙译注，上海古籍出版社2020年版。
［30］〔唐〕瞿昙悉：《开元占经》，九州出版社2012年版。
［31］《考工记》，江苏凤凰科技出版社2016年版。
［32］石声汉著：《氾胜之书今释》，中华书局2021年版。
［33］〔战国〕屈原等著：《楚辞》，山西古籍出版社2003年版。
［34］〔南朝梁〕萧统著：《昭明文选》，京华出版社2000年版。
［35］〔唐〕韩愈著：《韩愈集》，中州古籍出版社2010年版。
［36］〔宋〕文天祥著：《文天祥诗选》，人民文学出版社1979年版。
［37］〔明〕于谦著：《于谦集》，浙江古籍出版社2016年版。
［38］〔清〕顾炎武著：《顾炎武全集》，上海古籍出版社2012年版。
［39］《大同书》，北京古籍出版社1956年版。
［40］《梁启超集》，中国社会科学出版社1995年版。
［41］《谭嗣同全集》，中华书局1981年版。
［42］《马克思恩格斯全集》，中共中央马克思恩格斯列宁斯大林著作编译局编译，人民出版社2015年版。
［43］《列宁选集》，中共中央马克思恩格斯列宁斯大林著作编译局编译，人民出版社2012年版。
［44］《斯大林选集》（全二册），中共中央马克思恩格斯列宁斯大林著作编译局编译，人民出版社1979年版。
［45］《孙文选集》（上册），黄彦编，广东人民出版社2006年版。
［46］《李大钊文集》，中国李大钊研究会编注，人民出版社1999年版。
［47］《李大钊全集》（第3卷），中国李大钊研究会编注，人民出版社2006年版。
［48］《毛泽东早期文稿》，中共中央文献研究室、中共湖南省委《毛泽东早期文稿》编辑组编，湖南出版社2013年版。
［49］《毛泽东选集》（全四册），人民出版社1991年版。

[50]《毛泽东著作选读》(下册)，人民出版社1986年版。

[51]《毛泽东文集》(第三卷)，人民出版社1999年版。

[52]《刘少奇选集》(上下卷)，人民出版社2018年版。

[53]《周恩来选集》(上下册)，中共中央文献编辑委员会编，人民出版社2004年版。

[54]《周恩来外交文选》，中华人民共和国外交部、中共中央文献研究室编，中央文献出版社1990年版。

[55]《邓小平文选》，人民出版社2009年版。

[56]《坚定不移沿着中国特色社会主义道路前进　为全面建成小康社会而奋斗：中国共产党第十八次全国代表大会上的报告》，人民出版社2012年版。

[57]《胡锦涛文选》，人民出版社2016年版。

[58]《习近平谈治国理政》(第一卷)，外文出版社2014年版。

[59]《习近平谈治国理政》(第二卷)，外文出版社2017年版。

[60]《十八大以来重要文献选编》(中册)，中央文献出版社2016年版。

[61]《携手建设更加美好的世界：在中国共产党与世界政党高层对话会上的主旨讲话》，人民出版社2017年版。

[62]《决胜全面建成小康社会　夺取新时代中国特色社会主义伟大胜利：在中国共产党第十九次全国代表大会上的报告》，人民出版社2017年版。

[63]《深化文明交流互鉴　共建亚洲命运共同体——在亚洲文明对话大会开幕式上的主旨演讲》，人民出版社2019年版。

[64]《高举中国特色社会主义伟大旗帜　为全面建设社会主义现代化国家而团结奋斗：在中国共产党第二十次全国代表大会上的报告》，人民出版社2022年版。

后　记

遵照习近平总书记视察曲阜时发出的“用好齐鲁文化资源丰富的优势，加强对中华优秀文化的挖掘与阐发”指示精神，我们工作在齐鲁理工学院曲阜校区的几位教师，深感义不容辞，对作为中华优秀文化重要组成部分的齐鲁文化进行了挖掘与阐发。挖掘时，注重全面深入，对浩瀚的先秦两汉经史子集相关文献进行了全面细致梳理，继而科学归纳，将齐鲁文化中所蕴含的优秀思想归纳为仁爱、礼仪、诚信、孝亲尊老、和谐友善、敬业、自强不息、精忠爱国、天下大同等20个主题。阐发时，注重阐释精准，注重将齐鲁先贤“跨越时空、超越国度、富有永恒魅力”（习近平语）的优秀思想与社会主义核心价值观自然结合，凸显其当代价值。

编撰人员的分工情况：高尚举教授总体策划，审改全稿；执笔前言、第一章“仁爱思想”、第二章“礼仪思想”、第三章“诚信思想”、第四章“孝亲尊老思想”、第十二章“强国富民思想”、第二十章“儒家大同思想”。孙永选教授执笔第十三章“教育思想”、第十四章“科技利民思想”、第十五章“经世致用思想”、第十九章“精忠爱国精神”。张诒三教授执笔第七章“德政思想”、第八章“法治思想”、第九章“民本思想”、第十章“尚贤思想”。张燕老师执笔第五章“和谐友善思想”、第六章“修身思想”、第十八章“厚德载物精神”。张滨郑老师执笔第十一章“廉洁思想”、第十六章“敬业精神”、第十七章“自强不息精神”。

由衷感谢国家社科基金后期资助项目立项、结项审核专家，立项时，认真评阅，中肯提出修改意见；结项时，审慎审核，使课题成果顺利通过。由衷感谢山东人民出版社总编田晓玉、责编张卫玲，他们认真审阅书稿，严谨取舍、规范格式，指导我们校对引文，一丝不苟，提升了书稿质量。

因我们水平所限，拙作定有缺憾，敬祈方家赐正。

编　者

2023年9月1日